高等职业教育"十三五"规划教材

Qiche Dianqi Gouzao yu Weixiu
汽车电器构造与维修

（第2版）

刘 毅 主 编

人民交通出版社股份有限公司
China Communications Press Co.,Ltd.

内 容 提 要

本书系统讲述了国内当前主流小型乘用车汽车电气设备的基础知识、车载电网、车载数据网、舒适系统等部分的结构原理及故障处置、检测等内容。其中,重点介绍了车载电网控制、CAN 总线扩展应用、新型 FlexRay 高速总线、氙气型与 LED 型前照灯、新型电控组合仪表等电气设备的结构原理与应用。

本书适合高职院校汽车相关专业教学使用,也可作为汽车技术培训及有关专业技术人员的教材和参考书。

图书在版编目(CIP)数据

汽车电器构造与维修/刘毅主编. —2 版. —北京:
人民交通出版社股份有限公司,2019.3

ISBN 978-7-114-15206-1

Ⅰ. ①汽…　Ⅱ. ①刘…　Ⅲ. ①汽车—电气设备—构造—高等职业教育—教材②汽车—电气设备—车辆修理—高等职业教育—教材　Ⅳ. ①U472.41

中国版本图书馆 CIP 数据核字(2018)第 279161 号

书　　　名: **汽车电器构造与维修(第2版)**
著 作 者: 刘　毅
责任编辑: 时　旭
责任校对: 刘　芹
责任印制: 张　凯
出版发行: 人民交通出版社股份有限公司
地　　　址: (100011)北京市朝阳区安定门外外馆斜街 3 号
网　　　址: http://www.ccpress.com.cn
销售电话: (010)59757973
总 经 销: 人民交通出版社股份有限公司发行部
经　　　销: 各地新华书店
印　　　刷: 北京市密东印刷有限公司
开　　　本: 787×1092　1/16
印　　　张: 16
字　　　数: 341 千
版　　　次: 2012 年 7 月　第 1 版
　　　　　　 2019 年 3 月　第 2 版
印　　　次: 2019 年 3 月　第 2 版　第 1 次印刷　总第 4 次印刷
书　　　号: ISBN 978-7-114-15206-1
定　　　价: 38.00 元

第2版前言

本书自出版以来的短短数年,伴随着社会科学技术的飞速发展,小型乘用车汽车电气设备技术已发生了巨大的变化,汽车电器已成为汽车技术变化最大的核心内容,也成为评价车辆豪华档次的关键条件。相对于汽车电器技术的升级换代,职业院校汽车相关专业教学则普遍还存在着使用教材陈旧、技术代差扩大、教学理念落后等不足,导致出现职业教育功效降低、校企差距进一步增大、教育资源浪费严重等问题。

为适应汽车电气设备技术的发展趋势,保持汽车专业教学与汽车电器主流技术应用的同步并适度超前,在本书的修订中我们结合教学和生产实际的需求,导入大量的汽车电器新技术、新装备和新理念,以职业素养为核心,采用"模块—课题"方式编撰,方便教学活动组织和实施,力求实现学以致用的教学目标。

为方便教学和提高本书的可读性,本书采用双色板并在第一版的基础上进行编撰。书中内容以当前主流小型乘用车的汽车电器技术应用为主线,对汽车电气设备基础知识、车载电网、汽车电源与起动系统、车载网络、舒适系统、仪表与报警系统和照明与信号系统等模块进行了重新编写。重点介绍了车载电网控制、CAN 总线扩展应用、新型 FlexRay 高速总线、氙气型和 LED 型前照灯、新型电控组合仪表等电气设备的结构原理、故障处置以及检测等内容。

本书由大连汽车职业技术学院刘毅担任主编,贵州航空职业技术学院张梅担任副主编。其中模块一、三由大连市技师学院刘全编写,模块二、四、五由刘毅编写,模块六由大连技术学院王波编写,模块七、八由大连市技师学院李秀艳编写,电子课件、习题及实训指导工作页由刘毅编制,全书由大连市技师学院王兴国教授主审。本书在修订过程中得到许多专家、同行和有关车型 4S 维修站及汽车修理厂的大力支持，在此谨向有关领导、专家和厂家表示衷心感谢。

由于我们的水平有限，书中内容很难满足各学校的实际需求，难免存在不足和错误之处，恳请本教材的使用单位和读者多提宝贵意见，以促进汽车维修专业教学的进一步提高。

编者
2018 年 9 月

目 录

MULU

模块一

Module

汽车电气基础知识

学习目标

1. 了解汽车电气系统的发展历程；
2. 熟悉汽车电气系统的组成与功用，掌握汽车电气中电网与数据网的配合关系；
3. 能够训练辨识各类电气元件，并能正确识读各类汽车电路图。

模块导航

汽车电气基础知识
- 概述
  - 汽车供电的基本特征
  - 汽车电气网络的结构特点
  - 汽车电网元件
  - 汽车电气线材及标识
  - 汽车电气元件符号
  - 传感器
- 汽车电路图的识读
  - 电路图的类型
  - 电路图的识读

课题 1 概　　述

汽车电气系统是汽车的重要组成部分,其性能的好坏直接影响汽车的动力性、经济性、可靠性、安全性和尾气排放等各个方面。传统的汽车电气系统结构包括电源部分和用电部分(包括点火、起动、照明、仪表、音响等装置),如图 1-1 所示。

图 1-1　传统汽车电气系统

近年来随着科技和市场的快速发展,汽车电气系统的升级和换代加速,其技术含量也越来越高。特别是电控技术的普及应用,汽车电气系统已由传统的普通机电系统,升级为以车载电网和车载数据网络为基础的 IT 或 AI 为主的智能系统。其中车载电网由电网控制单元、电源、开关、配电箱、电路保护装置、继电器和电力线路等组成;车载数据网络则由电能管理系统、动力传输系统、舒适系统和信息娱乐系统,以及根据功能关联的集成系统等部分组成,如图 1-2 所示。

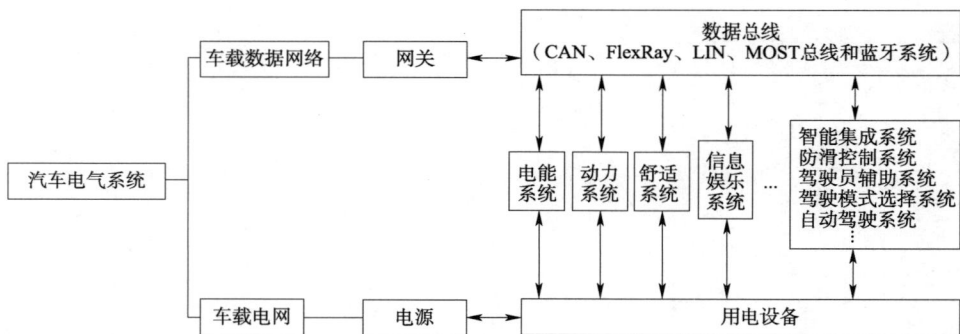

图 1-2　现代主流汽车电气系统

🌑 汽车供电的基本特征

汽车电网承担着汽车供电的多种功能,其组成部件和装置既有传统的机电产品,又有大量的电子技术应用系统,更新快、变化多和智能化是现代汽车电网的显著发展趋势,并呈现以下特点。

1 采用蓄电池电源供电模式

汽车用蓄电池电压有 12V（汽油机）和 24V（柴油机）两种规格。因车载蓄电池存储电能和发电机输出电能的不足，电源部分则由发电机和蓄电池共同组成。在发动机运转时，发电机输出电能补充蓄电池消耗的电能，蓄电池同时还可以吸收电气系统内各种波动电压，起到平抑电压的作用。

2 单线制供电并以发动机缸体和车身构成回路

汽车发动机的缸体、车身和车架均采用金属结构，尽管其电阻大于铜质导线，但因其作为导体通过面积巨大，所以其电阻可以忽略不计，完全可以利用它们作为汽车电路的导通回路，成为公共导线。

3 采用负极搭铁方式

在汽车上，每个电气装置的负极和蓄电池的负极都连接至车身的金属薄板上，以形成电路。这种将所有负极都连接到车身上的做法被称为车身"接地"，这种通过车身"接地"的方式被称为"搭铁"，负极搭铁的方式将所使用线束的数量减至最少。

在采用硅整流交流发电机以前，汽车采用的是正极搭铁方式，而当半导体技术引入到汽车上之后，所有的汽车均改为负极搭铁方式。

二 汽车电气网络的结构特点

现代主流汽车电气系统的电网和数据网络通常具有以下结构特点。

1 车载电网的结构

车载电网一般由电源装置、电网控制单元、配电箱、电路保护装置（熔断丝）、继电器和线束等组成。车载电网通过控制单元实施管理，如图 1-3 所示。

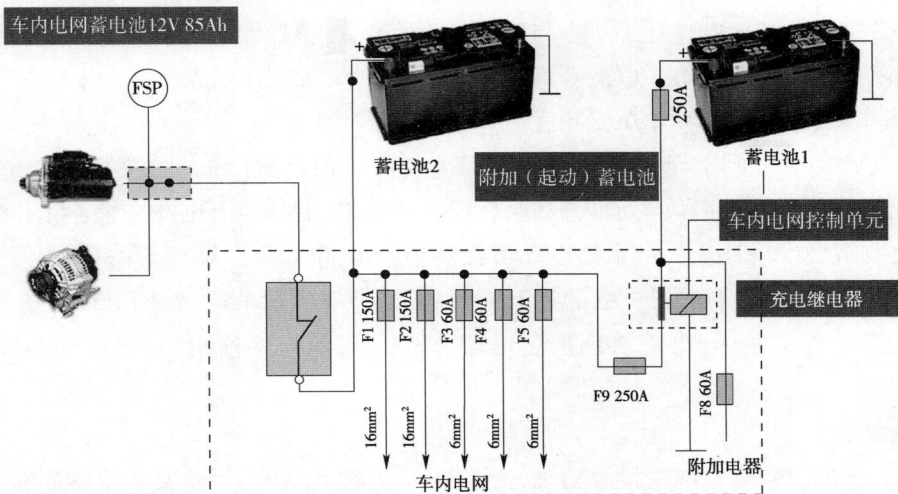

图 1-3　车载电网的典型结构

车载电网的主要功能有:智能控制避免电压明显降低,以及车内电网处于紧急状态、超短途行驶、发动机起动、双蓄电池系统下应急起动和发生碰撞事故时的控制等。车载电网的线束结构比较简单,如图1-4所示。

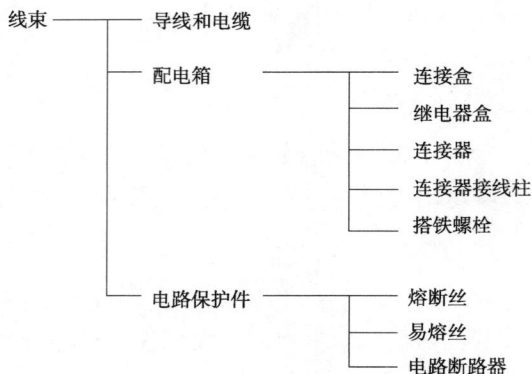

```
线束 ─┬─ 导线和电缆
      │
      ├─ 配电箱 ─┬─ 连接盒
      │          ├─ 继电器盒
      │          ├─ 连接器
      │          ├─ 连接器接线柱
      │          └─ 搭铁螺栓
      │
      └─ 电路保护件 ─┬─ 熔断丝
                     ├─ 易熔丝
                     └─ 电路断路器
```

图1-4 车载电网的线束结构

2 车载数据网络结构

车载数据网络由控制单元、数据总线(CAN、FLexRay、LIN和MOST等总线)、网关、传感器和执行元件等组成。

1)车载数据的总体结构

按其功能分为电能管理系统、动力系统、信息娱乐系统和舒适系统等。奥迪A8车型的总线网络拓扑结构如图1-5所示。

2)电能管理系统

电能管理系统统筹管理几乎所有与用电相关的装置,包括发电机、蓄电池、起动机、执行元件、灯光、辅助加热元件等。电能管理系统的结构(图1-6)由电源部分(蓄电池、发电机)、熔断器、继电器、电能管理控制单元和线束等组成。

电能管理中央控制单元的主要功用为用电负荷管理、外部灯光的控制及灯光缺陷的检测、内部灯光的控制、后风窗加热控制、转向信号控制、供电端子控制、燃油泵工作控制、照明灯的控制、发电机励磁、刮水器电动机控制等。电能管理中央控制单元取代了传统的中央继电器盒,对用电器进行更强的控制,可以实现节省电量消耗、对用电设备进行监控、用电器之间的电子通信、电能管理程序化设置等功能,具有维修便利、带有自诊断功能等特点。

3)动力系统

动力系统通过数据总线连接发动机、变速器、动力转向系统、主动安全控制系统、安全气囊系统等。动力系统是通过CAN总线连接与之相关的ECU模块,包括发动机ECU、变速器ECU、防滑系统等主动安全模块等。

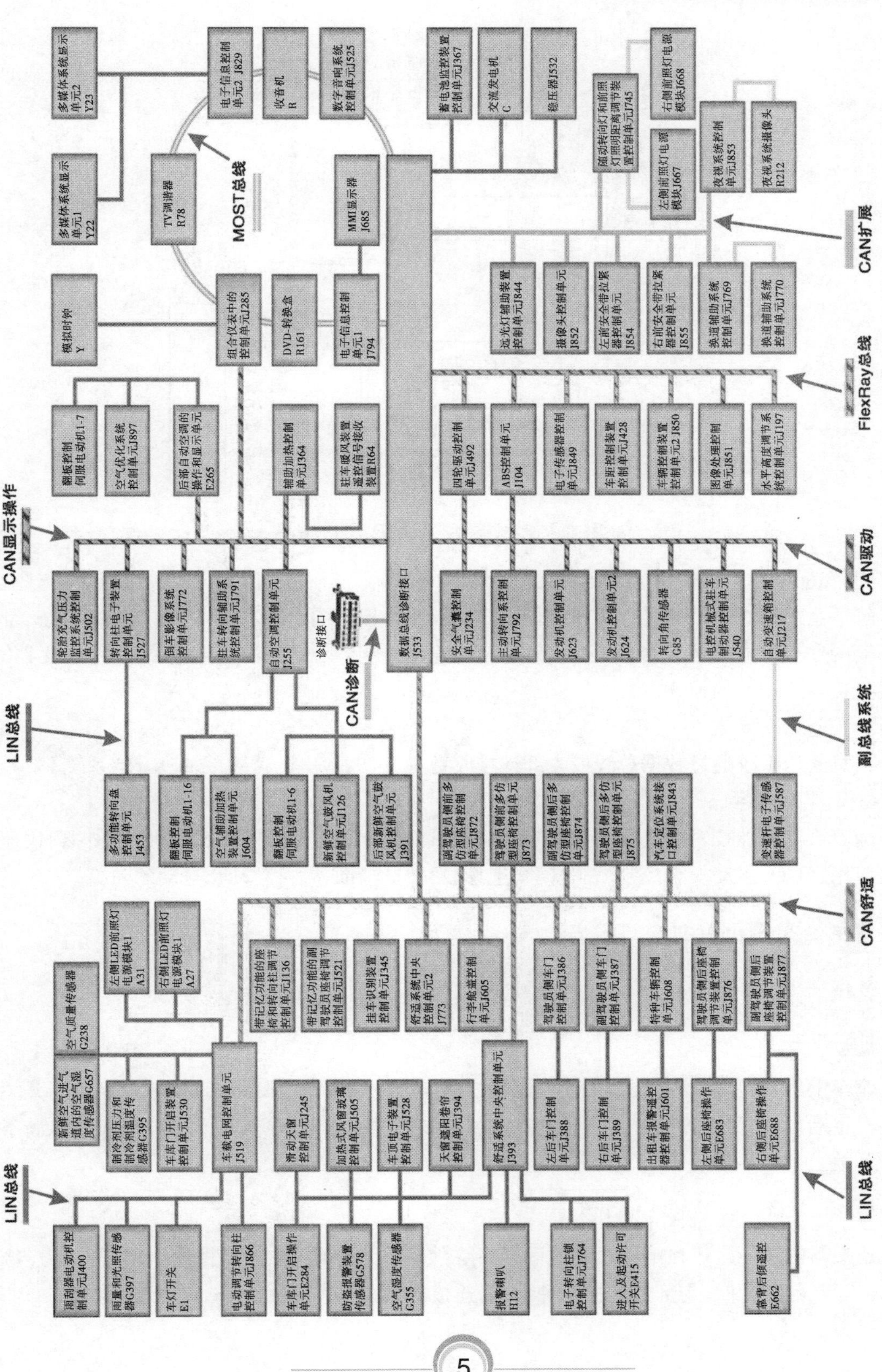

多媒体系统显示单元2 Y23
多媒体系统显示单元1 Y22
电子信息控制单元2 J829
收音机 R
数字音响系统控制单元J525
蓄电池监控装置控制单元J367
交流发电机 C
稳压器J532

TV调谐器 R78
MOST总线

模拟时钟 Y
组合仪表中的控制单元J285
DVD-转换盒 R161
电子信息控制单元1 J794
MMI显示器 J685

随动转向灯和照明灯距调节装置控制单元J745
左前照明灯电源模块J667
右前照明灯电源模块J668
夜视系统控制单元J853
夜视系统摄像头 R212
CAN扩展

远光灯辅助装置J844
摄像头控制单元J852
左前安全气囊碰撞传感器控制单元J854
右前安全气囊碰撞传感器控制单元J855
停车辅助系统控制单元J769
换道辅助系统控制单元J770
FlexRay总线

翻板控制伺服电动机1-7
空气净化系统控制单元J897
后部自动空调的操作控制显示单元E265
辅助加热装置控制单元J364
驻车暖风装置遥控信号接收装置R64

四轮驱动控制单元J492
ABS控制单元J104
电子传感器控制单元J849
车距控制装置控制单元J428
车辆控制系统控制单元J850
车辆控制控制单元J851
图像处理控制系统控制单元J197
水平高度调节系统控制单元J197

CAN显示操作

输油泵压力监控系统控制单元J502
转向柱电子装置控制单元J527
倒车影像系统控制单元J772
驻车转向辅助系统控制单元J791
自动空调控制单元J255

数据总线诊断接口J533
CAN诊断
诊断接口

安全气囊控制单元J234
主动转向系统控制单元J792
发动机控制单元J623
发动机控制装置控制单元J624
转向角传感器 G85
电控机械式驻车制动控制装置控制单元J540
自动变速器控制单元J217
CAN驱动

LIN总线

多功能转向盘控制单元J453
翻板控制伺服电动机1-16
空气辅助加热装置电动机J604
翻板控制伺服电动机1-6
新鲜空气鼓风机控制单元J126
后置新鲜空气鼓风机控制单元J391

副总线系统

副驾驶员侧座椅多向型调节控制单元J872
驾驶员侧多向型调节控制单元J873
副驾驶员后多向型座椅调节控制单元J874
驾驶员后多向型座椅调节控制单元J875
汽车定位系统接口控制单元J843
变速杆电子传感器调节器控制单元J587

新鲜空气进气道内的空气湿度传感器G657
制冷剂压力和制冷剂温度传感器G395
车库门开启装置控制单元J530
车载电网控制单元J519

带记忆功能的座椅和转向柱调节控制单元J136
带记忆功能的副驾驶员座椅调节控制单元J521
挂车识别装置控制单元J345
舒适系统中央控制单元J2
行李箱控制单元J605

左侧LED尾照明灯电源模块1 A31
右侧LED尾照明灯电源模块1 A27

空气质量传感器G238
CAN舒适

电动调节转向柱控制单元J866
车库门开启装置控制单元E284
防盗报警装置传感器G578
空气湿度传感器G355

驾驶员侧车门控制单元J386
副驾驶员侧车门控制单元J387
特种车辆控制单元J608

制动天窗控制单元J245
加热式风窗玻璃控制单元J505
副驾驶电子装置控制单元J528
车窗电子装置控制单元J394
天窗遮阳卷帘控制单元J394
舒适系统中央控制单元J393

左后车门控制单元J388
右后车门控制单元J389
出租车报警遥控器控制单元J601
左侧后座椅调节操作单元E683
驾驶员侧座椅调节控制单元J876
右侧后座椅操作单元E688

雨刮器电动机拖臂控制单元J400
雨量和光照传感器G397
车灯开关 E1
电动调节转向柱控制单元J866
电子转向柱锁控制单元J764
防盗报警装置传感器G578
进入及起动许可开关E415
空气湿度传感器G355

报警喇叭H12

副驾驶员侧座椅调节装置控制单元J877

座椅后倾温控E662
LIN总线
LIN总线

图1-5　奥迪A8车型数据网络控制单元拓扑结构

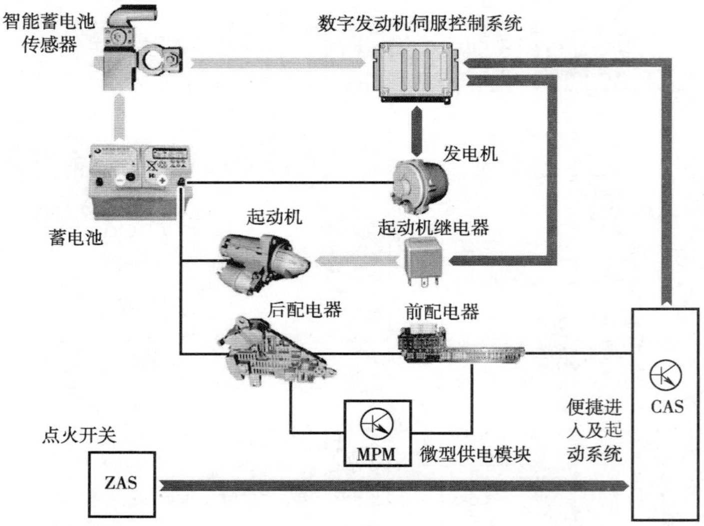

图 1-6　宝马 5 系车型的电能管理系统结构

4)舒适系统

舒适系统通过数据总线连接中控锁、防盗系统、中控转向盘、仪表、空调、灯光等系统,部分车辆的安全带或安全气囊系统也由舒适总线连接控制。舒适系统是通过 CAN 总线及 LIN 总线连接与之相关的模块。

5)信息娱乐系统

信息娱乐系统通过数据总线或光纤连接收音机、CD/DVD 机、导航系统、音响系统等。

6)智能集成系统

随着人工智能技术的发展,综合多种性能的各种智能集成系统开始在汽车上得到快速普及应用,例如:主动安全控制、驾驶模式选择、驾驶员辅助、人机互动和自动驾驶等。

三　汽车电网元件

常用的汽车电网元件有开关、连接器、熔断丝、继电器、配电箱和电缆等。

❶ 开关

汽车上的开关多种多样,开关的作用是控制操纵电气系统,提供该系统的总保护。开关主要有手动控制、继电器间接控制和电控智能控制三类。例如:在汽车的中控面板上布满了各种开关。

❷ 连接器

连接器的功能是用在电网线束之间或者在线束和电气组件之间,提供电气连接。连接器有:线与线连接和线与部件连接两种形式,连接器如图 1-7 所示。

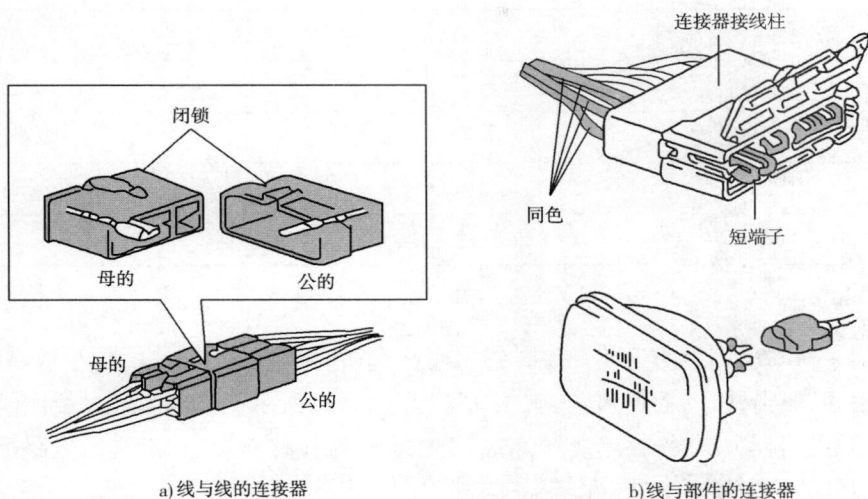

a) 线与线的连接器　　　　　　　　　　b) 线与部件的连接器

图 1-7　供电线缆的连接器

❸ 熔断丝

熔断丝的作用是在车上用电设备发生短路或超负荷情况时断开其供电,起到保护用电器和线路的作用。熔断丝通常安装在电源和电器之间,当超过规定值的电流流过单个电器的电路时,熔断丝就会熔断以保护线路。熔断丝有叶片型和管型等类型,如图 1-8 所示。熔断丝的颜色编码规格见表 1-1。

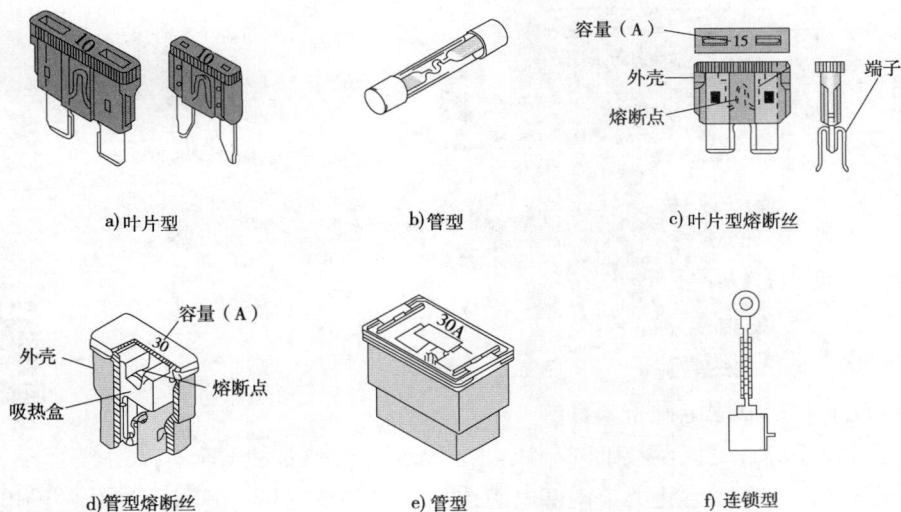

a) 叶片型　　　　　　　　　b) 管型　　　　　　　　　c) 叶片型熔断丝

d) 管型熔断丝　　　　　　　e) 管型　　　　　　　　　f) 连锁型

图 1-8　车用熔断丝的类型与结构

熔断丝的颜色编码与规格   表 1-1

熔断丝性能(A)	颜 色	熔断丝性能(A)	颜 色
5	黄褐色	20	黄色
7.5	褐色	25	透明色
10	红色	30	绿色
15	蓝色		

❹ 继电器

继电器是汽车电网中的重要开关装置。根据其插脚数量有 3 爪、4 爪、5 爪等规格。继电器主要由线圈、衔铁、动触点和静触点组成,如图 1-9a)所示。当电流经过线圈时,产生磁场,吸引动触点移动,并与静触点接触,使接线柱 1 和接线柱 2 导通,于是主电路形成回路,从而使被控制的用电器通电并工作。

对于用电量比较大的用电设备,例如起动机、电喇叭和转向灯等,如图 1-9b)所示,如果直接用开关控制电流的通断,往往会使控制开关很快被烧坏。因此,对于这种大电流用电设备的控制,普遍采用中间继电器的方式,即通过继电器触点的断开与闭合来控制大电流用电设备的工作状态。继电器实际上起着开关的作用,接通点火开关时,如果承受大负荷的工作部件过载,继电器就变为断开状态,起着保护电路的重要作用。

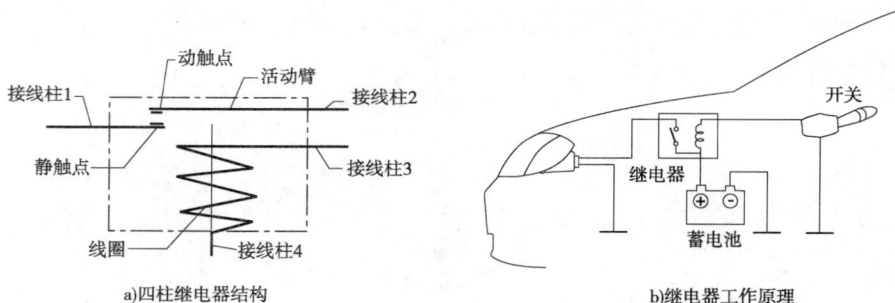

a)四柱继电器结构   b)继电器工作原理

图 1-9 继电器的结构原理

车用继电器具有以下主要功能:

(1)以小电流控制大电流。

(2)减少手动开关的数量。

(3)实现顺序控制用电设备的目的。

(4)保护较小的开关以及较细的导线,进而保证电气设备的安全有序运行。

(5)部分车型采用小型化的带内部电阻或二极管的继电器。这种小型化的继电器可以节省装配空间,继电器带电阻或二极管,可以降低或消除电路中可能出现的 300~500V 峰值感应电压,从而保护电控系统中的元器件,防止出现功能失误。

四 汽车电气线材及标识

在汽车电气维修中,辨别线缆和查阅电路图是维修人员的基本工作内容。熟悉掌握汽车电气线缆规定和辨认技能是维修工作的基础。在当今主流车型上,按其传输内容可分为数据线和电力线两类;按其工作电压则可分为低压导线和高压导线两种类型;而低压导线又分为普通导线、特种电缆两种类型。

1 普通低压导线

汽车上使用的普通低压导线为铜质多丝软线,根据外皮绝缘包层的材料不同,又分为QVR型(聚氯乙烯绝缘包层)和QFR型(聚氯乙烯丁腈复合绝缘包层)两种。

1)导线的线径

导线的线径主要根据用电设备的工作电流进行选择,考虑到其耐久性,汽车电气系统中所用的导线线径均在 $0.5mm^2$ 以上。汽车用低压导线的参数见表1-2,12V规格的电气系统主要线路导线线径见表1-3。

QVR 汽车低压导线的参数　　　　　　　　　　　　　　　　表1-2

标称线径 （mm²）	线芯结构		电流值 （A）	绝缘层标称厚度 （mm）	线缆最大外径 （mm）
	根数（根）	单根直径（mm）			
0.50	16	0.20	3	0.60	2.40
0.75	24	0.20	5	0.6	2.60
1.00	32	0.20	11	0.6	2.80
1.50	30	0.25	14	0.6	3.10
2.50	49	0.25	20	0.6	3.70
4.0	56	0.30	25	0.7	4.50
6.0	84	0.30	35	0.8	5.10
10	84	0.40	50	0.8	6.7

12V 规格全车电气系统主要线路导线线径　　　　　　　　　　表1-3

标称线径(mm²)	使 用 位 置
0.50	示廓灯、顶灯、指示灯、仪表灯、牌照灯、刮水器、时钟、燃油表、冷却液温度表、油压表等电路
0.80	转向灯、制动灯、停车灯、断电器等电路
1.00	前照灯、电喇叭(3A 以下)电路
1.50	前照灯、电喇叭(3A 以上)电路
1.50～4.00	其他5A 以上电路
4～6	柴油车电热塞电路
6～25	发电机电源电缆
19～95	起动机电缆

2)导线的颜色和色标

为了便于维修,汽车线束中的导线常以不同的颜色加以区分并在电路图中标注。其中线径为 4mm² 以上的导线采用单色,而线径为 4mm² 以下的导线均采用双色,搭铁线则均为黑色。

汽车用低压导线的颜色与代号依据国家标准而制定,详见表1-4。汽车电气系统中各系统的主色见表1-5。单色线的颜色由表1-4所示的颜色组成,双色线的颜色由表1-4所示的两种颜色配合组成。主色条纹与辅助色条纹沿圆周表面的比例为3:1~5:1。双色线的标注第一色为主色,第二色为辅助色,如图1-10所示。

低压导线的颜色与代号 表1-4

线色	常用缩写	中文	线色	常用缩写	中文
Black	BLK/B	黑色	Light Green	LT GRN	浅绿
Blue	BLU/BL	蓝色	Orange	ORG/O	橙色
Brown	BRN/BR	棕色	Pink	PNK/P	粉红
Clear	CLR/CL	透明	Purple	PPL/PP	紫色
Dark Blue	DK BLU	深蓝	Red	RED/R	红色
Dark Green	DK GRN	深绿	Tan	TAN/T	褐色
Green	GRN/G	绿色	Violet	VIO/V	粉紫
Gray	GRY/GR	灰色	White	WHT/W	白色
Light Blue	LT BLU	浅蓝	Yellow	YEL/Y	黄色

汽车电气系统中各系统的主色 表1-5

序 号	系 统 名 称	主 色	颜色代号
1	电源系统	红	R
2	点火、起动系统	白	W
3	雾灯	蓝	BL
4	灯光、信号系统	绿	G
5	车身内部照明系统	黄	Y
6	仪表、报警系统	棕	Br
7	音响、点烟器等辅助系统	紫	V
8	各种辅助电动机及电器操纵系统	灰	Gr
9	搭铁线	黑	B

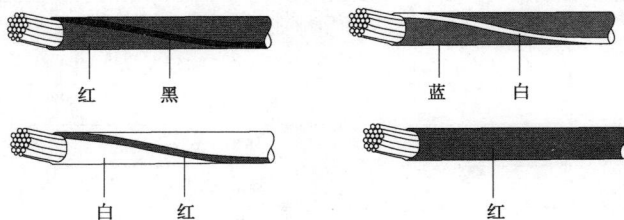

红　黑　　　　蓝　白

白　红　　　　红

图1-10　汽车导线的颜色

3)导线在线路图中的表示方法

在汽车电气设备的线路图中,导线上一般都标注有符号,该符号用来表示导线的线径和颜色。导线的线径标注在颜色代码前面,单位为 mm^2 时不标注,例如:"2.5R"表示导线线径为 $2.5mm^2$ 的红色导线;"1.5G/Y"表示导线线径为 $1.5mm^2$ 的双色导线,主色为绿色,辅助色为黄色。

❷ 数据导线

数据导线有:CAN 总线使用的双绞线缆、FlexRay 总线使用的双绞线缆、LIN 总线使用的单线式线缆和 MOST 总线使用的光缆等种类。

1)双绞线

CAN 总线与 FlexRay 总线采用双绞线结构。双绞线是局域网中最普通的传输媒体(图 1-11),一般用于低速传输,最大传输速率可达 1～10Mbit/s。双绞线成本较低,传输距离较近,非常适合汽车网络的应用情况,也是汽车网络使用最多的传输线缆。

2)光缆

光纤在电磁兼容性等方面有独特的优点,其数据传输速度高、传输距离远。在车载网络上,特别在一些要求传输速度高的车载网络(如车上信息与多媒体网络)上,光纤有很好的应用前景。但受到成本和技术的限制,现在使用得并不多。最常用的光纤是塑料光纤和玻璃纤维光纤,在汽车上多用塑料光纤,如图 1-12 所示。

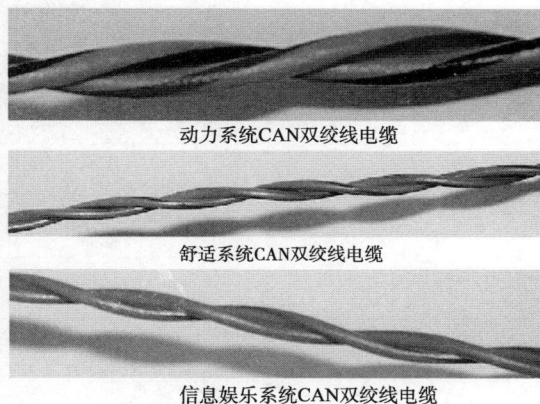

动力系统CAN双绞线电缆

舒适系统CAN双绞线电缆

信息娱乐系统CAN双绞线电缆

图 1-11　CAN 总线使用的双绞线

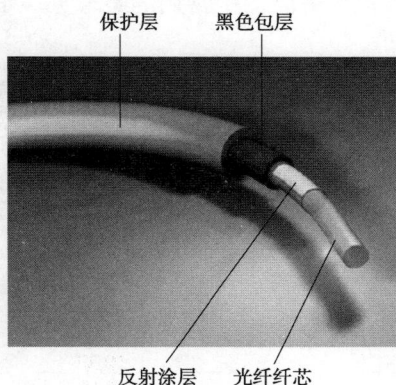

保护层　　黑色包层

反射涂层　光纤纤芯

图 1-12　MOST 网络使用的光纤结构

❸ 特殊电缆

1)起动电缆

起动电缆用来连接蓄电池与起动机开关的主接线柱,截面有 $25mm^2$、$35mm^2$、$50mm^2$、$70mm^2$ 等多种规格,允许电流高达 1000A。为了保证起动机正常工作,并发出足够的功率,要求在线路上每 100A 的电流电压降不得超过 0.15V。新款高端乘用车的起动电缆另有其特殊的非标准规格的构造类型(详见车载电网模块)。

2)蓄电池搭铁电缆

这种电缆是由铜丝编织而成的扁形软铜线,国产汽车常用的搭铁线长度有 300mm、

450mm、600mm、760mm 四种规格。

3)点火高压导线

高压导线用来传送高电压,高压导线分为铜芯线和阻尼线两种类型。由于高压线的工作电压很高(一般在 15kV 以上),其工作电流强度较小。因此,高压导线的绝缘包层很厚,耐压性能好,但其线芯线径很小,各汽车厂家现多采用制式成品的高压线配件供应市场。随着汽油机电控独立点火系统的普及应用,高压导线使用量越来越少。

五 汽车电气元件符号

汽车电气元件的结构比较复杂,如果直接在电路图上画出电气元件,电路图将会变得异常复杂和难懂。因此,汽车电路图在绘制中都采用相应的符号来表示各种电气元件。由于目前世界上还没有汽车电路图符号的国际标准,各个厂家均采用自定的标准。但从目前各厂家的汽车电路图来看,虽然符号不尽相同,但其含义差别不大,并且电路图都有相应的说明来解释所采用的符号。所以,本书中仅以常用的电路图符号为例,说明电气元件的表示方法。

1 汽车电路图中常用的符号

汽车电路图中常用的符号见表1-6。

汽车电气图形符号   表1-6

序号	名称	图形符号	序号	名称	图形符号
一、常用基本符号					
1	直流	——	6	中性点	N
2	交流	∿	7	磁场	F
3	交直流	≈	8	搭铁	⊥
4	正极	+	9	交流发电机输出接柱	B
5	负极	—	10	磁场二极管输出端	D_+
二、导线端子和导线连接					
11	接点	●	15	屏蔽导线	
12	端子	○	16	接插件	
13	导线的连接	○—○	17	接通的连接片	
14	导线的交叉连接		18	断开的连接片	

序号	名称	图形符号	序号	名称	图形符号
三、触点开关					
19	动合、动断触点		22	旋转多挡开关位置	1 2 3
20	联动开关		23	钥匙开关(全部定位)	1 2 3
21	按钮开关		24	多挡开关、点火、起动开关,瞬时位置为2能自动返回到1(即2挡不能定位)	1 2 3 0.1
四、电气元件					
25	可变电阻器		32	光电二极管(PNP型)	
26	热敏电阻器	$t°$	33	晶体管	
27	光敏电阻		34	熔断器	
28	电容器		35	易熔线	
29	半导体二极管一般符号		36	触点动合的继电器	
30	稳压二极管		37	触点动断的继电器	
31	发光二极管		38	带铁芯的电感器	

序号	名称	图形符号	序号	名称	图形符号
五、电气设备					
39	照明灯、信号灯、仪表灯、指示灯		47	定子绕组为星形联结的交流发电机	
40	双丝灯		48	外接电压调节器与交流发电机	
41	组合灯		49	整体式交流发电机	
42	电喇叭		50	直流电动机	
43	喇叭		51	起动机(带电磁开关)	
44	闪光器		52	永磁直流电动机	
45	霍尔信号发生器		53	刮水电动机	
46	磁感应信号发生器		54	蓄电池组	

❷ 缩写词

在电路图中,为了简单表示各个系统的名称,通常采用缩写词表示该系统,如用 ECU 表示电控单元,ABS 表示防抱死制动系统等。缩写词各个公司有所不同,详情请参阅各公司的维修手册。

❸ 电气设备原理图中的端子信号

端子代号是指电气元件同外电路进行连接时导电元件的代号,一般用于表示接线端子、插头、插座、连接片等类型元件上的端子。了解引线端子代号对从事汽车电气设备检修具有重要意义。当电气接线和产品的类型发生变化时,不用熟知电气的内部结构也能容易地识别产品的接线端子含义。这样即使在没有电路图和接线图的情况下,熟练的汽车维修工也能进行大部分甚至全部线路的连接与操作。例如:起动继电器中 B 接蓄电池正极,S 接起动继电器电磁开关接线柱,SW 接点火开关等。部分端子代号及说明详见表1-7。

大众车型电气线路端子代号及说明

表1-7

端子名称	功能特性
30 接线柱	不论汽车是否工作,都与蓄电池正极相接,是始终有电的接线柱
31 接线柱	与蓄电池负极搭铁相连的接线柱
31b 接线柱	可以通过一个特定开关搭铁的接线柱
15 接线柱	在点火开关正常接通时才与蓄电池正极相通的接线柱
49 接线柱	转向闪光器的电源输入端

续上表

端子名称	功能特性
49a 接线柱	转向闪光器的闪光信号输入端
56 接线柱	接前照灯变光器的接线柱
56a 接线柱	前照灯远光灯接线柱
56b 接线柱	前照灯近光灯接线柱
58 接线柱	接示廓灯、仪表灯、尾灯、牌照灯、室内灯的接线柱
X 接线柱	只有在汽车发动机运转时,才与电源正极相接的接线柱

六 传感器

传感器是一种检测装置,能感受到被测量的信息,并能将检测感受到的信息,按一定规律变换成为电信号或其他所需形式的信息输出,以满足信息的传输、处理、存储、显示、记录和控制等要求。它是实现自动检测和自动控制的首要环节。

汽车电气设备中的传感器主要有曲轴位置传感器、凸轮轴位置传感器、空气流量传感器、节气门位置传感器、温度传感器、氧传感器、爆震传感器、轮速传感器、碰撞传感器、车身高度传感器、转向盘转角传感器等。随着汽车智能化水平的提高,传感器的种类和数量会越来越多。例如:发动机常见电控系统的传感器如图 1-13 所示。

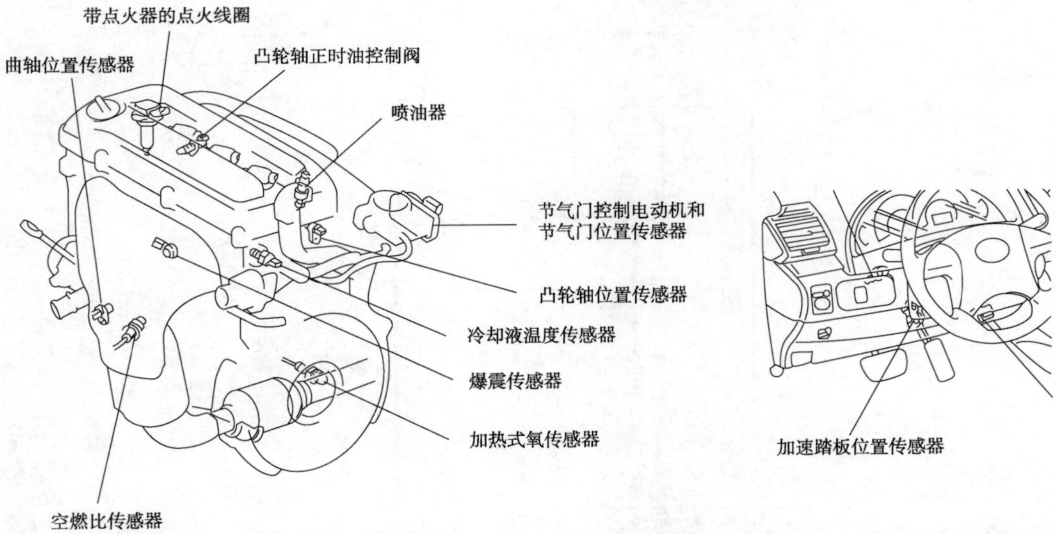

图 1-13 丰田凯美瑞发动机电控系统常见传感器位置

课题 2 汽车电路图的识读

汽车电路图是维修汽车电气设备的重要辅助资料,特别是随着现代汽车工业的快速发展,汽车上有关电子电器的内容越来越多,电路越来越复杂。所以,对于汽车维修人员来说,有很多故障必须通过仔细阅读电路图,并根据其相应的功能才能对故障进行分析,准确查出故障的部位。

汽车电路图采用国家标准或相关标准规定的线路符号,对汽车电气设备的构造、组成、工作原理及安装要求所作的图解说明,也包括图例及简单的结构示图。电路图中表示的是不同电路相互之间的关系及彼此之间的连接,通过识读电路图,可以认识并确定电路图上所画电气元件的名称、型号和规格,清楚地掌握汽车电气系统的组成、相互关系、工作原理和安装位置,以便于对汽车电路进行故障诊断与维修等工作。

一 电路图的类型

目前,随着汽车电气设备数量的增加,电路图的内容也越来越多,为了便于维修,各制造厂都将电路图单独做成电路图册提供给维修部门。电路图册中一般包含电路图的使用方法、电路中使用的缩写词、电器位置图、继电器和熔断器位置图、线束图、全车电路图和网络拓扑图等内容。

1 电路图

电路图是用图形符号按工作顺序或功能布局绘制的,详细表示汽车电路的全部组成和连接关系,不考虑实际位置的简图,如图 1-14 所示。

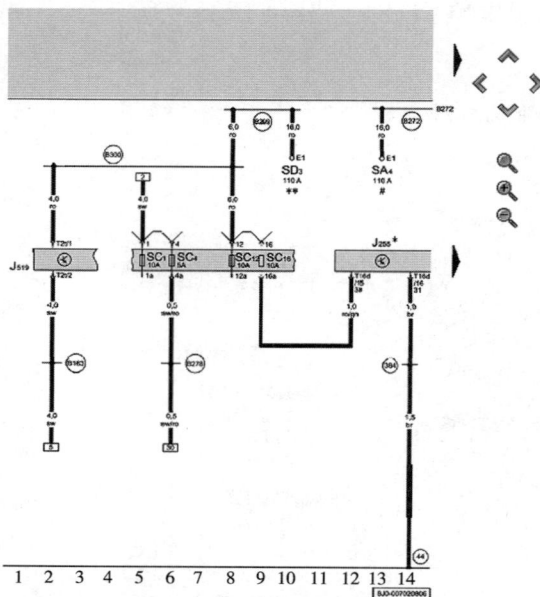

图 1-14　汽车电路图

Climatronic 自动空调控制器、熔断丝;J_{225}-Climatronic 控制器;J_{519}-车载电网控制器;SA_4-熔断丝架 A 上的熔断丝 4;SC_1-熔断丝架 C 上的熔断丝 1;SC_4-熔断丝架 C 上的熔断丝 4;SC_{12}-熔断丝架 C 上的熔断丝 12;SC_{16}-熔断丝架 C 上的熔断丝 16;SD_3-熔断丝架 D 上的熔断丝 3;T2t-2 芯黑色插头连接,在车载电网控制器上;T16d-16 芯黑色插头连接,插头 D,在 Climatronic 自动空调控制器上;44-左侧 A 柱下部的搭铁点;384-搭铁连接 19,在主导线束中;B163-正极连接 1(15),在车内导线束中;B272-正极连接 2(15a),在主导线束中;B278-正极连接 2(15a),在主导线束中;B299-正极连接 3(30),在主导线束中;B300-正极连接 4(30),在主导线束中;*-空调装置操纵单元;**-行李舱中后右蓄电池处的主熔断丝盒;#-发动机舱内的前左电控箱中的主熔断丝架;ws = 白色;sw = 黑色;ro = 红色;br = 褐色;gn = 绿色;bl = 蓝色;gr = 灰色;li = 淡紫色;ge = 黄色;or = 橘黄色;rs = 粉红色

❷ 电气线路图

为了便于汽车电气设备的安装和线路的布置,经常需要绘制线路图。线路图是根据电气设备在汽车上的实际安装位置绘制的全车电路图或局部电路图。在线路图中电气元件与电气元件间的导线以线束的形式出现,简单明了,接近实际,对维修人员有较强的指导性,如图 1-15 所示。

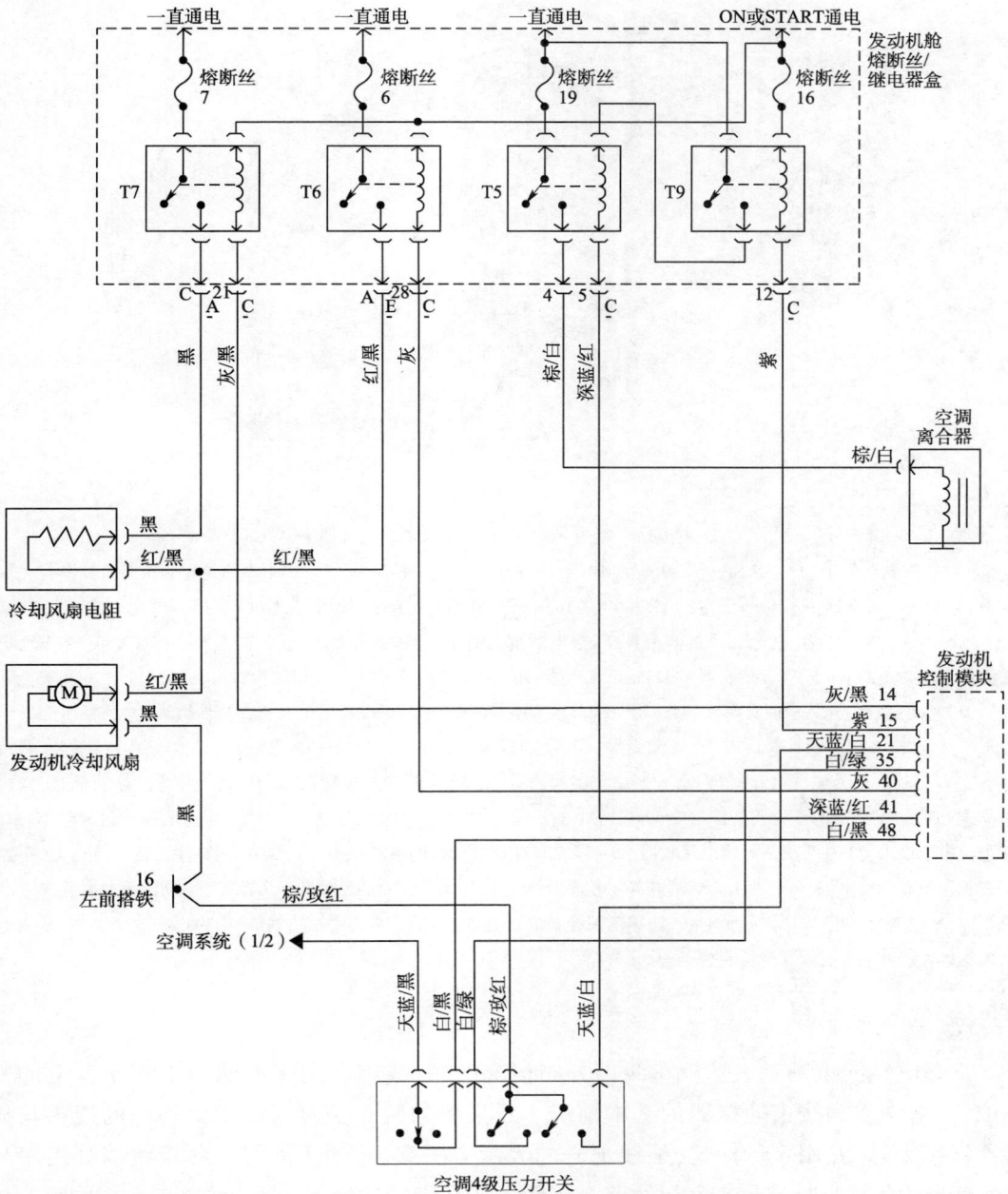

图 1-15 汽车电气线路图

❸ 电器位置图

汽车电器位置图用来表示汽车电器零件的安装位置,便于维修时查找故障零件,位置图可分为发动机舱零件位置图、驾驶室内零件位置图和车身零件位置图等。一张图表示不清时,可以用多张图表示。奥迪 A6 全车电控单元位置如图 1-16 所示。

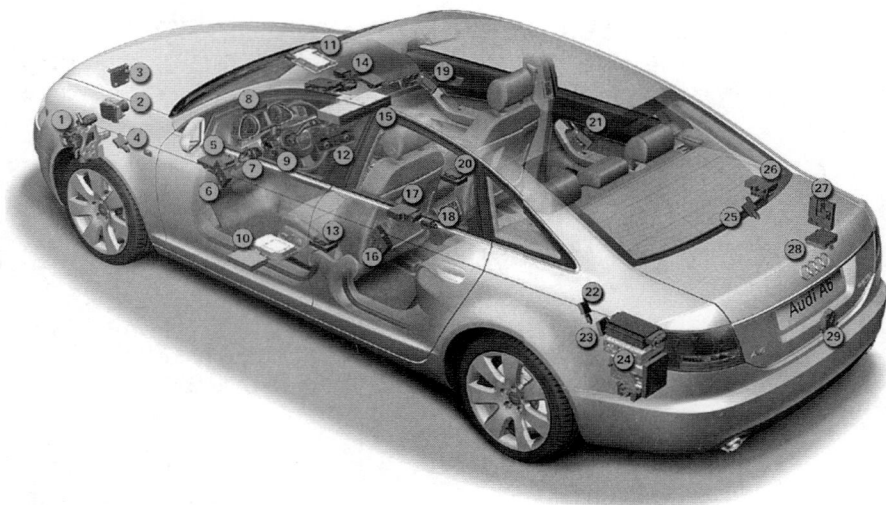

图 1-16   奥迪 A6 数据网络电控单元位置图

1-辅助加热控制单元 J364;2-带 EDS 的 ABS 控制单元 J104;3-车距调节控制单元 J428;4-左前轮轮胎压力监控发射元件 G431,在车轮拱形板内;5-供电控制单元 J519;6-驾驶员车门控制单元 J386;7-使用和起动授权控制单元 J518;8-组合仪表内控制单元 J285;9-转向柱电气控制单元 J527;10-电话、Telematik 控制单元 J526,电话发送和接收器 R36;11-发动机控制单元 J623;12-全自动空调控制单元 J255;13-有记忆功能的座椅调节/转向柱调节控制单元 J136;14-水平调节控制单元 J197,前照灯照程调节控制单元 J431,轮胎压力监控控制单元 J502,供电控制单元 J520,前部信息系统显示和操纵控制单元 J523;数据总线诊断接口 J533,无钥匙式起动授权天线读入单元 J723;15-CD 换碟机 R14,CD 播放机 R92;16-左后车门控制单元 J388;17-安全气囊控制单元 J234;18-车身转动速率传感器 G202;19-副驾驶车门控制单元 J387;20-副驾驶带记忆功能的座椅调节控制单元 J521;21-右后车门控制单元 J389;22-左后轮轮胎压力监控发射元件 G433,在车轮拱形板内;23-驻车加热无线电接收器 R64;24-带有 CD 播放机的导航控制单元 J401,语音输入控制单元 J507,数字音响包控制单元 J525,收音机 R,TV 调谐器 R78,数字收音机 R147;25-右后轮轮胎压力监控发射元件 G434,在车轮拱形板内;26-停车辅助系统控制单元 J446,挂车识别控制单元 J345;27-舒适系统中央控制单元 J393;28-电动驻车/手制动器控制单元 J540;29-电能管理控制单元 J644

❹ 电气线束图

汽车电气线束图是表达汽车线束分布情况的图,线束图用来说明线束在车身上的安装位置、搭铁点和线束插接器的基本情况。线束图的特点是对露在线束外面的线头与插接器详细编号,并用字母标定,配线记号的表示方法突出,便于配线。各接线端都用序号和颜色准确无误地标注出来。但线路布置图不能详细描述线束内部的导线走向,如图 1-17 所示。

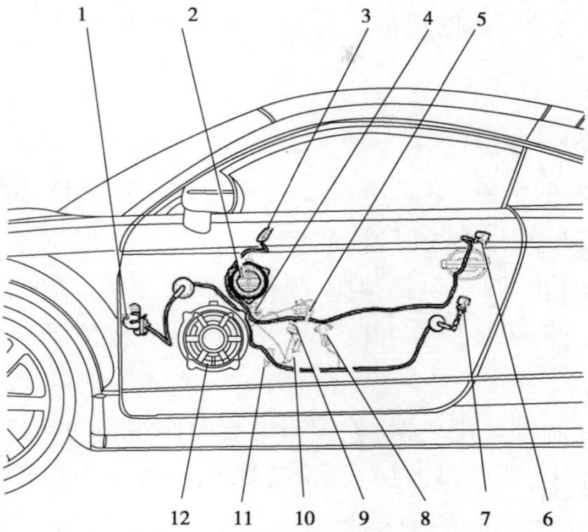

图1-17 汽车电气线束图

1-车门接线板-立柱 A;2-左前中音喇叭-R103,右前中音咖叭-R104,在车门中间;3-驾驶员侧车内锁闭按键 E308,副驾驶员侧车内锁闭按键 E309;4-后视镜调节开关 E43,后视镜转换开关 E48;5-驾驶员车门中的电动摇窗器操纵单元 E512,副驾驶员车门中的电动播窗器开关 E107;6-警告装置关闭开关 E217,车内监控关闭开关 E183;7-驾驶员侧中央门锁锁止单元 F220,后左侧中央门锁锁止单元 F222;8-驾驶员侧面安全气囊碰撞传感器 G179,副驾驶员侧面安全气囊碰撞传感器 G180;9-J386 驾驶员侧车门控制器,J387 副驾驶员侧车门控制器;10-J386 驾驶员侧车门控制器,J387 副驾驶员侧车门控制器;11-油箱盖锁闭按键 E319,后盖遥控开锁按键 E233;12-左前低音喇叭 R21,右前低音喇叭 R23,在车门下部

⑤ 网络拓扑图

车载网络拓扑图是由网络节点设备和通信介质构成的网络结构图。通过网络拓扑图可很容易地熟悉掌握车载网络的各种总线和子系统(图1-5)。

⬛二 电路图的识读

由于各厂家汽车电路图的绘制方法、符号标注、文字标注、技术标准的不同,各种汽车电路图的画法也不同,但好在其表达方式不尽相同,但差别不大,并且电路图都有相应的说明来解释所采用的符号。因此,掌握汽车电路图识读的基本方法就可以对各种汽车电路图融会贯通地掌握了。

❶ 熟悉图注信息

图注是对电路图内表达内容的诠释。认真阅读图注,了解电路图的名称、技术规范,明确图形符号的含义,建立元器件和图形符号间一一对应的关系,这样才能快速准确地识图。

❷ 按电路回路识读

回路是电学中最基本的概念,任何一个完整的电路都由电源、用电设备、开关、导线等组成。对于汽车的直流电路设备而言,电流总是要从电源的正极→导线→熔断器→开关→用电器→导线(搭铁)回到同一电源的负极。在这一过程中,只要有一个环节出现错误,此电路就不会有效。

❸ 熟悉开关的作用

开关是控制电路通断的关键,电路中主要的开关往往汇集许多导线,如点火开关、车灯总开关,读图时应注意与开关有关的信息。

(1)开关共有几个挡位。在每个挡位中,哪些接线柱通电,哪些接线柱断电。

(2)电流是通过什么路径到达这个开关的,中间是否经过其他开关和熔断器,这个开关是手动的还是电控的。

(3)各个开关分别控制哪个用电器,被控用电器的作用和功能是什么。

(4)在被控的用电器中,哪些电器处于常通,哪些电路处于短暂接通,哪些应先接通,哪些应后接通,哪些应单独工作,哪些应同时工作,哪些电器允许同时接通。

模块小结

(1)汽车电气系统全部采用蓄电池电源供电模式,汽车用电装置具有多样性和复杂性,采用负极搭铁方式,以发动机缸体和车身构成回路。随着汽车电子技术的发展,汽车电气进入汽车电控网络时代。汽车电气以网络为线索,可以将汽车电气的组成重新划分为电力网络和数据网络两类。电力网络主要包括电能管理系统;数据网络主要包括动力系统、信息娱乐系统、舒适系统。

(2)常用的电气元件有开关、连接器、熔断丝、继电器、传感器等。连接器的作用是连接线路或元器件,方便检修。熔断丝的作用是保护用电设备。继电器的作用是用小电流控制大电流,保护开关。传感器的作用是将车辆信息传送给ECU,以便ECU进行智能控制。

模块二
汽车电网

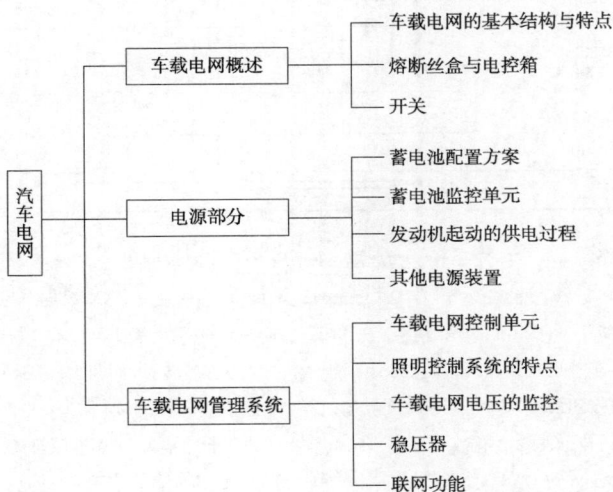

Module 2

学习目标

1. 熟悉汽车电气系统的组成与功用,掌握汽车电气中电网与数据网的配合关系;
2. 能够熟练辨识各类电气元件,并能正确识读各类汽车电路图。

模块导航

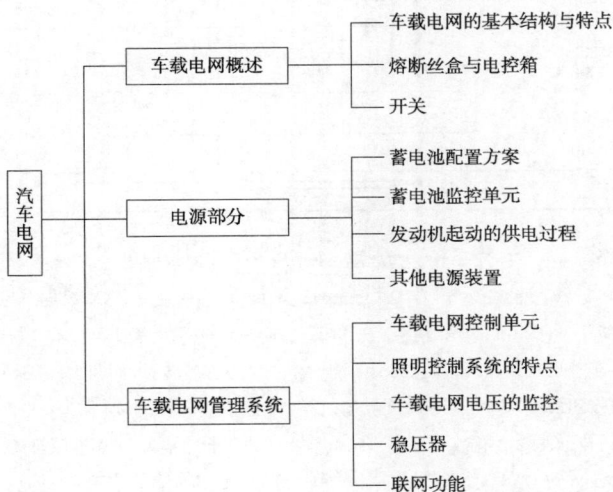

- 汽车电网
  - 车载电网概述
    - 车载电网的基本结构与特点
    - 熔断丝盒与电控箱
    - 开关
  - 电源部分
    - 蓄电池配置方案
    - 蓄电池监控单元
    - 发动机起动的供电过程
    - 其他电源装置
  - 车载电网管理系统
    - 车载电网控制单元
    - 照明控制系统的特点
    - 车载电网电压的监控
    - 稳压器
    - 联网功能

课题 1   车载电网概述

随着汽车电控技术的不断发展,车辆上应用的电子和电气部件数量在不断增加。若想让这些电子装置可靠地工作,其前提条件就是需要有一个稳定而可靠的供电网络,以及可快速进行各种复杂系统之间数据交换的控制单元总线网络系统。

本模块以大众/奥迪车型为例,讲解汽车电网的结构原理。

一 车载电网的基本结构与特点

1 车载电网总体结构

在电控网络车型上,车载电网的各种控制单元通过数据总线互相连接。通过这种连接方式,不同信号以数字形式从一个控制单元传输到另一个控制单元。这些信号的传输通过两个以上数据总线来实现,从而不必为每个信号单独铺设一根电缆。大众途锐车型电网的工作原理图如图2-1、图2-2所示。

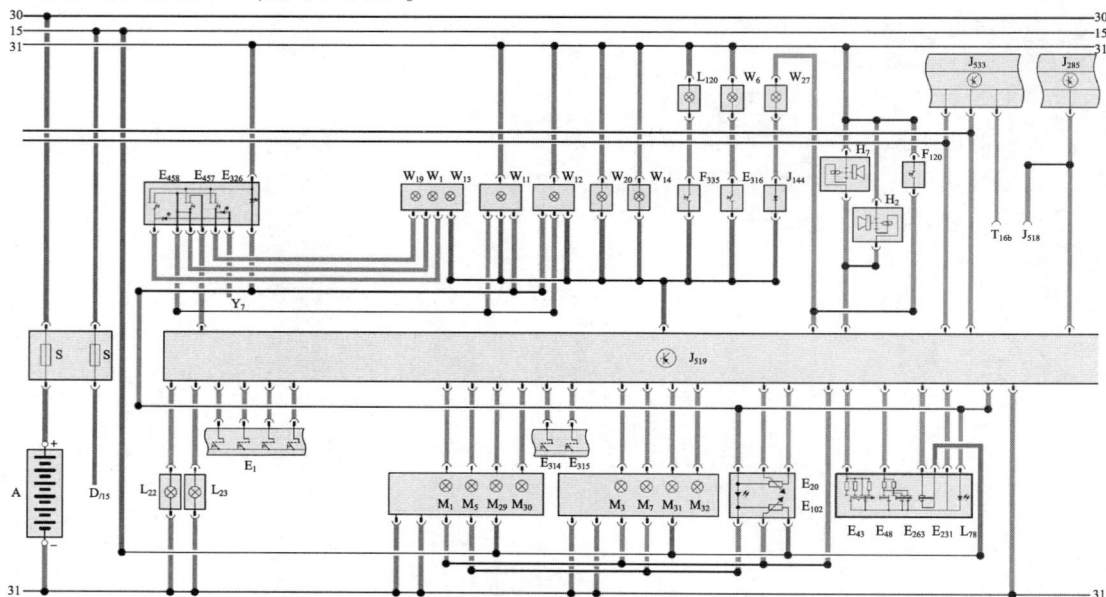

图2-1   大众途锐车型电网工作原理图1

信号输出; 搭铁; 信号输入; 正极; CAN 数据总线;A-蓄电池;D-点火开关;E1-车灯开关;E3-报警闪光器开关;E20-照明调节器-开关和仪表;E43-后视镜调节开关;E48-后视镜调节转换开关;E102-前照灯照明距离调节器;E231-车外后视镜加热按钮;E263-后视镜折回开关;E314-后雾灯按钮;E315-前雾灯按钮;E316-杂物箱按钮;E326-前部车内照明灯按钮;E457-驾驶员侧阅读灯按钮;E458-副驾驶员侧阅读灯按钮;F120-防盗报警装置/防鼬鼠装置接触开关;F335-杂物箱照明开关;F213-雨水传感器;H2-高音喇叭;H7-低音喇叭;J39-前照灯清洗装置继电器;J144-车内照明灯延时电路闭锁二极管;M1-左侧驻车灯灯泡;M3-右侧驻车灯灯泡;M5-左前转向信号灯灯泡;M7-右前转向信号灯灯泡;M29-左侧近光灯灯泡;M30-左侧远光灯灯泡;M31-右侧近光灯灯泡;M32-右侧远光灯灯泡;U1-点烟器;U9-后部点烟器

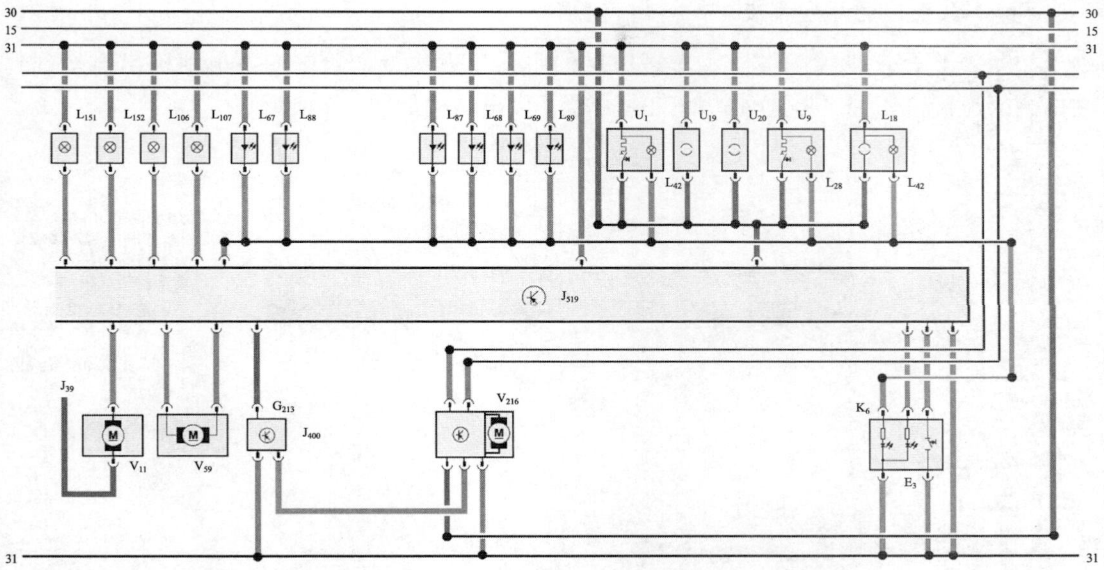

图 2-2　大众途锐车型电网工作原理图 2

信号输出；　　　搭铁；　　　信号输入；　　　正极；　　　CAN 数据总线；J285-组合仪表内带显示单元的控制单元；J400-刮水器电动机控制单元；J518-登车和起动授权控制单元；J519-车内电网控制单元；J533-数据总线诊断接口；K6-报警闪光装置指示灯；J22-左侧前雾灯灯泡；L23-右侧前雾灯灯泡；L28-点烟器照明灯泡；L42-插座照明灯泡；L67-左侧仪表板出风口照明；L68-中部仪表板出风口照明；L69-右侧仪表板出风口照明；L78-后视镜调节开关照明；L87-后座中间出风口照明；L88-左侧后座出风口照明；L89-右侧后座出风口照明；L106-左后脚舱照明；L107-右后脚舱照明；L120-杂物箱照明；L151-左前脚舱照明；L152-右前脚舱照明；U19-12V 插座 – 3 –；U20-12V 插座 – 4 –；V11-前照灯清洗装置泵；V59-风窗玻璃和后窗玻璃清洗泵；V-车窗玻璃刮水器电动机；W1-前部车内照明灯；W11-左后阅读灯；W12-右后阅读灯；W13-副驾驶员侧阅读灯；W14-带照明的化妆镜(副驾驶员侧)；W19-驾驶员侧阅读灯；W20-带照明的化妆镜(驾驶员侧)；Y7-自动防眩车内后视镜

❷ 车载电网部件的安装位置

车载电网通常采用分散式结构,电网部件被安装在车辆的不同位置。例如:大众辉腾轿车电网部件位置,如图 2-3 所示。

图 2-3　大众辉腾轿车电网部件位置

3 车载电网的导线铺设

如图 2-4 所示,大众辉腾车型车载电网的主导线束从行李舱中的蓄电池引出连接到驾驶员侧的连接位置上。奥迪 A6 轿车 30 号端子供电结构如图 2-5 所示。

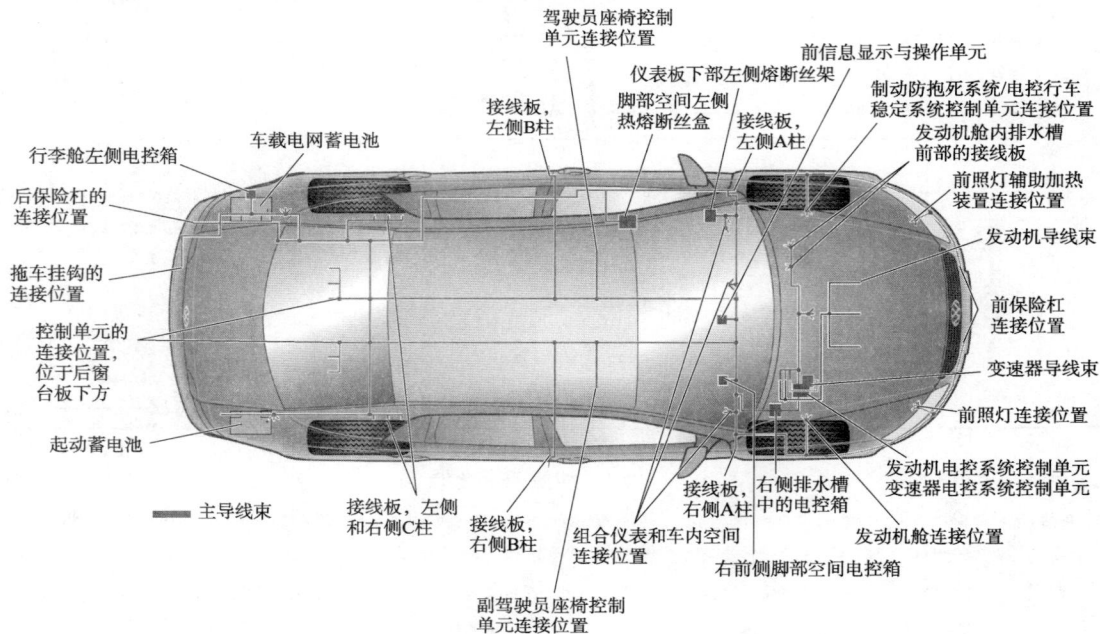

图 2-4　大众辉腾轿车电网供电线路

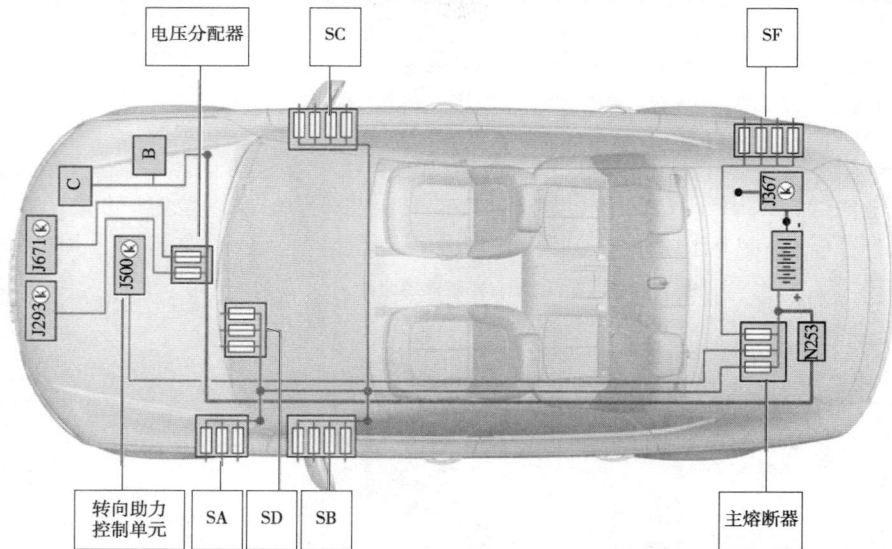

图 2-5　奥迪 A6 轿车 30 号端子供电结构图

SC-仪表板左侧的熔断丝座;SF-行李舱右侧电子模块上的熔断丝座;SA-发动机舱内的熔断丝座;SD、SB-仪表板右侧的熔断丝座在奥迪车型中,对于采用双蓄电池方案车载电网的车辆,起动机的供电线为右侧一根独立的导线束。出于保护目的,导线束铺设在浅盘形地板的导线槽中。奥迪 A8(2003 款)的蓄电池主线使用特殊规格的圆形铝合金蓄电池主线,而奥迪 A8(2010 款)的蓄电池主线则开始使用刚性的铝合金扁线,外面包裹着红色塑料绝缘层,如图 2-6 所示。

图 2-6　奥迪 A8(2010 款)轿车蓄电池主电缆

❹　车载电网的搭铁点

车辆中专门选出了几个位置作为搭铁点,对于安装了大量高级电子控制单元的汽车来说是非常重要的。电控系统只有处于相同的搭铁电位,才能保证电控系统的正常工作。随意选择搭铁点可能会导致出现搭铁电位差,从而引起功能故障(比如补偿电流)。大众辉腾轿车车载电网搭铁点如图 2-7 所示。

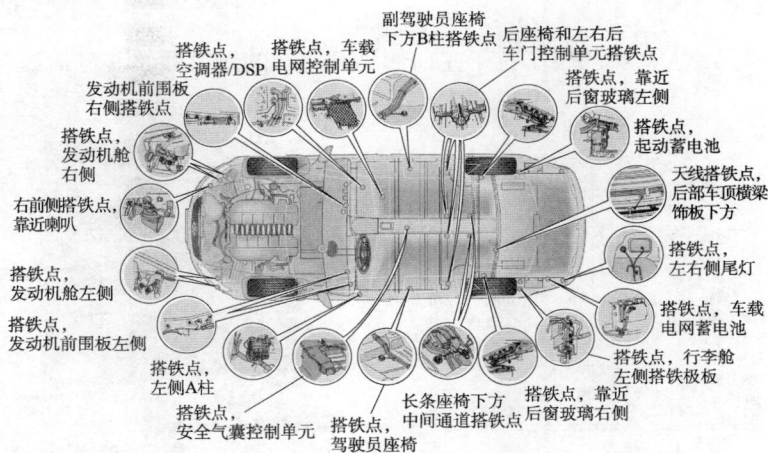

图 2-7　大众辉腾轿车电网搭铁点

二 熔断丝盒与电控箱

1 前熔断丝盒

大众辉腾轿车的前熔断丝盒位于行李舱左侧,熔断丝盒里面是车载电网的主熔断丝(图2-8)。此外,车载电网蓄电池的连接导线、风窗玻璃加热装置控制单元、前后电控箱、发电机导线以及车载电网电源测量导线都由此引出。

2 后部电控箱

如图2-9所示,大众辉腾轿车的行李舱左后电控箱中安装了起动蓄电池转接继电器(100)、车载电网蓄电池转接继电器(432)、燃油泵继电器 1(404)、燃油泵继电器 2(404)、继电器端子 50(433)、后窗玻璃加热装置的继电器 1(100)、后窗玻璃加热装置的继电器 2(104)、空气悬架(214)的继电器以及油箱盖板开启继电器(404)。

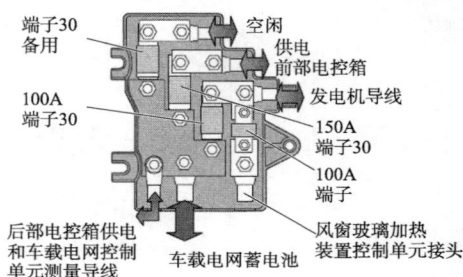

图2-8 大众辉腾轿车的前熔断丝盒

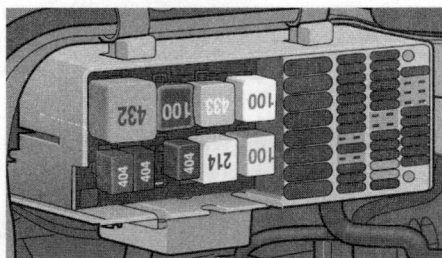

图2-9 大众辉腾轿车后部电控箱

3 排水槽电控箱

如图2-10所示,大众辉腾轿车的排水槽电控箱位于排水槽前部电控箱槽中。其部件包括:车载电网电压滤波电容器、主继电器1和2(53和100)、端子75继电器(100)、端子15继电器(433)二次空气泵继电器1和2(100)以及发动机管理系统电源继电器(167)。

4 热熔断丝盒

如图2-11所示,大众辉腾轿车位于左前侧脚部空间的热熔断丝盒包括如下热熔断丝:

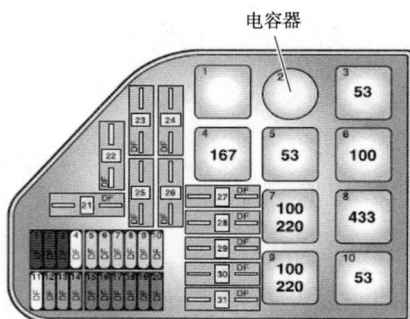

图2-10 大众辉腾轿车排水槽电控箱

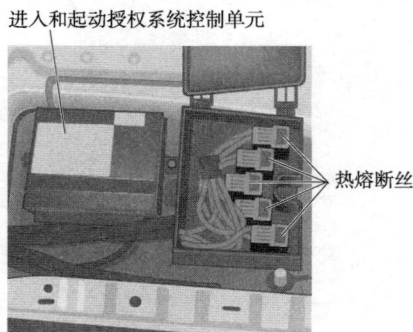

图2-11 大众辉腾轿车热熔断丝盒

（1）左侧车窗升降器（30A）。

（2）右侧车窗升降器（30A）。

（3）驾驶员座椅控制单元（30A）。

（4）副驾驶员座椅控制单元（30A）。

（5）后座椅控制单元（30A）。

（6）左后 PTC 加热（30A）。

（7）右后 PTC 加热（30A）。

❺ 右侧脚部空间继电器座

如图 2-12 所示，大众辉腾轿车的继电器座位于副驾驶员侧脚部的上部空间中，上面安装了水泵继电器（404）、真空泵继电器（404）、加热型刮水器驻车位置继电器（404）、座椅加热启用继电器（404）、太阳能天窗继电器（79）、端子 15SV 继电器（100）、前照灯清洗装置继电器（53）、电控转向助力系统控制单元继电器（631）和安全气囊警告灯继电器（464）。

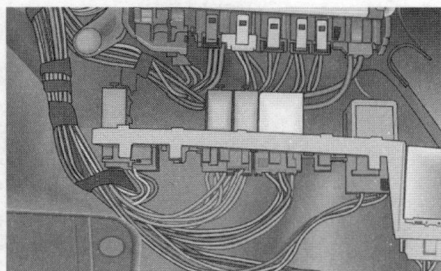

图 2-12　大众辉腾轿车副驾驶位置右侧脚部
　　　　　上空间继电器座

三　开关

❶ 按电阻编码的开关

开关用于打开和关闭用电部件。对于普通的开关，每个开关功能的执行都需要一条连接导线。但是，按电阻编码的开关可明显减少所需的连接导线的数量。

例如：转向柱调节开关（图 2-13）。如果所有开关都断开，将没有信号传输到转向柱模块。

操作"向下"开关（图 2-14）：转向柱模块通过触点 A2 给开关发送一个电压信号。该电压信号由电阻 $R4$ 加以改变。因为电阻值 $R1$、$R2$、$R3$ 和 $R4$ 各不相同，控制单元就可以识别开关位置。

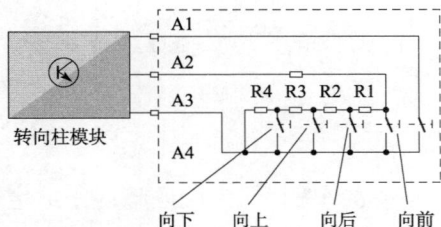

图 2-13　开关断路状态

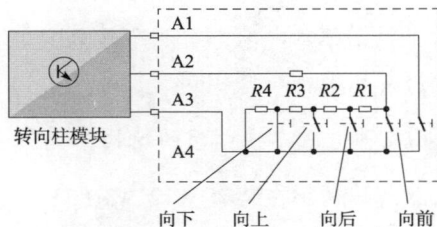

图 2-14　操作向下开关状态

❷ 开关位置与功能

以大众辉腾轿车为例，其电气开关及功能如下。

仪表板开关如图 2-15 所示。

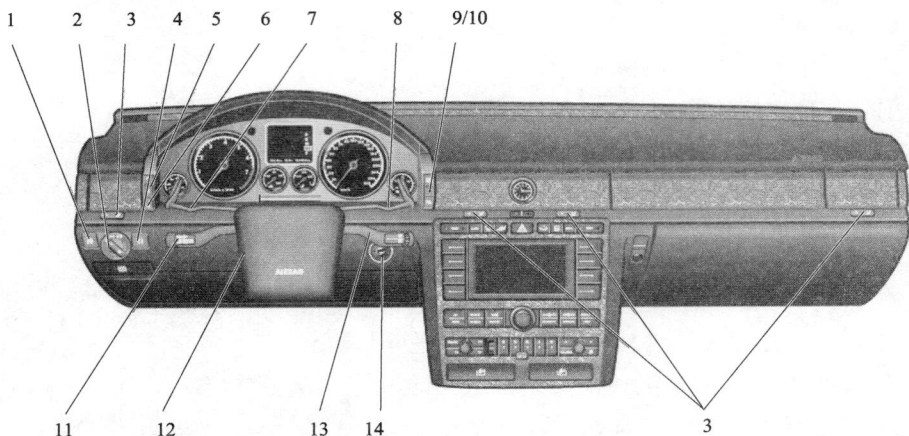

图 2-15　大众辉腾轿车仪表板开关

1-雾灯,选装;2-车灯旋转开关;3-出风口气流调节;4-后雾灯;5-仪表照明;6-短程里程表复位;7-手动电控换挡程序;8-手动电控换挡程序＋;9-关闭驻车辅助;10-后窗遮阳卷帘向上/向下;11-转向信号灯和远光灯;12-转向柱调节;13-刮水器;14-电子点火开关

另外,还有该车的"前信息显示与操作单元开关""多功能转向盘开关""驾驶员侧车门开关""中控台开关""座椅开关"和"前部车顶模块开关"等,受篇幅所限这里就不再赘述。

课题2　电源部分

一　蓄电池配置方案

为了确保用电设备和起动机获得足够的电源供应,高档乘用车上通常根据用电设备的负荷采用单蓄电池车载电网或双蓄电池车载电网方案。

❶ 基本结构

对于采用单蓄电池方案的车载电网车辆(图 2-16),电能的供应是通过该蓄电池保证的,其供电过程与老款车型相同。

❷ 双蓄电池车内电网的结构

大众辉腾轿车在装有 W12、V10-TDI 大排量发动机的车辆上,为保证起动能量足够大,需使用双蓄电池车内电网(图 2-17)。在这个车内电网内起动蓄电池用于向起动机供电,必要时可向起动所需电器供电。第二个蓄电池,即车载电网蓄电池,向车内电网的其他电器供电。这两个蓄电池并联时可向发动机提供起动所必需的高电流。该支持过程是由蓄电池监控系统控制单元来控制的。

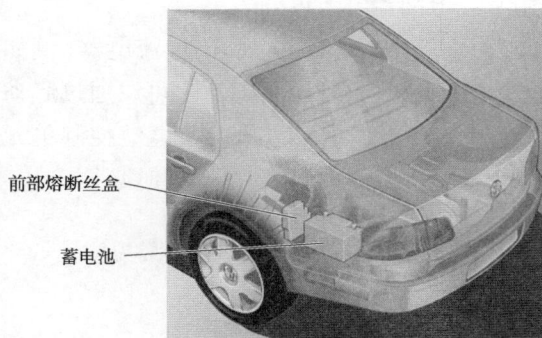

前部熔断丝盒

蓄电池

并联蓄电池
继电器

前部熔断丝盒

蓄电池监控系统
控制单元

车载电网蓄电池　起动蓄电池

图2-16　大众辉腾轿车的单蓄电池供电结构　　　图2-17　大众辉腾轿车的双蓄电池供电结构

　　大众辉腾轿车双蓄电池电网主要部件配置有:起动蓄电池、车载电网蓄电池、并联蓄电池继电器、起动蓄电池转接继电器、车载电网蓄电池转接继电器、蓄电池监控系统控制单元、起动蓄电池温度传感器等。

　　如图2-18所示,在正常情况下,起动蓄电池为发动机的起动电路提供电源。车载电网蓄电池为车载电网提供12V的电压。起动机电路和车载电网电路的开关控制是通过蓄电池监控系统控制单元(J367)完成的,它控制了起动蓄电池的充电并可靠保证了与起动相关的用电设备的正常供电。

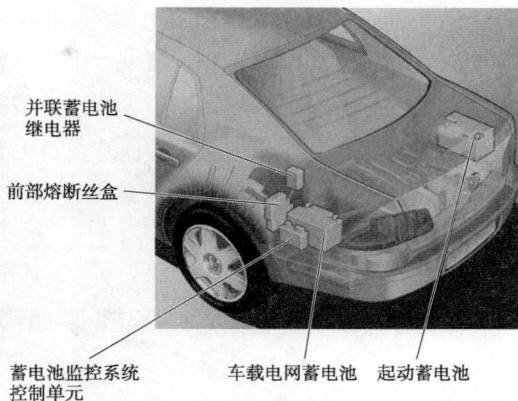

数据通过CAN数据总线传输,
比如来自进入和起动授权系统
控制单元的数据

转接继电器B　　转接继电器S　　并联电路
继电器

起动机

端子30SV

端子30

A4 A17　A5 A2 A8　A6 A9 A12 A15 A1 A16 A14 A18 A10 A7 A13　B2 B1

起动蓄电池　温度传感器　电源　蓄电池监控系统控制单元(J367)位于行李舱左侧　　车载电网蓄电池

A1　端子50　　　A14　端子15　　　A17　端子30　　　A4　钥匙插入　　　A15　应急运行　　　A18　端子15SV

图2-18　大众辉腾轿车的双蓄电池供电电路结构

　　为防止因舒适电器耗电造成起动蓄电池电量过低,厂家将车用电器分为与起动有关的电器(例如预热装置,发动机控制单元)和车内电网电器(例如收音机,可加热后窗玻璃)两组。与起动有关的电器和车内电网的其他电器由车载电网蓄电池供电。

起动蓄电池可以通过与起动有关的电器的继电器为这些电器供电。高电流电器(例如柴油发动机中的棒状预热塞)总是由起动蓄电池供电。此外,这两个蓄电池也可以通过起动蓄电池的充电继电器相连接,以给起动蓄电池充电。该继电器由车载电网蓄电池控制单元进行控制。它监控车辆行驶期间这两个蓄电池的电压,并能识别起动蓄电池何时必须充电。

二 蓄电池监控单元

大众辉腾轿车蓄电池监控单元电路结构,如图 2-19 所示。

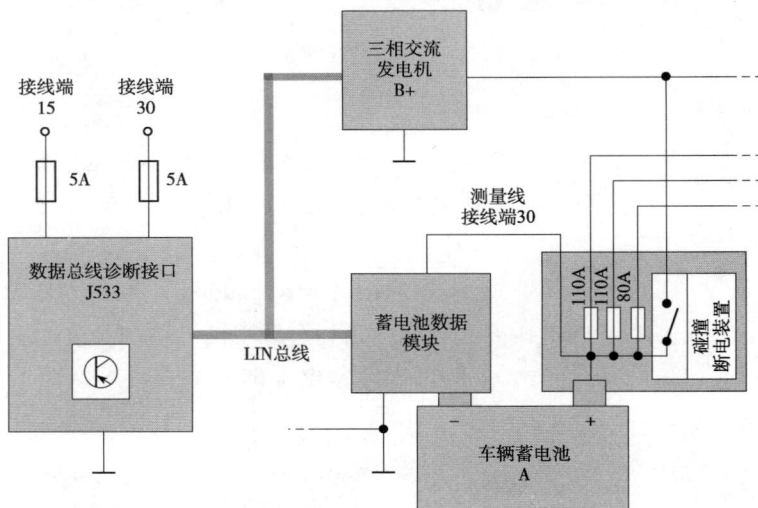

图 2-19 大众辉腾轿车蓄电池监控单元电路

蓄电池监控单元测量蓄电池的充电和放电电流、蓄电池电压和蓄电池温度等参数。蓄电池监控单元通过 LIN 总线从诊断接口处获取"蓄电池状态识别"所需的这三个参数和其他信息。该软件计算蓄电池的当前状态,并在需要时将信息发送到 LIN 主机,即:数据总线诊断接口。

1 蓄电池状态识别功能

蓄电池监控单元中的蓄电池状态识别功能用于测量通过 LIN 总线传递给数据总线诊断接口 J533 的以下参数:

(1)"蓄电池断电"识别:如果蓄电池监控单元在 30s 后仍然无法识别蓄电池,将生成一个相应的参数。

(2)当前最佳充电状态下的蓄电池电压。

(3)"发动机起动性能"参数(该参数反映出当前蓄电池状态是否能够起动发动机)。

(4)在达到发动机起动性能临界状态之前,蓄电池的当前可放电量。

(5)蓄电池当前充电状态。

(6)蓄电池老化程度(蓄电池老化程度可以根据蓄电池能量储存性能和当前功率性能

等参数来确定)。

(7)蓄电池静态电压。

(8)蓄电池内电阻。

② 蓄电池监控单元的结构

如图 2-20 所示,蓄电池监控单元的核心部分是一个中央处理器(CPU),该处理器用于确定三个测量参数,以及与诊断接口通信。

(1)蓄电池电流测量:蓄电池的电流在负极处进行测量,此外,蓄电池负极还连接有蓄电池监控单元。流入蓄电池负极的总电流流经蓄电池监控单元,或者确切地说是流经一个分流电阻器。该分流电阻器的阻值在毫欧级范围内。此电阻值非常小,以保证其功率损耗以及所产生的热量值尽可能小。作用在分流电阻器上的电压与电流成正比。CPU 可以测量电压降,进而计算回流到蓄电池中的电流量。

(2)蓄电池电压测量:蓄电池电压通过直接将电压测量装置连接在蓄电池正极上测得。

(3)蓄电池温度测量:蓄电池温度的测量需要使用蓄电池监控单元中的 NTC(热敏电阻)温度传感器。由于蓄电池监控单元直接固定在蓄电池上,所以在蓄电池模块内即可通过 NTC 温度传感器测量蓄电池温度,随后由软件进行处理。

③ 数据传输

在数据总线诊断接口 J533 上,除了蓄电池监控单元外,交流发电机是第二个 LIN 总线用户(图 2-21)。所有交流发电机状态的相关数据都通过连接 LIN 总线在 J533 处读取。J533 数据总线诊断接口提供激活发电机指示灯所需要的信息。并通过组合仪表控制单元 J285,由组合仪表 CAN 总线读取这些信息。

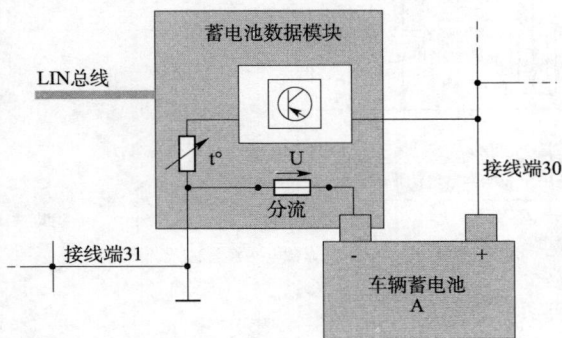

图 2-20 蓄电池监控单元结构

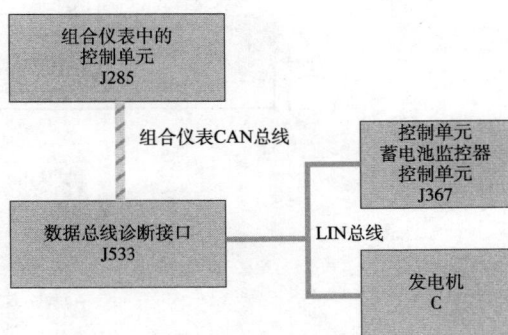

图 2-21 电源部分的数据传输

三 发动机起动的供电过程

根据蓄电池的电量状态可分为四种状态,起动发动机前蓄电池监控单元对它们加以识别:

(1)车载电网蓄电池和起动蓄电池电量充足。

（2）车载电网蓄电池电量过低,起动蓄电池电量充足。

（3）车载电网蓄电池电量充足,起动蓄电池电量过低。

（4）车载电网蓄电池和起动蓄电池电量均过低。

与起动相关的用电设备有:

（1）发动机控制单元。

（2）燃油泵。

（3）进入和起动授权系统控制单元。

（4）组合仪表。

（5）安全气囊控制单元（为安全起见）。

起动机电路和车载电网电路是彼此分开的,为了保证两个电路获得足够的电能供应,蓄电池监控系统可以实现各种预置的控制运行方式。

❶ 车载电网蓄电池和起动蓄电池电量充足时的起动过程

1）正常起动

蓄电池监控系统控制单元由进入和起动授权系统控制单元（J518）通过信号"钥匙在点火开关中"（Key – In）和"点火开关已打开"（端子 15）以及起动信号（端子 50）进行控制。车载电网蓄电池转接继电器（继电器 B）被关闭,与起动相关的用电设备将由车载电网蓄电池供电,起动机由起动蓄电池供电,如图 2-22 所示。

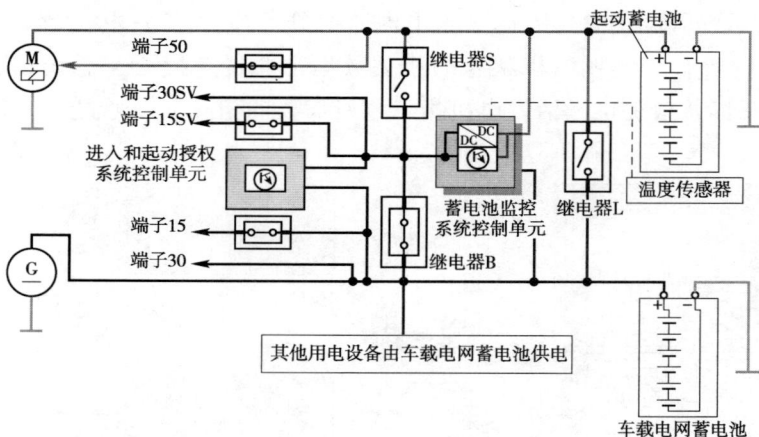

图 2-22　正常起动的供电线路

继电器 S-起动蓄电池转接继电器（J580）;继电器 B-车载电网蓄电池转接继电器（J579）;继电器 L-并联蓄电池继电器（J581）;SV-与起动相关的用电设备

2）冷起动

除了正常起动的输入信号外,还要将蓄电池温度以及 CAN 数据总线传送的冷却液温度信号考虑在内。车载电网蓄电池转接继电器被关闭,蓄电池监控系统控制单元控制继电器切换到并联。如此控制后,并联继电器关闭,两个蓄电池被并联（图 2-23）。并联的发生取决于温度（对于汽油发动机小于 –10℃,对于柴油发动机 V10-TDI 小于 0℃）。

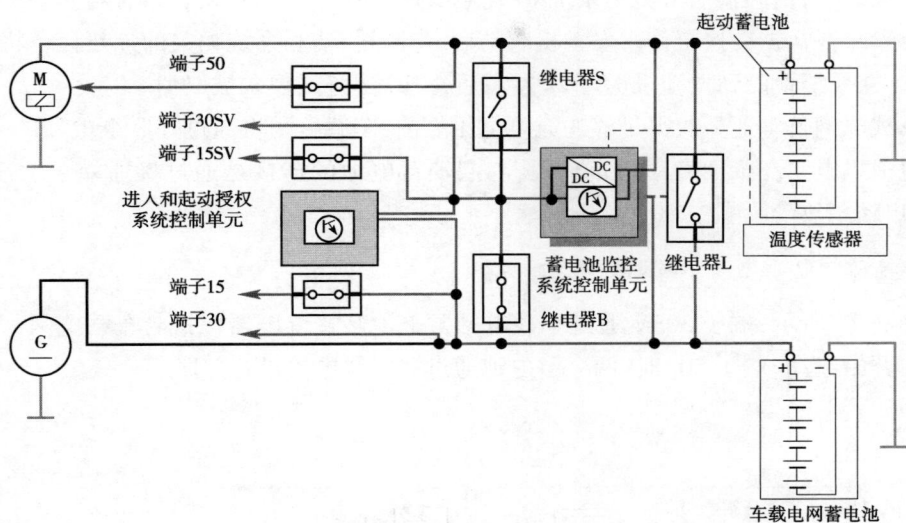

图 2-23　冷起动线路

继电器 S-起动蓄电池转接继电器(J580);继电器 B-车载电网蓄电池转接继电器(J579);继电器 L-并联蓄电池继发器(J581);SV-与起动相关的用电设备

❷ **车载电网蓄电池电量不足时的起动过程**

如图 2-24 所示,当接通端子 15SV 时,如果车载电网蓄电池电压小于 11V,将通过 CAN 数据总线发送"应急起动"模式信息。一旦点火钥匙插入点火开关,端子 30SV 立刻通过起动蓄电池转接继电器连接至起动蓄电池。

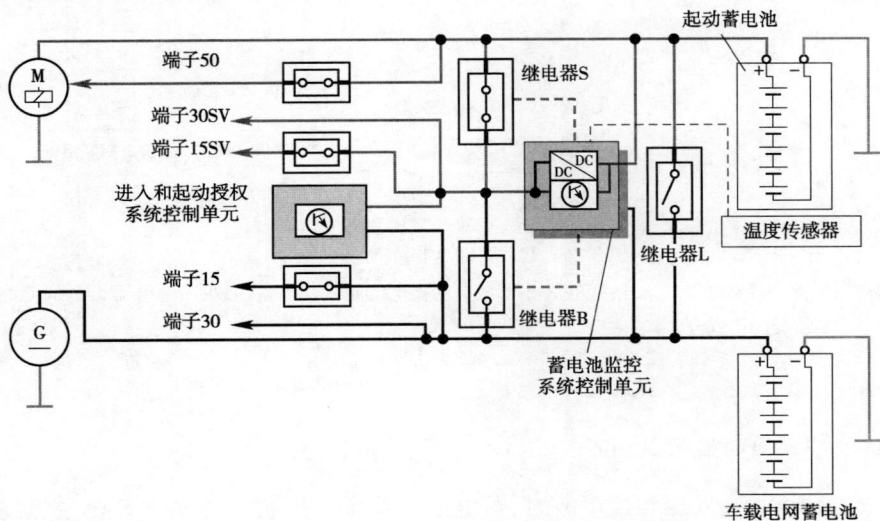

图 2-24　车载电网蓄电池放电后的起动过程

继电器 S-起动蓄电池转接继电器(J580);继电器 B-车载电网蓄电池转接继电器(J579);继电器 L-并联蓄电池继发器(J581);SV-与起动相关的用电设备

当点火开关打开时,动力传动系统 CAN 总线进入部分工作模式。只有与起动相关的控制单元才参与通数据交换工作。发动机起动后,与舒适/便利系统相关的加热设备将被关闭 2~5min。在系统检测到发动机运转2s左右后,"应急运行"模式被取消。

在车载电网蓄电池上获得足够的充电电压之前,车载电网将通过并联继电器的并联,由起动蓄电池供电。在柴油发动机车辆上,与起动蓄电池的连接是通过接通端子 15SV 实现的,以便启动预热阶段。

❸ 起动蓄电池电量不足时的起动过程

如图 2-25 所示,端子 30SV 通过车载电网蓄电池转接继电器保持与车载电网蓄电池的连接。在开始起动(端子 50)时,两个蓄电池通过并联继电器进行并联。

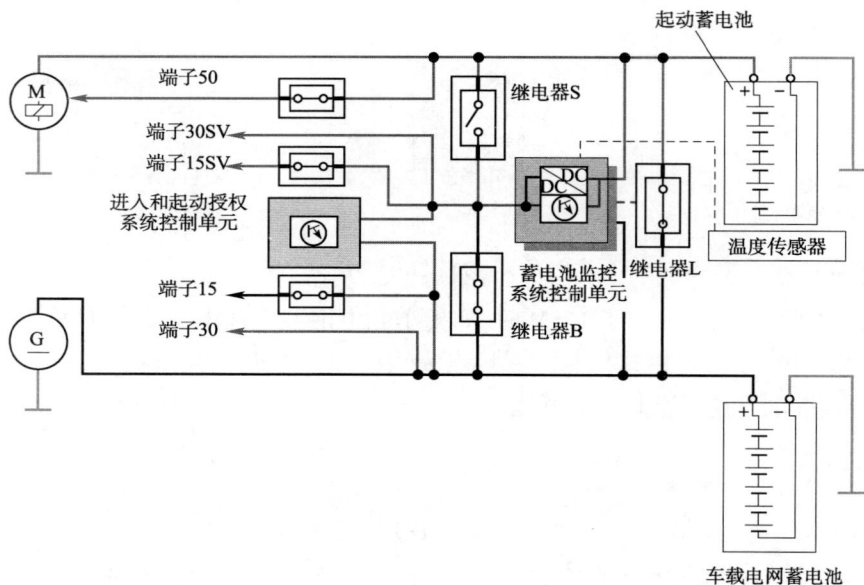

图 2-25 起动蓄电池电量不足时的起动

继电器 S-起动蓄电池转接继电器(J580);继电器 B-车载电网蓄电池转接继电器(J579);继电器 L-并联蓄电池继电器(J581);SV-与起动相关的用电设备

❹ 碰撞事故后的监控

如图 2-26 所示,当发生碰撞事故时,蓄电池监控系统控制单元通过 CAN 数据总线收到碰撞信号。起动蓄电池由此中断充电工作。该信号将一直被保存,直到利用检测仪 VAS 5051 复位。每次接通点火开关时,都会检查连接起动机的导线是否存在短路。当检查到有短路存在时,就不再开始起动过程。

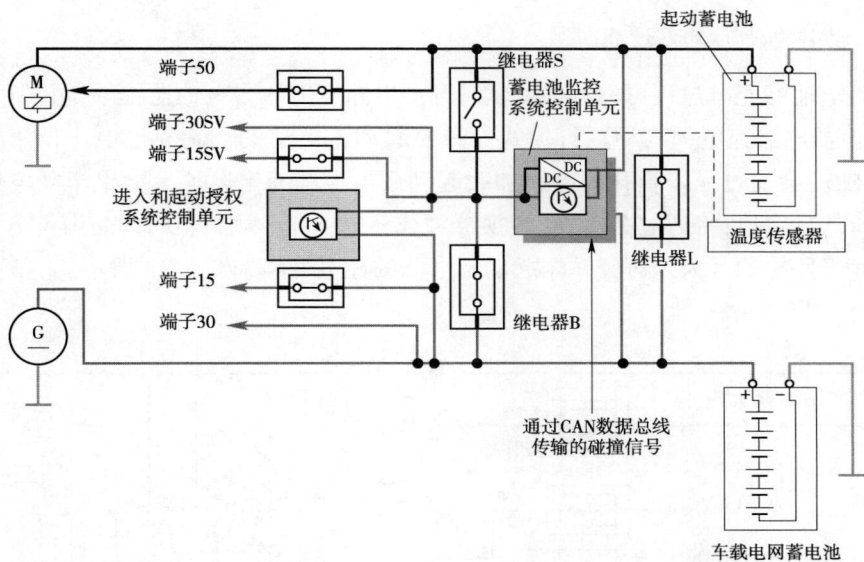

图 2-26　碰撞事故后的监控

继电器 S-起动蓄电池转接继电器(J580);继电器 B-车载电网蓄电池转接继电器(J579);继电器 L-并联蓄电池继电器(J581);SV-与起动相关的用电设备

四 其他电源装置

1 发电机

常用汽车使用的交流发电机有风冷式和水冷式两种类型,部分大排量高档乘用车则采用水冷交流发电机。受篇幅所限,发电机的结构原理详见模块 3。

2 车载电网的滤波电容器

由于车载电网蓄电池位于行李舱中,发电机到蓄电池的充电导线的长度约为 6m。为降低发电机附近的充电导线中的电压波动,车载电网滤波电容器对充电导线上的充电电流和充电电压进行滤波,可以减少电气和声音故障。在向某些大电流用电设备供电时会产生较高的电压波动,它们的分流头被安排在排水槽中。车载电网的滤波电容器电路如图 2-27 所示。

图 2-27　车载电网滤波电容器电路

❸ 起动蓄电池的充电过程

起动蓄电池的充电过程可以分为晶体管开关电路充电和蓄电池监控系统控制单元中的 DC/DC 转换器电路充电的两种运行模式。只要起动蓄电池的额定充电电压低于实际的车载电网电压,就会通过晶体管开关电路加载起动蓄电池的充电电流。如果车载电网电压低于充电电压的额定值,将通过 DC/DC 转换器加载充电电流。该充电时间是由蓄电池监控系统控制单元来监控的。大众辉腾轿车起动蓄电池的充电电路如图 2-28 所示。

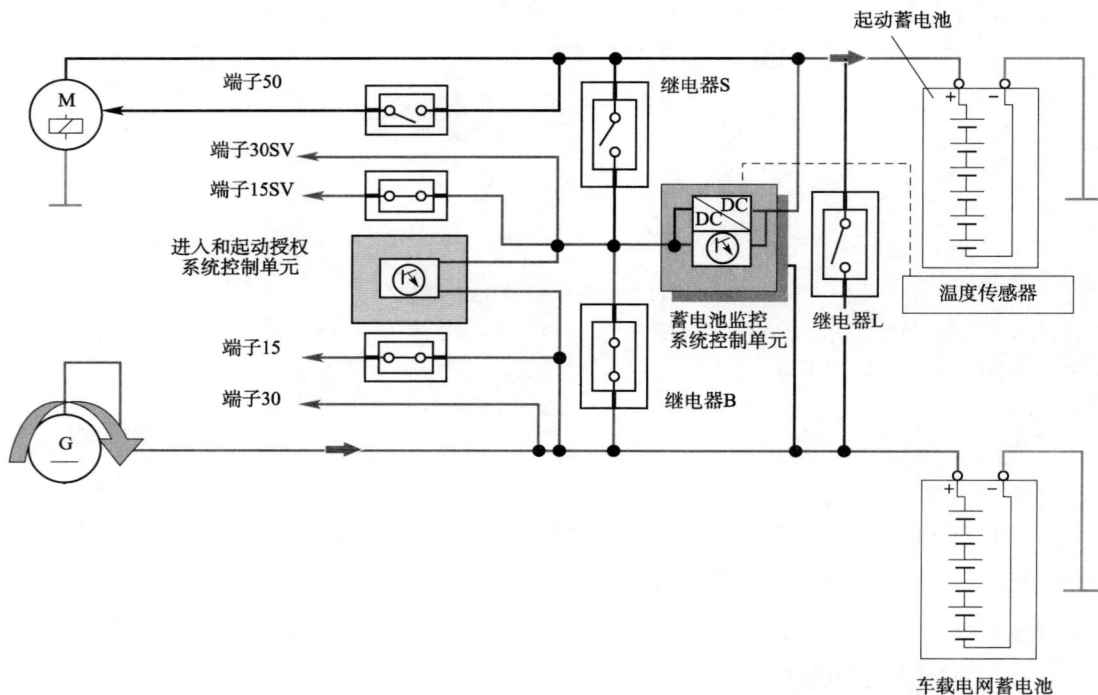

图 2-28　大众辉腾轿车起动蓄电池充电电路
继电器 S-起动蓄电池转接继电器(J580);继电器 B-车载电网蓄电池转接继电器(J579);继电器 L-并联蓄电池继电器 (J581);SV-与起动相关的用电设备

如果起动蓄电池的电压值不能达到规定的数值,充电过程将被中断。从而保证损坏的蓄电池不会被继续充电。系统会在故障存储器中保存一个故障存储条目:起动蓄电池的充电监控 – 超出上限。电能管理系统控制该工作过程。

❹ 逆变器

为方便用户在汽车上使用常规市电规格的用电设备(比如便携式电脑、充电器等)。很多车型的车载电网配置了逆变器,例如:为提供交流电源,大众迈腾轿车在该车电网中配置了逆变器,该逆变器安装在中控台中的杯架后部位置上,并与插座紧密相连(图 2-29)。该车将 230V/50Hz 的欧洲式插座可作为选装件预定。

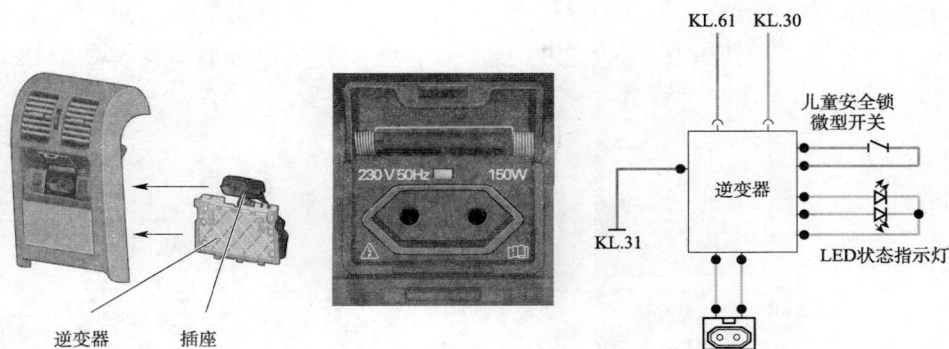

图 2-29　大众迈腾轿车的逆变器及电路图

逆变器的 230V 插座没有保护触点,最大可以以 150W 持续功率运行。短时间内(2min)最大功率可以达到约 300W。插座内有集成的儿童保护装置,该装置同时也起打开开关的作用。插座上方的 LED 绿色点亮表明功能正常。如果该 LED 红色闪烁,则表示发生故障。如果输出功率长时间超过 150W(过热关闭),或者需要过高的负载(大于 300W),则可能导致故障发生。

该市电插座只能在发动机运行时才可使用。除了车载电网控制单元的信号导线,带有电压供给装置(端子 30)和搭铁接口的逆变器被连接到了车载电网上。

下列装置可以在逆变器支持下运行:

(1)便携式电脑 – 电源部分:75 ~ 110W。

(2)便携式游戏机游戏控制台:40 ~ 100W。

(3)灯泡:25 ~ 100W。

(4)电视机 :85 W。

(5)婴儿暖瓶加热装置:80 W。

(6)电池 – 充电装置:50 W。

(7)手机 – 充电装置:30 W。

(8)DVD – 播放机:30 W。

(9)剃须刀:10 W。

❺ 电能管理系统

奥迪公司在 A5、A7、A8 等车型车载电网上设置了电能管理系统,其组成如下:

(1)数据总线诊断接口 J533。

(2)蓄电池监控控制单元 J367。

(3)发电机 C。

(4)稳压器 J532(配置自动起步和停车系统的汽车)。

1)数据总线诊断接口

数据总线诊断接口 J533 起 LIN 总线主控制器作用,如图 2-30 所示。

2) 蓄电池监控控制单元

蓄电池监控单元的功能由数据总线诊断接口 J533 以及蓄电池监控装置控制单元 J367 共同完成,其安装位置如图 2-31 所示。

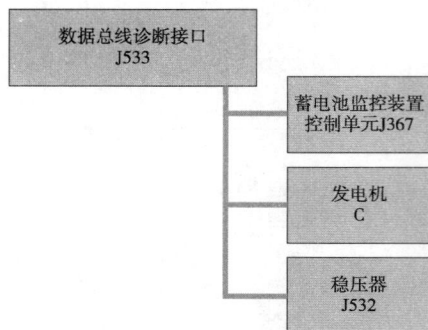

图 2-30 电能管理系统

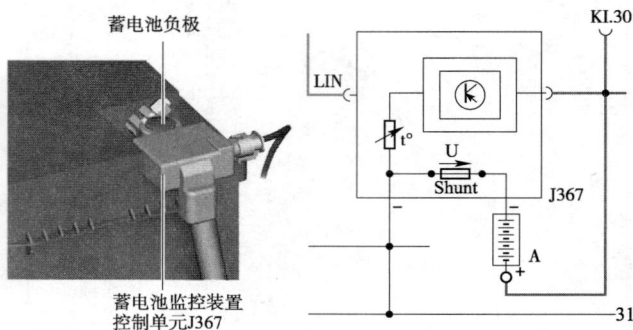

图 2-31 奥迪 A8 车型蓄电池监控单元

该监控单元的作用是测量:蓄电池电流、蓄电池电压和蓄电池温度。前面已有介绍这里不再复述。

3) 发电机

发电机由发动机多楔带驱动,其作用是为蓄电池充电。该发电机无诊断地址,为 LIN 分控制单元,通过数据总线诊断接口 J533(主控制单元)获得测量值并进行诊断。

在奥迪 A7 Sportback 上配用的是风冷式发电机(图 2-32)。这种发电机上装备有一个 LIN 调节器,有两个接头:一个是螺栓接头 B +,另一个是两脚插头(但是只有针脚 1 是与 LIN 线连接的,针脚 2 未使用)。数据总线诊断接口 J533 将 LIN 总线信息发到 LIN 调节器上。这个信息预先确定了 12.2 ~ 15V 这个电压规定值(根据车载电网的工作状态),这个值随后由调节器来调节。如果没有能形成这个电压规定值(比如因 LIN 线断路),那么调节器会识别出这个情况,在经过了预定的时间后,会设置出 14.3V 这个恒定的发电机电压的。

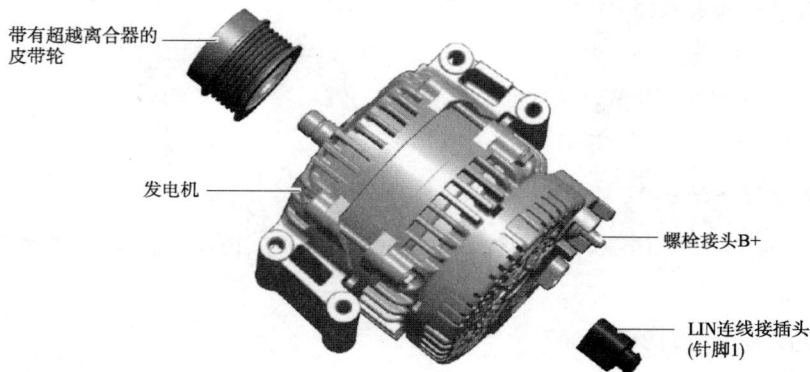

图 2-32 奥迪 A7 风冷发动机

在"15 号线接通"的情况下检测指示灯时,组合仪表上的充电指示灯不会亮起。只有当发电机有故障时,这个指示灯才会亮起。发电机的检测需要使用诊断仪内的相关检测程序来进行,并由 J533 内的电能管理系统评估发电机的内部情况。借助于诊断仪,还可以读取故障记录以及发电机的历史数据。

课题 3 车载电网管理系统

随着汽车上的电子设备不断增加,车载电网的稳定性和可靠性成为各系统正常工作的重要基础。随着汽车上配置的电子控制单元数量急剧增加,大多数技术创新都需要借助性能越来越强大的电子设备才得以实现。因此,车载电网管理系统则成为智能电网功能的关键。

一 车载电网控制单元

1 在数据总线系统内的功能

奥迪 A8(2010 款)车载电网控制单元 J519 位于驾驶员侧脚部空间饰板后的电控箱中。该车载电网控制单元 J519 既是 CAN 舒适的总线用户,也是下列各 LIN 总线用户的主控制单元(图 2-33)。

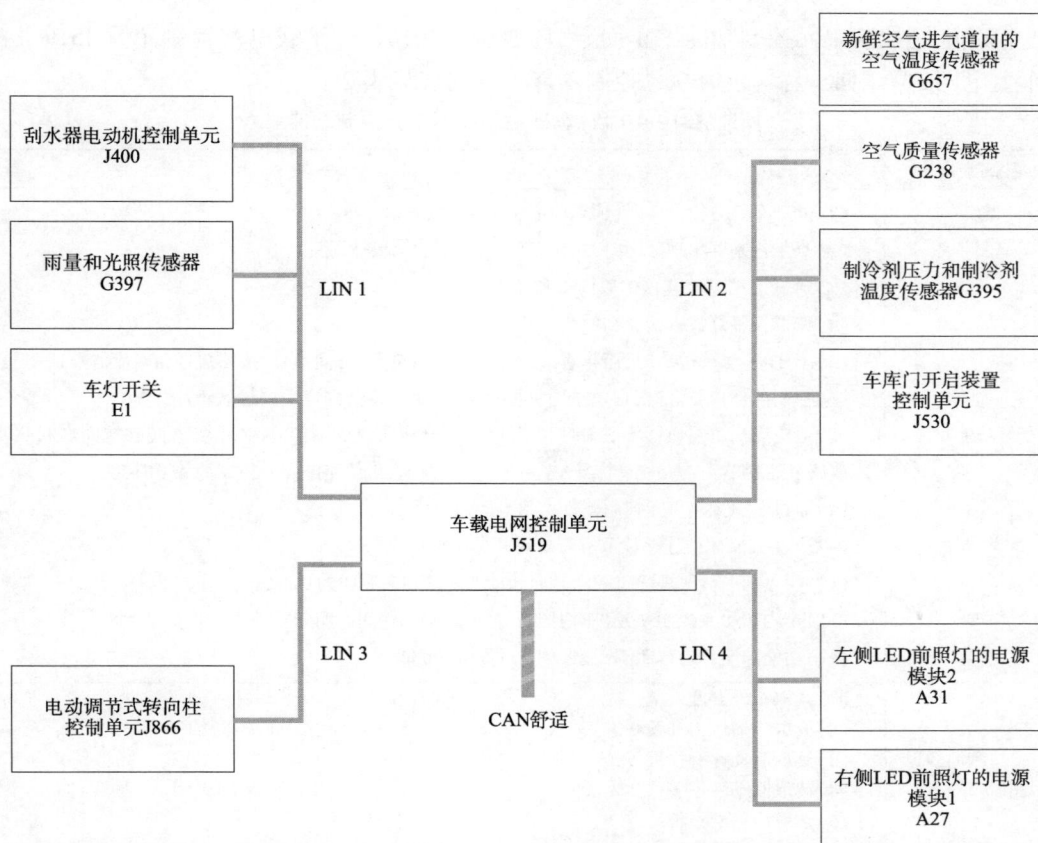

图 2-33 车载电网控制单元 J519 在 LIN 总线中的功能

（1）刮水器电动机控制单元。

（2）雨量和光照传感器。

（3）车灯开关。

（4）电动调节式转向柱控制单元。

（5）LED 前照灯的电源模块。

车载电网控制单元 J519 同时又具备以下各 LIN 总线用户的网关功能：

（1）空气质量传感器。

（2）空气湿度传感器。

（3）制冷剂压力和制冷剂温度传感器。

（4）车库门开启控制单元。

车载电网控制单元 J519 可以通过检测仪 VAS 5051 进行诊断。

车载电网控制单元（J519）通过各种开关和继电器控制的功能包括：驻车灯、近光灯、停车灯、转向信号灯、远光灯、前雾灯、脚部空间照明灯、端子 58d、闪烁报警指示灯、前照灯清洗装置继电器、加热型刮水器驻车位置继电器、燃油泵供油管和信号喇叭等装置。

❷ 车载电网控制单元的控制功能

车载电网控制单元控制功能因车而异，奥迪 A8（2010 款）车载电网控制单元 J519 汇总了车上电网的不同功能，其接通并且控制功能详尽内容见表 2-1。

奥迪 A8（2010 款）车载电网控制单元控制功能　　　　　　　　　　表 2-1

功能类别	项　　目
车灯功能	（1）外部车灯总控制单元，控制前部照明灯； （2）当主控制器出现故障时，用作车灯应急逻辑单元； （3）通过 LIN 总线连接读取雨量和光照传感器； （4）读取报警灯按键信息和照明； （5）当 J393 出现故障时，用作应急信号灯主控制单元（方向信号、报警信号和碰撞信号）； （6）控制前部信号灯（舒适电子中央控制单元 J393 是信号灯主控制单元）； （7）适应当地道路通行习惯临时照明灯（配置升级版氙气前照灯时，由静态随动转向灯和照明距离调节控制单元 J745 控制，当配置 LED 前照灯时，由线路断路器控制的 MMI 网关）； （8）通过车门控制单元控制侧灯； （9）通过 LIN 总线连接读取车灯旋钮开关位置； （10）用主前照灯实现静态随动转向和动态随动转向照明的功能； （11）车内照明主控制单元（车内照明灯、前后脚部空间照明灯）； （12）功能照明和定位照明（接线端 58s、58st 和 58d）
驾驶员信息	（1）读取车外温度； （2）读取机油压力开关状态； （3）读取制动片磨损报警； （4）读取制动液报警； （5）读取冷却液报警； （6）读取清洗液报警； （7）读取照明报警

续上表

功能类别	项　目
空调器功能	(1) 控制前座椅加热装置； (2) 空气质量传感器和新鲜空气进气道内的制冷剂压力和空气湿度传感器的 LIN 总线网关； (3) 控制空调压缩机
刮水/清洗功能	(1) 通过 LIN 总线连接触发刮水器控制单元 J400； (2) 通过 LIN 总线连接读取雨量与光照传感器； (3) 控制风窗玻璃清洗泵； (4) 控制前照灯清洗泵
与舒适电子装置中央控制单元 J393 的接口	(1) 打开电动转向柱锁(独立的、通过 CAN)； (2) 独立的接线端 15 的反馈报告(通过 CAN 向 J393 发送报告)； (3) Valet 钥匙的按键和功能 LED 灯； (4) 读取后窗遮阳卷帘的状态
其他功能	(1) 控制信号喇叭的继电器； (2) 读取倒车灯开关的状态(自动变速器控制单元的 CAN 信息)； (3) 读取驻车制动器的状态(电子机械式驻车制动器的 CAN 信息)； (4) 读取发动机舱触点的状态； (5) 车库门开启控制单元 J530 的 LIN 总线网关； (6) 读取通过 MMI 进行的调节(外部车灯、内部车灯、刮水器、奥迪驾驶模式选择系统和 Home link)； (7) 控制电子伺服转向阀 1)； (8) 车库门开启控制单元 LIN 总线网关； (9) 检测接线端 15 信息是否真实:通过 CAN 或独立导线； (10) 奥迪驾驶模式选择系统的协调器
特殊功能	(1) 电源管理系统关闭等级(内部车灯、脚部空间照明、回家/离家模式、日间行车灯和加热式风窗玻璃清洗喷嘴)； (2) 运输模式(内部车灯、脚部空间照明、回家/离家模式、日间行车灯和加热式风窗玻璃清洗喷嘴)； (3) 参与元件保护功能； (4) 关闭日间行车灯

二　照明控制系统的特点

1　转向信号灯

可以提供以下转向信号灯控制：

(1)转向信号指示。

(2)闪烁报警灯。

(3)碰撞闪烁。

(4)锁止和激活防盗报警装置时闪烁以及紧急闪烁。

此外,车载电网控制单元还控制了车载电网管理系统,从而保证持续地提供充足的电能。当车载电网蓄电池的电压低于某个规定值时,车载电网管理系统关闭用电设备。

❷ 停车灯和行车灯应急功能

利用车载电网控制单元中的辅助电路,即使当车载电网控制单元出现故障时,也能确保停车灯和行车灯的开和关。

当转向信号灯失灵时,指示灯的闪烁频率将翻倍,提醒出现了故障。转向信号灯则继续以正常闪烁频率工作。在有闪烁报警灯时,指示灯仍然以正常频率工作。

❸ 灯光信号的优先级

下面这些运行状态是根据优先等级分配的:

(1)碰撞指示。

(2)闪烁报警灯。

(3)转向指示。

(4)特殊功能,比如防盗报警装置。

利用这种控制方法,即使一个闪烁功能没有关闭,也可以激活另一个闪烁功能。

三 车载电网电压的监控

车载电网控制单元将监控车载电网蓄电池的充电状态,负责使蓄电池中总是存有足够量的电能来起动汽车。为此,在保证技术安全功能的前提下,将适时关闭舒适性用电器。关闭时,车载电网控制单元将根据 DF(Dynamo Feld)信号分析发动机转速、蓄电池电压和发电机负荷。根据这些信息和有关接通的高电流用电器的信息,车载电网控制单元通过缩短持续接通时间对车载电网负荷进行分析。车载电网控制单元可以利用这个分析结果要求发动机控制单元提高发动机转速。此外,还可以要求关闭舒适性用电器。

如图 2-34 所示,发动机控制单元收到来自发电机(端子 DF)的发电机负荷脉冲宽度调制(PWM)信息。该信息经动力传动系统 CAN 总线和组合仪表上的网关传输到舒适/便利功能 CAN 总线。车载电网控制单元通过比较 DF 信号和车载电网电压来判断车载电网的状态。

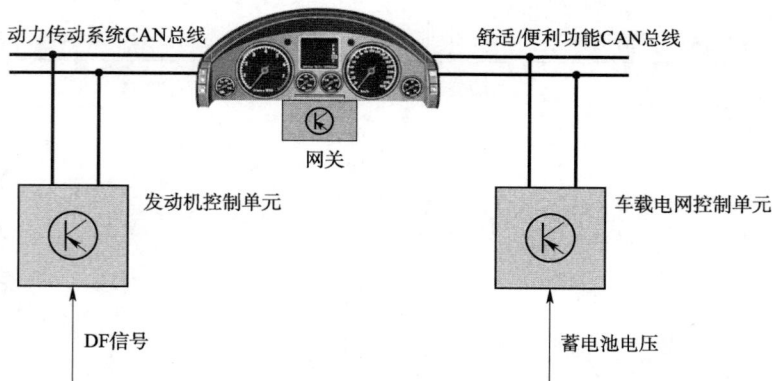

图 2-34　大众辉腾轿车电网电压监控管理

当电网控制单元识别到车载电网处于临界状态后,它会提高怠速转速,增加发电机输出电量;当识别到危险临界状态时,它会关闭舒适性用电设备,减少电气负载功耗。

❶ 提高怠速转速

如图 2-35 所示,当车载电网蓄电池电压低于 12.7V 的状况超过 10s,车载电网状态会被判断为临界状态,怠速转速提高。要求提高怠速转速的信号将从车载电网控制单元经舒适/便利功能 CAN 总线、网关和动力传动系统 CAN 总线发送到发动机控制单元。

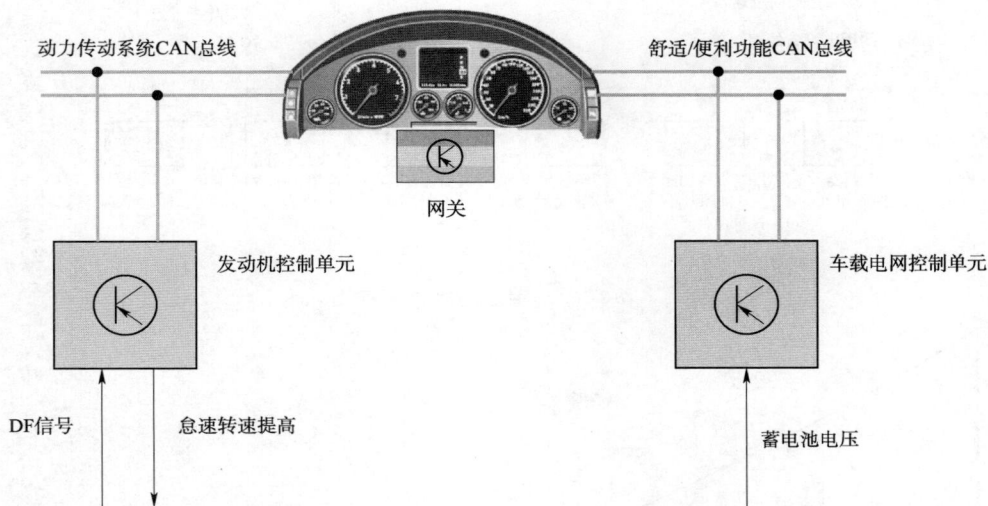

图2-35 提高怠速充电过程

当自动变速器处于位置"P"或"N"时,怠速转速提高。车辆处于过渡行驶状态时,如果原来的发动机转速较高,怠速转速将保持在原来的较高水平。不同发动机型号的转速提高数值各不相同。当电压超过 12.7V 至少 2s 以上,则判断车载电网为非临界状态,并撤回提高怠速转速的指令。

发动机转速由发动机控制单元根据规定的参数来调节和控制。如此,发动机控制单元可明显消除由于电压波动而导致的转速波动。

❷ 关闭舒适性用电设备

当点火开关打开或发电机工作时(发动机运转时),根据所用用电设备的不同,如果车载电网蓄电池的电压在一段时间内低于 12.2V,则车载电网控制单元判断车载电网处于危险临界状态。在这种状态下,舒适性用电设备将根据优先等级由各自的控制单元关闭。如果某个用电设备没有被关闭,那么将跳过它,关闭下一个(图 2-36)。

如果车载电网在关闭舒适性用电设备后仍然处于危险临界状态,怠速转速提高的第二挡将会被起动。如果这样还不能改善车载电网状态,系统将会关闭空调装置(图 2-37)。

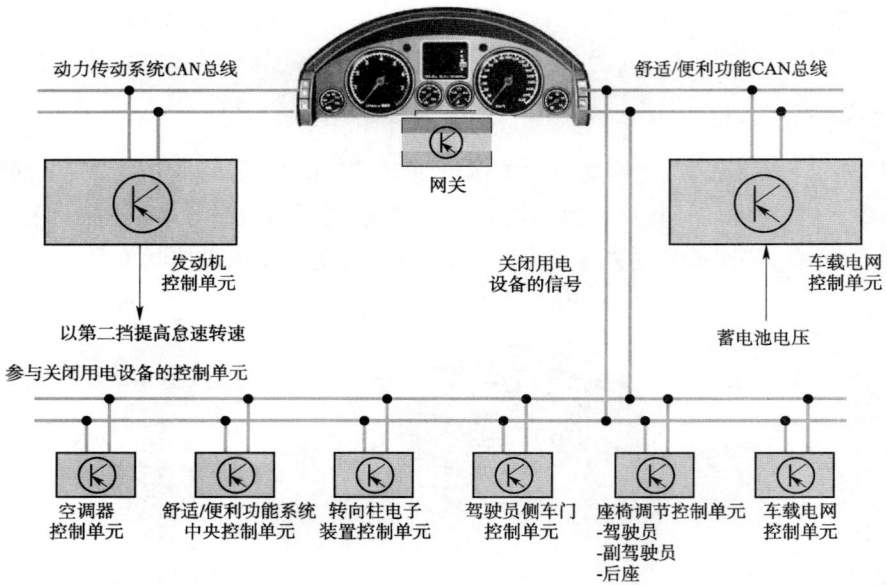

动力传动系统CAN总线
舒适/便利功能CAN总线

网关

发动机控制单元

以第二挡提高怠速转速

参与关闭用电设备的控制单元

关闭用电设备的信号

蓄电池电压

车载电网控制单元

空调器控制单元

舒适/便利功能系统中央控制单元

转向柱电子装置控制单元

驾驶员侧车门控制单元

座椅调节控制单元
-驾驶员
-副驾驶员
-后座

车载电网控制单元

图2-36 关闭舒适性用电设备

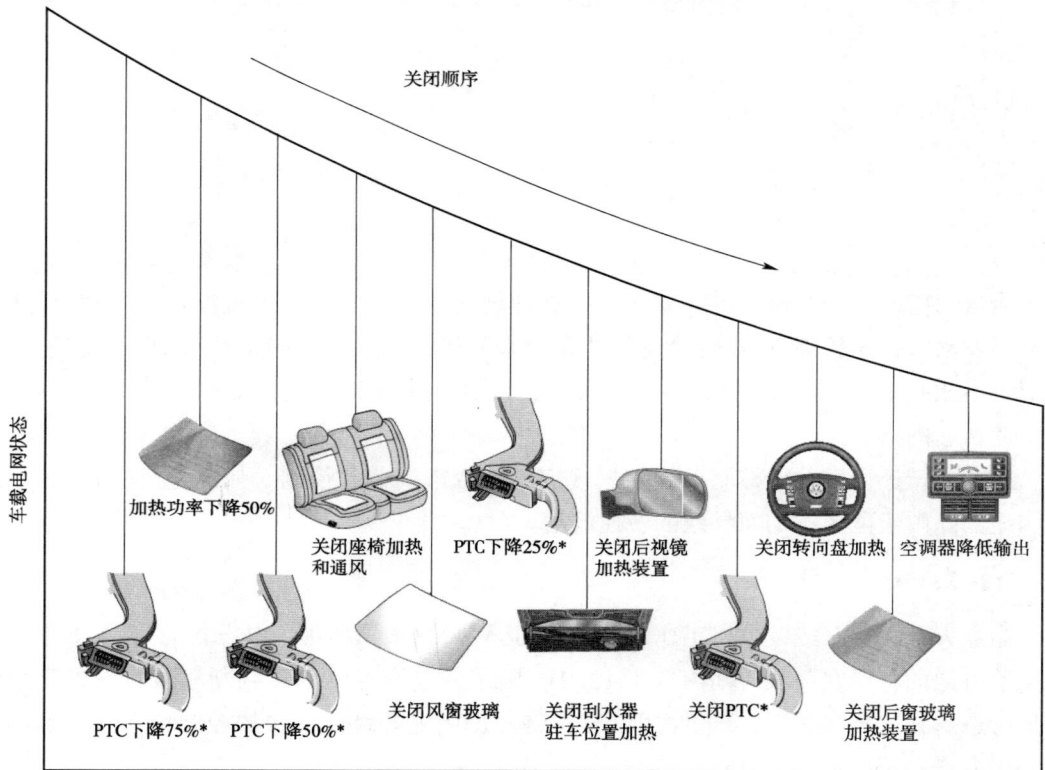

关闭顺序

车载电网状态

加热功率下降50%

关闭座椅加热和通风

PTC下降25%*

关闭后视镜加热装置

关闭转向盘加热

空调器降低输出

PTC下降75%*

PTC下降50%*

关闭风窗玻璃

关闭刮水器驻车位置加热

关闭PTC*

关闭后窗玻璃加热装置

关闭用电设备

*后座区出风口PTC加热元件

图2-37 关闭用电设备顺序

四 稳压器

稳压器是一种能自动调整输出电压的供电电路或供电设备,其作用是将波动较大和达不到电气设备要求的电源电压稳定在它的设定值范围内,使各种电路或电气设备能在额定工作电压下正常工作。

如果车上装备有起动 – 停止系统,那么由于起动频繁,就使得蓄电池的负荷增大且会导致起动时蓄电池电压降至12V以下。为了防止在起动过程中影响用户的舒适性,凡是装备有起动 – 停止系统的大众/奥迪车型,都安装有稳压器J532(直流变压器)。在车辆起动过程中,这个稳压器会从车载供电电压中产生出一个稳定的电压,以供某些用电器使用。

1 稳压器的型号

大众车型电网的稳压器有两个型号:

(1)型号1:200W,一个输出端(最大200W或16.7A)。

(2)型号2:400W,二个输出端(最大2×200W或2×16.7A)。

连接载200W稳压器上的用电器(取决于具体的装备情况):

(1)组合仪表内控制单元J285。

(2)自动防眩目车内后视镜Y7。

(3)倒车影像系统控制单元J772。

(4)收音机R。

(5)信息电子控制单元1 J794。

(6)DVD换碟机R161。

(7)MMI显示屏J685。

(8)多媒体系统操纵单元E380。

400W这个型号用于装备有奥迪音响系统的汽车。在这种汽车上,收音机是接在第二个稳定输出端上的。数字音响包控制单元J525没有接在稳压器上。该控制单元有自己专用的内部稳压器。

奥迪A6款电网稳压器J532安装位置为行李舱备胎槽右后部(图2-38)。从控制单元通过LIN总线连接诊断接口J533主控制单元获得测量值并进行诊断。

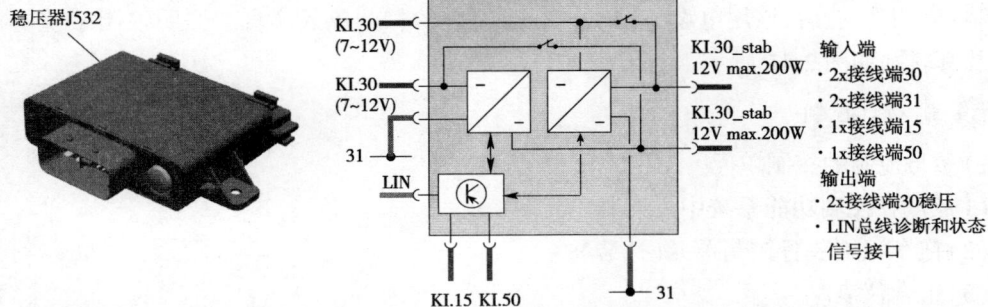

稳压器J532

KI.30
(7~12V)

KI.30
(7~12V)

31

LIN

KI.30_stab
12V max.200W

KI.30_stab
12V max.200W

输入端
·2x接线端30
·2x接线端31
·1x接线端15
·1x接线端50
输出端
·2x接线端30稳压
·LIN总线诊断和状态
信号接口

KI.15 KI.50

31

图2-38 稳压器J532

❷ 稳压器的工作方式

稳压器主要由两种状态:"主动"和"被动"。

主动状态:点火开关打开(输入端接线端 15 有电压时),稳压器处于"主动"状态。

被动状态:点火开关关闭(输入端接线端 15 无电压时),稳压器处于被动状态。

1)主动状态

主动状态分为"功能就绪"和"正在稳压"。

(1)功能就绪状态:接线端 30 一直处于低阻抗电流导通状态。

(2)正在稳压状态:如图 2-39 所示,无论起动过程是由自动关闭和起动系统触发还是由点火钥匙触发,都会进行稳压。

2)被动状态

如图 2-40 所示,输入端接线端 30 和输出端接线端 30 稳压在"被动"状态下低阻抗连接(通行)。

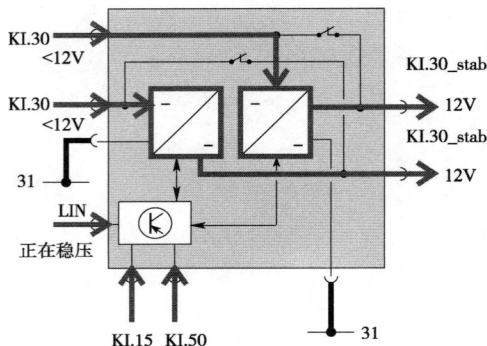

图 2-39 正在稳压

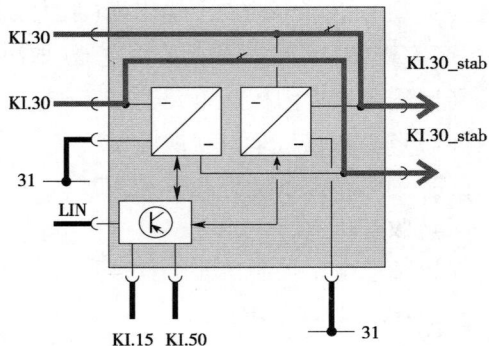

图 2-40 稳压在"被动"状态

五 联网功能

在现代汽车上,用电装置的控制和供电已经无法通过传统的开关、继电器和导线连接来实现。这类车辆上通常采用联网功能来承担相应的功能。控制信号通过电阻编码的开关发送到控制单元上,这些信号要么直接控制用电设备,要么通过数据总线系统发送到负责控制的控制单元上。然后,该用电设备的供电通过相应的控制单元实现。照明控制系统的控制单元及其联网如图 2-41 所示。

❶ 制动灯控制

1)参与控制的控制单元

(1)舒适/便利功能系统中央控制单元。

(2)拖车识别装置控制单元(选装)。

(3)组合仪表。

制动灯控制线路如图 2-42 所示。

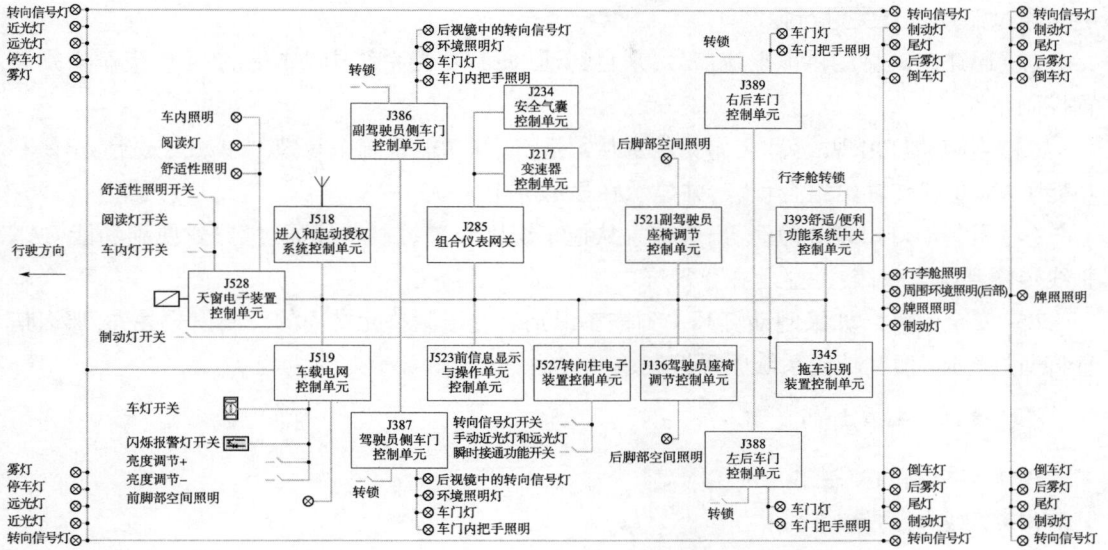

图 2-41 照明控制系统的控制单元及其联网示意图

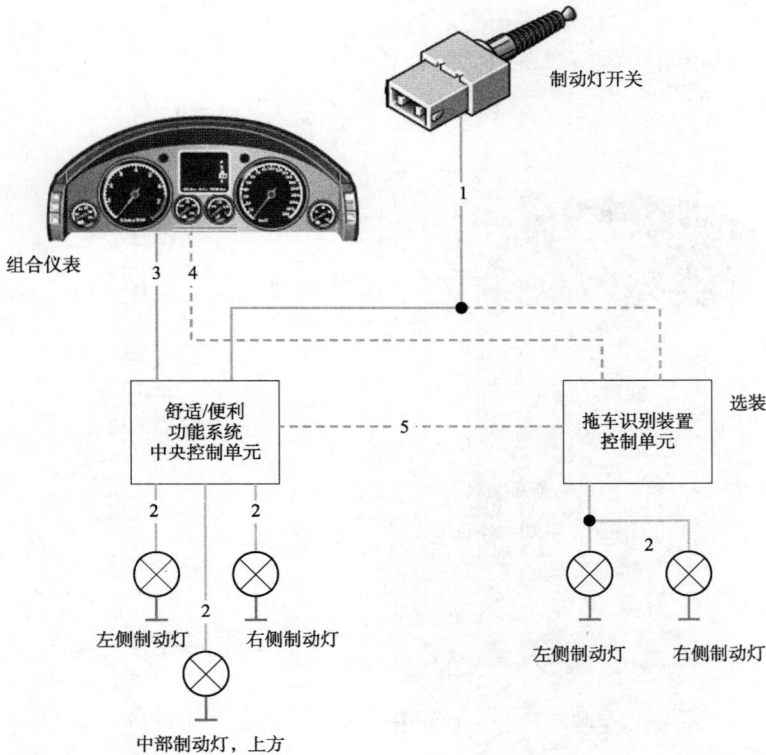

图 2-42 制动灯控制线路

2) 信号控制过程

(1) 舒适/便利功能系统中央控制单元和拖车识别装置控制单元的控制信号,利用模拟

47

电压通过制动灯开关进行控制。

(2)通往制动灯的供电电流信号,来自舒适/便利功能系统中央控制单元或拖车识别装置控制单元。

(3)当制动灯出现故障时,出错信息从舒适/便利功能系统中央控制单元通过舒适/便利功能 CAN 总线传输给组合仪表,并显示在显示屏中。

(4)当制动灯出现故障时,出错信息从拖车识别装置控制单元通过舒适/便利功能 CAN 总线传输到组合仪表,并显示在显示屏中。

(5)安全信号。如果制动灯开关到拖车识别装置控制单元之间的控制信号丢失,那么信息将通过舒适/便利功能系统中央控制单元传输。

❷ 停车灯和尾灯的控制

1)参与控制的控制单元

(1)车载电网控制单元。

(2)舒适 / 便利功能系统中央控制单元。

(3)拖车识别装置控制单元(选装)。

(4)组合仪表。

停车灯和尾灯控制线路如图 2-43 所示。

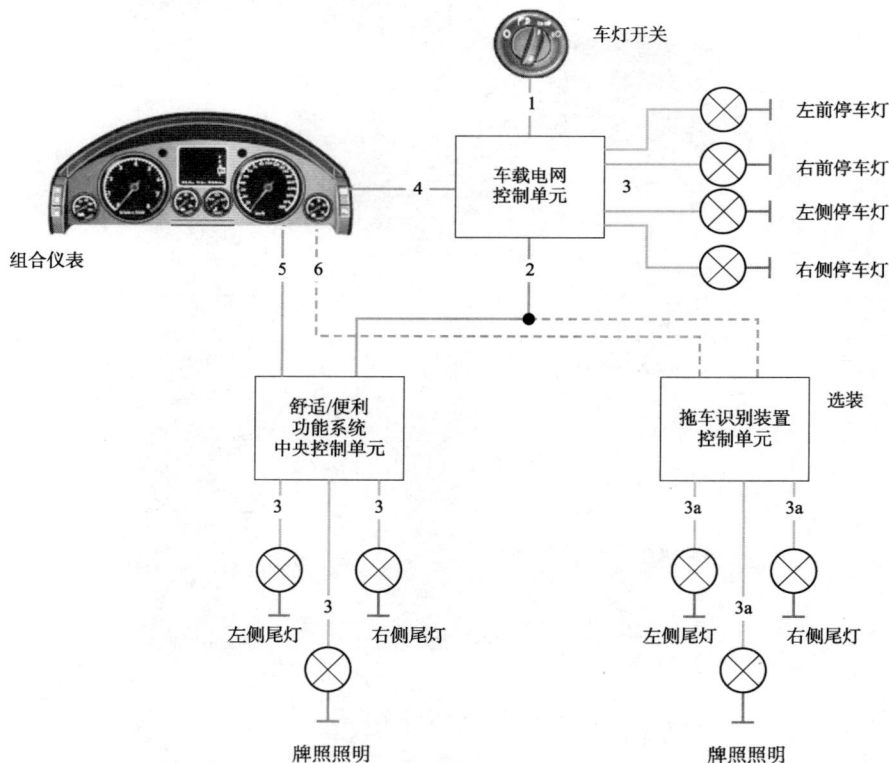

图 2-43　停车灯和尾灯的控制线路

2)信号控制过程

(1)车载电网控制单元通过车灯开关用一模拟电压控制。

(2)从车载电网控制单元发送到舒适/便利功能系统中央控制单元和拖车识别装置控制单元的控制信号通过舒适/便利功能 CAN 总线传输。

(3)到停车灯和尾灯的供电电流。

(4)出错信息通过舒适/便利功能 CAN 总线送到组合仪表,当停车灯出现故障时,会在显示屏上显示出错信息。

(5)出错信息通过舒适/便利功能 CAN 总线送到组合仪表,当尾灯出现故障时,会在显示屏上显示出错信息。

(6)出错信息通过舒适/便利功能 CAN 总线送到组合仪表,当拖车的尾灯出现故障时,会在显示屏上显示出错信息。

❸ 灯光控制

1)参与控制的控制单元

(1)车载电网控制单元。

(2)组合仪表。

(3)进入和起动授权系统控制单元。

(4)天窗电子装置控制单元。

灯光控制线路如图 2-44 所示。

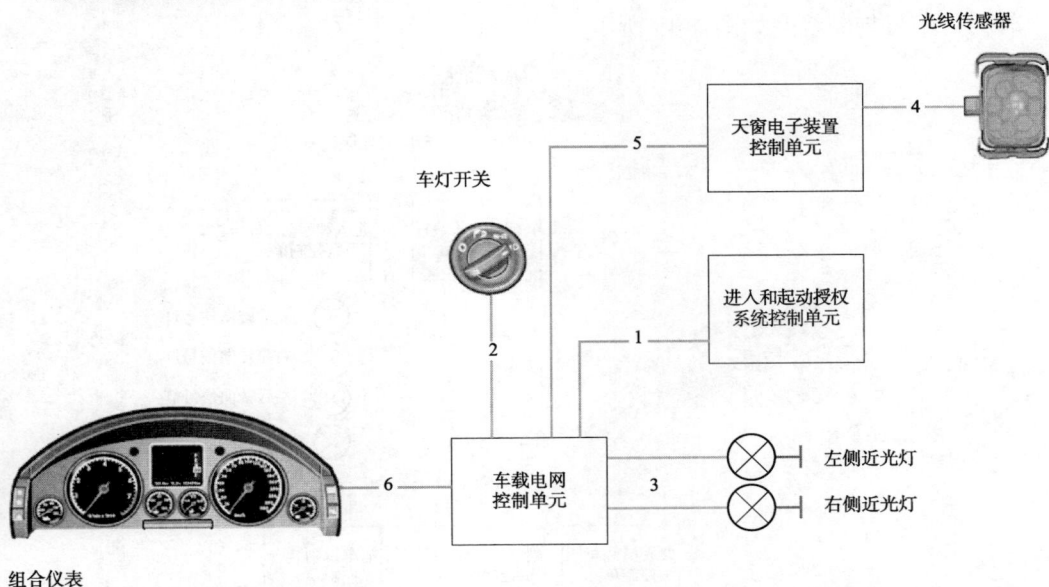

图 2-44 灯光控制线路

2)信号控制过程

灯光控制是通过车灯开关或自动行车灯控制完成的,控制过程如下:

(1)来自进入和起动授权系统控制单元的"点火开关开启"信号,通过舒适/便利功能

CAN 总线传输。

(2)车载电网控制单元通过车灯开关用一个模拟电压信号进行控制,蓄电池电压约为 12V。

(3)到前照灯的供电电流如果有光线传感器。

(4)模拟亮度信号从光线传感器传送到天窗电子装置控制单元。

(5)在自动行车灯控制下,"打开近光灯"信号通过舒适/便利功能 CAN 总线从天窗电子装置控制单元传送到车载电网控制单元。

(6)出错信息通过舒适/便利功能 CAN 总线发送到组合仪表,当近光灯出现故障时,会在显示屏上显示出错信息。

❹ 转向灯的控制

1)参与控制的控制单元

(1)车载电网控制单元。

(2)进入和起动授权系统控制单元。

(3)转向柱电子装置控制单元。

(4)组合仪表。

(5)驾驶员侧车门控制单元。

(6)副驾驶员侧车门控制单元。

(7)拖车识别装置控制单元(选装)。

转向灯信号控制线路如图 2-45 所示。

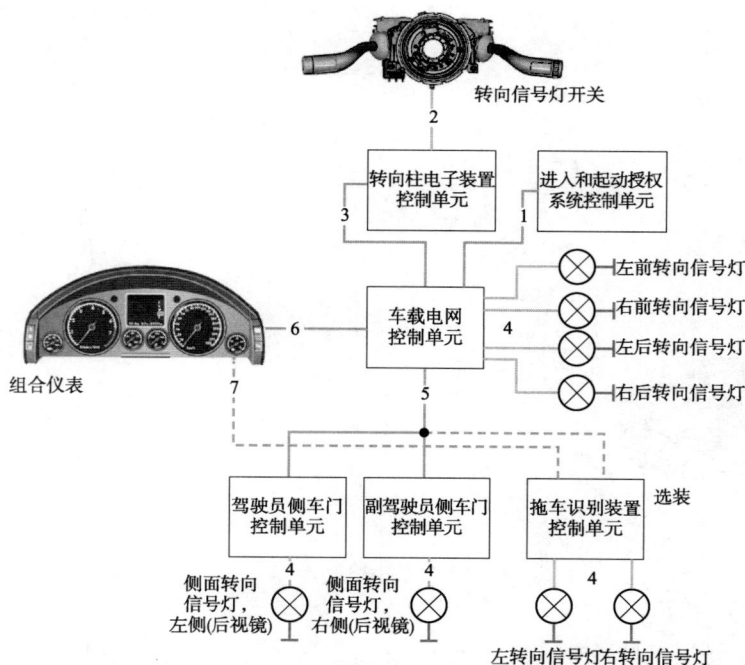

图 2-45　转向信号灯控制线路

2)信号控制过程

(1)来自进入和起动授权系统控制单元的"点火开关开启"信号,通过舒适/便利功能CAN总线传输。

(2)"转向指示"信号从转向信号灯开关传送到转向柱电子装置控制单元。

(3)"转向指示"信号从转向柱电子装置控制单元通过舒适/便利功能CAN总线传送到车载电网控制单元。

(4)到转向信号灯的供电电流。

(5)"转向指示"信号从车载电网控制单元通过舒适/便利功能CAN总线传输到驾驶员/副驾驶员侧车门控制单元,如果存在拖车识别装置控制单元,也会传给拖车识别装置控制单元。

(6)指示灯的控制信号和可能的出错信息通过舒适/便利功能CAN总线从车载电网控制单元传送到组合仪表。

(7)指示灯的控制信号和可能的出错信息通过舒适/便利功能CAN总线从拖车识别装置控制单元传送到组合仪表。

5 紧急信号灯控制

1)参与控制的控制单元

(1)车载电网控制单元。

(2)组合仪表。

(3)驾驶员侧车门控制单元。

(4)副驾驶员侧车门控制单元。

(5)拖车识别装置控制。

紧急信号灯控制线路如图2-46所示。

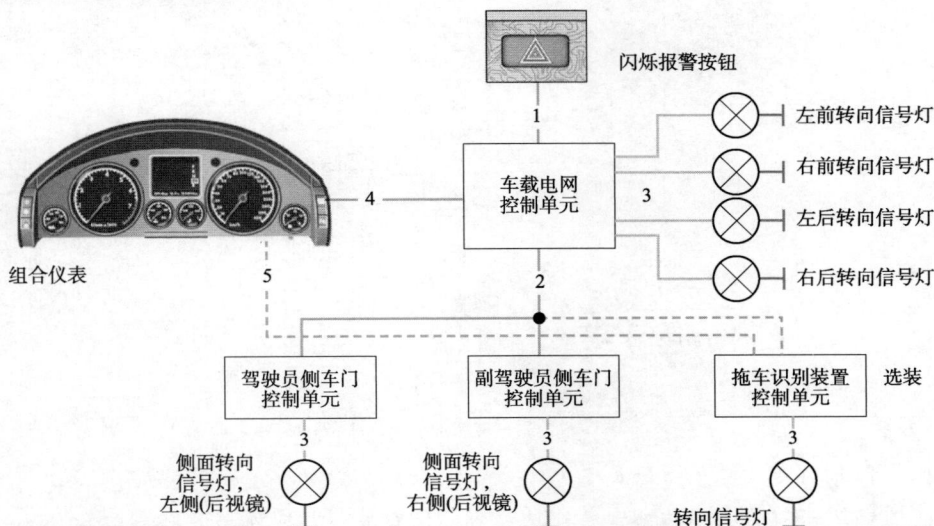

图2-46 紧急信号灯控制线路

2)信号控制过程

(1)"闪烁报警"信号从闪烁报警按钮传送到车载电网控制单元。

(2)"闪烁报警"信号从车载电网控制单元通过舒适/便利功能 CAN 总线传输到驾驶员/副驾驶员侧车门控制单元,如果存在拖车识别装置控制单元,也会传给拖车识别装置控制单元。

(3)到转向信号灯的供电电流。

(4)指示灯的控制信号和声音指示信号和可能的出错信息通过舒适/便利功能 CAN 总线从车载电网控制单元传送到组合仪表。

(5)指示灯的控制信号和可能的出错信息通过舒适/便利功能 CAN 总线从拖车识别装置控制单元传送到组合仪表。

6 后窗玻璃加热装置的控制

1)参与控制的控制单元

(1)前信息显示与操作单元控制单元。

(2)车载电网控制单元。

(3)舒适/便利功能系统中央控制单元。

后窗玻璃加热控制线路如图 2-47 所示。

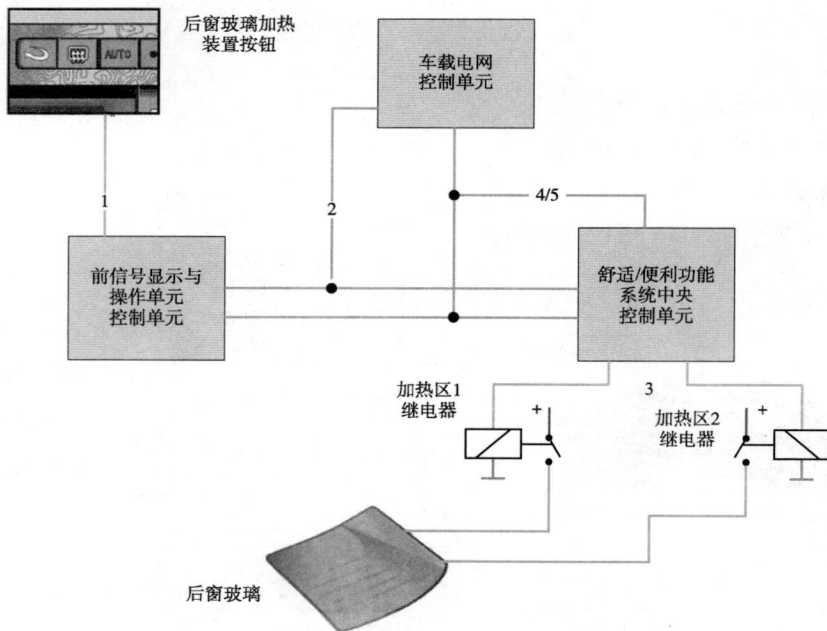

图 2-47 后窗玻璃加热控制线路

2)信号控制过程

(1)信号从后窗玻璃加热装置按钮传输到前信息显示与操作单元控制单元。

(2)"按钮已操作"信号从前信息显示与操作单元控制单元通过舒适/便利功能 CAN 总

线传送到舒适／便利功能系统中央控制单元。

（3）后窗玻璃加热区 1 和 2 继电器的模拟控制信号。

（4）"后窗玻璃加热区已接通"信号通过舒适/便利功能 CAN 总线从舒适/便利功能系统中央控制单元传输到车载电网控制单元和前信息显示与操作单元控制单元信号灯开启。

（5）"后窗玻璃加热装置输出功率降低"信号通过舒适/便利功能 CAN 总线从车载电网控制单元传送到舒适/便利功能系统中央控制单元。

后窗玻璃上下加热区是独立控制的。当车载电网过载时,车载电网控制单元将加热功率降低 50%。加热区会被交替启动。

7 风窗玻璃加热装置的控制

1）参与控制的控制单元

（1）前信息显示与操作单元控制单元。

（2）车载电网控制单元。

（3）空调器控制单元。

（4）组合仪表。

在发动机运转时,当车外温度低于 +5℃ 并且没有发动机负荷限制时,才能控制除霜按钮。风窗玻璃加热装置控制线路如图 2-48 所示。

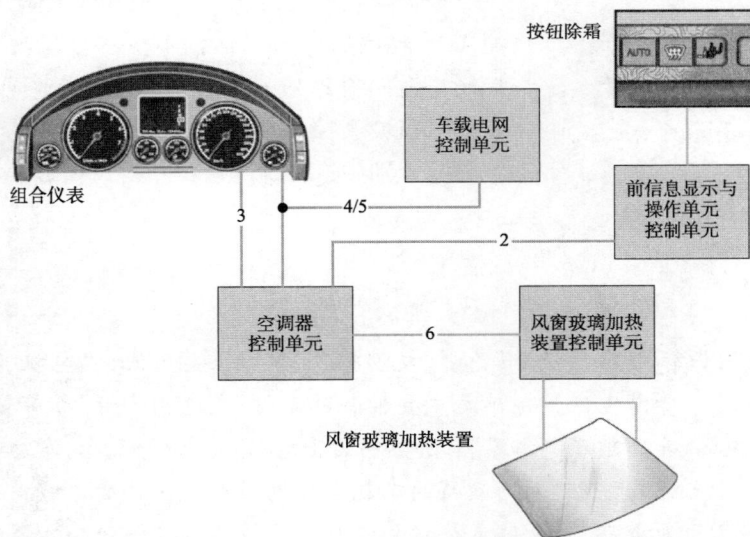

图 2-48　风窗玻璃加热装置控制线路

风窗玻璃加热装置由空调器控制单元根据车外温度进行开启,开启时间与车外温度的关系为:

　+5 ～ 0℃时:2min;

　0 ～ -20℃时:4min;

　-20 ～ -40℃时:6min。

2)信号控制过程

(1)手动操作时的"风窗玻璃加热装置打开"信号。

(2)继续将手动操作时的"风窗玻璃加热装置打开"信号从前信息显示与操作单元控制单元通过舒适／便利功能 CAN 总线传送到空调器控制单元。

(3)"发动机转速 > 0r/min"信号从组合仪表通过舒适/便利功能 CAN 总线传送到空调器控制单元。

(4)当负载处于极限范围时,来自车载电网控制单元的"关闭风窗玻璃加热装置"信号通过舒适/便利功能 CAN 总线传送。

(5)"风窗玻璃加热装置打开"信号从空调器控制单元传送到组合仪表,信息信号"风窗玻璃加热装置打开"从空调器控制单元通过舒适/便利功能 CAN 总线传送到车载电网控制单元。

(6)传送到风窗玻璃加热装置控制单元的控制信号,以打开风窗玻璃加热装置。

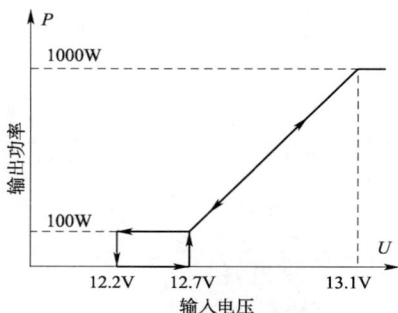

图 2-49 风窗玻璃加热装置控制特性

为了提高舒适性和安全性(起雾或结冰的玻璃),车上使用了可加热的风窗玻璃。风窗玻璃的加热通过集成在车窗玻璃中的金属膜完成。由于金属膜电阻需要 1000W 左右的功率,所以所需的电压要高于 12V 的车载电网电压。该电压通过控制单元提供给风窗玻璃加热装置。根据输入的电压值的不同,输出电压可以转换到直流 42V,输出功率可以达到 1000W。风窗玻璃加热装置控制特性如图 2-49 所示。

风窗玻璃控制单元可以识别车窗玻璃的裂纹或短路。它识别到这种情况后停止对风窗玻璃的加热。

模块小结

(1)智能电网由智能型蓄电池传感器、发动机控制模块、蓄电池、发电机、车载电网控制单元和配电器组成。车载电网控制单元主要控制外车灯、充电指示灯、负荷管理、电源线端子、燃油泵的继电器、车窗玻璃刮水器、可加热的后窗玻璃、信号喇叭和内车灯等。

(2)车载电网控制单元通过对所获得的车载电网电压与所允许的车载电网电压最低值进行比较。通过蓄电池电压、发电机负荷信号以及有关接通时间较短的高电流消耗元件的信息来获得车载电压。在发动机运转时,某些情况下发动机控制单元会通过 CAN 总线要求提高怠速转速。如果还是无法达到所需的车载电网状态,部分用电器将被关闭。在点火开关打开和发动机关闭的情况下,根据相同的顺序关闭用电器。该系统时刻监控蓄电池的状态,负责蓄电池有足够的能量保证车辆起动。

模块三

汽车电源与起动系统

学习目标

1. 熟悉汽车电源系统的基本结构与原理；
2. 了解蓄电池、发电机以及汽车电网管理模块的构造与工作原理；
3. 掌握发电机、蓄电池的维护方法，能够进行电源系统常见故障诊断与排除；
4. 了解掌握起动机的基本结构和工作原理；
5. 掌握起动系统的维修与常见故障的排除技能。

模块导航

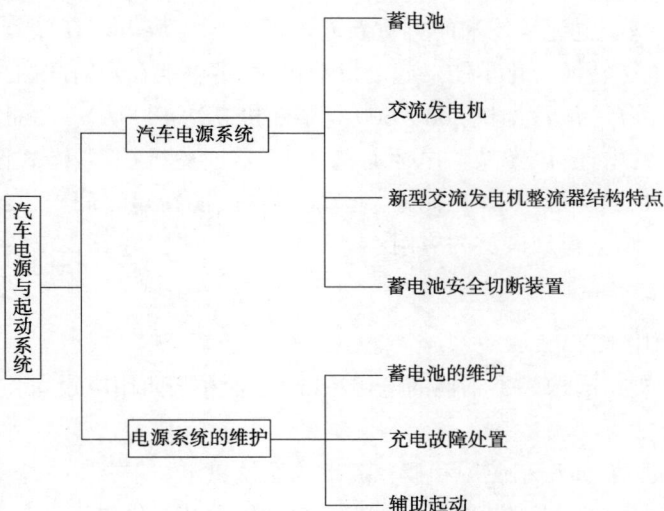

汽车电源与起动系统 — 起动系统 ┬ 起动系统的结构原理
                              └ 起动系统故障处置

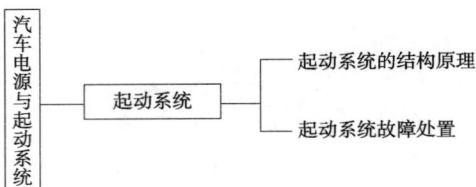

课题1 汽车电源系统

汽车电源系统用于向汽车提供低压直流电,以保证汽车在行驶中和停车时的用电需求。汽车电源系统以蓄电池和发电机双电源方式为车辆供电,保证车辆的正常运行。非智能型汽车电源系统通常由蓄电池、发电机、线路和充电指示灯等组成,如图3-1所示。

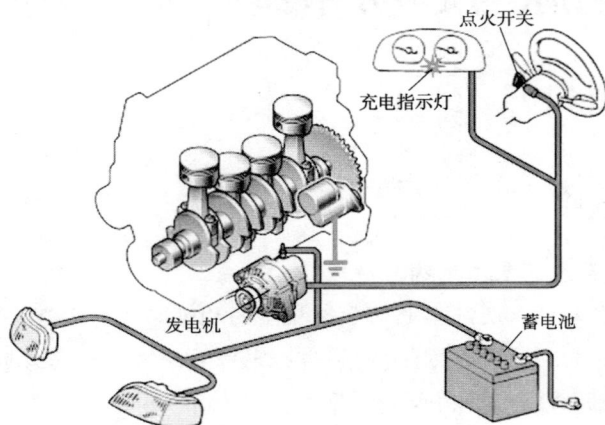

图3-1 非智能型汽车电源系统

一 蓄电池

蓄电池是一种基于电化学技术的可重新充电的低压直流电能存储器,既能将化学能转换为电能,又能将电能转换为化学能。起动发动机时,蓄电池在短时间内(5~10s)能向起动机连续供给强大电流(一般汽油机200~600A,柴油机高达1000A)。因此,汽车使用的蓄电池多为起动型铅酸蓄电池,该类型蓄电池有基本型、普通免维护型、湿式改进型(EFB)和玻璃纤维型(AGM)等,具有成本低、内阻小、起动性能好、能在短时间内供给起动机所需要的大电流等优点,在汽车上得到广泛的应用。

1 蓄电池基础知识

1)蓄电池的功用

蓄电池与发电机共同构成了车辆的电源系统,二者并联向用电设备供电,保证车辆正常运行。蓄电池具有如下功用:

(1)发动机不起动,向汽车使用和授权起动等系统供电。

(2)发动机起动时,向起动机和点火系统或起动辅助装置供电。

（3）发电机负载过大时，协助发电机向用电设备供电。

（4）发电机不发电或发电量不足时，蓄电池向用电设备供电。

（5）发电机正常发电时，蓄电池储存电能。

（6）当发电机转速和用电负载发生较大变化时，可保持电路电压的相对稳定，同时吸收电路中随时出现的瞬时高电压，以保护用电设备不被损坏，尤其是电子元件不被击穿。

2）铅酸型普通蓄电池的构造

蓄电池构造如图3-2所示，它主要由壳体、极板、隔板、极柱和电解液等部分组成。车用普通铅蓄电池一般由壳体内六个互不相通的单格电池串联而成，每个单格电压约2V，串联后电压约12V。

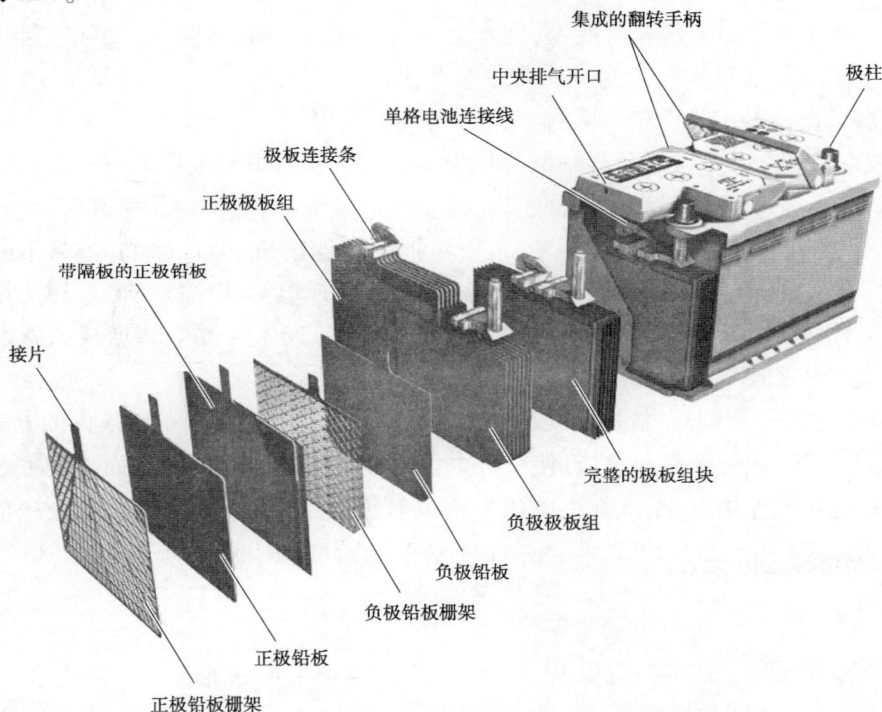

图3-2 蓄电池的结构

（1）极板。极板是蓄电池的核心部件，它由栅架和活性物质组成。栅架由铅锑合金浇铸而成，加锑是为了增加栅架的机械强度。

蓄电池的极板分为正极板和负极板，极板上的工作物质称为活性物质。正极板上的活性物质是二氧化铅（PbO_2），呈棕色；负极板上的活性物质是海绵状纯铅（Pb），呈深灰色。为增大蓄电池容量，蓄电池多采用薄型极板，力求在同样体积的蓄电池通过增加极板数量来增大极板表面积。安装时，正负极板组互相嵌入，以减小蓄电池内部体积。

（2）隔板。为了减小蓄电池内部尺寸，降低内阻，蓄电池正负极板应尽可能地靠近，如果正负极板相互接触，又会导致蓄电池内部短路。因此，正负极板相互嵌入后，中间插入隔板。隔板的材料是绝缘材料，化学性能稳定，具有良好的耐酸性和抗氧化性，而且要求多孔，以便电解液自由渗透。蓄电池大都采用信封式隔板(图 3-2)结构。

(3)电解液。铅酸蓄电池的电解液,是由纯硫酸和蒸馏水配制而成,密度一般在 1.24 ~ 1.30g/cm³ 范围内。蓄电池电解液密度和纯度是影响蓄电池容量和寿命的主要因素,工业用的硫酸和普通水含有导电物质,若加入蓄电池中会自放电,容易损坏极板并缩短蓄电池使用寿命。因此,蓄电池电解液要用规定纯度的纯硫酸和蒸馏水配置。

(4)壳体及极柱。蓄电池外壳用来密封电解液和极板组。外壳耐酸、耐热、耐振、抗冲击。以前蓄电池外壳多采用硬橡胶制成。近年来,由于汽车轻量化的要求,为了实现蓄电池易于热封合,便于其表面的清洁,减少自放电等目的,蓄电池外壳多采用塑料外壳。

普通型蓄电池在每个单格顶部都设有加液口,以便于加装电解液、补充蒸馏水和检测电解液密度。每个加液口上都设有旋塞,旋塞上有通气孔,应保持畅通,以便随时排出充电时化学反应生成的氢气和氧气,防止外壳胀裂发生事故。

3)铅酸蓄电池的工作原理

(1)放电过程。放电过程是化学能转化为电能的过程。电解液中的电子在蓄电池电动势的"推动"下,通过负载,从负极流向正极,使正极电位降低,负极电位升高,从而使蓄电池的电动势不断降低。在放电过程中,正、负极板上的活性物质 PbO_2 和 Pb 都将不断地转为 $PbSO_4$,电解液中 H_2SO_4 逐渐减少,而 H_2O 逐渐增多,所以电解液密度下降。因为电解液不能渗透到活性物质的最内层去,极板上的活性物质只有 20% ~ 30% 转变成为硫酸铅($PbSO_4$)。放电过程如图 3-3a)所示。

(2)充电过程。所谓充电过程,就是电能转化为化学能的过程。电解液中的电子在充电电源的"帮助"下,从正极流向负极,使正极电位升高,负极电位降低,从而形成一定的电动势。在外加电场的作用下,正极板上的硫酸铅被氧化成二氧化铅(PbO_2),负极板上的硫酸铅被还原为海绵状铅(Pb),电解液中的 H_2O 转变为硫酸(H_2SO_4)的过程。充电过程如图 3-3b)所示。

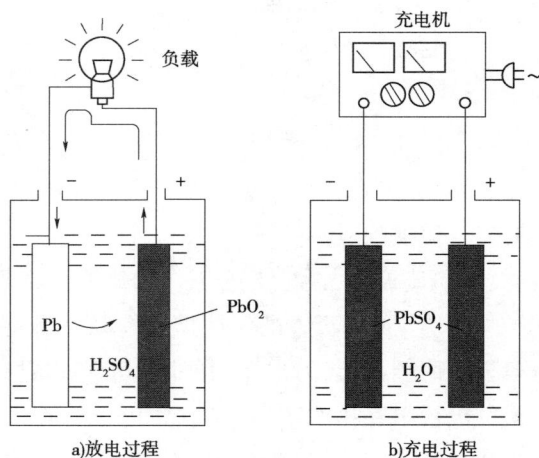

图 3-3　蓄电池充电与放电过程

综上所述,蓄电池充、放电的总化学反应方程式为:

$$PbO_2 + 2H_2SO_4 + Pb \underset{充电}{\overset{放电}{\rightleftharpoons}} PbSO_4 + 2H_2O + PbSO_4$$

（正极板）（电解液）（负极板）　　　　（正极板）（电解液）（负极板）

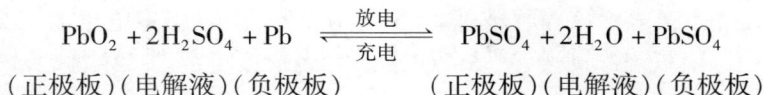

4）蓄电池技术参数与型号

（1）蓄电池容量。蓄电池在规定条件下（规定放电温度、放电电流和终止电压）放出的电量称为蓄电池的容量，单位：安培小时（A·h）。目前，汽车上常用的铅蓄电池用额定容量来标定。

蓄电池的额定容量是用 20h 放电率来标定的。将充足电的新蓄电池在电解液温度为 25℃条件下，以 20h 放电率的放电电流连续放电至单格平均电压到 1.75V 时，输出的电量称为蓄电池的额定容量，表示方法为放电电流乘以放电时间，单位：安培小时（A·h），如图 3-4 所示。

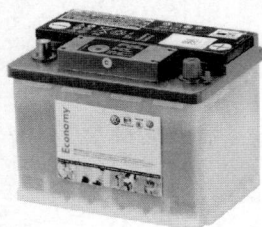

蓄电池型号	蓄电池容量（A·h）
6-QW-60	60
6-QW-75	75
6-QW-90	90
6-QW-105	105
6-QW-120	120

图 3-4　蓄电池的容量规格

（2）额定电压。额定电压是单格电池正极板和负极板之间的电压。它主要取决于充电状态（酸液密度）和蓄电池温度。铅蓄电池的单格电池额定电压是恒定的，为 2V。整个蓄电池的额定电压由单电池的额定电压乘以单电池的数量得出。对于带六个单格电池的车辆蓄电池，标准额定电压为 $6 \times 2V = 12V$。

（3）端子电压。端子电压是蓄电池两个接线端子之间的电压。

（4）怠速和开路电压。开路电压是蓄电池无负荷时的电压。充电或放电过程后开路电压会发生改变，只有在某个等待时间后，极板之间硫酸浓度平衡时，开路电压才能达到最终值。这个最终值被称为开路电压。

5）蓄电池的型号

按照国家标准《起动用铅酸蓄电池　第 2 部分：产品品种规格和端子尺寸标记》（GB/T 5008.2—2013）的规定，蓄电池产品型号分为三部分，其排列形式是："□－□□－□□"，它所表示的含义见表 3-1。

蓄电池型号的具体内容　　　　　　　　　　　　　　　　　表 3-1

第一部分	第二部分		第三部分	
串联的单体蓄电池数	蓄电池的类型	蓄电池的特征	蓄电池的额定容量	蓄电池的特殊性能
用阿拉伯数字表示： 3——表示 3 个单格，额定电压为6V； 6——表示 6 个单格，额定电压为12V	用大写的汉语拼音表示： Q——起动用铅蓄电池； N——内燃机车用蓄电池； M——摩托车用蓄电池	用大写的汉语拼音表示： A——干荷电铅蓄电池 H——湿荷电铅蓄电池 W——免维护蓄电池 M——密封式铅蓄电池 S——少维护蓄电池 J——胶体式铅蓄电池	20h 放电率的额定容量，单位为 A·h，单位略去不写	用大写的汉语拼音字母表示： G——高起动率； D——低温性能好； S——塑料槽蓄电池

例如:6 – Q – 105D,表示该普通起动型蓄电池由 6 格组成,额定电压 12V,20h 放电率的额定容量为 105A·h,低温起动性好。6 – QW – 90,表示该免维护蓄电池由 6 格组成,额定电压 12V,20h 放电率的额定容量为 90A·h。

6)使用条件对蓄电池容量的影响

影响蓄电池容量因素有两类:一类是与生产工艺及产品结构有关,如活性物质的数量、极板的厚度、活性物质的孔率等;另一类是与使用条件有关,如放电电流、电解液温度和电解液相对密度等。

(1)放电电流对蓄电池容量的影响。根据实验,放电电流越大,则电压下降越快,至终止电压的时间越短,容量越小。蓄电池容量与放电电流的关系如图 3-5 所示。

(2)电解液温度对蓄电池容量的影响。温度降低则容量减小,这是由于温度降低时,电解液黏度增加,渗入极板内困难;同时电解液电阻增大,使蓄电池内阻增大,蓄电池端电压降低,容量减小。图 3-6 所示为 3 – Q – 75 型蓄电池以 225A 的电流放电,在不同温度下所输出的容量。由于温度对蓄电池放电时的端电压和容量有较大影响,因此,在寒冷地区应特别注意蓄电池的保温。

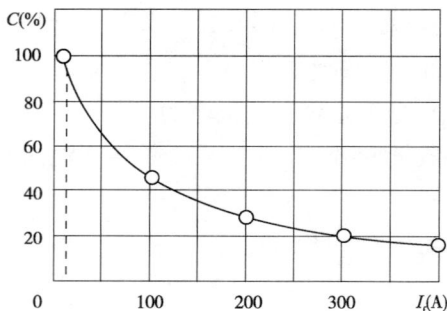

图 3-5　蓄电池容量与放电电流的关系

图 3-6　电解液温度与容量的关系图

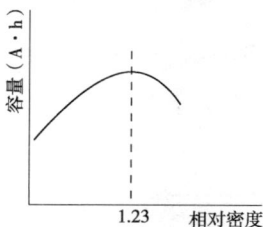

图 3-7　电解液相对密度与容量的关系

(3)电解液相对密度对蓄电池容量的影响。适当提高电解液的相对密度,可以提高电解液的渗透速度和蓄电池的电动势,并减小内阻,使蓄电池的容量增大。但相对密度超过某一值时,由于电解液黏度增大,使渗透速度降低,内阻和极板硫化增加,又会使蓄电池的容量减小。电解液相对密度和容量的关系如图 3-7 所示。起动用蓄电池一般使用相对密度为 1.26 ~ 1.29 的电解液。

(4)电解液的纯度对蓄电池容量的影响。电解液的纯度对蓄电池的容量有很大影响,应使用高纯度纯硫酸和蒸馏水配制。电解液中存在有害杂质会腐蚀栅架,沉附于极板上的杂质形成局部电池产生自放电现象。如电解液中含有 1% 的铁离子,蓄电池在一昼夜内就会放完电,使用纯度不高的电解液会明显减小蓄电池的容量,缩短蓄电池的使用寿命。

❷ 蓄电池类型

1）普通湿式免维护蓄电池

带液态可自由流动电解液的蓄电池被称为湿式蓄电池。当前几乎所有乘用车上使用的蓄电池都是免维护型（图 3-8），所以这种湿式蓄电池在使用中无需再添加蒸馏水。因此，没有必要并且也不允许打开蓄电池单格电池的密封塞。只有在首次给蓄电池添加电解液时才可打开。在对带单格电池密封塞的湿蓄电池充电时，切勿旋出单电池密封塞。

这种免维护蓄电池在使用寿命内基本不需要添加蒸馏水，具有自行放电少、寿命长、接线柱腐蚀较轻以及起动性能好等特点。另外，免维护蓄电池上部装有电量指示器，可方便用户观察蓄电池的存电状态；由于这种蓄电池使用独特的液气分离盖，使电解液充分回流至蓄电池槽内；内置防酸隔爆片，可有效防止外部明火可能引起的蓄电池内部爆炸。大众免维护蓄电池的标识信息可从蓄电池铭牌处获得，如图 3-8 所示。

图 3-8　大众汽车蓄电池铭牌标识信息

2）改进型湿式蓄电池

目前带自动起停系统的车辆中可使用改进型湿式蓄电池（图 3-9）。这种蓄电池类型可以从蓄电池盖上的 EFB 字样识别出来。EFB 是英语 Enhanced Flooded Battery（改善强化的湿蓄电池）的缩写。

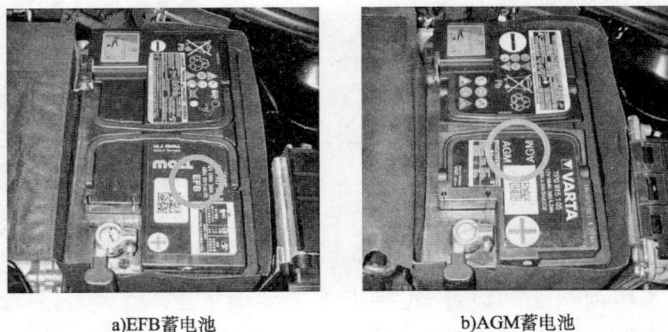

a)EFB蓄电池　　　　　　　　　b)AGM蓄电池

图 3-9　改进型湿式蓄电池和玻璃纤维型蓄电池

EFB 蓄电池是一种改进的湿荷电蓄电池。蓄电池内部的正极板始终覆有一层额外的聚酯织物。由此蓄电池的活性物质可被保持固定在正极板上。这种蓄电池的循环使用寿命要高于基本型的铅酸蓄电池。该蓄电池中使用了惰性混合元素部件,具有更好的酸液循环,从而实现了电极层的稳定。EFB 蓄电池的充电方式与标准蓄电池相同。

大众/奥迪车型所有湿式蓄电池,包括湿式蓄电池、改进的湿蓄电池(EFB)和经济型蓄电池都使用透明的外壳。湿式蓄电池和改进的湿蓄电池采用黑色的端盖。经济型蓄电池采用灰色端盖用于简单区分。在安装时,通过透明的外壳可以快速检查所有单电池中的电解液液位高度。

3)玻璃纤维蓄电池

玻璃纤维蓄电池(吸附式玻璃纤维棉——Absorbent Glass Mat,AGM),也称作 AGM 蓄电池或者复合电池,用于带自动起停系统和能量回收的车辆。这种蓄电池类型可以从蓄电池盖上的 AGM 字样和全黑色蓄电池外壳识别出来(图 3-9)。在 AGM 蓄电池中,电解液被密封在由非常细小的网状玻璃纤维构成的具有很强吸水性的玻璃纤维隔膜中。因此所有电解液都被玻璃纤维吸附住。与 EFB 蓄电池相比,除了具有更长的循环使用寿命之外,AGM 蓄电池还具有防止电解质溢出的特点。

虽然这种蓄电池外壳仍然有可能溢出极少量的硫酸,但仅有几毫升。该型蓄电池通过蓄电池盖封闭,单格电池密封塞和排气通道包含在蓄电池盖中。对于充电时产生的气体排放问题,因为玻璃纤维蓄电池(AGM 蓄电池)是封闭的系统,所以每个单电池都通过一个阀门与大气隔开。

AGM 蓄电池采用黑色的外壳和端盖。因为 AGM 蓄电池中没有自由流动的电解液,所以不需要从外部观察电解液液位,无需透明外壳。安装蓄电池时,技师可通过不同的外壳颜色可以很容易地区分玻璃纤维蓄电池和湿蓄电池。

普通湿式免维护蓄电池、EFB 蓄电池和 AGM 蓄电池性能比较,详见表 3-2。

标准车载电网湿式免维护蓄电池、EFB 蓄电池和 AGM 蓄电池的对比　　　　表 3-2

蓄电池类型特性	标准蓄电池	EFB	AGM
循环	寿命正常	高于标准蓄电池	高于 EFB
壳体受损时防止电解液溢出的安全性	未给出	未给出	极高
冷起动特性	好	好	好
自放电	正常	正常	正常
深度放电稳定性	好	好	好
高温环境下的耐热性	好	好	低于标准蓄电池
极层稳定性	正常	高于标准蓄电池	高于 EFB

4)蓄电池的电解液液位显示与电量显示

为方便用户对蓄电池状态的检查,免维护蓄电池端盖上均装有电解液液位显示窗或蓄电池充电量显示窗,其结构与功用如下。

(1)双色电解液液位显示。所有的湿蓄电池都有一个双色的电解液液位显示。通过蓄电池端盖中集成的电解液液位显示(圆观察窗),可以观察整个蓄电池使用寿命中单电池的电解液液位。电解液液位显示通过彩色显示器显示,如图3-10所示。

黑色:酸液液位正常

浅黄色:酸液液位过低。
蓄电池必须更换

蓄电池外壳壁上的液位标注

图3-10 电解液液位显示

不同于采用密度计式电量显示装置,这个电解液液位显示无法推断出蓄电池充电状态。当电解液液位显示为蛋白色或浅黄色时,在蓄电池上不允许执行涉电操作。对其检测、充电或起动辅助时均可能存在爆炸危险,这种状况的蓄电池必须更换。

当电解液液位显示器显示的电解液液位识别不清楚时,可拆下蓄电池,从蓄电池外面通过透明外壳确定电解液液位。蓄电池原则上不允许打开。因此也不允许再添加蒸馏水。玻璃纤维蓄电池(AGM蓄电池)没有酸液液位显示。

(2)蓄电池电量指示器。装有蓄电池电量指示器,可以利用其在蓄电池顶部的电量指示器,观察蓄电池的充电电量状态。

蓄电池电量指示器采用密度计原理以塑料制成(图3-11),其下部的直管从蓄电池顶部插入电解液中,指示器内有一绿色小球,当电解液相对密度高于1.220,或蓄电池充电到额定容量的65%以上时,小球即浮起至笼子的顶部并与玻璃棒的下端接触,蓄电池顶部的电量指示器为绿色表示蓄电池工作状态良好;当充电低于额定容量65%时,小球下沉到笼子的底部,电量指示器指示变得模糊呈淡绿色或黑色表示蓄电池充电不足,需要充电;当电解液少于极限值,密度计顶部的指示器变为透明无色或淡黄色,表示电解液已减少到极限值或内部有损坏,说明蓄电池已经达到寿命,需要更换。

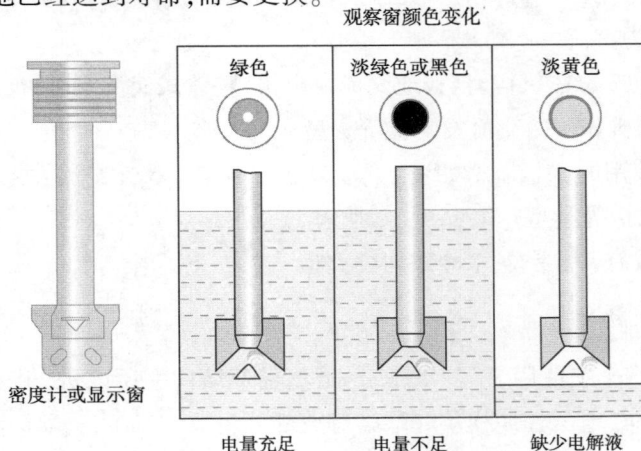

观察窗颜色变化

绿色   淡绿色或黑色   淡黄色

密度计或显示窗

电量充足   电量不足   缺少电解液

图3-11 蓄电池密度计电量指示器结构

③ 蓄电池的使用与维护

(1)大电流放电时间不宜过长。每次起动时间应小于5s,相邻两次起动应间隔15s以上。避免起动时使用刮水器、后窗除霜加热器及长时间开前照灯等。

(2)尽量避免蓄电池过放电和长期处于亏电状态下工作,亏电蓄电池应及时取下进行充电,放完电的蓄电池应在24h之内进行充电。

(3)冬季使用蓄电池,要特别注意保持足电状态,以免电解液密度降低而结冰。

(4)日常维护时,检查蓄电池外壳与极柱是否有裂纹和电解液泄漏;检查蓄电池本身安装是否牢固,防止振动损坏;检查极柱接线是否牢固,防止电量损失或产生火花;保持加液孔盖上通气孔的畅通,定期疏通。

(5)保持蓄电池外表面的清洁干燥,及时清除极柱和电缆卡子上的氧化物,并确定蓄电池极柱上的电缆连接是否牢固、蓄电池在托架上的安装是否牢固。清洗时要将蓄电池从车上拆下,先刮除腐蚀物,然后用清水冲洗并用纸巾擦干。电缆卡子在清洗后还应涂上凡士林或润滑脂防止腐蚀。

(6)蓄电池连接时应先接正极,再接负极;拆线时顺序正好相反。

⬤二 交流发电机

汽车使用的发电机有交流发电机和直流发电机两种类型。目前汽车大都采用交流发电机。交流发电机与蓄电池、电压调节器协同工作,构成汽车的电源系统。因为蓄电池的容量有限,无法长时间向全车用电设备供电。因此,在发动机起动后,发电机既向全车用电设备供电,又向蓄电池充电,保证蓄电池的电量,为下次起动做准备。

❶ 交流发电机的分类

车用交流发电机是一个三相同步交流发电机,它是利用二极管将其三相绕组中所感应的三相交流电整流为直流电。

(1)交流发电机按总体机构有:普通交流发电机、整体式交流发电机、带真空泵式交流发电机、无刷交流发电机和永磁交流发电机等类型。

(2)按整流器装用的二极管数量有:六管交流发电机、八管交流发电机、九管交流发电机、十一管交流发电机等类型。

(3)按冷却方式有:风冷式、水冷式两种类型。

❷ 交流发电机构造

交流发电机在汽车上使用50多年以来,虽然局部结构有所改进,但是基本结构都是由转子、定子、整流器、IC电压控制模块和端盖等五部分组成。其工作原理为:交流发电机定子绕组中感应出交变电动势,在IC电压控制模块的控制下,经二极管整流器整流,输出直流电,如图3-12所示。图中所示为交流发电机分解后的结构图。主要由定子总成、转子总成、整流器、电刷、端盖、IC 控制模块、风扇及皮带轮等部件组成。

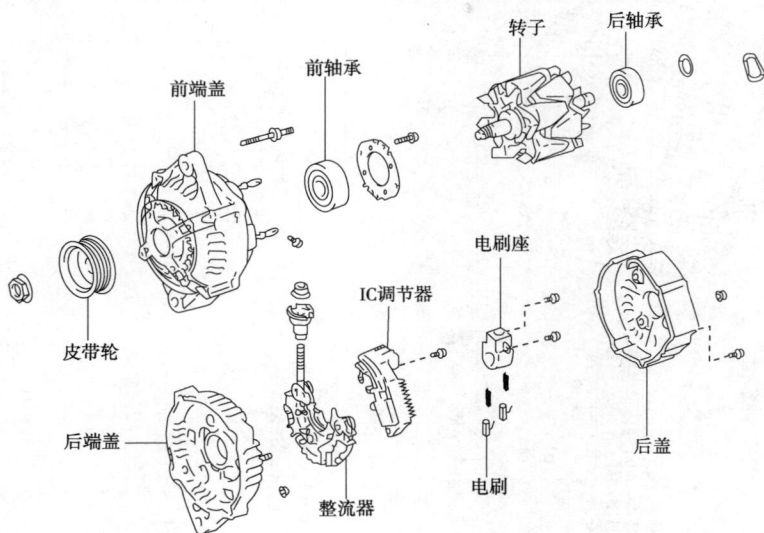

图 3-12　交流发电机的组成

1)定子总成

定子总成也称电枢,是由铁芯和三相绕组组成,它的作用是产生和输出三相交流电。定子槽内置三相对称绕组,每相绕组匝数相等,彼此相差 120°相位角度。三相绕组的一端共同连接在一起,形成发电机的中性点。中性点电压是发电机输出电压的一半。另外三个端子与整流器的二极管相连,如图 3-13 所示。定子铁芯由一组相互绝缘的硅钢片叠成,三相绕组用高强度漆包线达到绝缘的目的,以防止短路。

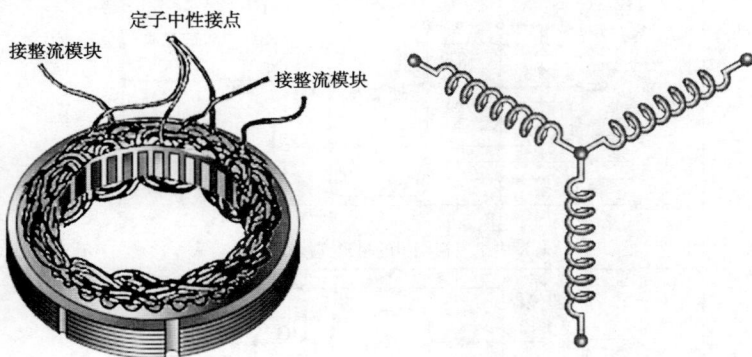

图 3-13　发电机定子总成

近年来随着车载用电设备的增加,对发电机发电量的要求也越来越大,发电机的结构和性能也在不断发展和提升。例如:丰田车型使用的 SC 型交流发电机代替通常的绕组系统(图3-14),在焊在 SC(扇形导体)内的定子线圈上采用拼合式扇形导体系统。它与通常的交流发电机比较,电阻值可降低,交流发电机就更为小巧紧凑。由于采用了两组三相绕组,中和了相互的电磁声(定子内产生),噪声也有所降低。

图 3-14　丰田车型 C 型交流发电机定子结构

2）三相绕组的连接方法

三相绕组的连接方法有星形连接和三角形连接两种,如图 3-15 所示。星形连接具有低速发电性能好的优点,因此,目前绝大部分汽车采用星形连接。三角形连接优点是高速时发电功率大,适用于高速大功率的车辆,其缺点是低速时发电量小。

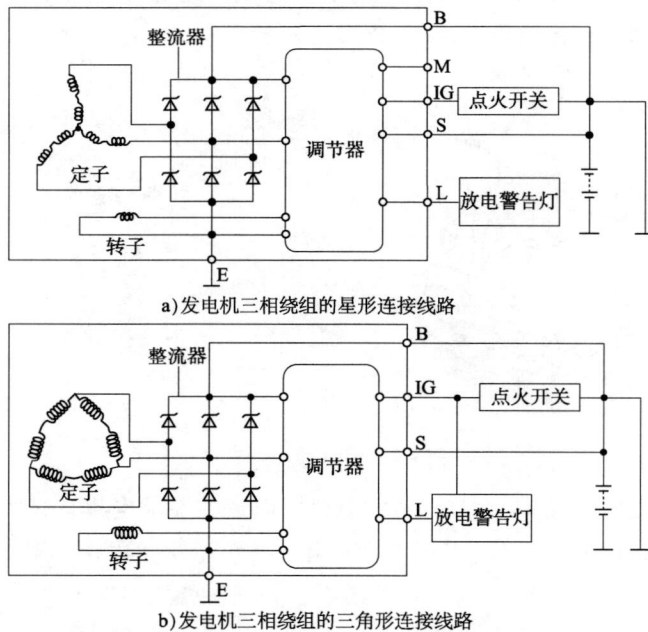

图 3-15　发电机三相绕组的星形连接和三角形连接方式

3）转子总成

转子的作用是产生变化的磁场。它主要由爪极、磁轭、励磁绕组、滑环、转子轴等组成，如图 3-16 所示。转子轴上压装着两块爪极，爪极空腔内装有励磁绕组和磁轭。滑环由两个彼此绝缘的铜环组成，压装在转子轴上并与轴绝缘，两个滑环分别与励磁绕组的两端相连。两个电刷装在与端盖绝缘的电刷架内，通过弹簧力使其与滑环保持接触。当发电机工作时，两电刷通入直流电，励磁绕组中就有定向电流通过，并产生轴向磁通，使爪极一块被磁化为 N 极，另一块被磁化为 S 极，从而形成六对（或八对）相互交错的磁极。当转子转动时，就形成了旋转的磁场。

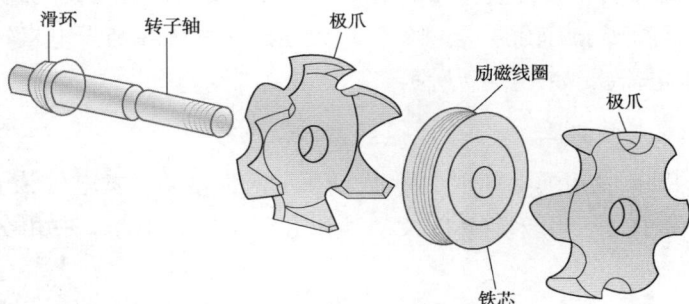

图 3-16　发电机转子分解图

转子总成上有六对鸟嘴形爪极交错排列，固定在转子轴上，鸟嘴形能够产生近似正弦变化的磁场。励磁绕组缠绕在铁芯上，铁芯固定在转子轴上，励磁绕组两根引线分别焊接在与轴绝缘的两道滑环上，滑环与电刷相连。电刷通电后，励磁绕组产生磁力，把铁芯和爪极磁化，产生磁场。

4）整流器

整流器的作用是把交流发电机产生的交流电转变成直流电输出，它由输出端子、整流二极管、散热板组成，如图 3-17 所示。

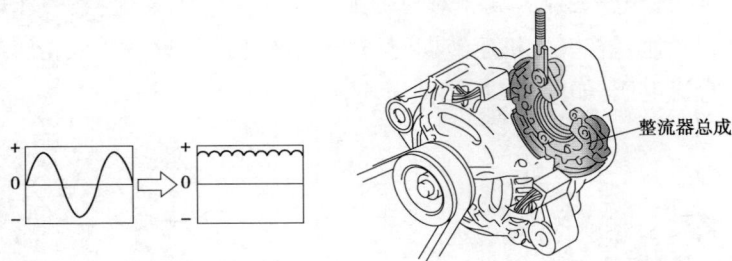

图 3-17　交流发电机整流器

整流器一般由 6 个硅整流二极管组成，其中分为 3 个正极管和 3 个负极管。引线为正极，壳体为负极的二极管称为正二极管；引线为负极，壳体为正极的二极管称为负二极管。3 个正二极管的壳体焊接在一散热板上，通过螺栓引出构成发电机输出端即发电机正极；3 个负二极管的壳体焊接在另一散热板上，与发电机外壳相连构成发电机负极，如图 3-18 所示。

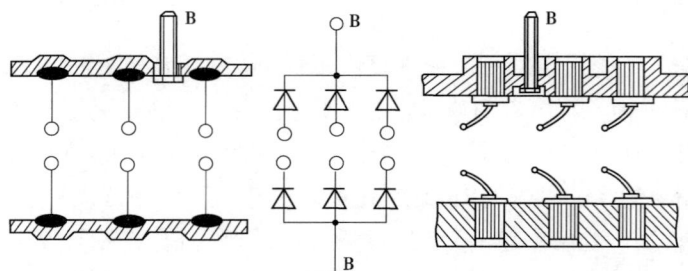

图 3-18　整流器二极管排列

端盖装有整流器、IC 电压控制器和电刷及电刷架。发电机的励磁绕组需通电才能产生磁场,而励磁绕组是随转子旋转的,电刷的作用是通过压紧弹簧与发电机转子的滑环接触,以此满足发电机发电需要,如图 3-19 所示。

③ 交流发电机工作原理

发电机转子的励磁绕组通电产生磁场,发动机的起动带动了发电机转子旋转,定子绕组切割磁力线,因为定子是三相绕组(X、Y、Z),所以在定子绕组中产生三相交流电(A、B、C),如图 3-20 所示。

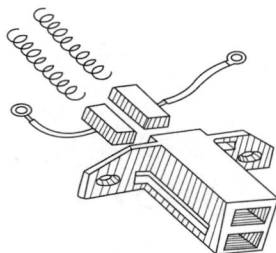

图 3-19　电刷及电刷架

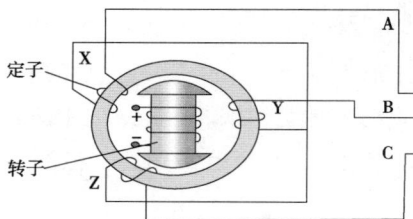

图 3-20　交流发电机的工作原理

发电机内装的整流器一般由最少 6 个以上的二极管组成三相桥式整流电路。整流过程为:在某一瞬间,某一相电压最高,其相对应的那一个正二极管导通;某一相电压最低,其对应的那个负二极管导通。在发电机运转期间,6 个二极管是一对一对地轮流导通,流经负载 R 的就是平稳的直流电压,如图 3-21 所示。

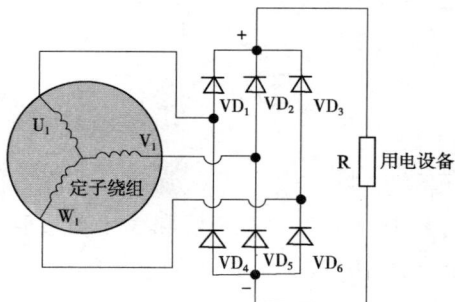

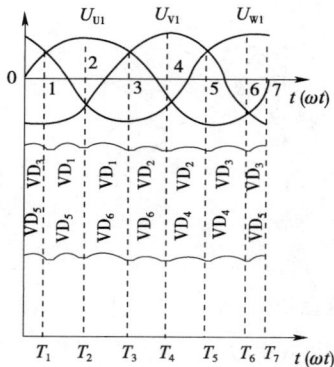

图 3-21　交流发电机的整流原理

❹ 交流发电机电压调节器

交流发电机是由发动机带动发电的,发动机转速随车辆行驶状况不同而变化,发电机的转速也随之不断变化。因此导致发电机发电量的变化,影响全车用电设备。设置电压调节器可以保证发电机电压不受转速变化而变化,保持其输出电压的稳定。主流车型大多采用整体式交流发电机,而整体式交流发电机也大多采用集成电路(IC)调节器(图 3-22)。IC 调节器主要由 IC 集成电路和散热器组成。

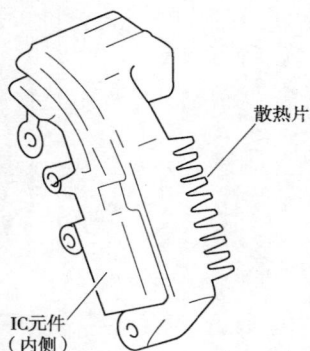

当点火开关置于"ON"挡,发动机不运转时,蓄电池电压通过 IG 端子给调节器供电,Tr1 被触发导通,励磁绕组有电流通过,此时发电机不发电,P 端子电压为 0V,调节器控制 Tr1 截止,减少蓄电池放电,同时,调节器使 Tr2 导通,点亮充电指示灯(图 3-23)。

图 3-22　IC 电压调节器

图 3-23　发电机 IC 电压调节器工作原理

起动发动机后,Tr1 导通,励磁绕组通电,发电机发电,通过 B 接线柱向全车用电设备供电并向蓄电池充电。此时 P 端子电压增加,IC 确定发电机发电,将 Tr2 截止,充电指示灯熄灭。

随着发电机转速的升高,发电机输出电压不断升高,S 端子把此信号传给 IC,当电压高于规定值时,IC 控制 Tr1 截止,励磁绕组断电,电压迅速下降,当下降到规定值时,又重新接通 Tr1,如此反复,把发电机输出电压控制在 13.8～14.4V。

❺ 电源系统的工作过程

(1)当点火开关处于"ACC/ LOCK"挡位时,电路中无电流通过,充电警告灯不亮,如图 3-24 所示。

图 3-24　点火开关处于"LOCK"位置

（2）当点火开关处于"ON"挡，但不起动发动机时，电路中有电流通过，电流由蓄电池一路经过充电警告灯，使警告灯点亮；一路经点火开关流向发电机，为发电机励磁绕组通电。当点火开关处于"ST"挡时，此时发电机发电量低，蓄电池向起动机和全车用电设备供电，如图 3-25 所示。

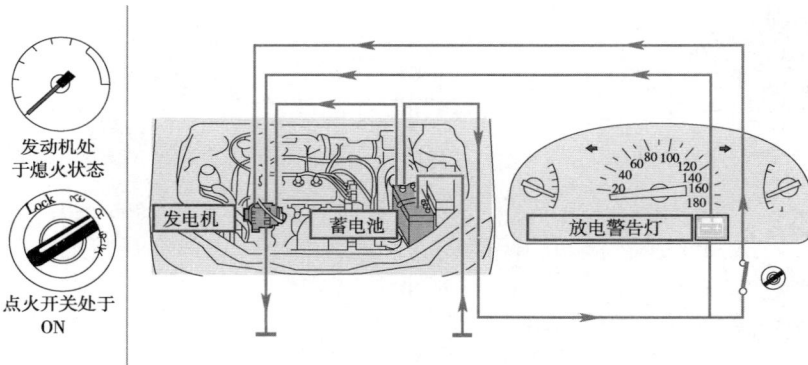

图 3-25　点火开关处于"ON"的位置（发动机未起动）

（3）当点火开关处于"ON"挡，起动发动机后，此时发电机发电，警告灯熄灭，发电机向蓄电池充电，并向全车用电设备供电，如图 3-26 所示。

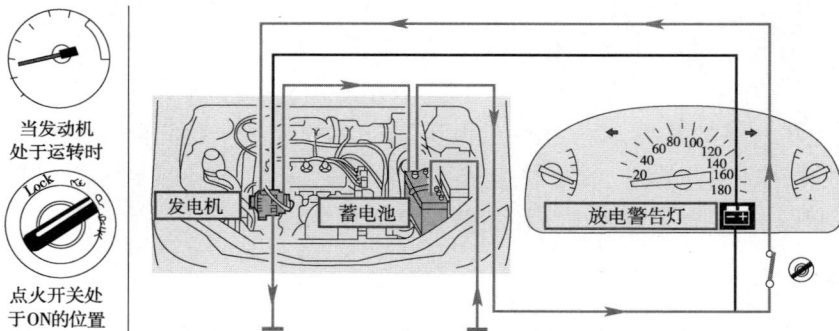

图 3-26　点火开关处于 ON 位置（发动机起动后）

三 新型交流发电机整流器结构特点

随着车用交流发电机技术的发展,为满足汽车不断增长的用电需求,结构先进、性能优良的新型发电机相继推出,如八管、九管、十一管交流发电机,无刷交流发电机和带泵交流发电机等。

1 八管交流发电机

该发电机在定子绕组为星形连接时,三相绕组的公共结点称为中性点。中性点电压的瞬时值是一个三相谐波电压,如图 3-27 所示,平均值为发电机输出电压(平均值)的一半。从三相绕组的中性点引一根导线到发电机外,标记为"N"(图 3-28)。"N"点电压称为中性点电压,该中性点 N 不仅具有直流电压(等于发电机直流输出电压的一半),而且还包含有交流电压成分,可利用此电压来控制各种用途继电器的工作。

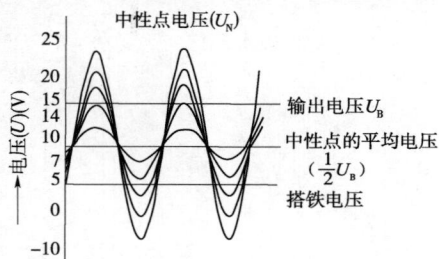

图 3-27 交流发电机中性点电压波形

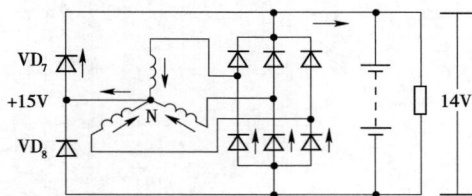

图 3-28 具有中性点二极管的整流电路

现在发电机多是利用中性点电压提高发电机功率。比如本田雅阁的发电机整流器有 8 只整流管(图 3-28)。在八管式整流器中增加了 2 只大功率的二极管,接在中性点处(1 只正极管和 1 只负极管),也常被称为中性点二极管。八管式整流器把中性点电压和三相绕组的端电压并联输出,实践证明这样发电机功率可提高 10% ~ 15%。

2 九管交流发电机

九管交流发电机的整流器是由 6 只大功率硅整流二极管和 3 只小功率励磁二极管组成。如图 3-29 所示,3 只励磁二极管均为正极管,它们的负极公共点形成了另一个电源输出端 DF,但作用与 B 端不同,其作用有:一是向励磁绕组供电,使励磁电流不受车上其他负载的影响,使发电机调压更加精确;二是控制充电状态指示灯,用来指示电源系统的工作状态。

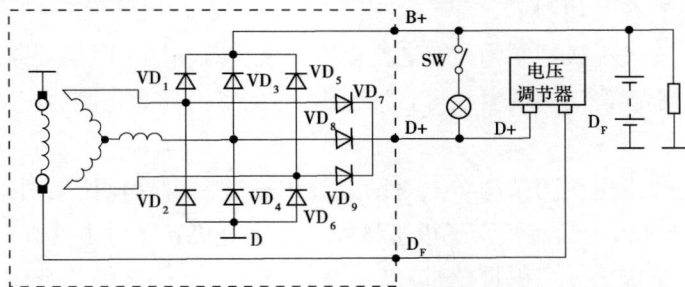

图 3-29 九管式整流器电路

③ 十一管交流发电机

十一管式整流器是由 6 只大功率的整流二极管、2 只大功率的中性点二极管和 3 只小功率的励磁二极管组成,它兼顾了八管式和九管式整流器的优点。不仅具有提高输出功率的功能,而且还有反馈充电系统工作情况的功能,有关原理不再赘述。其中 8 只大功率的整流二极管组成全波桥式整流电路对外负载输出,3 只小功率磁场二极管与 3 只大功率负极管也组成三相全波桥式整流电路,为发电机磁场供电和控制充电指示灯电路。桑塔纳、奥迪采用 JF219132 型 14V90A 交流发电机,其充电系统电路如图 3-30 所示。

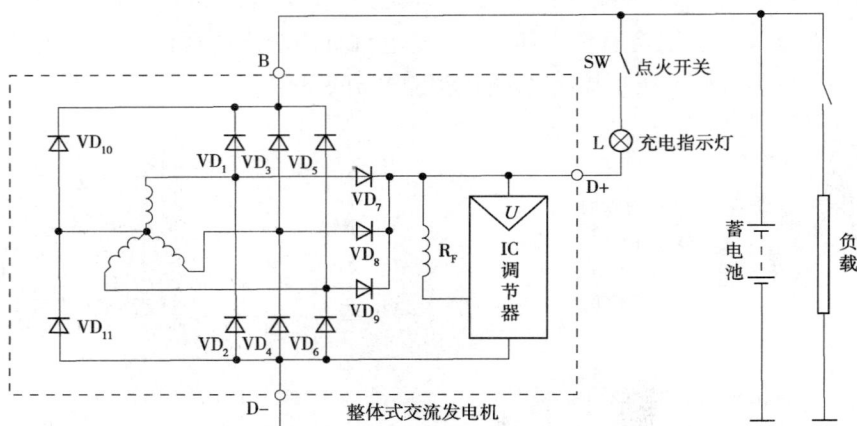

图 3-30　十一管交流发电机充电系统电路

④ 无刷交流发电机

无刷交流发电机是为了克服传统交流发电机的电刷与滑环机构造成发电机电压不稳或不发电而产生的一种新型交流发电机。无刷交流发电机的显著特征是将励磁绕组和电枢绕组都安装在发电机的定子上,因取消了电刷、滑环机构可以减小发电机的轴向尺寸,同时也加强了发电机对潮湿、灰尘较大环境的适应性。车用无刷交流发电机有爪极式无刷交流发电机、感应子式无刷交流发电机等类型。

1)爪极式无刷交流发电机

爪极式无刷交流发电机的结构与普通交流发电机大致相同。其励磁绕组是静止的且不随转子转动,因此,励磁绕组两端引线可直接引出,省去了滑环和电刷,而爪极在励磁绕组的外围旋转。

爪极式无刷交流发电机的结构特点是励磁绕组通过一个磁轭托架固定在后端盖上,如图 3-31 所示。两个爪极中只有一个爪极直接固定在发电机转子轴上,另一爪极则用非导磁连接环固定在前述爪极上。当皮带轮带动转子轴旋转时,一个爪极就带动另一爪极一起在定子内转动。

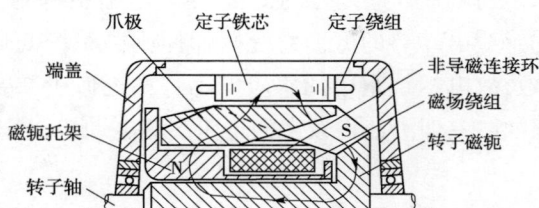

图3-31　爪极式无刷交流发电机的结构

当励磁绕组中有直流电流通过时,其磁路是左边爪极的磁极 N→主气隙→定子铁芯→主气隙→右边爪极的磁极 S→转子磁轭→附加气隙→托架→附加气隙。转子旋转时,爪极形成的 N 极和 S 极的磁力线在三相绕组内交替通过,定子槽中的三相绕组就感应出交变电动势,形成三相交流电,经整流后变为直流电。

2)感应子式无刷交流发电机

感应子式无刷交流发电机由转子、定子、整流器、外壳、传动散热装置等组成。

转子是由外圆带槽的齿轮状冲片铆叠而成,冲片形状如图3-32a)所示。共 16 组的电枢绕组用两根高强度漆包线并绕,镶嵌在定子铁芯上。共 4 组的励磁绕组安装在大槽中。图3-32b)所示为感应子式交流发电机结构示意图。由硅二极管组成的单相全波整流器将电枢产生的单相交流电转换为直流电。

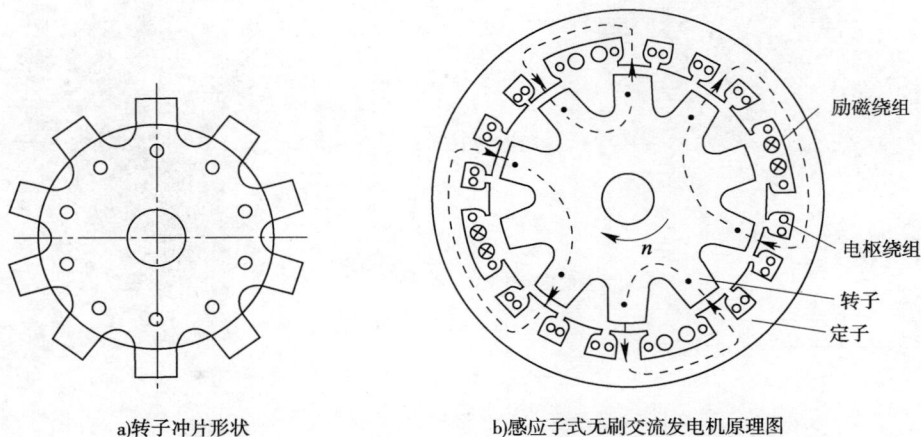

a)转子冲片形状　　　　　　　　　b)感应子式无刷交流发电机原理图

图3-32　感应子式无刷交流发电机的构造原理图

如图 3-32 所示,励磁绕组导体中标出了励磁电流的方向。在励磁电流作用下,定子铁芯被磁化,磁场方向如图 3-32 中带箭头的虚线所示。处在定子磁极之间的转子凸齿被电枢磁场磁化。当磁力线从转子穿出的那些齿为 N 极,而磁力线从定子铁芯进入转子的那些齿为 S 极。当转子凸齿与定子铁芯的齿部对齐时,穿过定子铁芯的磁场最强,转子按顺时针方向旋转,转子凸齿离开定子铁芯的齿部;当转子齿中心线与定子槽中线重合时磁通减至最少,随后又逐渐增加,到转子凸齿中心线与定子铁芯凸齿中心线对齐时,磁通又达到最大。

如此反复,发电机的气隙磁通就这样周期性的变化,定子电枢绕组便产生电动势。根据电磁感应原理,电枢绕组中的感应电动势的方向总是阻碍原励磁磁场变化的。由于气隙磁通的变化规律近似为正弦函数,故电枢绕组中的感应电动势亦近似正弦变化。将电枢绕组按电动势正向叠加的原则串联起来,即可获得较大的正弦交流电动势,经全波整流电路便可得到所需的直流电。

❺ 液冷式交流发电机

液冷式交流发电机多用在大排量高档乘用车型上,例如大众辉腾、奥迪 A8、宝马 X5 等车型。奥迪 A8-10 款 6.0L W12 发动机采用的是液冷式发电机(图3-33),其额定输出电流为 210A。因为液冷式发电机取消了风扇叶轮,所以运转时没有噪声。发电机运行时通过发动机的冷却循环回路冷却发电机,可防止发电机过热,延长其使用寿命并提高其工作效率。其另一个优势则体现在能量回收过程中。在能量回收时,虽然风冷式发电机的电气负荷减轻,但是它仍旧从发动机获取机械能以克服空气对风扇叶轮的阻力,而在液冷式发电机上就不会出现这种情况。

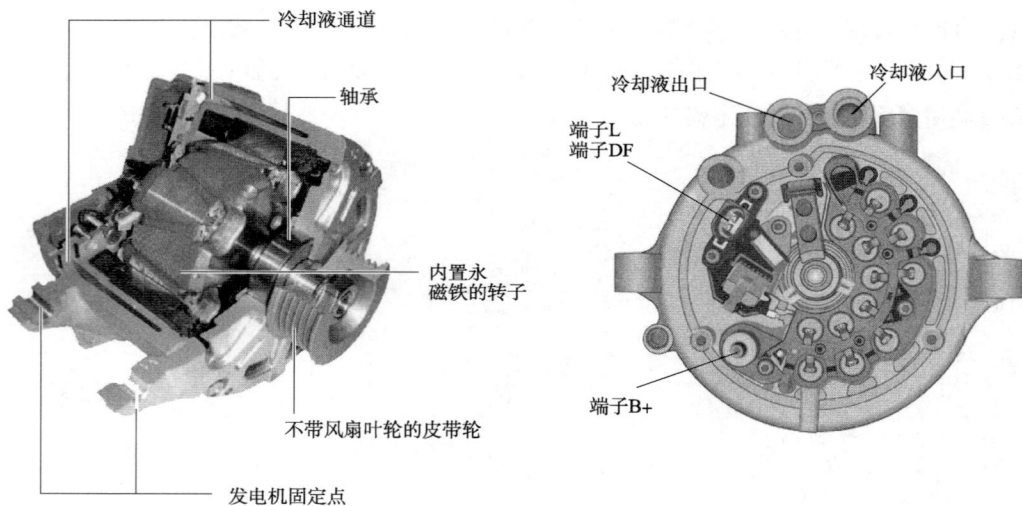

图3-33　奥迪 A8-10 款车型液冷交流发电机

❻ 六绕组定子交流发电机

大排量高档车用电负荷较大,须配置更大功率的发电机,但受发动机舱空间和轴荷限制,部分高档大排量车型多采用六组定子绕组(双三相绕组),来满足发电机大功率和结构紧凑的设计要求。大众辉腾轿车使用的是 190A 的液冷式发电机(图3-34),其最大瞬时电流可达 300A。发电机中用六组定子绕组代替原来的三组定子绕组,并由转子中的一个绕组作为励磁绕组。通过发动机的冷却循环回路冷却发电机,可防止发电机过热,延长其使用寿命并提高其效率。

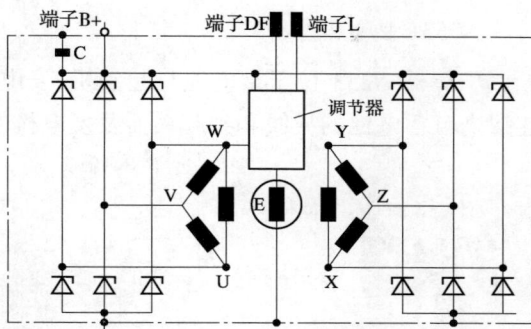

图 3-34 大众辉腾车型六绕组定子交流发电机

C-电容器;E-转子中的励磁线圈;端子 B + -蓄电池正极;端子 DF-电动机磁场;端子 L-组合仪表中指示灯的信号导线;U、V、W、X、Y、Z-励磁绕组的端部

四 蓄电池安全切断装置

为预防交通事故时蓄电池导线短路可能引发的火灾,在蓄电池正极端子上装有蓄电池安全切断装置。该装置的任务是断开从蓄电池到起动器和发电机的导线。发生事故时,如果在发电机或起动机导线上出现短路,通过该装置动作可以避免车辆起火。如果发生事故时触发了安全气囊,则会自动地激活蓄电池安全切断装置;车尾碰撞时,随着安全带张紧器的触发而同时激活蓄电池安全切断装置。以大众车型为例,介绍蓄电池断路引爆器 N253 (型号 1 和型号 2)、蓄电池断开继电器 J655 和蓄电池主开关/ 断路开关 E74 四种蓄电池安全切断装置的蓄电池导线安全切断过程。

1 蓄电池断路引爆器 N253(型号 1)

这种型号的蓄电池断路引爆器 N253 位于安全蓄电池端子中。该蓄电池安全端子总是直接固定在蓄电池正极上。

在正常情况下,蓄电池导线与正极端子正常连接,如图 3-35a)所示;当发生紧急情况时,安全系统控制单元将蓄电池断路引爆器的推进剂引爆,此时引爆膨胀的气体推动锥形销沿箭头方向离开初始位置,如图 3-35b)所示。蓄电池断路引爆器的推进剂引爆时,膨胀的气体推动锥形销沿箭头方向离开初始位置。锥形销被生成的气体推动后,通过一个支座避免它回退,如图 3-35c)所示。由此从蓄电池到起动器和发电机的导线保持断开。

图 3-35 蓄电池断路引爆器 N253 型号 1 的结构原理

❷ 蓄电池断路引爆器 N253(型号2)

这种型号的蓄电池断路引爆器 N253 位于蓄电池与起动机、发电机的连接元件中,如图 3-36 所示。该连接元件连接来自蓄电池的导线和到起动器及发电机的导线。

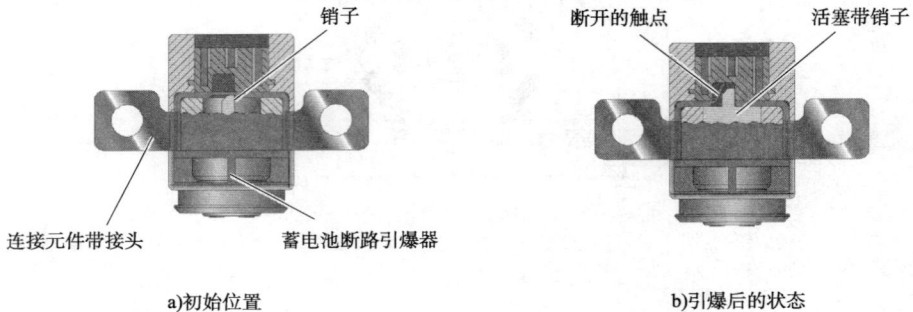

a)初始位置   b)引爆后的状态

图 3-36 蓄电池断路引爆器 N253 型号 2 的结构原理

在蓄电池断路引爆器的推进剂引爆时,膨胀的气体推动活塞和销子,使得连接元件中接头之间的触点断开。使蓄电池导线与端子分离开,从而避免引起事故车辆的火灾与爆炸。

❸ 蓄电池断开继电器

蓄电池危险情况时的断开,还可以通过蓄电池断开继电器 J655 来切断蓄电池到起动器和发电机的导线。这个断开继电器中集成了一个蓄电池主开关和一个断开开关。

激活断开的蓄电池断开继电器 J655 可以从观察窗识别出来(图 3-37)。导线未断开时,观察窗可见铜线圈;断开时观察窗中看到的是白色盖板。

❹ 蓄电池主开关/断路开关 E74

大众途锐车型采用了蓄电池主开关/断路开关 E74 来保证事故时的蓄电池导线的安全切断。蓄电池主开关/断路开关 E74 如图 3-38 所示。

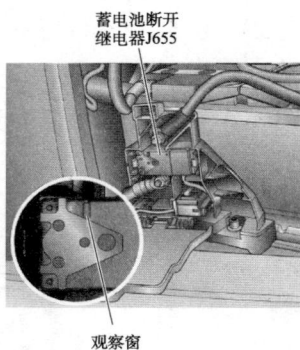

图 3-37 蓄电池断开继电器   图 3-38 蓄电池主开关/断路开关

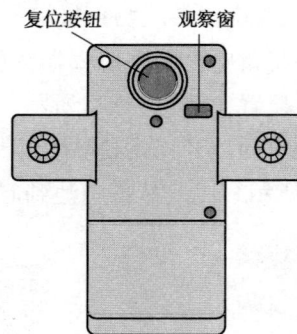

1)蓄电池的断开

如图 3-39 所示,发生碰撞事故时,蓄电池主开关通过一根专用信号导线从安全气囊控制单元 J234 得到断开信号,蓄电池通过蓄电池主开关与起动导线断开。这样可避免起动导线短路及发生火灾。

图 3-39　蓄电池断路开关电路

A-蓄电池;B-起动机;C-发电机;E74-蓄电池主开关/断路开关;J234-安全气囊控制单元;J285-组合仪表;TV-导线分配器;V-车内电网电器

2）触发识别

断路开关触发后通过观察窗可见到一个白色的盖板而不是一个铜线圈。之后必须按下复位按钮使继电器复位,否则无法进行起动。在双蓄电池车内电网中,车内电网控制单元检查蓄电池主开关的位置;如果主开关已断开,则可防止通过起动蓄电池起动。

在上述四种情况下,蓄电池供电电路都为重要的安全电气装置保留了车载电网供电状态,例如:照明和闪烁报警装置。

课题2　电源系统的维护

一　蓄电池的维护

① 检查电解液液面

蓄电池的液量直接影响蓄电池的工作状态,普通型铅酸蓄电池的液面高度检查是车辆维护的重点内容。

液面高度检查可通过蓄电池端盖液位观察窗来实现。如果蓄电池壳为半透明状,也可在壳壁上观察,电解液液面高度应保持在外壳的上下刻线之间,如图 3-40 所示。

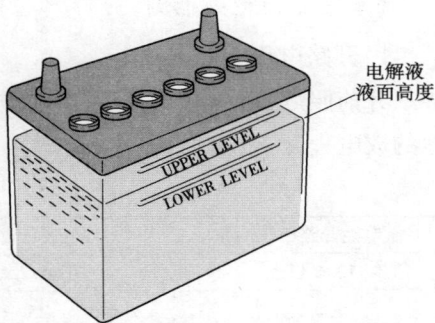

图 3-40　蓄电池电解液液面高度

对于普通非免维护蓄电池,如果蓄电池壳不透明,可拧开蓄电池盖检查,液面应高出极板 10～15mm。如果液面较低,应加注蒸馏水到规定高度处。在拧开蓄电池盖时,应注意清洁。

2 检查非免维护蓄电池的电解液密度

1)使用浮子密度计检查电解液密度

拧下蓄电池的各加液口盖,用密度计从加液口吸出电解液至密度计的浮子浮起来为止。观测读数时,应把密度计提至与眼睛视线平齐的位置,并使浮子处于玻璃的中心位置而不与管壁接触,以免影响读数的准确性,如图 3-41 所示。

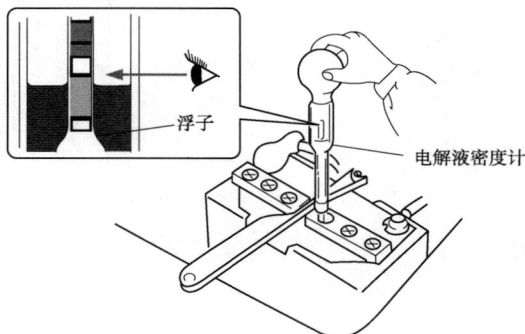

浮子

电解液密度计

图 3-41　检查电解液密度

2)使用光学密度计检查电解液密度

(1)校对"0"刻线。滴一滴蒸馏水在密度计镜片上,压下玻璃盖,从观察孔观察,看蓝白相间的分色线是否与"0"刻度线重合,若重合,可以用作电解液密度检查;若不重合,用专用工具正反旋转镜片后方的调整螺栓,直到重合。

(2)电解液密度检查。用吸管吸取少量的电解液,滴在密度计镜片上,压下玻璃盖。从观察孔观察,看蓝白相间的分色线在刻度的位置,读出数值。

电解液密度与放电程度的关系是:密度每下降 $0.01g/cm^3$,相当于蓄电池放电6%。当判定蓄电池在夏季放电超过50%或冬季放电超过25%时,不宜继续使用,应及时充电,否则会导致蓄电池早期损坏。

3 蓄电池电气检测

1)开路电压检测

开前照灯 30s,用以去掉蓄电池虚电后,用万用表检测蓄电池的静态开路电压,判断蓄电池的放电程度,见表3-3。

静态开路电压与蓄电池放电程度的关系　　　　　　　　　表3-3

蓄电池开路电压(V)	放电程度(%)	蓄电池开路电压(V)	放电程度(%)
12.6 以上	0	12.0 以上	75
12.4 以上	25	11.9 以上	100
12.2 以上	50		

2)用高率放电计测量放电程度

高率放电计是模拟接入起动机负荷,测量蓄电池在大电流(接近起动机的起动电流)放电时的端电压,用以判断蓄电池的放电程度和起动能力。

用高率放电计测量单格电池放电程度时,按极性将仪表的放电叉紧紧压在蓄电池的正负极柱上,时间不超过5s。若蓄电池电压在9V以上,并在5s内保持稳定,说明此蓄电池状态良好。如果在5s内电压迅速下降,说明此蓄电池有故障。

❹ 蓄电池充电

1)充电注意事项

在给蓄电池充电前,一定要先认真阅读充电机的说明书,按照要求规范操作。

(1)先拆下蓄电池的负极接线和正极接线。

(2)蓄电池有加液孔盖的,要先拧下。

(3)调整好蓄电池的电解液液面高度(非免维护蓄电池)。

(4)将蓄电池正、负极与充电机正、负极相连接。

(5)接上充电机的电源插头,打开电源开关,进行相应挡位选择(以实际需求选择适当充电方法,具体步骤:定流充电按上文所述、快速充电以充电机说明书为准)。

(6)若多个蓄电池串联定流充电,其电流调整的高低以额定容量最小的蓄电池为准,充电机的电压则调整为这几个蓄电池电压之和。若多个蓄电池并联定压充电,电压调整为每个并联支路的额定电压,充电电流调整的高低,要根据并联蓄电池的总容量来确定。

(7)充电过程中,要注意保证通风良好,避免明火,还要注意蓄电池的温度变化(能自动控温的除外)。

(8)充电结束,要先关闭充电机电源开关,再拆接线。

2)对深度放电蓄电池的定电流充电

将同容量的蓄电池串联起来接入充电电源(图3-42),在充电过程中,充电电流保持不变,随着蓄电池电动势的逐步增加,逐步提高充电电压的方法称为定流充电。

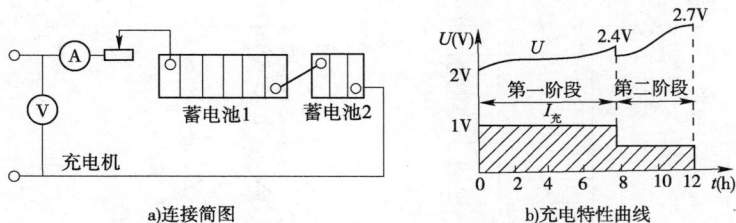

图3-42 定电流充电

这种充电方法具有较大适用性,可任意选择和调整电流,适合各种不同条件下的蓄电池充电,缺点是充电时间长,需经常调节充电电流。

(1)接通充电电路,为避免过热,第一阶段应选 $Q_e/15$ 的电流(Q_e 是额定容量),充电到电解液开始冒气泡,电压上升到14.4V(单格2.4V)为止;第二阶段将充电电流减半,继续充电到电解液沸腾,电压达到16.2V(单格2.7V),相对密度和单格电压连续2～3h稳定不变为止,全部充电时间至少在24h以上。

(2)充电过程中,要经常检查电解液的温度,若温度上升到40℃,应将电流减小一半,如继续上升到45℃,应立即停止充电,并采用人工冷却,等冷至35℃以下再充电。充电过程中,若减小电流,则适当延长充电时间。

(3)初充电接近完毕时,应测量电解液相对密度。如不符规定,应用蒸馏水或相对密度为1.4的电解液进行调整,调整后要再充2h。若相对密度仍不符合规定,要再调整再充电,直至符合要求为止。然后盖上加液孔盖,清洁蓄电池表面。

3)补充充电

使用中的蓄电池亏电时,应及时进行补充充电,这对提高蓄电池的寿命是很重要的。蓄电池存电不足的特征为:

(1)电解液密度低于$1.20g/cm^3$。

(2)冬季放电超过25% Q_e,夏季放电超过50% Q_e。

(3)车辆灯光暗淡,扬声器沙哑,起动无力或不能起动。

补充充电方法与初充电相同,充电第一阶段以$Q_e/10$的电流充到冒气泡,单格电压达到2.4V为止;第二阶段将电流减半,充到液体沸腾,单格电压达到2.7V,电压、相对密度上升到最高值,且2～3h不变,即充电结束。平均充电时间为13～17h。

4)定电压方式充电

在充电过程中,加在蓄电池两端的充电电压保持恒定不变的充电方法,称为定压充电。汽车上的发电机对蓄电池的充电就是定压充电。

用充电机给多个蓄电池进行定压充电时(图3-43),要把它们都并联起来,各并联支路的单格电压总数相等,但各蓄电池的型号、容量及放电程度可不同。还要注意的是,并联蓄电池的数目必须由充电设备的最大输出电流来决定。充电电压一般调在蓄电池支路总单格数乘以2.5V为宜。

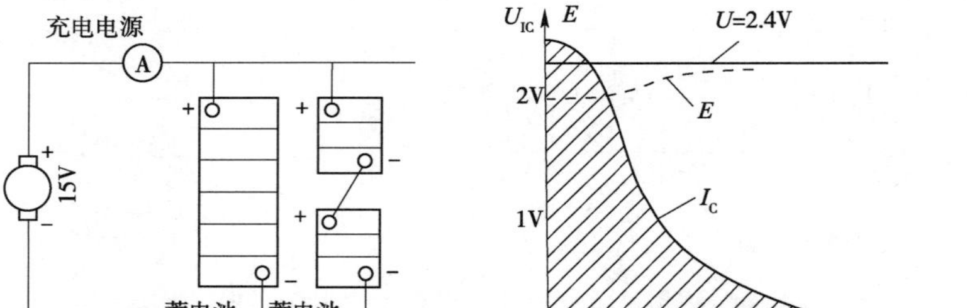

图3-43 蓄电池定电压充电

定压充电的特点是充电开始时,充电电流很大,随着蓄电池电动势的提高,充电电流逐渐减小,充电终了,充电电流自动减小为零,因而不需照管。而且它充电速度快,只需4～5h,蓄电池就可获得额定容量的90%以上。但它的缺点:一是不能调整充电电流,因而不能保证蓄电池彻底充足电;二是初期充电时电流过大,易使蓄电池极板弯曲,造成电池报废,不适合初充电和去硫化充电。

二 充电故障处置

发生充电故障的现象为:车辆运行过程中,充电指示灯一直点亮。

故障判断与处置步骤如下:

(1)进入车辆,起动发动机,确认故障现象。

(2)查阅资料,分析故障原因。

(3)检查充电系统所有插头的连接情况,如果有松动或脱落,连接牢固。

(4)检查发电机驱动皮带是否磨损过度或松动。若松动,紧固皮带;若磨损过度,更换皮带。

(5)连接电脑检测仪(解码器),进入发动机系统的读取数据流菜单,输入通道号,看怠速时解码器显示的蓄电池电压,加大节气门开度,当发动机转速达到 2000r/min 时,再看蓄电池电压,是否在 14V 左右。

(6)连接示波器,打开负载,例如:灯光、后窗除雾器等。在发动机转速大约在 2000r/min 的条件下进行测试电压波形,确定发电机以及二极管的状况。

①正常波形。图 3-44 所示为处于良好工作状态的发电机产生的波形,直流输出有一个小的波动,微小附加波动是由点火电路的干扰造成的。

②正极二极管开路波形如图 3-45 所示。

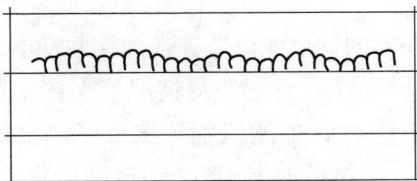

图 3-44 正常波形

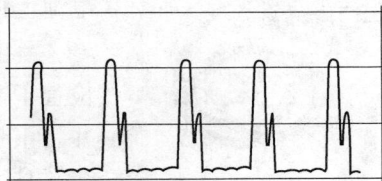

图 3-45 正极二极管开路波形

③负极二极管开路波形如图 3-46 所示。

④正极二极管短路波形如图 3-47 所示。

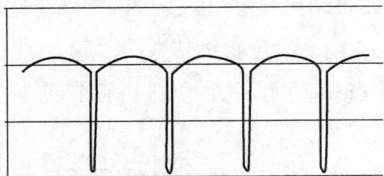

图 3-46 负极二极管开路波形

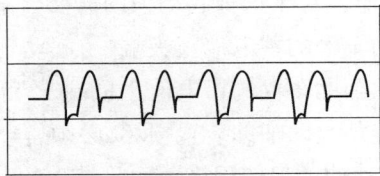

图 3-47 正极二极管短路波形

⑤负极二极管短路波形如图 3-48 所示。

⑥绕组故障。如果一个绕组损坏或两个绕组相互短路,波形如图 3-49 所示。

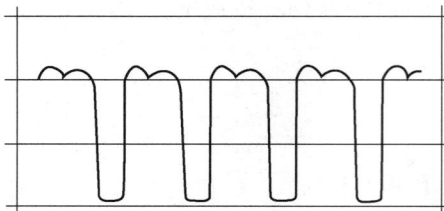

图 3-48　负极二极管短路波形

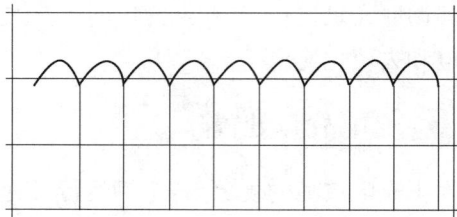

图 3-49　绕组损坏波形

(7)将所测量的电压波形与以上各图进行比较,分析结果并进行处置。

(8)整理工具,清洁场地。

三 辅助起动

如果蓄电池电量不足而不能起动车辆,车辆可以借助外部电源(起动电源或救援车辆的蓄电池作为外部电源)起动。

❶ 起动电源

起动电源可以在蓄电池电量不足时,不受车载电网的限制给车辆提供起动辅助。例如大众汽车公司的便携式汽车起动电源(VAS 5098)配有两根带 2m 长的起动电缆(图 3-50)。

这种专用的起动电源根据车外温度和蓄电池容量可以执行 15～30 个起动过程。该设备有防深度放电保护,工作时无尖峰电压。起动过程结束,端子钳可以无电压地从车辆蓄电池上拆除。

蓄电池起动器的安全电子装置在连接起动电缆后自动检查车辆是否短路故障,有短路的情况下会锁定起动辅助并禁止起动。电子装置也能识别到接反了电极的起动电缆,起动电缆接反了电极时,设备会切换到故障,由此避免了继发性损坏。起动过程由安装的发光二极管监控。

图 3-50　便携式汽车起动电源 VAS 5098

❷ 起动辅助车辆的蓄电池

起动辅助也可以使用其他车辆(或起动辅助的救援车辆)的蓄电池。对于这种起动辅助需要合适的起动辅助电缆。通过两根电缆按照规定顺序将起动辅助车辆的蓄电池正极端子/起动辅助点(+)和蓄电池负极端子/起动辅助点(-),与接受起动辅助车辆的蓄电池正极端子/起动辅助点(+)和一个合适搭铁接头连接起来。

为了避免起动辅助装置损坏,必须遵守以下基本规定:

(1)起动辅助仅使用横截面足够大的起动辅助电缆和绝缘的端子钳进行。

(2)车辆之间不允许存在接触,否则在连接正极端子时就有电流流过。

(3)敷设起动辅助电缆,使其不会被发动机舱内旋转的部件碰到。

(4)放电的蓄电池必须正确连接到车载电网上。

（5）两个蓄电池都必须具有相同的额定电压。

（6）供电蓄电池的容量必须与放电蓄电池的容量大体相当。

起动辅助电缆（也称为跨接电缆）由两根绝缘的导线构成，如图 3-51 所示。在每根导线的末端都有一个绝缘的端子钳。导线和端子钳颜色上有不同，红色导线用于正极端子，负极端子或搭铁连接设计使用黑色导向。汽油机用起动辅助电缆的导线截面必须至少 $25mm^2$，柴油机用起动辅助电缆必须至少 $35mm^2$。足够的导线截面可以防止过热。

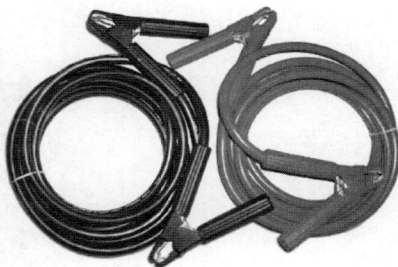

图 3-51　起动辅助电缆

辅助起动点。蓄电池位于车内的车辆在发动机舱内通常设有一个起动辅助点或两个起动辅助点，如图 3-52 所示。

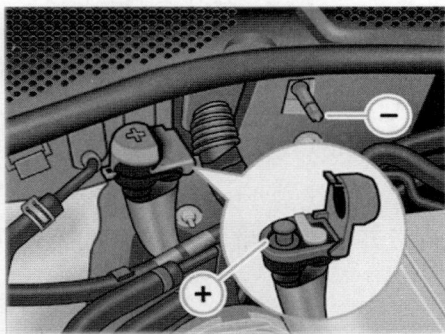

a)Passat V6车型发动机舱内的起动辅助点（正极端子）　　b)Phaeton车型发动机舱内的起动辅助点

图 3-52　大众轿车发动机舱内的辅助起动点

起动发动机和断开起动辅助电缆时，按以下要求操作：

（1）当车辆发动机通过放电的蓄电池起动时，等待 2～3min，直至发动机"顺利"运行。

（2）断开起动辅助电缆之前关闭近光灯，如果打开了的话。

（3）在带放电蓄电池的车辆中打开暖风风扇和后窗玻璃加热，以降低断开时出现的尖峰电压。

（4）在发动机运行时准确按相反的顺序断开起动辅助电缆，即：首先断开负极连接，然后断开正极连接。

课题 3　起 动 系 统

起动系统的作用是将蓄电池的电能转变为电动机的机械能，带动发动机起动。当将起动机轴上的齿轮与发动机飞轮周缘的齿圈啮合时，起动机转动，动力就传到飞轮和曲轴，使之旋转，起动系统的结构如图 3-53 所示。

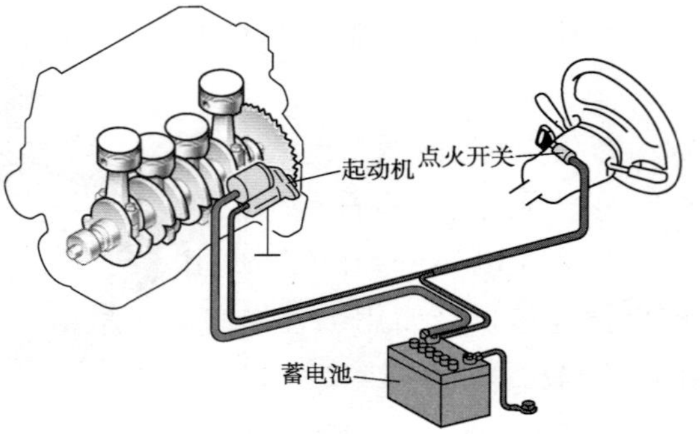

图 3-53　起动系统的结构

一　起动系统的结构原理

❶ 起动系统的总体结构

按起动系统的结构可分为普通起动系统和无钥匙起动系统两种结构,二者间的技术含量差别较大。一般来说,中低档车辆多采用普通起动系统,而中高档车型则越来越多地采用无钥匙起动系统。

普通起动系统主要由蓄电池、起动机、起动开关和起动电路等组成。起动控制电路包括起动按钮或开关、起动继电器等,如图 3-54 所示。

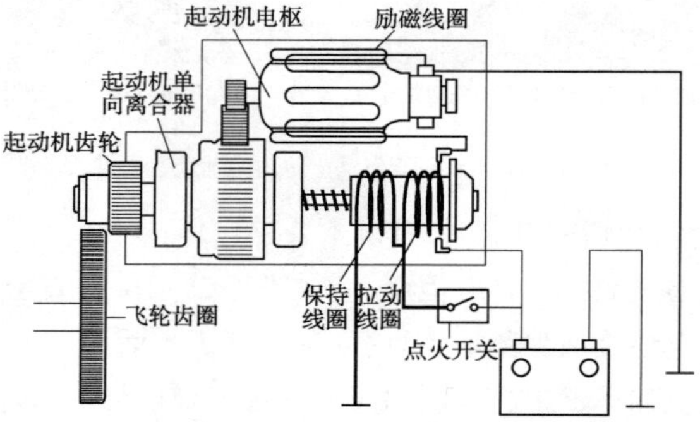

图 3-54　普通起动系统的基本结构

❷ 起动机的构造原理

起动机总成一般由直流串励电动机、传动机构和控制装置三部分组成。起动机按其控制装置的操纵方式分为机械操纵和电磁操纵两种类型;按其传动机构减速方式可分为减速起动机和非减速起动机(普通起动机)等类型。

1)直流电动机的基本构造

起动机的直流电动机按磁场产生的方式不同,分为永磁电动机和激磁电动机。根据磁场绕组和电枢绕组的连接方式,激磁电动机又分为串励电动

机、并励电动机和复励电动机。在汽车起动机中,由于串励电动机应用最多,本文主要以串励电动机为例,介绍起动机用直流电动机的构造。直流电动机主要由电枢总成、磁极、外壳、电刷等组成,如图 3-55 所示。

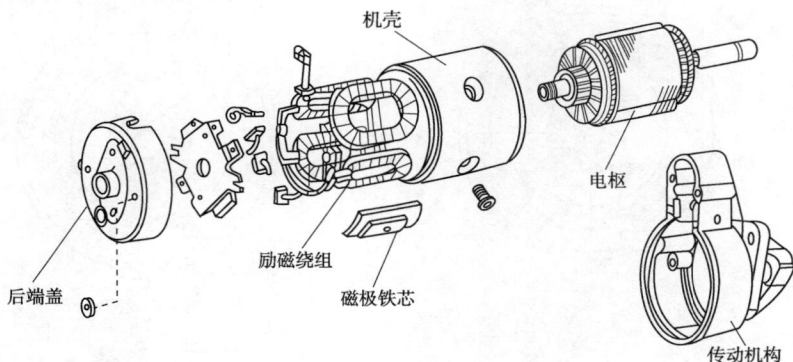

图 3-55　起动机直流电动机结构

(1)电枢总成。电枢总成是直流电动机的转子部分,由铁芯、绕组、换向器和电枢轴组成,如图 3-56 所示。其作用是在磁场的作用下产生电磁转矩。

图 3-56　电枢总成结构

电枢铁芯由硅钢片叠成固定在轴上,外围均匀开有线槽。电枢绕组用矩形截面的铜带绕成,绕组端头均匀地焊在换向片上。电枢绕组与铁芯绝缘。电枢轴驱动端制有花键,用以套装离合器,如图 3-57 所示。

(2)起动机磁极。起动机磁极由磁极铁芯、励磁绕组和机壳组成(图 3-58),其作用是产生磁场。磁极铁芯用低碳钢制成,用埋头螺栓紧固在机壳上。

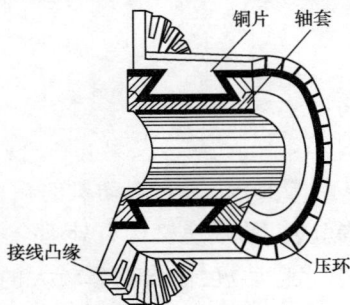

图 3-57　换向器结构

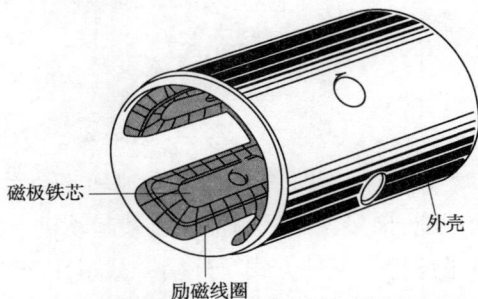

图 3-58　定子磁极结构

励磁绕组用矩形截面的扁铜带绕制,一般为6 ~ 10匝,铜带之间、铜带和铁芯之间相互绝缘,如图3-59所示。

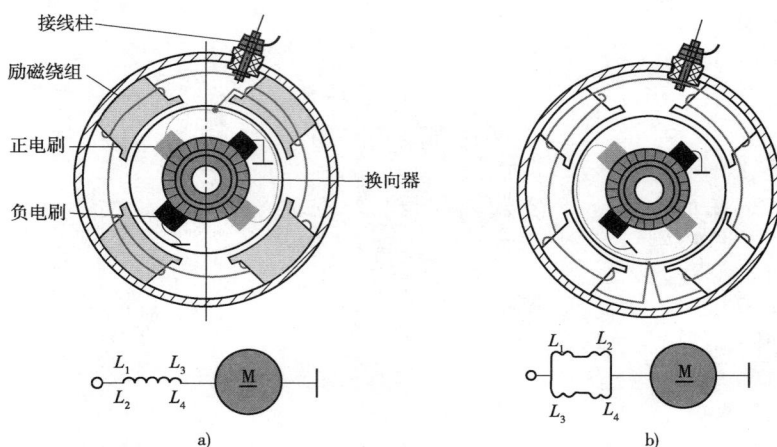

图 3-59　磁极绕组结构

(3)起动机壳体由低碳钢制成,是构成电动机磁路的一部分。

(4)起动机电刷由铜与石墨粉压制而成。为了尽量减小电刷与换向器之间的接触电阻,并延长电刷使用寿命,电刷与换向器有较大的接触面积,并且电刷靠电刷弹簧压紧在换向器的外圆表面。一般起动机电刷个数等于磁极个数,有的大功率起动机电刷个数是磁极个数的2倍。

2)起动机的传动减速机构

起动机的传动机构是起动机的传动机构的主要部件,它由减速机构、离合器两部分组成,如图3-60所示。

图 3-60　传动减速机构

(1)减速机构。为了降低对蓄电池和起动系统主电路的要求,增大起动机的输出转矩、改善起动性能,许多汽车采用了减速型起动机。减速型起动机的减速机构有外啮合式、内啮合式及行星齿轮式三种方式。外啮合式适用于功率较小的起动机,输出功率较大的起动机采用内啮合式和行星齿轮式。

行星齿轮式减速机构的结构如图3-61所示。行星齿轮式减速起动机减速机构结构紧凑、传动比大、效率高,其输出轴与电枢轴同轴线、同旋向,电枢轴无径向载荷,振动轻,整机尺寸减小,故在乘用车上广泛采用。

图3-61　行星齿轮减速型起动机

(2)传动机构。一般起动机的传动机构主要由单向离合器和电枢轴的螺旋部分等组成。对于减速起动机,传动机构还包括减速装置。起动时,通过传动机构,起动机将电枢轴的电磁力矩传给发动机飞轮,使发动机起动;起动后,发动机转速提高,传动机构自动退出与飞轮的啮合或打滑,保护起动机电枢不致因转速过高而飞散。起动机传动机构由拨叉、单向离合器组成,其结构如图3-62所示。

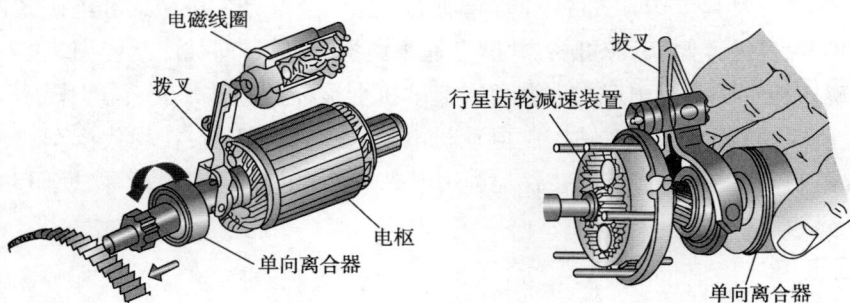

图3-62　起动机传动机构

(3)单向离合器是利用滚柱在两个零件之间的楔形槽内的楔紧和放松作用,通过滚柱实现转矩传递和打滑的,如图3-63所示。

发动机起动时,单向离合器在传动拨叉的作用下沿电枢轴花键轴向移动,使驱动齿轮啮入飞轮齿圈,然后起动机通电,电枢轴通过花键套筒带动十字块一同旋转,这时十字块转速高,外壳转速低,滚柱在摩擦力作用下滚入楔形槽的窄端而越楔越紧,很快使外壳与十字块同步运转。于是电枢承受的电磁转矩由花键套筒和十字块经过滚柱传给外壳和驱动齿轮,带动飞轮转动,起动发动机,如图3-64所示。

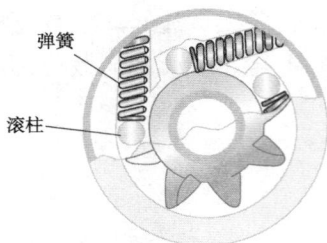

<table>
<tr><td>图 3-63　单向离合器的构造</td><td>图 3-64　单向离合器的工作原理</td></tr>
</table>

发动机起动后,曲轴转速升高,飞轮变成主动件,带动驱动齿轮和外壳旋转,使外壳转速较高,十字块转速较低,滚柱在摩擦力作用下滚入楔形槽的宽端而失去传递转矩的作用即打滑,这样发动机的转矩就不能从驱动齿轮传递给电枢,从而防止电枢超速飞散。

3)控制装置

起动机的控制装置通常由主开关、拨叉、操纵元件和复位弹簧等组成。控制装置的作用是接通和切断起动机与蓄电池之间的电路。工作中通过电磁开关与拨叉的联合动作,利用电磁感应控制蓄电池和起动机的电路通断。

为了充分发挥起动机和蓄电池的性能,起动机控制装置应遵循如下基本原则:

(1)"先啮合后接通"的原则。即首先使驱动齿轮进入啮合,然后使主开关接通,以免驱动齿轮在高速旋转过程中进行啮合,引起打齿并且啮合困难。

(2)切断主电路后,驱动齿轮能迅速脱离啮合。

4)控制装置的结构原理

根据操纵装置及其工作方式的不同,起动机的控制装置分为机械式和电磁式两种形式。电磁式控制装置操纵方便,工作可靠,并适合远距离操纵,故目前被广泛应用。

(1)电磁式控制装置。电磁控制装置在起动机上被称为电磁开关,它的作用是控制驱动齿轮与飞轮齿圈的啮合与分离,并控制电动机电路的接通与切断,在现代汽车上,起动机均采用电磁式控制电路,电磁式控制装置是利用电磁开关的电磁力操纵拨叉,使驱动齿轮与飞轮啮合或分离,其结构如图 3-65 所示。

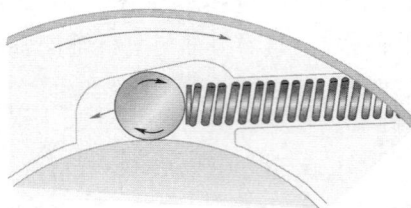

图 3-65　操纵起动机的电磁开关

（2）带组合继电器的起动电磁开关电路结构。图3-66所示为组合继电器电磁开关控制电路。组合继电器由起动继电器和保护继电器组成。起动继电器的作用是保护点火开关，避免供给起动机电磁开关的大电流流经点火开关，损坏点火开关。起动继电器由触点K1、线圈L1及铁芯组成。保护继电器的作用是防止发动机运行期间驾驶员误操作把点火开关放到起动挡使起动机工作，在发动机运行期间对起动机起到自锁的作用，主要由触点K2、线圈L2、铁芯组成。

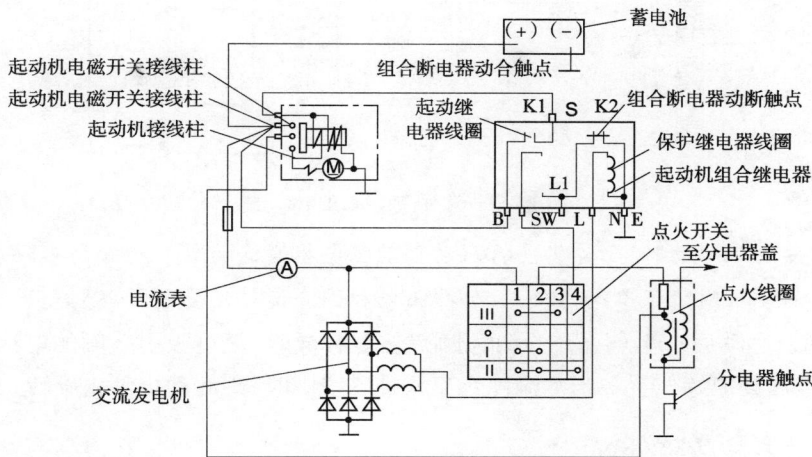

图3-66　带组合继电器的起动电路

当点火开关处于2挡时，起动继电器的线圈通电，起动系统工作电路为蓄电池的正极→电磁开关接线柱→电流表→点火开关→组合继电器的SW接线柱→起动机继电器线圈L1→触点K2→接线柱E→搭铁→蓄电池负极。触点K1吸合，起动机的吸引线圈、保持线圈获得电流，产生吸力，使起动机小齿轮与飞轮齿圈啮合，同时将主电路触点接通，起动机工作。

发动机点火工作后，交流发电机的中性点的对地电压（约为发电机调节电压的1/2）向起动机保护继电器线圈L2供电，使触点K2断开，同时也切断了起动继电器线圈L1的搭铁电路，当发动机正常工作时，即使误将点火开关扳到2挡，起动机也不能获得电流，起动机的驱动齿轮也不会与飞轮齿圈啮合，避免打坏飞轮齿圈与起动机的小齿轮，起到了保护起动机的作用。

5）起动机的工作过程

下面以电磁操纵式起动机为例介绍起动机的工作过程。

（1）起动发动机时。如图3-67所示，当点火开关旋到"开始"（ACC）位置，电流流进吸引线圈和保持线圈。那么起动机小齿轮滑动并和飞轮齿圈啮合。同时，流过励磁线圈的电流使起动机电动机旋转，这种旋转运动传递给小齿轮、飞轮齿圈和曲轴以使发动机曲轴转动。

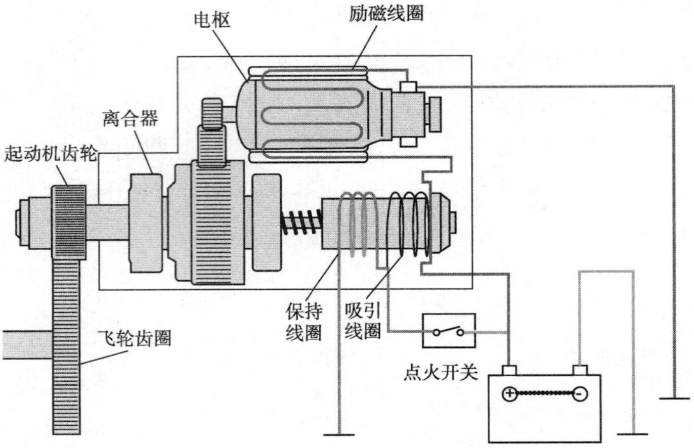

图 3-67　发动机起动时的电路

提示：当发动机起动时,飞轮齿圈将驱动起动机电枢高速旋转。为预防起动机被发动机带动而旋转,起动机附带了单向离合器,可防止电枢因高速转动受到损坏。

(2)发动机起动后。当点火开关从"开始"位置释放时,流进吸引线圈的电流方向改变,并且小齿轮返回到原始位置。当电流停止流入励磁线圈时,则起动机停止旋转。

⚫ 起动系统故障处置

起动系统的工作情况,可以通过起动时驱动齿轮的啮合情况和发动机的运转情况进行检查。起动系统工作正常时具有如下特征。

起动开关接通后,驱动齿轮应迅速与飞轮啮合,驱动齿轮和飞轮之间无连续打齿或撞击现象;起动机能带动发动机以高于最低起动转速(指在一定条件下,发动机能够起动的最低曲轴转速,汽油机一般为 50～70r/min,柴油机一般为 100～150r/min)的转速持续运转一定时间,便于可燃混合气形成和点燃。

起动开关断开或发动机起动后,起动系统能迅速停止工作。

如果起动系统工作情况与上述特征不完全相符,表明起动系统有故障。起动系统常见故障有起动机不转动、起动机转动无力、起动机空转、起动机驱动齿轮与飞轮有打齿(或撞击)现象等。

❶ 起动机不转动

故障现象:钥匙开关旋至起动挡或起动按钮接通,起动机不转动。

(1)常见故障原因。

①蓄电池严重亏电或有故障。

②蓄电池极柱严重氧化或导线连接松动。

③控制线路故障,如线路断路,钥匙开关或起动按钮损坏,起动继电器或组合继电器故障等。

④电磁开关故障,如吸引线圈或保持线圈短路、断路、搭铁,接触盘和主接线柱严重烧蚀等。

⑤直流电动机故障,如换向器严重脏污或烧蚀,电刷磨损严重或在电刷架内卡死,电枢绕组或磁场绕组断路、短路或搭铁等。

(2)诊断排方法。

发生起动机不转动故障时,可按如下方法诊断:

①检查蓄电池的技术状况。用电压表测量蓄电池带负载前后端电压的变化情况,端电压变化越大,说明蓄电池内阻越大,亏电越严重。正常情况下,开前照灯或按喇叭前后蓄电池端电压变化不大于0.2V;如果开前照灯或按喇叭前后蓄电池端电压变化大于0.2V,说明蓄电池亏电。

②检查蓄电池极柱和起动机主电路导线连接是否正常。如果蓄电池技术状况良好,但是灯光比平时暗淡或喇叭声音小,说明蓄电池极柱或导线连接不良;或者将起动开关接通数秒后,检查蓄电池极柱、起动机主接线柱等连接处是否明显发热,连接处温度越高,说明此处电阻越大,接触越差。

③短接与蓄电池连接的起动机主接线柱和电磁开关接线柱,判断起动机是否正常。蓄电池技术状况和主电路连接正常后,起动机仍不转动,可以通过短接与蓄电池连接的起动机主接线柱和电磁开关接线柱判断起动机是否正常。短接后,如果起动机运转正常,说明起动机无故障,故障发生在起动机控制电路;反之,如果起动机不转动,表明起动机有故障。

④短接的方法判断起动开关或起动继电器是否正常。如果故障发生在起动机控制电路,可以先用万用表或试灯检查导线连接情况,然后通过短接的方法判断起动开关或起动继电器是否正常。如果起动开关或起动继电器短接后,起动机运转正常,说明起动开关或起动继电器有故障,如起动继电器线圈短路或断路、触点接触不良、闭合电压偏高等。如果闭合电压偏高,可以通过减小弹簧的预紧力调整,调整后使起动继电器触点由断开转为闭合时起动继电器线圈两端的电压降低,闭合电压应在规定的范围内。

(3)故障处置方法。

如果起动机有故障,应进一步分析故障发生在电磁开关或电动机,以便维修。接通起动电路或短接与蓄电池连接的起动机主接线柱和电磁开关接线柱后,如果电磁开关的铁芯不动作,说明吸引线圈或保持线圈有故障;如果电磁开关的铁芯动作而起动机不转动,说明电磁开关线圈正常,起动机主开关接触不良或电动机有故障。可以用截面足够大的导线直接将起动机两主接线柱短接,如果起动机运转,说明电磁开关有故障;如果起动机不运转,说明电动机有故障,如果短接处火花特别强,说明电动机有短路或搭铁故障;如果短接处火花较弱或无火花,说明电动机内部接触不良或断路。

❷ 起动机转动无力

故障现象:钥匙开关旋至起动挡或起动按钮接通,起动机转动缓慢或不连续,使发动机无法起动。

（1）常见故障原因。

①蓄电池亏电或有故障。

②蓄电池极柱氧化或导线连接松动。

③电磁开关故障,如接触盘和主接线柱烧蚀等造成接触不良。

④直流电动机故障,如换向器脏污或烧蚀,电刷磨损严重、电枢绕组或磁场绕组部分短路等。

（2）诊断方法。

①检查蓄电池的技术状况是否良好。

②检查蓄电池极柱和起动机主电路导线连接是否正常。

③如果蓄电池技术状况和主电路连接正常,起动机转动无力,表明起动机有故障。接通起动开关并用截面足够大的导线直接将起动机两主接线柱短接,如果起动机运转正常,说明主接线柱和接触盘接触不良;如果起动机仍然转动无力,说明电动机有故障。

❸ 起动机空转

故障现象:钥匙开关旋至起动挡或起动按钮接通,起动机高速转动,但发动机转动缓慢或不转动。

（1）常见故障原因。

①单向离合器打滑。

②驱动齿轮或飞轮齿圈损坏。

③驱动齿轮、飞轮齿圈、电枢轴衬套磨损严重。

④拨叉与电磁开关或单向离合器脱开、拨叉折断等。

（2）诊断方法。

将曲轴转动一定角度后重新接通起动开关,若起动正常,说明飞轮齿圈少数轮齿损坏,需更换齿圈。若起动机仍然空转,应拆检起动机。

❹ 起动机驱动齿轮与飞轮有打齿（或撞击）现象

故障现象:钥匙开关旋至起动挡或起动按钮接通,起动机驱动齿轮与飞轮经常有打齿（或撞击）现象。

（1）常见故障原因。

①蓄电池亏电或有故障。

②蓄电池极柱氧化或导线连接松动。

③保持线圈有故障。

④起动继电器断开电压偏高。

⑤驱动齿轮与限位环之间的间隙过大。

⑥驱动齿轮、飞轮齿圈、电枢轴衬套磨损严重。

⑦单向离合器缓冲弹簧太软或折断、拨叉脱出等。

（2）诊断方法。

诊断此类故障时,应首先辨别起动机驱动齿轮与飞轮之间的打齿是由于啮合不牢造成,还是由于啮合时间不对引起。如果是啮合不牢造成的,起动时发动机转速较低或不连续,发动机不能起动,并发出间断或连续的轮齿撞击声;如果是啮合时间不对引起的,由于驱动齿轮进入啮合前已经高速转动,啮合时,便与飞轮齿圈发生撞击,发出连续的轮齿撞击声,驱动齿轮与飞轮啮合后,轮齿撞击声消失,起动机运转正常。

根据轮齿撞击声音是否连续,对啮合不牢造成的打齿故障应采取不同的诊断方法。如果轮齿撞击声音是连续的,说明打齿故障可能是由驱动齿轮、飞轮齿圈、电枢轴衬套磨损严重,或单向离合器缓冲弹簧折断、拨叉脱出等引起的;如果轮齿撞击声音是间断的,说明打齿故障是由蓄电池、线路连接、起动继电器、起动机等引起的。

模块小结

（1）传统电源系统由蓄电池、发电机及线路、充电警告灯等组成。

（2）铅酸蓄电池主要由极板、隔板、电解液、外壳及极柱组成。

（3）汽车交流发电机由三相同步发电机和二极管整流器两大部分组成。交流发电机又由定子总成和转子总成构成。定子总成的作用是产生和输出三相交流电;转子总成的作用是产生磁场;整流器的作用是把交流发电机产生的交流电转变成直流电输出。

（4）起动机由串励直流电动机、传动机构和控制装置三部分组成。

（5）单向离合器的作用是将电动机的电磁转矩传递给发动机使之起动,同时又能在发动机起动后自动打滑,保护起动机不致飞散损坏。离合器分为滚柱式离合器、摩擦片式离合器和弹簧式离合器。

模块四

车载网络系统

Module **4**

学习目标

1. 了解车载网络的结构及应用背景,掌握车载网络的基础知识;
2. 熟悉 CAN、FlexRay、LIN 和 MOST 总线以及蓝牙系统的特点及应用;
3. 能够进行总线的检测与简单维修工作。

模块导航

```
车载网络系统 ┬ 车载数据网络基础 ┬ 车载网络功能与基本结构
            │                  └ 总线应用与分类
            │
            ├ CAN总线 ┬ CAN总线的结构原理
            │         ├ CAN总线的传输原理
            │         └ CAN总线的应用实例
            │
            ├ FlexRay总线 ┬ FlexRay总线的结构原理
            │             ├ FlexRay总线结构
            │             └ FlexRay总线诊断
            │
            ├ LIN与MOST总线和蓝牙系统 ┬ LIN总线
            │                          ├ MOST总线
            │                          └ 蓝牙系统
            │
            └ 车载网络系统的检修 ┬ 车载网络常见的故障类型
                                 ├ 故障码检测
                                 └ 网络导线与光纤的维修
```

课题 1 车载数据网络基础

一 车载网络功能与基本结构

现代汽车上使用了大量的电子控制装置,许多中高档汽车上采用的控制单元已由数十个跃增至近百个。如果每一个电控系统都独立配置一整套相应的传感器、执行器,势必造成导线、插接件的数量不断增多,使得在有限的汽车空间内布线越来越困难,既增加了汽车的装配难度,又限制了功能的扩展;而线束和插接件的增加也使得汽车维修人员对故障车辆进行诊断和维修的难度加大;同时导线数量的增多会导致油耗增加,影响燃油经济性。奥迪A8-10 款车载网络控制单元的安装位置如图 4-1 所示。

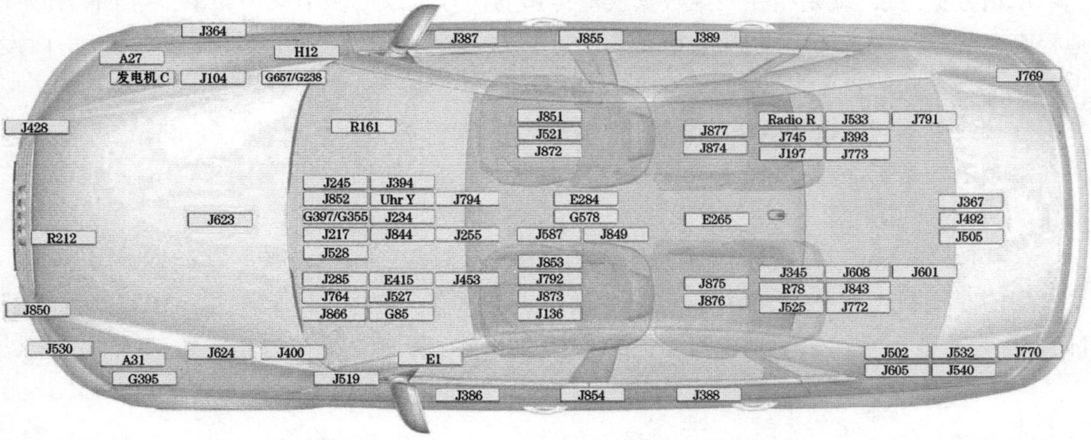

图 4-1 奥迪 A8-10 款 95 个控制单元的安装位置

A27-右侧 LED 前照灯的电源模块 1;J217-自动变速器控制单元;J527-转向柱电子装置控制单元;J849-电子传感器控制单元;A31-左侧 LED 前照灯的电源模块 1;J234-安全气囊控制单元;J528-车顶电子装置控制单元;J850-车距控制装置控制单元 2;E1-车灯开关;J245-滑动天窗控制单元;J530-车库门开启控制单元;J851-图像处理控制单元;E265-后部自动空调操作和显示单元;J255-自动空调控制单元;J532-稳压器;J852-摄像头控制单元;E284-车库门开启操作单元;J285-组合仪表控制单元;J533-数据总线诊断接口;J853-夜视系统控制单元;E415-进入及起动许可开关;J345-挂车识别装置控制单元;J540-电控机械式驻车制动器控制单元;J854-左前安全带拉紧器控制单元;G85-转向角传感器;J364-辅助加热控制单元;J587-变速杆电子传感器控制单元;J855-右前安全带拉紧器控制单元;G238-空气质量传感器;J367-蓄电池监控装置控制单元;J601-出租车报警遥控器控制单元;J866-电动调节式转向柱控制单元;G355-空气湿度传感器;J386-驾驶员侧车门控制单元;J605-行李舱盖控制单元;J872-副驾驶员侧前多仿型座椅控制单元;G395-制冷剂压力和制冷剂温度传感器;J387-副驾驶员侧车门控制单元;J608-特种车辆控制单元;J873-驾驶员侧前多仿型座椅控制单元;G397-雨量和光照传感器;J388-左后车门控制单元;J623-发动机控制单元;J874-副驾驶员侧后多仿型座椅控制单元;G578-防盗报警装置传感器;J389-右后车门控制单元;J624-发动机控制单元 2;J875-驾驶员侧后多仿型座椅控制单元;G657-新鲜空气进气管内空气湿度传感器;J393-舒适系统中央控制单元;J745-随动转向灯和前照灯照明距离调节装置控制单元;J876-驾驶员侧后座椅调节装置控制单元;H12-报警喇叭;J394-天窗遮阳卷帘控制单元;J104-ABS 控制单元;J877-副驾驶员侧后座椅调节装置控制单元;J400-刮水器电动机控制单元;J764-电子转向柱锁控制单元;R78-TV 调谐器;J136-带记忆功能的座椅调节和转向柱调节量控制单元;J428-车距控制装置控制单元;J769-换道辅助系统控制单元;R161-DVD 转换盒;J197-水平高度调节系统控制单元;J453-多功能转向盘控制单元;J770-换道辅助系统控制单元 2;R212-夜视系统摄像头;J492-四轮驱动控制单元;J772-倒车影像系统控制单元;J502-轮胎充气压力监控系统控制单元;J773-舒适系统中央控制单元 2;J505-加热式风窗玻璃控制单元;J791-驻车转向辅助系统控制单元;J519-车载电网控制单元;J792-主动转向系统控制单元;J521-带记忆功能的副驾驶员侧座椅调节装置控制单元;J794-电子信息 1 控制单元;J843-汽车定位系统接口控制单元;J525-数字音响系统控制单元;J844-远光灯辅助装置控制单元

为了简化线路,提高各电控单元之间的通信速度,降低故障频率,以往用于工业控制的计算机通信的高速通信总线技术被应用到汽车上,车载数据网络传输系统由此而生,车载数据网络现已成为汽车电子领域的核心关键技术。

❶ 车载网络的应用背景

鉴于传统线路的弊端,汽车制造商和相关研发机构开始考虑设计传感器信息和执行器资源共享的控制系统。他们重新设计和组织控制单元,使控制单元的功能更加集成化。现有主流汽车电气系统已成为一个复杂的系统,并且都集中在驾驶室控制,激化了汽车新技术的发展应用与汽车线束根数及线径急剧增加的矛盾。为解决以上问题,现代汽车普遍采用车载数据网络(也称数据传输总线),使汽车性能得到了极大的提升。

❷ 数据总线的特点

所谓数据总线,就是指在一条数据线上传递的信号可以被多个系统共享,从而最大限度地提高系统整体效率,充分利用有限的资源。例如:常见的电脑键盘有 104 个按键,可以发出 100 多个不同的指令,但键盘与主机之间的数据连接线却只有 7 根,键盘正是依靠这 7 根数据连接线上不同的数字电压信号组合(编码信号)来传递键盘信息的。如果把这种方式应用在汽车电气系统上,就可以大大简化汽车电路,通过不同的编码信号来表示不同的开关动作。

这种信号被解码后,执行器根据指令接通或断开对应的用电设备。这样就能将过去一线一用的专线制改为一线多用制,以减少汽车上导线使用的数目,从而缩小线束的线缆数量,在一定程度上也加速了汽车智能化的发展,如图 4-2 所示。

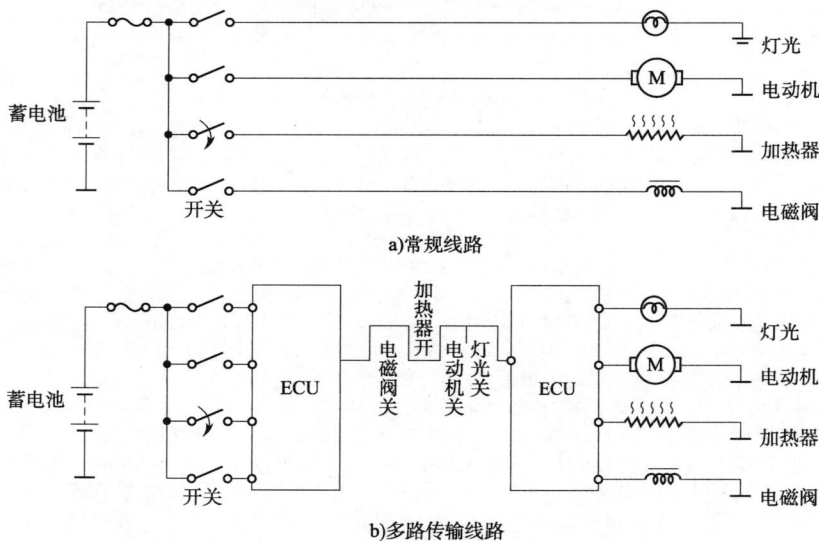

图 4-2 常规电路与多路传输对比

采用总线传输的系统上并联有多个系统元件,整个系统具有以下特点:

(1)可靠性高。传输故障(无论是由内部还是外部引起的)能准确识别出来。

（2）使用方便。如果某一控制单元出现故障，其余系统能保持原有功能，以便进行信息交换。

（3）数据密度大。所有控制单元在任一瞬时的信息状态均相同，这样两控制单元之间不会有数据偏差。如果系统某一处有故障，那么总线上所有连接的元件都会收到通知。

（4）可以进行设备之间的通信，丰富了功能。

（5）通过信息共享减少传感器信号的重复数量。

（6）简化线束。车载电控系统经历了中央电脑集中控制、多电脑分散控制和网络控制三个进化阶段（图4-3），使线束得到进一步的简化。线束的简化，可以减少质量，降低成本，减少线束尺寸，减少连接器的数量。例如：同一款车同等配置下，可以看出采用车载网络可以大大简化汽车线束。

a)中央电脑集中控制　　b)多电脑分散控制　　c)网络控制

图4-3　采用总线技术的大众高尔夫汽车线路比较

二 总线应用与分类

国际上众多知名汽车公司早在20世纪80年代就积极致力于汽车网络技术的研究及应用，由于总线传输技术发展较快，尚未制定出统一规范的国际标准，各生产厂家的总线协议标准多种多样，比较主流的总线有 CAN、FlexRay、LIN、MOST 等网络传输协议，现已成为主流车型网络传输的关键技术。

1 车载数据网络的总体架构

主流车型的数据网络根据电气系统的结构功能，按需配置网络资源和组网，其数据网络通常都是由 CAN、LIN、MOST 总线组合而成。在高端车型上为满足线控装置和主动安全控制系统的需求，增加了 FlexRay 总线网络和分总线等配置。例如奥迪A8-10 款车型数据网络是由 CAN、FlexRay、LIN、MOST 和副总线等组合而成（图1-5）。

2 总线类型与特点

由于各汽车生产厂家的车载数据网络标准差别较大，为了便于车载网络内容的系统学习，下面主要以大众车型的车载数据网络进行介绍。

1）CAN 总线

CAN 总线全称为"控制器局域网（Controller Area Network）"，是一种能有效支持分布式控制和实时控制的串行通信网络。它将各个单一的控制单元

97

以某种形式(多为星形)连接起来,形成一个完整的系统。CAN 总线具有实用性强、传输距离较远、抗电磁干扰能力强等优点,在汽车动力传输系统和舒适系统中获得广泛应用,CAN 的传输速率可达到 1Mbit/s。

CAN 总线最早是德国 Bosch 公司为解决现代汽车中众多的电控模块(ECU)之间的数据交换而开发的一种串行通信协议。现今在汽车电子系统中已得到广泛应用,成为欧洲汽车制造业的主体行业标准,代表着汽车电子控制网络的主流发展趋势。

2)FlexRay 总线

FlexRay 总线是一种用于汽车高速的、可确定性的,具备故障容错能力的总线技术。它将事件触发和时间触发两种方式相结合,具有高效的网络利用率和系统灵活性特点,可以作为新一代汽车内部网络的主干网络。

FlexRay 可以应用在无源总线和星形网络拓扑结构中,也可以应用在两者的组合拓扑结构中。这两种拓扑均支持双通道 ECU,这种 ECU 集成多个系统级功能,以节约生产成本并降低复杂性。双通道架构提供冗余功能,并使可用带宽翻了一番。每个通道的最大数据传输率达到 10Mbit/s。目前,Flexray 主要应用于高端车的事关安全的线控系统和动力系统。

3)LIN 总线

LIN 总线是由摩托罗拉与奥迪等知名企业联手推出的一种新型低成本的开放式串行通信协议,主要用于车内分布式电控系统,尤其是面向智能传感器或执行器的数字化通信场合。主要应用于电动门窗、座椅调节、灯光照明等控制。

典型的 LIN 总线网络的节点数可以达到 12 个。以门窗控制为例,在车门上有门锁、车窗玻璃开关、车窗升降电动机、操作按钮等,只需要 1 个 LIN 总线网络就可以把它们连为一体。而通过 CAN 总线网关,LIN 总线网络还可以和汽车其他系统进行信息交换,实现更丰富的功能。目前,LIN 总线协议已经成为国际标准,被大多数汽车制造商和零部件生产商所接受。

4)MOST 总线

MOST 总线是采用光缆的网络协议,数据传输速率达到 10Mbit/s 以上。MOST 网络将音响装置、电视、全球定位系统及电话等设备相互连接起来,给用户带来了极大的便利。

主流车型的各种总线的规格与特征详见表 4-1。

主流车型总线类型规格与特征　　　　　　　　　　表 4-1

总 线 系 统	规 格	数据传输率	特 性
CAN	双绞线总线系统	125k ~ 1Mbit/s	非单芯线
FlexRay	双绞线总线系统	1 ~ 10Mbit/s	非单芯线
MOST	光缆总线系统	10 ~ 150Mbit/s 以上	环形结构 断开 = 整个总线系统故障
LIN	单线总线系统	10 ~ 125kbit/s	单芯线
副总线系统	双绞线总线系统	500kbit/s	非单芯线

课题 2　CAN 总线

CAN 总线的特征为低成本,极高的总线利用率,较远的数据传输距离(可达 10km),较高的数据传输速率,可靠的错误处理和检错机制,发送的信息遭到破坏之后可自动重发,各控制单元在错误严重的情况下能够自动退出总线系统,存储故障码。

● CAN 总线的结构原理

CAN 数据总线系统由控制器、收发器、两个数据传输终端和两条数据传输线组成,如图 4-4 所示。

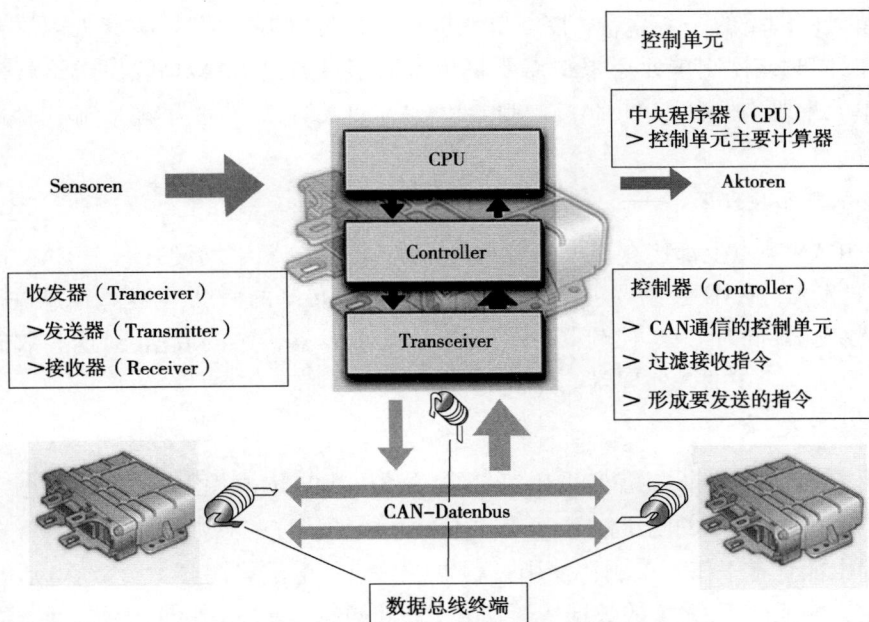

图 4-4　CAN 总线协议结构

CAN 总线最常用的物理介质是双绞线(图 4-5),信号使用差分电压传送,两条信号线被称为 CAN-H 和 CAN-L,即 CAN 的高位数据线和低位数据线(图 4-6)。静态时,两线电压均约为 2.5V,此时状态表示为逻辑"1",又称"隐性"位;工作时,CAN-H 比 CAN-L 高,表示逻辑"0",称为"显性"位。不管信息量的大小,系统内所有的信息都通过这两条数据线传输。

图 4-5　CAN 总线双绞线结构

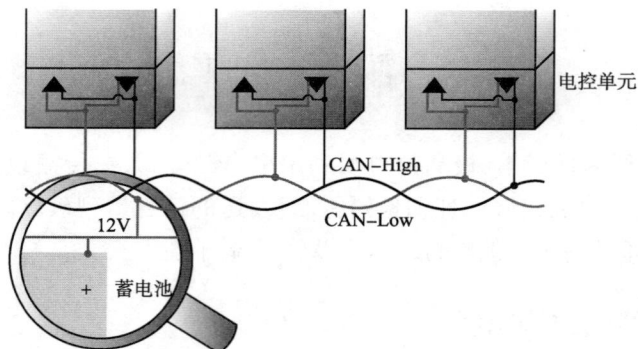

图 4-6　CAN 总线双绞线的电压状态

1 控制单元

控制单元即网络的一个节点。控制单元接收来自传感器的信号,将其处理后再控制执行元件动作,同时该控制单元还根据需要将传感器信息通过 CAN 总线发送给其他控制单元。控制单元主要构件有 CPU、CAN 控制器和 CAN 收发器,另外带有输入/输出存储器和程序存储器等。

2 控制器和收发器

每一个 CAN 节点上都接有一个控制单元,每一控制单元中均设有一个 CAN 控制器和一个 CAN 收发器。CAN 控制器主要用来接收微处理器传来的信息,对这些信息进行处理并传给 CAN 收发器,同时 CAN 控制器也接收由 CAN 收发器传来的数据,对这些数据进行处理,并传给控制单元中的微处理器。

3 传输线缆

汽车上 CAN 数据传输线普遍采用双绞线,分为 CAN 高位数据线和低位数据线。数据使用差分电压传送,差分的电压使 CAN 数据总线系统即使在一条数据线断开或者在噪声极大的环境中也能正常工作。车辆在使用过程中,电火花、电磁线圈开关、移动电话等发出的电磁波都会影响或破坏 CAN 的数据传送。为了防止数据在传送时受到干扰,两条数据传输线缠绕在一起(图 4-7),这样也可以防止数据线所产生的辐射噪声。

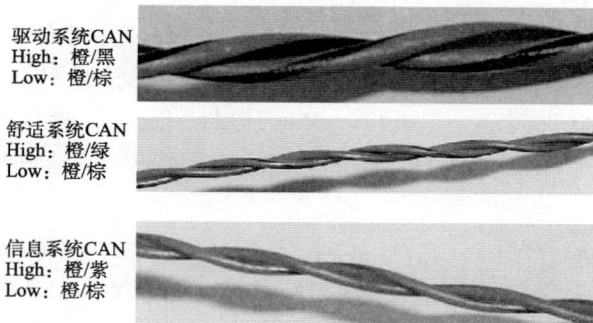

驱动系统CAN
High：橙/黑
Low：橙/棕

舒适系统CAN
High：橙/绿
Low：橙/棕

信息系统CAN
High：橙/紫
Low：橙/棕

图 4-7　不同网络的 CAN 总线传输用的双绞线

工作时,这两条线的电位相反,如果一根数据线上的电压约为0V,那么另一根线上的电压就约为5V,这样两根线的总电压保持为一个常数,而且所产生的电磁效应也会因极性相反而相互抵消。

4 网关

网关通常又称"数据总线诊断接口",该网关用于连接不同CAN总线系统。例如:奥迪A8-10款车型网关(数据总线诊断接口,见图4-8中的J533)可连接:CAN舒适、CAN驱动、CAN扩展、CAN显示与操作、CAN诊断、FlexRay总线、MOST总线、LIN总线和副总线等,如图4-8所示。

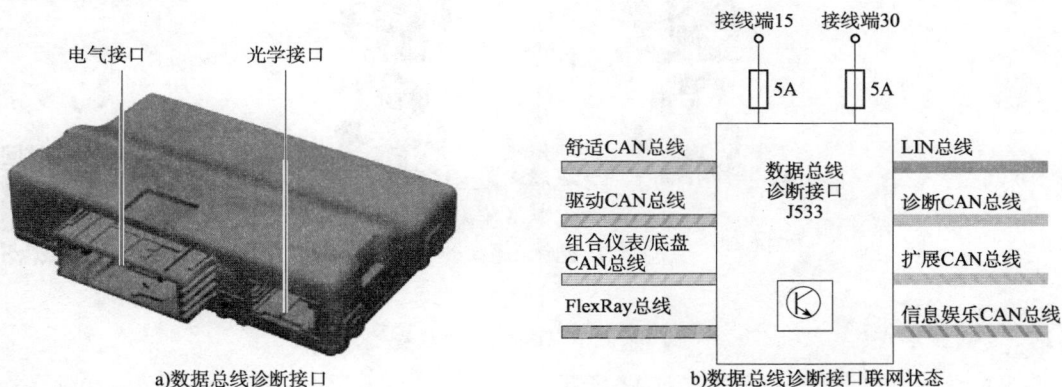

a)数据总线诊断接口 b)数据总线诊断接口联网状态

图4-8 奥迪A8-10款车型的数据总线诊断接口

网关的主要作用是在不同速率的两种系统中交换信息。网关的工作原理类似铁路枢纽站(图4-9),在铁路枢纽站的站台A(或作网关),一辆带有数百名乘客的高速火车到达(驱动系统CAN数据总线,500kbit/s)。在铁路枢纽站的站台B,轻轨列车已在等候(舒适/信息娱乐系统CAN数据总线,100kbit/s)。数名乘客从高速火车换乘轻轨列车,也有乘客从轻轨列车换乘高速火车。

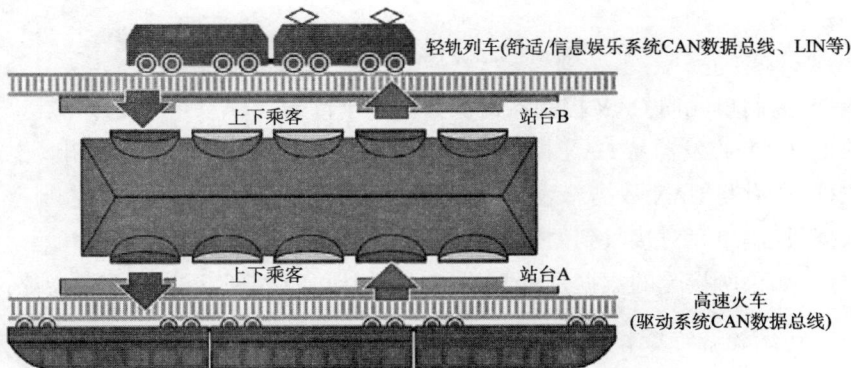

图4-9 数据总线诊断接口(网关)数据的传递原理

铁路/站台的作用是让乘客们换车,使他们以不同的速度到达既定目的地。这说明了网关在连接驱动系统CAN数据总线和舒适/娱乐信息系统CAN数据总线中的功能。

CAN 总线的传输原理

数据总线中的数据传递就像一个电话会议,一个电话用户(控制单元)将信息发送到网络中,其他用户通过网络"接听"这个数据,对这个数据感兴趣的用户就会利用该数据,而不需要此数据的用户则选择忽略,如图 4-10 所示。

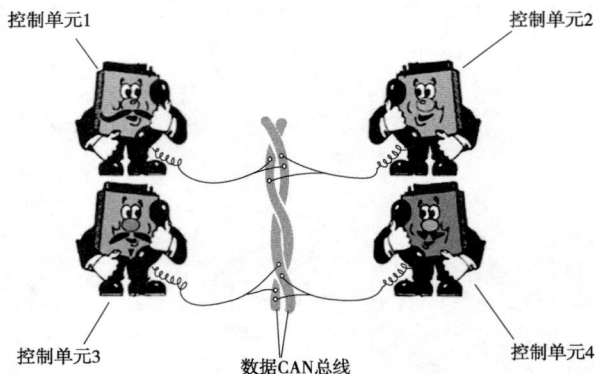

图 4-10　CAN 总线的电话会议模式

CAN 总线数据传输过程,如图 4-11 所示。

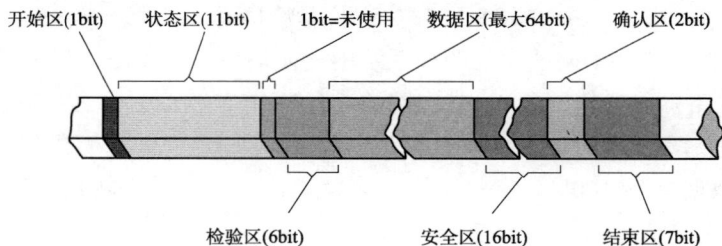

图 4-11　CNA 总线数据传输过程

提供数据:控制单元向 CAN 控制器提供数据用于传输。

发出数据:CAN 收发器从 CAN 控制器处接收数据将其转化为电信号发出。

接收数据:所有与 CAN 数据总线一起构成网络的控制单元成为接收器。

检验数据:控制单元对接收到的数据进行检测看是否是其功能所需。

认可数据:如果所接受的数据是重要的,它将被认可及处理,反之则将其忽略。

❶ CAN 总线数据的基本格式

CAN 总线数据信息的数据列包含一长串比特(二进制单位)。数据列中的比特数由数据区域的大小决定。图 4-12 所示为一个数据列的格式。这一格式在两条数据线中是相同的。为简便起见,这里仅以一条数据线为例说明。

图 4-12　CNA 总线数据基本格式

❷ 数据发送过程

当某一控制单元向 CAN 控制器提供需要发送的数据后，CAN 控制器将此数据发送给
CAN 收发器，CAN 收发器接收 CAN 控制器传来的数据，并将其转化为电信号，通过数据传
输线发出。此时，CAN 总线系统中其他控制单元转化为接收器接收此信号，并检查判断所接
收的信号是否为所需要的信号。如果接收的数据重要，它将被接受并进行处理，否则该数据
将被忽略。单线制 CAN 总线的发送原理如图 4-13 所示。

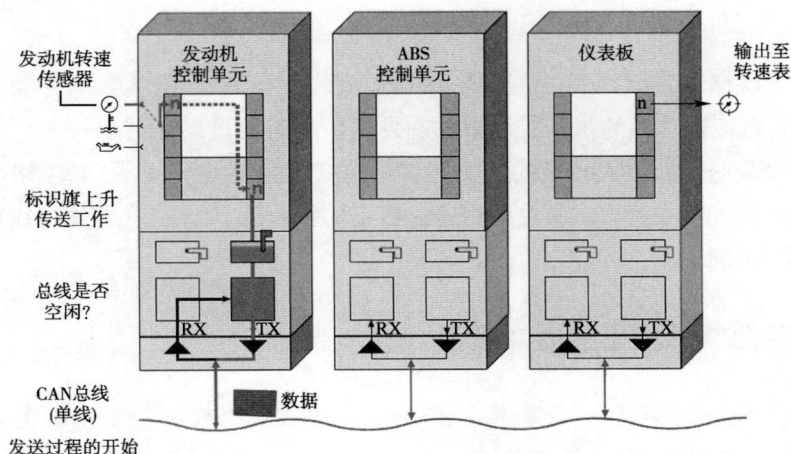

图 4-13　单线制的 CAN 总线数据发送过程

❸ 接收过程

信息是通过接收线(RX)到达数据传输总线构件各自的接收区。接收器接收被控装置的所有信息,并且在相应的监控层检查这些信息是否正确。这样就可以识别出在某种情况下某一控制单元上出现的局部故障。所有连接的装置都接收此控制单元发送的信息,通过监控层来确定是否有传递错误。若有错误或不需要该信息,该信息就被拒收;若需要该信息,该信息被接受处理。图 4-14 所示为单线制 CAN 总线的接收过程。

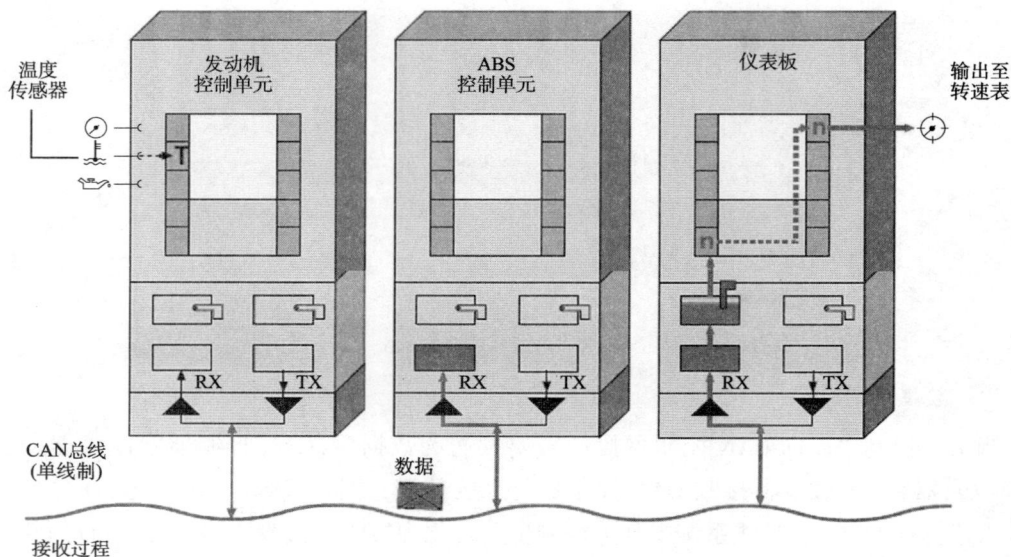

图 4-14   单线制的 CAN 总线数据接收过程

❹ 传输仲裁

如果多个控制单元同时发送信息,那么数据总线上就必然会发生数据冲突,为了避免发生这种情况,数据传输总线的每个控制单元在发送信息时通过发送标识符来识别,用标识符中位于前部的"0"的个数代表信息的重要程度。每个发射器将传送线(TX)和接收线(RX)的状态逐位进行比较,所有的控制单元都通过各自的接收线来监控总线并获知总线的状态,保证按重要程度的顺序来发送信息。

◼三 CAN 总线的应用实例

以大众速腾轿车为例,在该车型上安装的 CAN 总线网络控制包含 4 个子系统,包括动力(驱动)系统 CAN 总线、舒适系统 CAN 总线、信息娱乐系统 CAN 总线、仪表及诊断 CAN 总线,如图 4-15 所示。

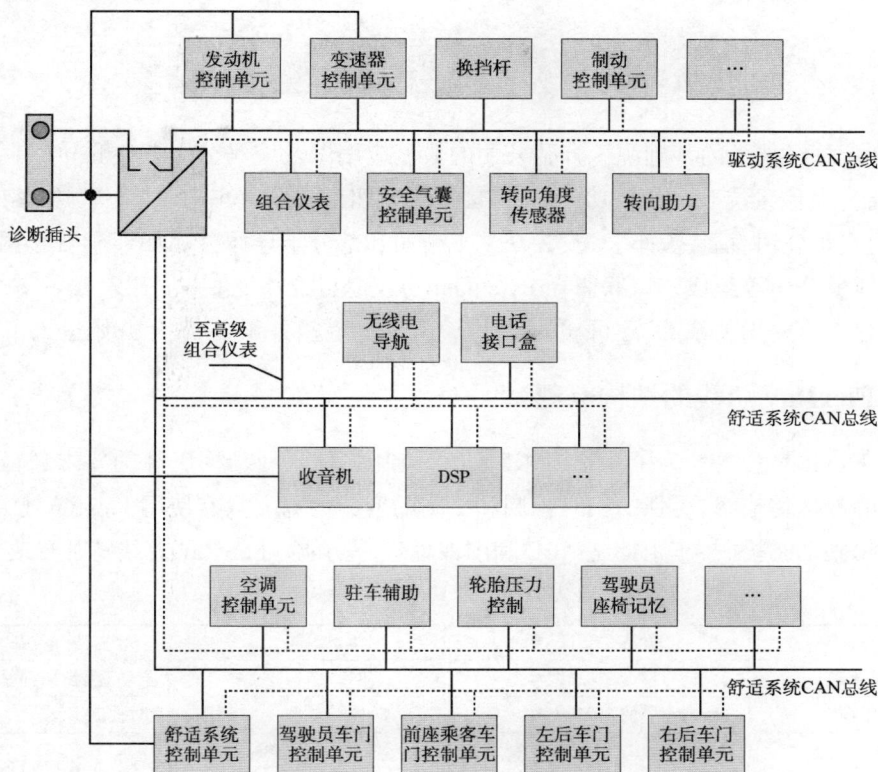

图 4-15　大众速腾轿车 CAN 总线结构

　　网关与各总线均相连,控制各 CAN 总线之间的信息交换。当舒适和信息娱乐总线处于空闲状态时,控制单元发送出睡眠命令。当网关监控到所有总线都有睡眠的要求时,也进入睡眠模式。此时总线电压:低位线 12V,高位线 0V。如果动力总线仍处于信息传递过程中,舒适和娱乐信息总线是不允许进入睡眠状态的;当舒适总线处于信息传递的过程中,娱乐和信息总线也不允许进入睡眠模式;当某一个信息激活相应的总线后,控制单元会激活其他的总线系统。

　　动力 CAN 总线系统包括发动机控制单元、ABS 控制单元、变速器控制单元、转向柱控制单元、安全气囊控制单元和前照灯调节控制单元。各控制单元通过 CAN 总线连接起来,并与网关相连,所有信息都通过 CAN 总线传递。

　　舒适 CAN 总线包括舒适系统控制单元、车门控制单元、停车辅助控制单元、空调控制单元、中央电器控制单元和转向柱开关控制单元。舒适系统各控制单元通过 CAN 总线也与网关连接。

　　信息娱乐 CAN 总线包括车载电话、收音机、CD 播放机、功率放大器和行车方向指示。

　　仪表总线的作用是把一些与行车密切相关的信息通过 CAN 总线传送到仪表显示出来,辅助驾驶员安全行驶。诊断总线的作用是利用电脑诊断仪通过诊断接口读取 CAN 总线系统的故障。

课题 3　FlexRay 总线

FlexRay 总线技术的基础源于奔驰公司的典型应用以及宝马公司 byteflignt(有关被动安全气囊控制)通信系统开发的成功经验。FlexRay 联盟由宝马汽车、奔驰汽车、克莱斯勒汽车公司、通用汽车公司、福特汽车公司、大众汽车公司和部分半导体公司如菲利普公司、飞思卡尔公司和博世公司等组成。该联盟在 Byteflight 协议基础之上,进一步开发成了一个与确定性和故障容错有密切关系的,更可靠的高速汽车网络系统,并于 2006 年开始进入市场商用。

● FlexRay 总线的结构原理

采用 FlexRay 总线是为了满足将来对汽车控制单元联网结构更高的要求,特别是为了实现更快的数据传输率、更强的实时控制和更高的容错运算。只有使用 FlexRay 总线之后才可以实现驾驶动态控制、车距控制 ACC 和图像处理等功能。FlexRay 总线特征见表 4-2。

奥迪 A8-10 款的 FlexRay 总线特征　　　　　　　　　　　表 4-2

性　能	特　征	性　能	特　征
布线方式	双绞线总线	网络结构	"主动"星型拓扑结构
数据传输率	最快 10Mbit/s	控制类型	实时控制
传输信号状态	(1)"空闲"; (2)"Data 0"; (3)"Data 1"	应用	实现分布式控制和与安全相关的系统的使用

❶ 传输原理

FlexRay 总线的基本工作方式不同于使用至今的数据总线系统(CAN 总线、LIN 总线和 MOST 总线)。FlexRay 总线传输原理类似空中索道缆车运行方式(图 4-16),索道的站点相当于总线用户,即信息发送和接收器(控制单元)。索道的缆车就像数据帧,而乘客就是信息。总线用户通过 FlexRay 总线发送信息的时间点精准地确定;发出信息到达接收器的时间也可以精确地识别。这种方式就与索道缆车既定不变的"时刻表"相同。

图 4-16　FlexRay 总线原理类似索道缆车运行

CAN 与 FlexRay 总线性能比较见表4-3。

CAN 总线与 FlexRay 总线的比较   表4-3

数据总线特性	CAN	FlexRay
布线方式	双绞线	双绞线
信号状态	"0":显式;"1":隐式"空闲";	"Data 0";"data 1"数据
数据传输率	500kbit/s	10Mbit/s
访问方式	事件触发	时间触发
拓扑结构	总线,被动星型	点对点,主动星型,Daisy Chain①
优先设定	先发送优先级别比较高的信息	无,数据在固定的时间点发送
确认信号	接收器确认接收到有效的数据帧	发送器不会获得数据帧是否正确传输的信息
故障日志	在网络中能用故障日志标记故障和错误	每个接收器自行检测接收到的数据帧是否正确
帧数据长度	有效数据最长 8 字节	有效数据最长 256 字节
传输	(1)按需要传输; (2)可以使用 CAN 总线的时间点由负载决定; (3)CAN 总线可能超负载	
到达时间	不可知	可知

注:①Daisy Chain——"串联"控制单元依次串联的总线拓扑结构。

❷ FlexRay 总线协议

在 FlexRay 总线上,信息通过"通信周期"("CommunicationCycles")传输。通信周期不断循环,也就是说,接连不断。一个通信周期持续5ms。通信周期由静态段、动态段和网络空闲时间(空载)三部分组成,如图4-17 所示。

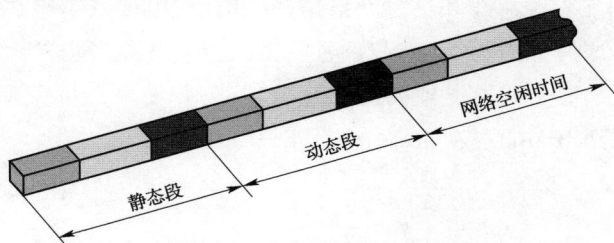

图4-17 FlexRay 协议的通信周期

1）静态段

静态段在总线用户之间传递信息(图4-18)。为了传输数据,静态段被分为 62 个时隙,即"时间槽"。一个静态时隙只能发送到一个特定的总线用户中,但是,所有总线用户都可以接收所有静态时隙,也包括那些与它没有确定关系的时隙。

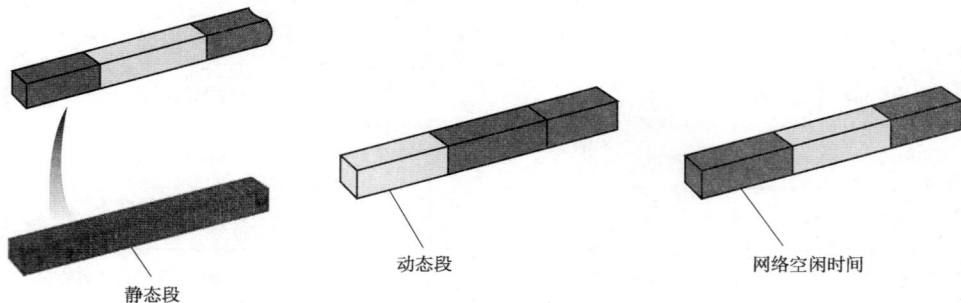

图 4-18　FlexRay 协议的静态段、动态段和网络空闲时间

所有静态时隙的长度都相等,都是 42 字节。时隙的顺序固定不变。在接连不断的通信周期中,各个静态段传输不同内容的信息。无论所有时隙是否都承载信息,整个时隙结构都会被传输。在大众/奥迪车 FlexRay 总线上,总线用户还会持续发送"Update Bit"。

2）动态段

动态段被分成若干"最小时隙(Minislot)",所有总线用户都会接收动态段。动态段是通信周期中为了能够传输事件触发的数据而预留的位置。

3）网络空闲时间

网络空闲时间就是"网络静止时间"。在这段时间内,FlexRay 总线上没有信息在传输。数据总线诊断接口 J533 需要这段时间同步 FlexRay 总线上数据传输的过程。所有总线用户利用网络空闲时间使内部时钟与全球时基同步。

■ FlexRay 总线结构

Flexray 可以应用在无源总线和星型网络拓扑结构中,也可以应用在两者的组合拓扑结构中。这两种拓扑均支持双通道 ECU,这种 ECU 集成多个系统级功能,以节约生产成本并降低复杂性。双通道架构提供冗余功能,并使可用带宽翻了一番。每个通道的最大数据传输率达到 10Mbit/s。

❶ 拓扑结构

在奥迪 A8-10 款 中,FlexRay 总线的拓扑结构可以分为点对点连接的主动星型拓扑结构(支路 3)和总线型拓扑结构(支路 1、2 和 4),如图 4-19 所示。

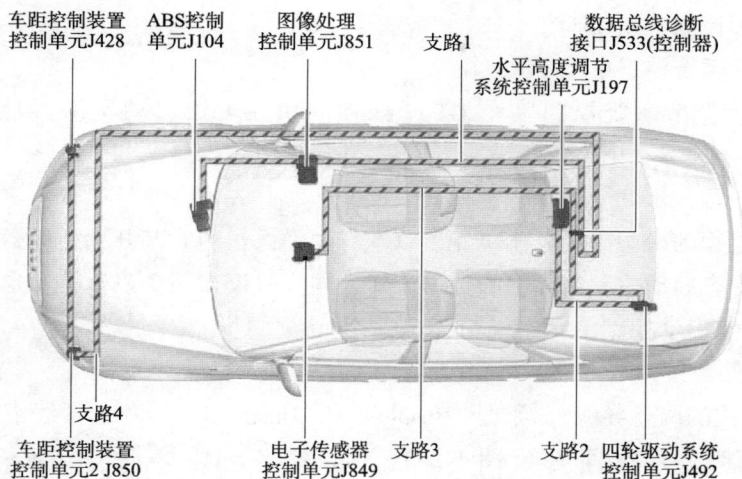

图 4-19　奥迪 A8-10 款 FlexRay 总线网络

由图 4-19 所示,数据总线诊断接口 J533 用作控制器,上面有四个支路(支线)接口。其他总线用户围绕着数据总线诊断接口 J533 分布在若干支路上。每条支路上最多连接两个控制单元。其中,主动星型连接器以及支路上的"末端控制单元"终接低电阻(内电阻较低),而"中间控制单元"则终接高电阻(内电阻较高)。

❷ 功能流程

1)唤醒

如果 FlexRay 总线处于休眠模式,系统会先通过唤醒过程使 FlexRay 变成待机模式。即使激活所有接线端 30 的用户,FlexRay 总线也无法主动进行通信。

唤醒时,唤醒控制单元在 FlexRay 总线上发送"唤醒符号"。在发送前总是要延时确定 FlexRay 总线上是否真的没有通信,所有控制单元是否真的都处于休眠状态。

2)启动阶段

启动后,FlexRay 总线才有真正的通信。启动,指的就是网络的启动,只能由"冷态启动"控制单元完成。第一个向 FlexRay 总线发送信息的"冷态启动"控制单元开始启动过程。"冷态启动"和同步控制单元将会启动网络,并建立同步。

(1)"冷态启动"和同步控制单元有:

①数据总线诊断接口 J533。

②ABS 控制单元 J104。

③电子传感器控制单元 J849。

(2)"非冷态启动"控制单元则不会启动 FlexRay 总线,对建立同步也没有帮助。只有当两个以上其他总线用户在 FlexRay 总线上发送信息后,非冷态启动控制单元才可以发送信息。非冷态启动控制单元有:

①车距控制装置控制单元 1 J428。

②车距控制装置控制单元 2 J850。

③图像处理控制单元 J851。

④四轮驱动系统控制单元 J492。

⑤水平高度调节系统控制单元 J197(该控制单元无法启动网络,但是对同步有帮助)。

3)初始化阶段

引导启动过程的冷态启动控制单元 1 以本身未经修正的时基开始传输数据。冷态启动控制单元 2 与冷态启动控制单元 1 的数据流建立同步。仅当两个以上冷态启动控制单元开始通信后,非冷态启动控制单元才与 FlexRay 总线建立同步。

4)信号状态

FlexRay 总线的两条导线,分别是"Busplus"和"Busminus"。两条导线上的电平在最低值 1.5V 和最高值 3.5V 之间变换(图4-20)。

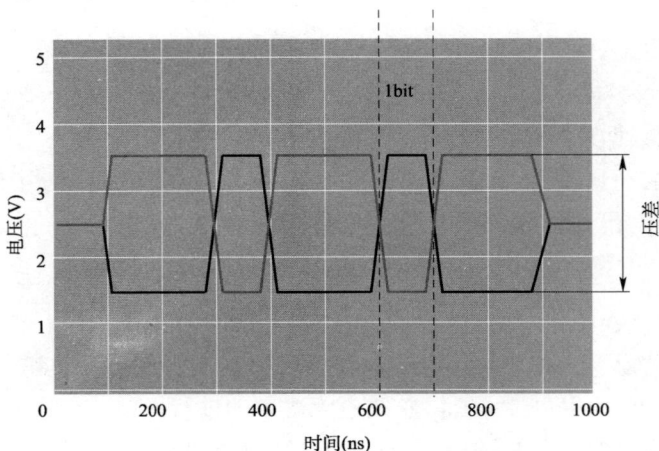

图 4-20 FlexRay 信号状态

FlexRay 的信号状态有三种:

(1)"空闲"——两导线的电平都为 2.5V。

(2)"Data 0"——Busplus 上低电平,Busminus 上高电平。

(3)"Data 1"——Busplus 上高电平,Busminus 上低电平。

1bit 占 100ns(纳秒)带宽。传输时间与导线长度以及总线驱动器的传输用时有关。

信号差别传输需要两条导线,接收器通过两个信号的差别确定本来的比特状态。典型的数值是 1.8~2.0V 的压差。发送器附近必须至少有 1200MV 的压差;接收器处的直接最小压差为 800MV。如果在 640~2660μs 之内总线上没有变化,FlexRay 总线自动进入休眠模式(空闲)。

三 FlexRay 总线诊断

数据总线诊断接口 J533 识别到网络中的故障,并使没有故障的区域可以继续工作。故障可能仅出现在某一部分网络内,但是也有可能涉及整个网络。

❶ 使用检测仪诊断

下例 FlexRay 总线故障可以用车辆诊断测试仪诊断(地址码 19 – 数据总线诊断接口)：

(1)控制单元无通信。

(2)FlexRay 数据总线损坏。

(3)FlexRay 数据总线初始化失败。

(4)FlexRay 数据总线信号出错。

❷ 出现故障时 FlexRay 总线的表现

1)一条导线对地短路

数据总线诊断接口 J533 识别到一个持续不变的压差。相关的总线支路会关闭,直到再次"空闲",也就是说,识别到休眠模式的电平。

2)两条导线相互短路

数据总线诊断接口 J533 识别到"空闲"电压持久不变。该总线支路上将再也无法发送和接收数据。

3)控制单元持续发送"空闲"

数据总线诊断接口 J533 识别到总线支路"空闲",会关闭总线支路。

4)FlexRay 导线的维修

FlexRay 导线和 CAN 导线一样绞扭,还包裹一层外衣。但这层外衣不是为了屏蔽电磁干扰作用,而是为了将外部因素,例如:湿度和温度,对导线特性阻抗的影响减至最低。原则上,在维修中,FlexRay 总线的导线可以分段更换。维修时如图 4-21 所示,使用横截面积为 0.35mm^2 的双芯护套电缆 1 和 2 作为 Flexray 电缆。维修时,电缆的两根芯的长度必须完全吻合。如果要绞合导线 1 和 2,则必须满足绞距 30mm 的要求。如果导线未绞合,则线段不得大于 50mm。剥除护套的电缆长度最长为 100mm。为排除维修位置受到的环境影响,需要将一个带有压缩软管和内粘胶的卷边连接器放到未扭转的维修位置上,并将一根防水绝缘条缠绕在剥去外皮的导线上。

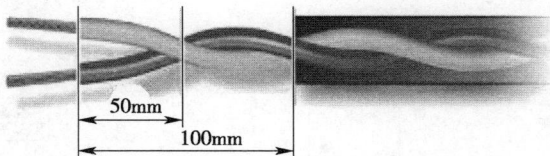

图 4-21　维修 FlexRay 双绞线的要求

课题 4　LIN 与 MOST 总线和蓝牙系统

随着车辆舒适性和操控性的提高,车上使用的电子部件越来越多,各控制单元之间的数据传递日趋多元化,但是 CAN 总线并不能完全满足数据传输多样化的要求。因此,一些新型网络传输系统应运而生,如:LIN 总线、MOST 总线、蓝牙系统等(图 1-5)。

一 LIN 总线

LIN 总线即局域互联网络,它是一个汽车底层网络协议,其功能是提供出一个价格低廉、性能可靠的低速网。LIN 总线是单线式总线,无需屏蔽。在汽车网络层次结构中作为低端网络的通用协议,并逐渐取代目前其他各种各样的低端总线系统。

LIN 总线典型的应用是车上传感器和执行器的联网。随着 CAN 总线的应用,现代汽车电子系统实现了多路传输,尽管 CAN 总线系统的电控单元间的连接已经最优化了,但一个电控单元和它的传感器、执行器之间的连接并不一定是多路传输,LIN 总线的使用几乎使所有控制单元和其传感器、执行器间也都实现了多路传输,构建起二级网络,进一步优化了车辆线束。

二 MOST 总线

MOST 网络非常适应汽车媒体设备应用的需要而且其具有性能可靠、成本低、系统简单、结构灵活、数据兼容性好等特点。因此,汽车行业已经把 MOST 技术作为车载多媒体系统的标准。

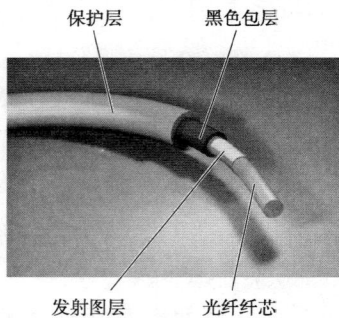

图 4-22 光纤结构

MOST 系统使用光纤(图 4-22),这种结构可为将来随时加入新媒体设备节点的结构奠定了基础,特别适合于车上媒体设备和信息设备的声控技术应用。随着车上信息设备的不断增加,驾驶中使用这些设备的情况越来越多,通过声控系统访问这些设备是最安全和最经济的方式。

MOST 系统利用一根光纤,一个局域网上,最多可以连接 64 个节点(装置)。从拓扑方式来看,MOST 网络基本为一个环形拓扑(图 4-23)。这种拓扑的优点是在增加节点时,不需要手柄及开关,而且光纤没有集中在某特定装置的附近,可以节省光纤。此外,MOST 系统采用光纤的另一个优点是:光纤网络不会受到电磁辐射干扰的影响。

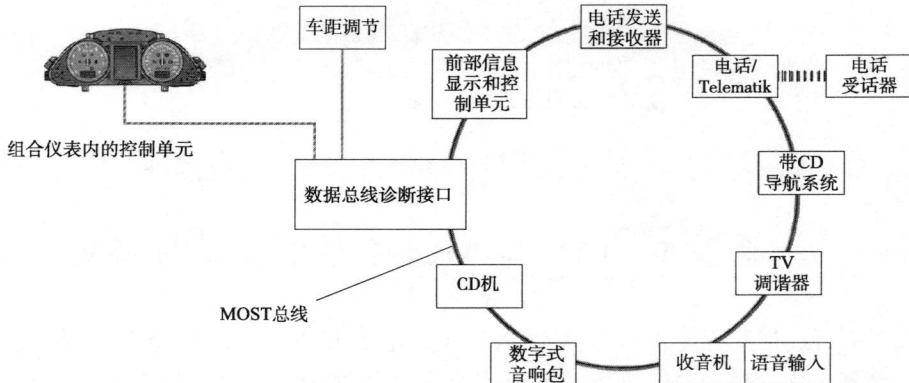

图 4-23 MOST 总线数据网络结构

三 蓝牙系统

蓝牙技术是一种无线数据与语音通信的开放性标准,它以近距离无线连接为基础,为固定与移动设备通信环境建立一个特别连接,其最大有效传输距离为10m。

车载蓝牙系统的短距离无线电收发器(发射器和接收器)直接安装在所选用的移动装置内或集成在适配器(如PC卡、USB等)内。蓝牙系统使用2.45GHz的波段来进行无线通信,该波段在全世界范周内都是免费的。由于该频率的波长非常短,因此可将天线、控制装置和编码器、整个发送和接收系统等装置集成到蓝牙模块上。

课题5 车载网络系统的检修

一 车载网络常见的故障类型

当CAN总线系统出现故障时,一般表现出来的为个别故障,有时车辆上的总线系统会呈现群发性故障现象,有时众多系统均会瘫痪。导致此现象产生的原因有很多,如汽车电源系统故障、节点故障、通信线路故障、发送错误指令等。

1 汽车电源系统故障

CAN总线的核心部分是含有通信IC芯片的电控单元(ECU),ECU正常工作电压是10~15V,如果电源系统提供的电压低于该值范围,就会造成一些对工作电压要求较高的ECU出现短暂的停止工作,从而使整个CAN总线系统出现无法通信的状况。

2 节点故障

节点即CAN系统的控制单元,节点故障就是ECU本身故障,包括硬件故障和软件故障。软件故障就是传输协议或本身软件程序存在缺陷或冲突。如软件版本未升级,使总线传输系统出现混乱而无法工作;硬件故障即通信芯片或集成电路损坏,导致系统无法正常工作。

3 通信线路故障

通信线路故障即总线的短路、断路等引起通信信号衰减和失真,导致多个控制单元无法接受准确信号而不工作或错误工作,引起系统混乱或瘫痪。

4 发送错误指令

在网络覆盖的控制单元内,某些电控单元由于受到外界干扰,错误地向执行器发出指令,使一些执行器无法正确工作。

二 故障码检测

CAN 系统具有自诊断功能,通过电脑诊断仪可以检测故障码并据故障提示进行故障排除,大众车型一般以字母 U 打头的故障码为车载网络故障码。

1 电脑诊断仪操作过程

以大众迈腾车型为例,使用诊断仪(VAS5051、VAS5051B 及金奔腾 929 等)进行操作,步骤如下(图 4-24)。

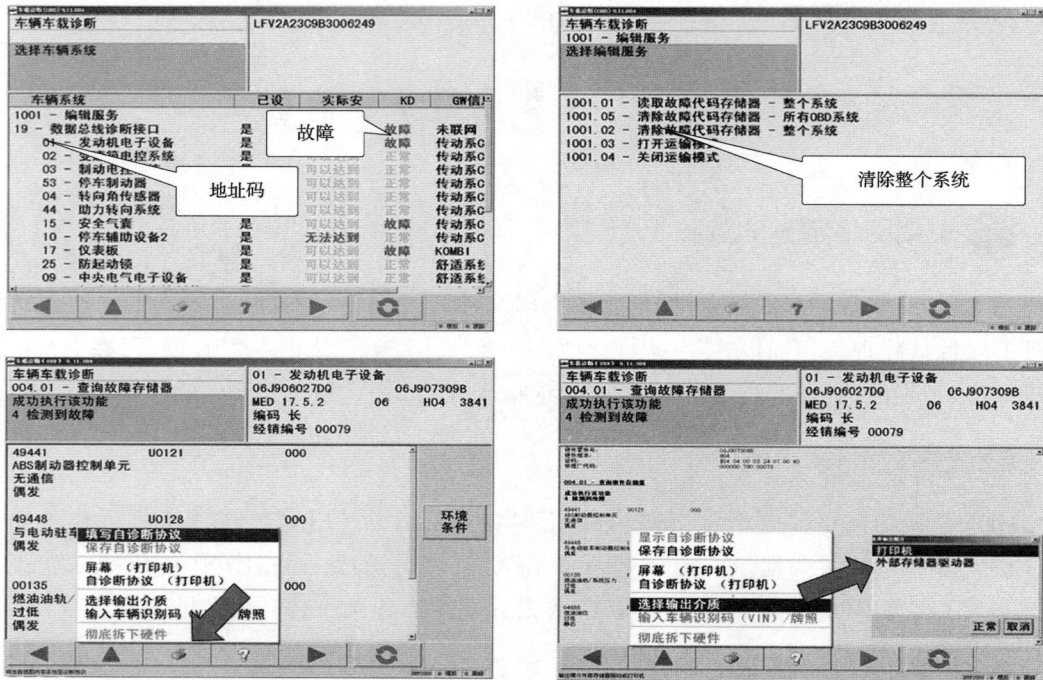

图 4-24　电脑诊断仪检测画面

(1)关闭点火开关,连接诊断仪插头。

(2)打开点火开关,点击"车辆自诊断"。

(3)点击"车载诊断(OBD)"。

(4)点击"网关安装列表"。

(5)在列表中显示红色是有故障的系统,逐个打开查询并输出故障码。

(6)分析处理故障码。

(7)按照维护数据表要求,读取并记录相关数据块(节气门开度、空气流量/进气压力等)。

(8)关闭点火开关,取下诊断仪插头,完成自诊断。

2 读取故障码的前置条件

使用电脑诊断仪检测故障码时,为保证数据的准确性,须实现达到以下条件:

（1）发动机怠速运转。

（2）关闭空调及其他所有用电器。

（3）发动机冷却液温度在 85℃ 以上。

（4）发动机没有漏气等故障。

三　网络导线与光纤的维修

在车辆检修中，对于 CAN 双绞线和 MOST 光纤的维修有别于传统线路，必须依据其传输原理，按照维修规范操作，否则会形成人为故障，破坏总线的传输性能。

1　CAN 线束的维修

由前面的介绍可知，CAN 总线的数据导线使用的是没有屏蔽层的双绞线，其线径和绞距都有严格的规定。例如：大众车型的 CAN 总线双绞线为 0.35～0.50mm，绞距为 20mm。

在接续破损或折断的双绞线时，双绞线不能平行连接，绞距不得大于 50mm，相邻两处接续点的距离不能小于 100mm，如图 4-25 所示。

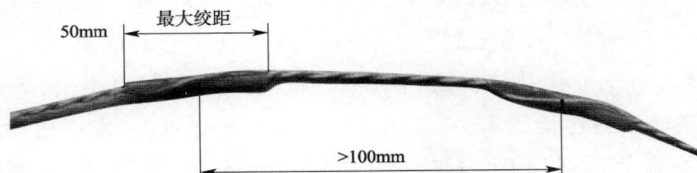

图 4-25　CAN 双绞线的维修要求

2　光纤的维护

光纤是利用光信号在其内部全反射实现传输功能的（图 4-26），因此，光纤在安装时曲率过大、外壳破损、端面污损、接头角度不正等原因均会导致信号衰减过大或传输失败。

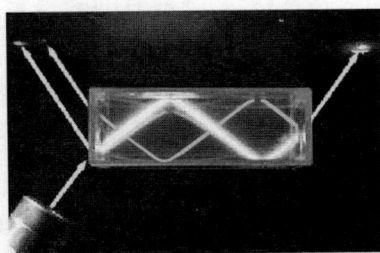

a)全反射并应用在光纤导线中　　　b)从光纤中透出光线造成光的损失

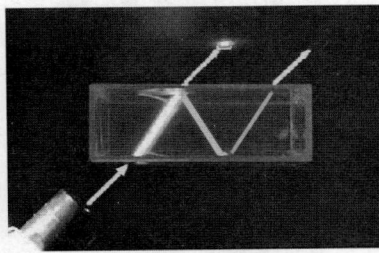

图 4-26　光纤传输的衰减损耗

在安装固定光纤时，要注意光纤的波纹管弯曲应避免半径不足，当该弯曲半径在 10～20mm 时会影响传输功能；当弯曲半径小于 5mm 时，光纤将被损坏。因此，该最小弯曲半径应在 25mm 以上，如图 4-27 所示。

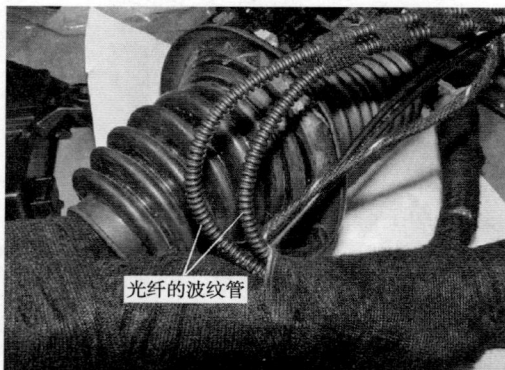

光纤的波纹管

图 4-27 光纤波纹管的正确安置

模块小结

（1）目前存在的多种汽车网络标准，其侧重的功能有所不同。按照系统的信息量、响应速度、可靠性等要求应用较广的有 CAN、FlexRay、LIN、MOST 等总线协议。

（2）CAN 总线具有十分优越的特点：低成本，极高的总线利用率，较远的数据传输距离（可达 10km），较高的数据传输速率，可靠的容错处理和检错机制，发送的信息遭到破坏之后可自动重发，各控制单元在错误严重的情况下能够自动退出总线系统，并储存故障码。

（3）普通典型汽车安装的 CAN 总线网络控制一般包含 4 个子系统，包括动力系统 CAN 总线、舒适系统 CAN 总线、信息娱乐系统 CAN 总线、仪表及诊断 CAN 总线。

（4）FlexRay 是一种用于汽车的高速的、可确定性的、具备故障容错能力的总线技术，它将事件触发和时间触发两种方式相结合，具有高效的网络利用率和系统灵活性特点，可以作为新一代汽车内部网络的主干网络。

（5）LIN 总线即局域互联网络，它是一个汽车底层网络协议，其目的是给出一个价格低廉、性能可靠的低速网，在汽车网络层次结构中作为低端网络的通用协议，并逐渐取代目前各种各样的低端总线系统。LIN 总线是单线式总线，无需屏蔽。

（6）MOST 网络非常适应汽车媒体设备应用的需要，而且其性能可靠、成本低、系统简单、结构灵活、数据兼容性好。

（7）蓝牙技术是一种无线数据与语音通信的开放性标准，它以近距离无线连接为基础，为固定与移动设备通信环境建立一个特别连接，其有效传输距离是 10m。

模块五

舒适系统

学习目标

1. 熟悉掌握舒适系统的组成、功能与工作原理；
2. 熟悉掌握舒适系统各总线数据传输的原理；
3. 掌握判断舒适系统故障的基本知识。

模块导航

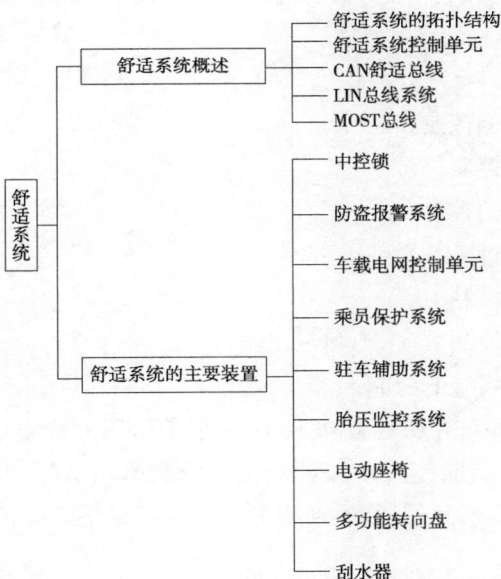

舒适系统
- 舒适系统概述
  - 舒适系统的拓扑结构
  - 舒适系统控制单元
  - CAN舒适总线
  - LIN总线系统
  - MOST总线
- 舒适系统的主要装置
  - 中控锁
  - 防盗报警系统
  - 车载电网控制单元
  - 乘员保护系统
  - 驻车辅助系统
  - 胎压监控系统
  - 电动座椅
  - 多功能转向盘
  - 刮水器

课题 1　舒适系统概述

　　舒适控制系统是指为驾乘人员提供舒适性控制的装置,通常包括使用和启动授权单元、电能管理控制单元、防盗器和元件保护单元、车内外照明控制、中央门锁、电动窗机、刮水器、无钥匙系统、电动转向柱、电动座椅、辅助加热系统、智能空调器等。近年来舒适系统的电气设备增加较快,因此,舒适系统已成为很多车型上最为繁杂、庞大的组成部分。由于舒适网络系统篇幅较大,仪表、灯光和空调系统就不在本模块中进行详解,请参见后续相关模块。

一　舒适系统的拓扑结构

　　由于各厂家车载网络存在一定的差别,本文以大众车系为例介绍舒适系统。大众车系的舒适总线包括 CAN 总线、LIN 总线和 MOST 总线等三种类型。奥迪 A7 顶配车型舒适系统拓扑结构如图 5-1 所示。

　　CAN 总线具有传输速度快,短时间内传输数据量大的特点,因此,防盗系统、安全气囊系统、组合仪表板、电动车窗、电动座椅、多功能转向盘等系统通过 CAN 总线连接;而刮水器、胎压监测等数据传输量较小的系统则由 LIN 总线连接;车载电话、CD 机等娱乐系统则由 MOST 总线连接。

二　舒适系统控制单元

　　因车型的不同以及车型舒适系统配置的不同,舒适系统控制单元接通和控制的功能差别较大。具体车型请注意查阅生产厂家的资料。例如:大众迈腾 B6 款车型的舒适系统中央控制单元 J393 位于仪表板下方,杂物箱后面的右后部(图 5-2)。该舒适系统中央控制单元接通并且控制以下的功能:

　　(1)中控锁的控制。

　　(2)后车门控制单元的控制。

　　(3)加油口盖解锁的控制。

　　(4)后行李舱盖开锁的控制。

　　(5)防盗报警装置通过 LIN 总线的控制。

　　(6)轮胎压力检查的控制。

　　(7)防盗锁止系统的控制。

　　(8)进入和起动许可系统的控制。

　　在迈腾车型中,舒适系统中央控制单元 J393 集轮胎压力检查功能(通过轮胎压力传感器和轮胎压力检查天线进行监控)、防盗锁止系统控制单元 J362 功能以及进入和起动许可控制单元 J518 功能于一身。此外,舒适系统中央控制单元是防盗报警装置 LIN 数据总线上的主控制单元。

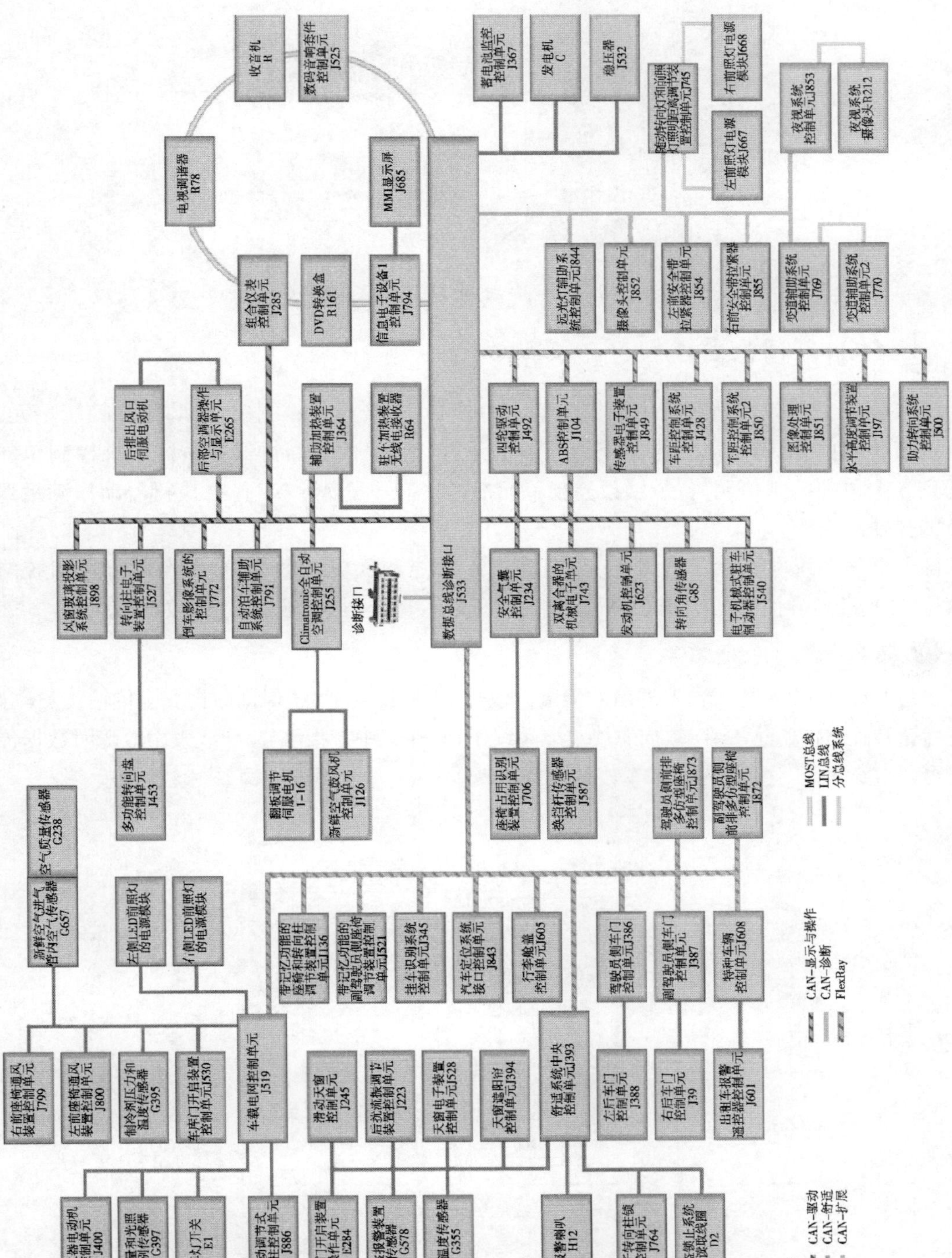
收音机 R
数码音响套件控制单元 J525
电视调谐器 R78
MMI显示屏 J685
组合仪表控制单元 J285
DVD转换盒 R161
信息电子设备1控制单元 J794
蓄电池监控控制单元 J367
发电机 C
稳压器 J532
随动转向灯和动态灯照明距离调节装置控制单元J745
左前照灯电源模块J667
右前照灯电源模块J668
夜视系统控制单元J853
夜视系统摄像头R212
远光灯辅助系统控制单元J844
摄像头控制单元 J852
左前安全带拉紧器控制单元 J854
右前安全带拉紧器控制单元 J855
变道辅助系统控制单元 J769
变道辅助系统控制单元2 J770
四轮驱动控制单元 J492
ABS控制单元 J104
传感器电子装置控制单元 J849
车距控制系统控制单元 J428
车距控制系统控制单元2 J850
图像处理控制单元 J851
水平高度调节装置控制单元 J197
助力转向控制单元 J500
后出风口伺服电动机
后部空调器操作与显示单元 E265
辅助加热装置控制单元 J364
驻车加热装置无线电接收器 R64
风窗玻璃投影系统控制单元 J898
转向柱电子装置控制单元 J527
倒车影像系统的控制单元 J772
自动泊车辅助系统控制单元 J791
Climatronic全自动空调控制单元 J255
诊断接口
数据总线诊断接口 J533
安全气囊控制单元 J234
双离合器的机械电子单元 J743
发动机控制单元 J623
转向角传感器 G85
电子机械式驻车制动器控制单元 J540
多功能转向盘控制单元 J453
翻板调节伺服电机 1-16
新鲜空气鼓风机控制单元 J126
座椅占用识别装置控制单元 J706
换挡杆传感器控制单元 J587
驾驶员侧前排多仿型座椅控制单元J873
副驾驶员侧前排多仿型座椅控制单元 J872
空气质量传感器 G238
新鲜空气进气管内空气传感器 G657
左侧LED前照灯的电源模块
右侧LED前照灯的电源模块
带记忆功能的座椅和转向柱调节装置控制单元J136
带记忆功能的副驾驶员侧座椅调节装置控制单元J521
挂车识别系统控制单元J345
汽车定位系统接口控制单元 J843
行李舱盖控制单元J605
驾驶员侧车门控制单元J386
副驾驶员侧车门控制单元 J387
特种车辆控制单元J608
右前座椅通风装置控制单元 J799
左前座椅通风装置控制单元 J800
制冷剂压力和温度传感器 G395
车库门开启装置控制单元J530
车载电网控制单元 J519
滑动天窗控制单元 J245
后扰流板调节装置控制单元 J223
天窗电子装置控制单元J528
天窗遮阳帘控制单元J394
舒适系统中央控制单元J393
左后车门控制单元 J388
右后车门控制单元 J389
出租车报警遥控器控制单元 J601
刮水器电动机控制单元 J400
雨量和光照识别传感器 G397
车灯开关 E1
电动调节式转向柱控制单元 J866
车库门开启装置操作单元 E284
防盗报警装置传感器 G578
空调温度传感器 G355
报警喇叭 H12
电子转向柱锁控制单元 J764
防盗锁止系统的读取线圈 D2
图例：
CAN-驱动
CAN-舒适
CAN-扩展
CAN-显示与操作
CAN-诊断
FlexRay
MOST总线
LIN总线
分总线系统

图 5-1　奥迪 A7 顶配车型舒适系统拓扑结构

图 5-2　大众迈腾车型舒适系统控制单元安装位置

三　CAN 舒适总线

　　CAN 舒适总线以舒适系统中央控制单元为核心,连接门锁控制单元、防盗器控制单元、安全气囊控制单元、带记忆功能的座椅控制单元等。开关信号通过舒适系统中央控制单元发送到各个单独控制单元,各个单独控制单元把操作信号发送给执行器,执行器动作满足驾驶员的操作要求。

　　随着舒适系统电气设备的增加,为提高控制效能和反应速度,高端车型的舒适系统的CAN 总线通常划分信息与娱乐 CAN 总线系统和显示与操作 CAN 总线系统两部分。

1 信息与娱乐 CAN 总线系统

　　信息与娱乐 CAN 总线数据通信的传输速度是 100kbit/s。为了保证数据安全传输,CAN 导线相互扭转连接。舒适 CAN 数据总线可以单线工作,在其中一根 CAN 导线发生故障时数据传输仍可以继续进行。奥迪 A6-C7 车型的信息与娱乐 CAN 总线系统结构如图 5-3 所示。

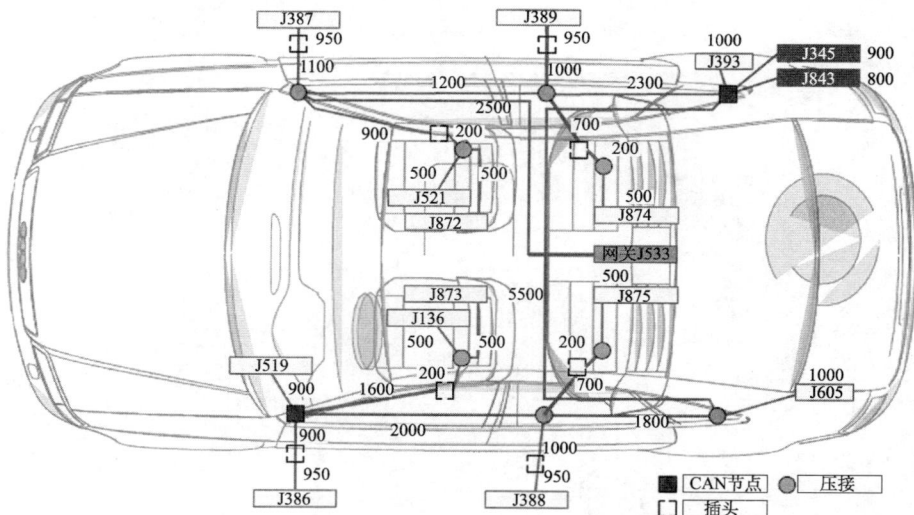

图 5-3　信息与娱乐 CAN 系统

❷ 显示与操作 CAN 总线系统

组合仪表和诊断 CAN 数据总线数据传输速度是 500kbit/s。传输通过高电平 CAN 数据线和低电平 CAN 数据线进行。为了保证数据安全传输，CAN 导线相互扭转连接。组合仪表和诊断 CAN 数据总线系统不可单线工作，在其中一根 CAN 导线发生故障时数据传输无法进行。奥迪 A6-C7 车型的信息与娱乐 CAN 总线系统结构如图 5-4 所示。

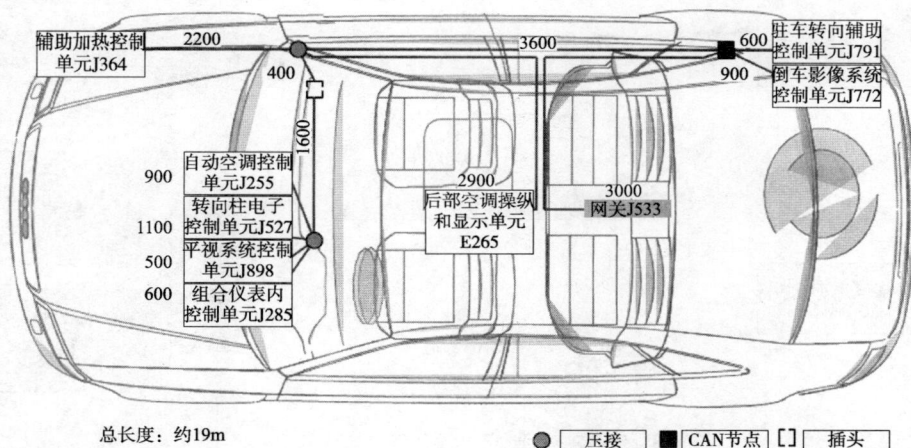

辅助加热控制单元J364 2200 400 1600 3600 600 驻车转向辅助控制单元J791 900 倒车影像系统控制单元J772

900 自动空调控制单元J255
1100 转向柱电子控制单元J527
500 平视系统控制单元J898
600 组合仪表内控制单元J285

2900 后部空调操纵和显示单元E265 3000 网关J533

总长度：约19m

⬤ 压接 ■ CAN节点 [] 插头

图 5-4　显示与操作 CAN 系统

四 LIN 总线系统

LIN 总线数据传输量小、速度慢，但结构简单、造价低，在舒适系统一些数据量较小的系统中广泛应用。LIN 总线系统通过数据传输率为 1～20kbit/s 的单线连接传输数据，数据交换在一个主控制单元和最多 16 个副控制单元之间进行。参与者之间的通信仅通过主控制单元被初始化，该主控制单元也可在 CAN 数据总线上进行通信。

例如迈腾 B6 款车型的 LIN 总线网络有：G273 车内监控传感器、G384 车辆侧倾传感器、G397 晴雨与光线识别传感器、H12 报警喇叭、J393 舒适系统中央控制单元、J400 刮水器电动机控制单元、J519 车载电网控制单元等。

在奥迪 A8-10 款车型上，车载电网控制单元 J519 除具备车载电网控制单元的功能外，它还具备 LIN 总线总控制单元和 LIN 网关功能，如图 5-5 所示。

在该车型上车载电网控制单元 J519 既是 CAN 舒适的总线用户，也是刮水器电动机控制单元、雨量和光照传感器、车灯开关、电动调节式转向柱控制单元和 LED 前照灯的电源模块等各 LIN 总线用户的主控制单元。

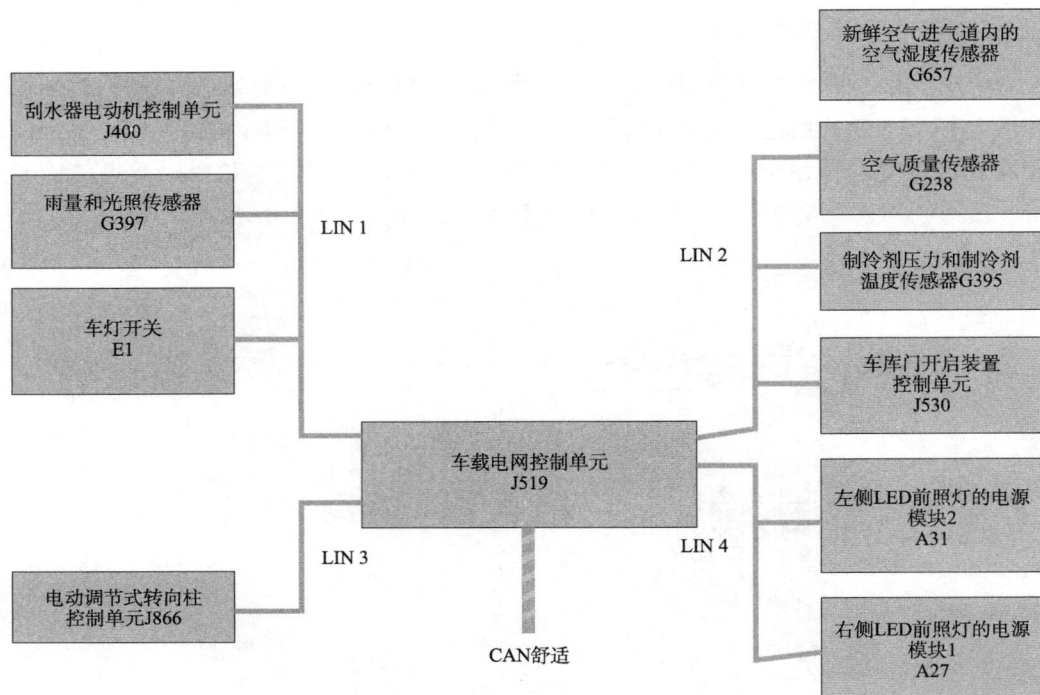

图 5-5　奥迪 A8-10 款 LIN 总线结构

　　车载电网控制单元 J519 又具备空气质量传感器、空气湿度传感器、车库门开启控制单元、制冷剂压力和制冷剂温度传感器等各 LIN 总线用户的网关功能。

五　MOST 总线

　　车辆的前部和后部信息显示和导航系统控制单元互相通过一条光纤数据总线进行通信，从而实现数字地图信息的显示，如图 5-6 所示。

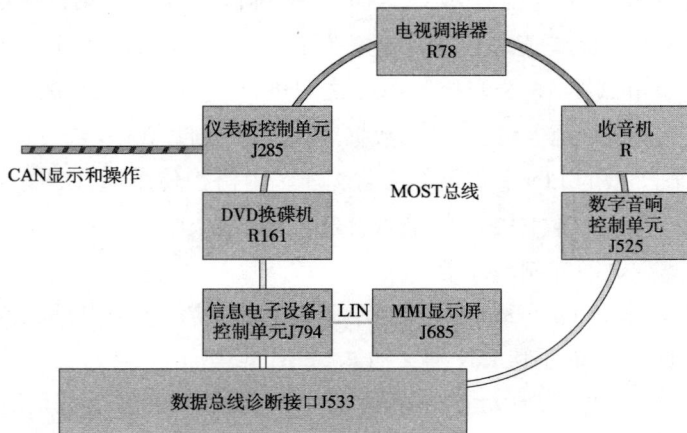

图 5-6　奥迪 A7 车型的 MOST 总线结构

课题 2 舒适系统的主要装置

一 中控锁

中控锁的作用是利用遥控钥匙或其中一个车门锁按钮的动作(上锁/开锁),控制所有车门执行同样的动作(上锁/开锁);同时在行车过程中当驾驶员忘记锁车门时,到达一定车速自动锁止所有车门。

1 中控锁的结构

大众迈腾 B6 车型舒适系统中央控制单元控制中控锁的全部功能。车门、后行李舱盖和加油口盖都属于中控锁机构。中控锁由门锁控制单元(4 个)、上锁/开锁按钮、门锁电动机、无线遥控器,进入和起动授权系统、舒适系统中央控制单元等组成,如图 5-7 所示。

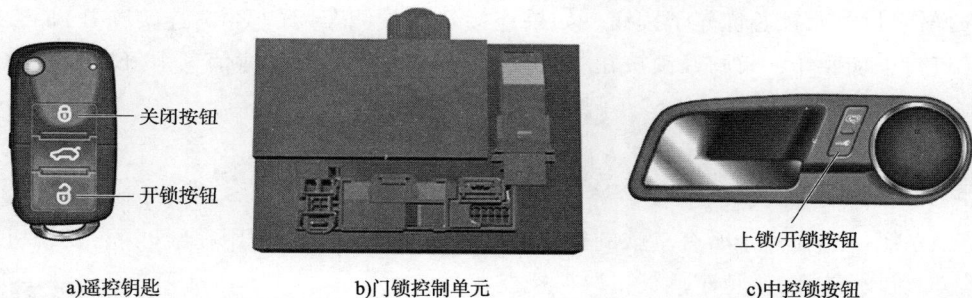

a)遥控钥匙   b)门锁控制单元   c)中控锁按钮

关闭按钮　开锁按钮　上锁/开锁按钮

图 5-7 迈腾 B6 车型中控锁系统主要控件

2 中控锁的工作过程

车门的中央门锁动作数据被保存在舒适系统的中央控制单元中。当按下遥控器按钮时,按钮把开锁/解锁信号传送到舒适系统中央控制单元,控制单元经分析后把信号通过 CAN 总线传送到车门控制单元,车门控制单元向中央门锁电动机发送开锁/解锁指令,使车门开启/锁止。

中控锁的三个不同锁止状态:

(1)已开锁:车门可以从内部和外部打开。

(2)已闭锁车门:只能从内部通过一次性操作车门把手打开。

(3)安全:从内部和外部都不能打开车门。

1)关闭过程

该操作可通过驾驶员车门紧急关门锁芯、车内上锁按钮以及汽车钥匙无线遥控器来实现。各个车门控制单元负责驾驶员和副驾驶员车门中控锁发动机的控制,而后部车门、后行李舱盖以及加油口盖的控制则由舒适系统中央控制单元来负责。

2)中控锁运行

如果通过车内连锁按钮将汽车锁住,则集成在按钮中的 LED 点亮。

车门可以从内部通过一次性操作车门把手打开。在单门打开功能被激活并且用汽车钥匙机械打开车门时,只有驾驶员车门被解锁。即使两次钥匙操作,也仅能控制驾驶员侧的车门控制单元。

在舒适系统中央控制单元有效接收距离之外200次以上操作无线遥控器上的打开或关闭按钮,会将无线遥控器功能锁止。必须通过操作打开按钮和随后的用车钥匙的开锁操作(1min之内)将无线遥控器激活。

舒适系统中央控制单元与车门控制单元之间的通信是通过 CAN 数据总线进行的。如果车门控制单元不能获得 CAN 信息或收到五条错误信息时(比如舒适/便利功能系统中央控制单元损坏),则所有车门控制单元都会识别出中央控制单元不再发送信息,驾驶员侧车门控制单元则承担起中央门锁的控制任务,所有其他车门控制单元都根据驾驶员侧车门控制单元的信息来动作,驾驶员侧车门锁芯以及上锁/开锁按钮信号变成指令信号,其他车门上的操作位置失效。

在操作过程中,锁芯优先于按钮。如果连接驾驶员侧车门的 CAN 连接断开,那么只能用锁芯进行手动操作,上锁/开锁按钮将失效。当发生碰撞时,碰撞信息由舒适系统中央控制单元通过 CAN 数据总线传送到车门控制单元,触发车门开锁。

🔵 防盗报警系统

防盗系统已成为当今所有车款的标准装备。防盗系统普遍采用在线匹配,发动机不能起动的方式进行防盗,避免车辆被未取得授权者开走。

1 防盗系统的组成

普通防盗报警装置由点火钥匙、识读线圈、防盗器、发动机 ECU 等组成;总线控制的无钥匙起动的防盗报警装置由进入和起动授权控制单元、无线遥控器、舒适系统中央控制单元、防盗器等组成,如图5-8所示。

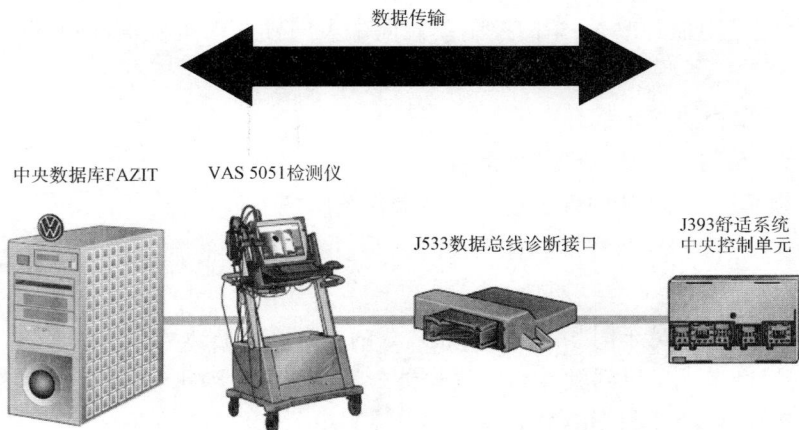

数据传输

中央数据库FAZIT　VAS 5051检测仪

J533数据总线诊断接口　J393舒适系统中央控制单元

图5-8　大众第五代防盗系统主要控件

普通防盗报警装置是一单独系统,当钥匙插入点火开关锁芯时,在钥匙里的芯片电阻通过识读线圈把阻值输入防盗器,防盗器经识别后确认是本车授权钥匙,防盗器将把发动机 ECU 解锁,起动发动机;否则发动机 ECU 被防盗器锁死,即使起动发动机,发动机也不喷油不点火,车辆无法起动。

采用总线和无钥匙起动的防盗报警装置的功能集成在舒适系统中央控制单元。通过 CAN 总线从进入和起动授权系统控制单元处将获得激活和关闭信息。当用无线遥控器将汽车上锁或按下应急锁芯时,信号通过 CAN 总线发送到防盗报警装置,防盗报警装置被激活。

对于配有进入和起动授权系统,防盗报警装置将在汽车上锁时由车门外把手中的上锁按钮激活。当用无线遥控器授权或机械式应急锁芯访问车辆时,该信息将通过 CAN 总线发送并关闭防盗报警装置。

❷ 防盗系统的在线匹配

大众/奥迪第五代防盗报警系统的匹配需要在线连接(图 5-9)。在进行防盗锁止系统匹配时,电脑测试仪读取来自防盗锁止系统组件的所需数据(识别数据和状态数据),并将其作为整体文件包以加密的形式发送给大众/奥迪全球中央数据库 FAZIT。FAZIT 数据库会对车辆防盗锁止系统的组件进行分析。根据该分析结果,FAZIT 决定对哪些组件进行匹配或更换。如果涉及多个组件,FAZIT 将确定工作顺序。

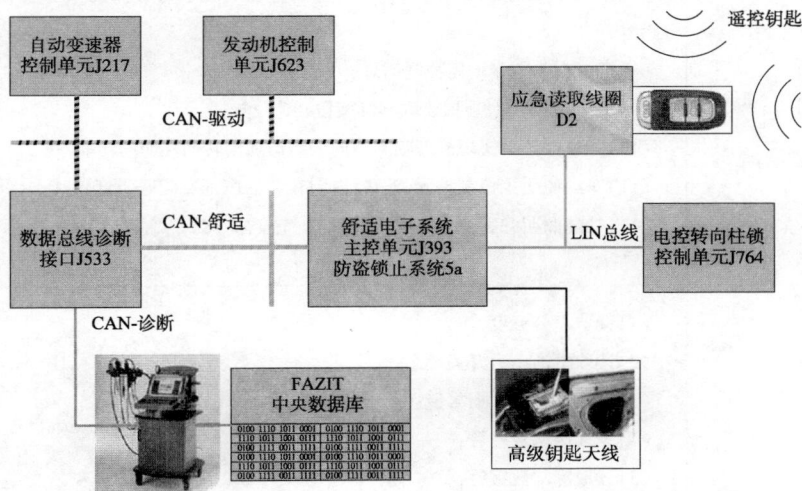

图 5-9　大众车型第五代防盗系统的在线匹配

大众/奥迪汽车的中央数据库 FAZIT 是防盗锁止系统的重要组成部分。FAZIT 表示"车辆信息和中央识别工具"。该数据库存有所有控制单元的防盗数据,该数据是集成在防盗锁止系统中的。如果没有连接到 FAZIT 的在线连接,则无法调节控制单元。

第五代防盗锁止系统的特征是:原则上防盗锁止系统的所有组件,包括来自其他车辆的用过的组件都可以进行单独匹配,只要它们属于授权组件。例外情况是对新身份的编程,例如在订购一个新的锁套件时。在这种情况下,车辆中的所有组件必须为已识别或所有组件都是新件。

三 车载电网控制单元

在奥迪公司高端车型上舒适系统的车载电网控制单元除了电网管理、LIN 总线网关功能外,该控制单元还承担着 LIN 总线总控制单元功能。例如:奥迪 A8-10 款车型车载电网控制单元 J519 功能见表 5-1。

奥迪 A8-10 款车型车载电网控制单元 J519 功能　　　　表 5-1

功　　能	控　制　内　容
车灯功能	(1)外部车灯总控制单元,控制前部照明灯; (2)当主控制器出现故障时,用作车灯应急逻辑单元; (3)通过 LIN 总线连接读取雨量和光照传感器; (4)读取报警灯按键信息和照明; (5)当 J393 出现故障时,用作应急信号灯主控制单元(方向信号、报警信号和碰撞信号); (6)控制前部信号灯(舒适电子中央控制单元 J393 是信号灯主控制单元); (7)适应当地道路通行习惯临时照明灯(配置升级版氙气前照灯时,由静态随动转向灯和照明距离调节控制单元 J745 控制,当配置 LED 前照灯时,由线路断路器控制)的 MMI 网关; (8)通过车门控制单元控制侧灯; (9)通过 LIN 总线连接读取车灯旋钮开关位置; (10)用主前照灯实现静态随动转向和动态随动转向照明的功能; (11)车内照明主控制单元(车内照明灯、前后脚部空间照明灯); (12)功能照明和定位照明(接线端 58s、58st 和 58d)
驾驶员信息	(1)读取车外温度; (2)读取机油压力开关状态; (3)读取制动片磨损报警; (4)读取制动液报警; (5)读取冷却液报警; (6)读取清洗液报警; (7)读取照明报警
空调器功能	(1)控制前座椅加热装置; (2)空气质量传感器和新鲜空气进气道内的制冷剂压力和空气湿度传感器的 LIN 总线网关; (3)控制空调压缩机

续上表

功　　能	控　制　内　容
刮水/清洗功能	(1)通过 LIN 总线连接触发刮水器控制单元 J400； (2)通过 LIN 总线连接读取雨量与光照传感器； (3)控制风窗玻璃清洗泵； (4)控制前照灯清洗泵
与舒适电子装置中央控制单元 J393 的接口	(1)打开电动转向柱锁(独立的、通过 CAN)； (2)独立的接线端 15 的反馈报告(通过 CAN 向 J393 发送报告)； (3)Valet 钥匙的按键和功能 LED 灯； (4)读取后窗遮阳卷帘的状态
其他功能	(1)控制信号喇叭的继电器； (2)读取倒车灯开关的状态(自动变速器控制单元的 CAN 信息)； (3)读取驻车制动器的状态(电子机械式驻车制动器的 CAN 信息)； (4)读取发动机舱触点的状态； (5)车库门开启控制单元 J530 的 LIN 总线网关； (6)读取通过 MMI 进行的调节(外部车灯、内部车灯、刮水器、奥迪驾驶模式选择系统和 Home link)； (7)控制电子伺服转向阀； (8)车库门开启控制单元 LIN 总线网关； (9)检测接线端 15 信息是否真实:通过 CAN 或独立导线； (10)奥迪驾驶模式选择系统的协调器
特殊功能	(1)电源管理系统关闭等级(内部车灯、脚部空间照明、回家/离家模式、日间行车灯和加热式风窗玻璃清洗喷嘴)； (2)运输模式(内部车灯、脚部空间照明、回家/离家模式、日间行车灯和加热式风窗玻璃清洗喷嘴)； (3)参与元件保护功能； (4)关闭日间行车灯

（四）乘员保护系统

乘员保护系统为汽车被动安全装置中最为重要的内容。以奥迪 A7 车型为例，其乘员保护系统由下列部件和系统构成(图 5-10):安全气囊控制单元(J234)、自适应驾驶员和副驾驶员安全气囊、前排侧面安全气囊、头部安全气囊、前排安全气囊碰撞传感器(G283、G284)、车门侧面碰撞识别传感器、C 柱侧面碰撞识别传感器、带烟火式安全带拉紧器和可控式安全带拉紧力限制器的前排安全带自动收卷器、蓄电池隔板、驾驶员和副驾驶员安全带未系警报器、前排驾驶员和副驾驶员安全带开关、副驾驶员座椅占用识别装置和驾驶员和副驾驶员座椅位置识别装置等。

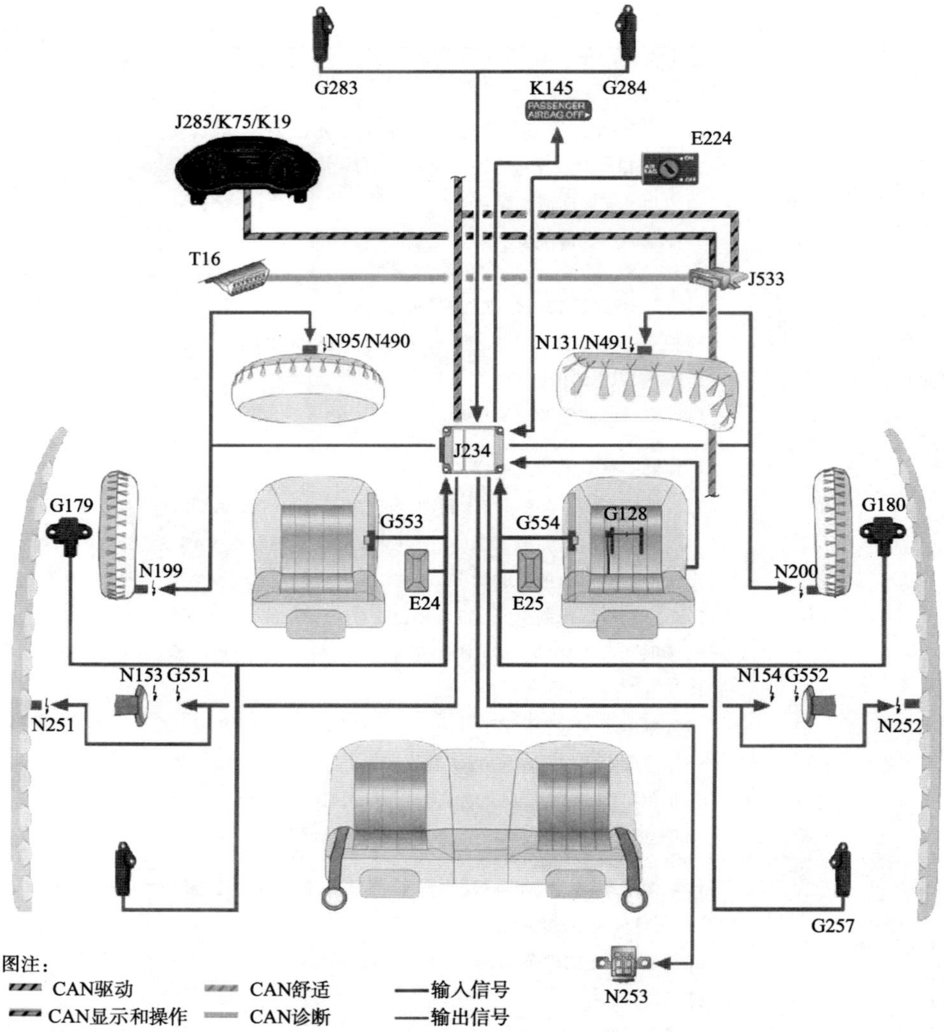

图注:
▨▨ CAN驱动　　▨▨ CAN舒适　　━━ 输入信号
▨▨ CAN显示和操作　　▨▨ CAN诊断　　━━ 输出信号

图 5-10　奥迪 A7 乘员保护系统配置

❶ 传感器

1)驾驶员和副驾驶员的前排安全气囊碰撞传感器

为了识别前部碰撞或车尾碰撞,前排安全气囊碰撞传感器 G283 和 G284 与安装在安全气囊控制单元 J234 中的传感器共同工作。这些传感器是加速度传感器,在发生事故时既测量车辆的减速,也测量纵向加速度。

根据事故严重程度的不同,可以根据事故情况相应地激活安全带张紧器、安全带拉紧力限制器和安全气囊的点火器。根据现实情况触发这些安全组件,可以更好地保护乘员。奥迪 A7 的传感器 G283 和 G284 安装在前照灯下面。

2)驾驶员和副驾驶员侧面的安全气囊碰撞传感器

驾驶员和副驾驶员侧面的安全气囊碰撞传感器 G179 和 G180 是压力传感器。后排侧面安全气囊碰撞传感器 G256 和 G257,以及安装在安全气囊控制单元中的侧面碰撞传感器共同工作,可以识别到来自左侧或右侧的碰撞。传感器 G179 和 G180 安装于左右两侧前车门。当车门变形时,车门板内的气压瞬间增高。相应的传感器探测到这个压力升高现象,并将其传输给安全气囊控制单元 J234。

3)后排两侧的侧面安全气囊碰撞传感器

后排两侧面的安全气囊碰撞传感器 G256 和 G257 为加速传感器。传感器 G256 和 G257 安装于左右 C 柱区域。其任务是测量车辆横向加速度并传输到安全气囊控制单元 J234。

4)驾驶员和副驾驶员侧座椅位置传感器

为了能够探测前排座椅位置,驾驶员和副驾驶员座椅装备了座椅位置传感器 G553 和 G554。这些传感器是霍尔传感器。根据座椅位置传感器的耗电量,安全气囊控制单元 J234 识别到座椅是位于座椅调节范围的前 1/3 还是后 2/3 区域。

安全气囊控制单元 J234 利用这个信息,在正确的时间激活安全带拉紧力限制器和前排安全气囊的自适应性。如果座椅位于调节范围的前 1/3 区域,相对于座椅位于调节范围的后 2/3 区域时而言,安全气囊控制单元 J234 就可以提前激活自适应安全气囊的第二点火器。

通过及时引爆排放阀点火器 N490 和 N491,安全气囊能够根据实际情况针对乘员进行调整,使体重较轻的乘员也能被气囊完全包裹。同样,也及时相应地激活安全带拉紧力限制器点火器 G551 和 G552。这样,乘员保护系统就根据事故实际情况和座椅位置完成了调整。

需要注意的是:座椅的正确调整、保持正确的坐姿以及正确系上安全带是良好乘员保护的重要前提。否则,乘员保护系统就不能发挥出其最大的效能。

5)座椅位置识别

座椅位置识别传感器分别与隧道侧安装的座椅导轨共同工作(图 5-11)。如果座椅占用识别传感器位于固定在车辆上的座椅导轨上方,那么当其耗电量为 5~7mA 时,安全气囊控制单元 J234 会识别到"座椅在后部"。如果座椅向前移动,并且座椅位置传感器的移动范围超过固定在车身上的座椅导轨时,则传感器耗电量会提高到 12~17mA。安全气囊控制单元 J234 识别到"座椅在前部"。

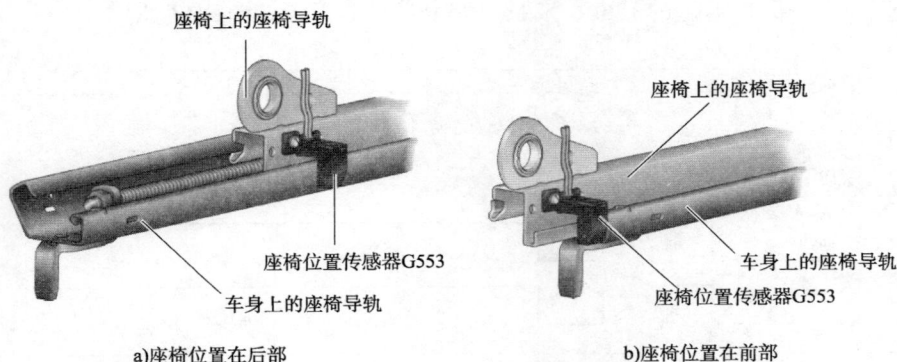

a)座椅位置在后部 b)座椅位置在前部

图 5-11 座椅位置识别

电阻	状态
<120Ω	座椅已占用
420~490Ω	座椅未占用
>2400Ω	故障

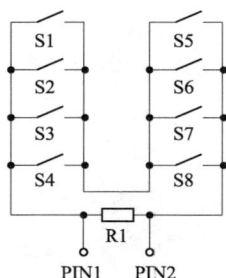

图 5-12　副驾驶员侧座椅占用识别传感器 G128

6）副驾驶员侧座椅占用识别传感器

副驾驶员侧座椅占用识别传感器 G128 是带有 2 排各 4 个压力传感器的塑料薄膜。每个压力传感器在承受负荷的时候电阻都会发生变化。为了识别到座椅被占用，必须有两个压力传感器探测到压力，也就是传感器 S1 ~ S4 中的一个压力传感器和传感器 S5 ~ S8 中的一个压力传感器（图 5-12）。为了能够探测到座椅面的相关区域，座椅占用识别传感器 G128 在座椅泡沫塑料上的位置是设定好的。安全气囊控制单元 J234 利用来自座椅占用识别传感器和安全带锁开关的信息，识别是否系上了安全带。

7）安全带开关

安全带未系警告器的其他组件有驾驶员安全带开关 E24 和副驾驶员安全带开关 E25。这些开关（舌簧开关）都集成在前排座椅安全带锁中。如果没有按下安全带锁（锁舌未插入），则舌簧开关是封闭的。在这个位置，安装在塑料销尖端的一块磁铁对舌簧开关施加作用。相反，如果锁舌已经插入安全带锁，则舌簧开关是打开的。插入的锁舌使塑料销抬起。由此，磁铁不再作用于舌簧开关，而舌簧开关打开。通过测量电阻，安全气囊控制单元 J234 识别到安全带是否被系紧。

8）前排安全带未系警告器

如果前排成员没有系上安全带，那么打开点火开关后安全带未系警告器指示灯 K19 会提醒前排乘员注意。只要驾驶员或副驾驶员没有系上安全带，指示灯 K19 就始终亮着。如果车速超过 25km/h，还会发出声音，提醒前排成员系上安全带。

如果车辆在发出警告声后的前 30s 内减速到 5km/h 以下，则警告声消失。如果车速重新超过 25km/h，则再次发出警告声。发出警告声 30s 以后，除非系上了安全带，否则警告声持续响起，警告声最长不超过 126s。未系上安全带时的警告如图 5-13 所示。

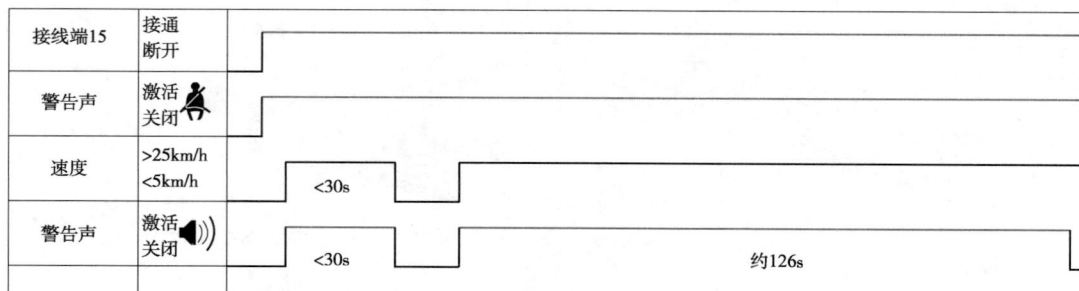

图 5-13　未系上安全带时的警告

② 前排安全气囊

1）驾驶员安全气囊点火器 N95 和驾驶员安全气囊排气阀点火器 N490

奥迪 A7 配置的是可自动调节的驾驶员和副驾驶员安全气囊模块。但驾驶员和副驾驶员安全气囊模块配备不同的气体发生器。例如驾驶员侧安全气囊模块配备了一个固体燃料发生器。相反，副驾驶员侧的安全气囊模块则配备了一个混合气体发生器。这两个气体发生器都是单级式。两个安全气囊模块的自适应性原理是类似的。

2）驾驶员安全气囊

由安全气囊控制单元 J234 激活的驾驶员安全气囊点火器 N95 点燃起爆药。这样，气囊自身的产气药就被点燃。如果产气药燃烧产生的气体压力达到规定的值，则一个薄膜打开排气口。这样，气体就可以经过金属过滤器流入气囊，气囊展开并充气。驾驶员安全气囊结构如图 5-14 所示。

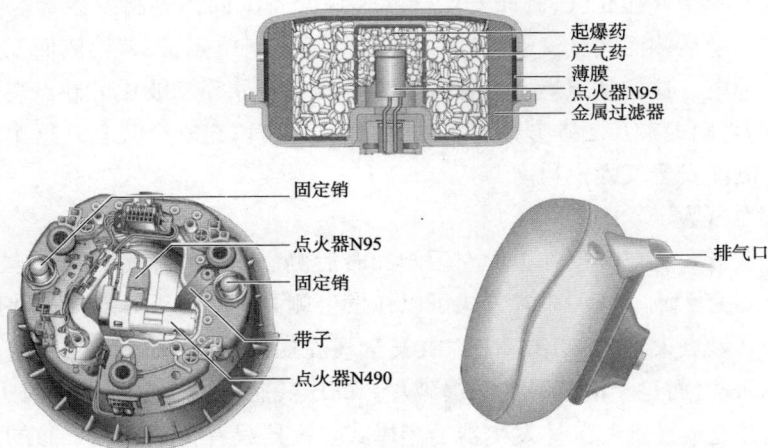

图 5-14　驾驶员安全气囊结构

在安全气囊模块的背面还安装了一个使安全气囊实现自适应性的点火器，也就是驾驶员安全气囊排气阀点火器 N490。另外，安全气囊还额外配有一个管状排气口。安全气囊中一个带子使这个排气口保持封闭状态。根据事故的严重程度和驾驶员座椅位置不同，安全气囊控制单元 J234 激活驾驶员安全气囊排气阀点火器。带子由此断开。接下来打开另一个附加的排气口。这样，安全气囊就根据情况针对乘员进行调整。驾驶员安全气囊模块的气体发生器摆动地安装在一个橡胶环中。这样，可以在必要时减小转向盘出现的振动。

3）副驾驶员安全气囊

副驾驶员安全气囊模块配备了一个单级式混合气体发生器（图 5-15）。安全气囊控制单元 J234 激活副驾驶员安全气囊点火器 1（N131）。点火器 1 的火焰击碎爆破片 1 并点燃起爆药。通过起爆药点燃自身的产气药。产气药燃烧，使高压气瓶中的压力上升，直至爆破片 2 破碎，混合气体释放出来并填充气囊。副驾驶员安全气囊的自适应性与驾驶员安全气囊的类似。

图 5-15　副驾驶员安全气囊结构

4)前排侧面安全气囊

为了给侧面安全气囊充气,侧面安全气囊模块配备了固体燃料发生器。如果识别到侧面碰撞并且需要激活侧面安全气囊,则通过安全气囊控制单元 J234 给侧面安全气囊点火器 N199 或 N200 通电。这样就点燃了起爆药。产生的气压冲碎爆破片 1 并点燃产气药。如果超过设定的压力,则爆破片 2 碎裂。产生的气释放出来,填充安全气囊。这个气体发生器用于前排和后排侧面安全气囊模块。

5)头部安全气囊

头部安全气囊安装在车顶饰板的左后侧和右后侧。它的作用范围从 A 柱延伸至 D 柱,覆盖几乎整个侧窗区域。这种布置方式可以在发生侧面碰撞时更好地保护乘员。

头部安全气囊点火器 N251 或 N252 由安全气囊控制单元 J234 激活。点火器中产生的气压推动一个活塞,而这个活塞又冲破爆破片。高压气瓶中的压缩气体此时进入安全气囊。安全气囊展开并充气。这些气体发生器的燃爆式点火器只有打开高压气瓶的功能。头部安全气囊气体发生器安装在了 B 柱与车顶框的连接部位。头部安全气囊高压气瓶结构如图 5-16所示。

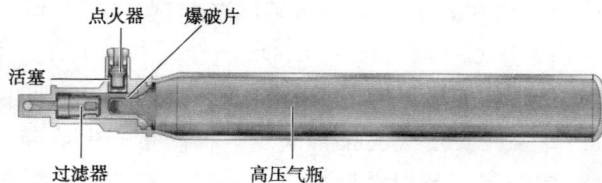

图 5-16　头部安全气囊高压气瓶结构

❸　前排安全带自动收卷器

安全带自动收卷器主要由烟火式安全带拉紧器和自适应式安全带拉紧力限制器构成。如果选装了预碰撞安全系统,则安全带自动收卷器配备可逆式安全带拉紧器和相应的控制单元。

1)前排烟火式安全带拉紧器

如图 5-17 所示,一条金属带缠绕在安全带轴上。金属带开放的两端与安全带轴连接。

封闭的末端以套圈形式缠绕在安全带拉紧器点火器上。如果安全带拉紧器点火器 1 N153 或 N154 被安全气囊控制单元 J234 点燃，金属套圈会被产生的压力涨大。金属带运动的同时拉动安全带轴，安全带轴由此转动并拉紧安全带。这样就可以减小安全带松动程度（安全带和身体之间的空隙）。如果安全带受到的反作用力大于安全带拉紧器的力，则安全带拉紧过程结束。

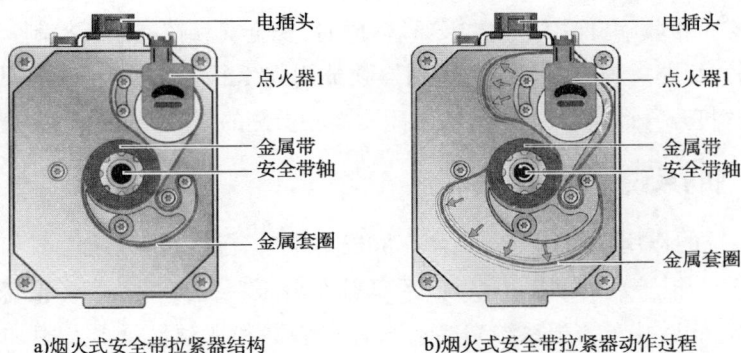

a)烟火式安全带拉紧器结构   b)烟火式安全带拉紧器动作过程

图 5-17   烟火式安全带拉紧器结构原理

2）自适应式安全带拉紧力限制器

自适应式安全带拉紧力限制器是一个双级式拉紧力限制器。在发生足够触发该装置的车头碰撞事故时，首先点燃安全带拉紧器。安全带拉紧器尽量收紧安全带。接下来，安全带自动收卷器锁定安全带轴，从而防止安全带松开，否则由于乘员向前运动可能会出现这种状况。如果乘员由于车辆减速而继续向前运动，当拉紧力超过某个值时，安全带拉紧力限制器适当地松开安全带。这样就可以降低安全带对乘员的约束力。

❹ 电控安全带和安全气囊系统

车辆发生碰撞时，该装置能识别汽车碰撞，安全带收紧，气囊打开，增加碰撞缓冲，保护驾驶人和副驾驶人头部。

1）电控安全带和安全气囊的结构

该系统主要由安全气囊控制单元、驾驶员和副驾驶员安全气囊、前侧面安全气囊、前安全带拉紧器、侧面保护装置（头部安全气囊）以及前部安全气囊碰撞传感器、侧面碰撞识别传感器和蓄电池断电继电器等零件组成。

安全气囊控制单元一般安装在仪表台里（图 5-10），它的作用是接受传感器的碰撞信号，向安全带、气囊发出指令。两个碰撞传感器安装在前照灯的左右侧，在碰撞冲击速度超过前部安全气囊碰撞传感器中的信号临界值时，安全气囊控制单元的发出提前动作信号，通过发出的提前动作信号，安全气囊及时动作可以确保对乘员的最佳防护。

安全带均装有预收紧装置和拉力限制器两部分。安全带在遇到外部冲击力时会迅速卡住，在事故发生的第一时刻毫不犹豫地把人"按"在座椅上。然后再缓慢地适度放松，以吸收冲击力，同时避免因拉力过大而使人肋骨受伤。安全带拉紧器单元在时间上早于前部安全气囊被触发。在侧面碰撞并伴随侧面安全气囊释放时，相应的安全带拉紧器也会被触发。

如图 5-13 所示,行车过程中,若驾驶员未系安全带,仪表的安全带警告灯闪烁,并伴有警告音,提示驾驶员系好安全带;若气囊灯闪烁,说明安全气囊系统有故障,应及时排除,否则气囊系统在发生碰撞时不工作。

2)乘员保护系统的工作过程

当发生碰撞时,碰撞传感器把碰撞信号传送给安全气囊控制单元,安全气囊控制单元控制气囊打开,控制安全带收缩,保护驾驶员及乘客;同时,安全气囊控制单元控制蓄电池断电继电器,切断电源,防止短路。副驾驶员侧有一副驾驶员侧气囊断电开关,当车内只有一个驾驶员时,为防止气囊都打开,可以通过断电开关关闭副驾驶员侧的气囊,减少车主的经济损失。

五 驻车辅助系统

驻车辅助系统的作用是协助驾驶员调车和安全停放。该系统以超声波和视频技术为基础,衍生出带有声音报警器的四通道系统(后部驻车警报系统)、带有声音报警器及视频显示器的八通道系统(前后驻车警报系统)、带有声音报警器和视频显示器及附加倒车监视系统的八通道系统等三种不同的驻车警报系统。受篇幅所限,本文仅对前后驻车辅助系统进行介绍。大众迈腾前后驻车辅助系统为 8 声道超声波驻车辅助系统,驻车辅助系统由驻车辅助装置按钮、前后传感器、驻车辅助装置控制单元、音响控制单元组成,如图 5-18 所示。

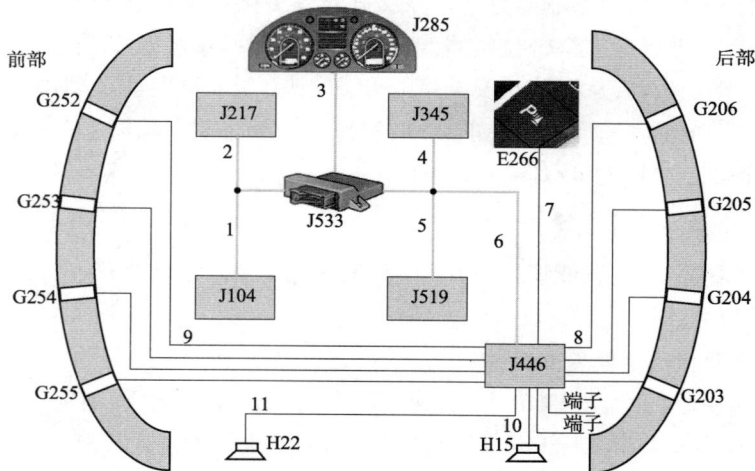

图 5-18 大众迈腾 B6 车型驻车辅助系统结构

E266-驻车辅助装置按钮;G203-左后驻车辅助传感器;G204-左后中部驻车辅助传感器;G205-右后中部驻车辅助传感器;G206-右后驻车辅助传感器;G252-右前驻车辅助传感器;G253-右前中部驻车辅助传感器;G254-左前中部驻车辅助传感器;G255-左前驻车辅助传感器;H15-后驻车辅助报警蜂鸣器;H22-前驻车辅助报警蜂鸣器;J104-ABS/ESP 控制单元;J217-自动变速器控制单元;J285-组合仪表控制单元;J345-挂车识别控制单元;J446-驻车辅助控制单元;J519-车载电网控制单元;J533-数据总线诊断接口;1-车轮速度从 J104 经过 J533 到 J446;2-选挡杆位置从 J217 经过 J533 到 J446;3-行驶速度从 J285 经过 J533 到 J446;4-挂车识别从 J345 到 J446:在已识别出的挂车中,只有前部传感器处于工作状态;5-端子 15 打开,并且倒车灯打开,从 J519 到 J446;6-已识别出故障从 J446 到 J533;7-E266 已操作;8-后驻车辅助装置传感器信号;9-前驻车辅助装置传感器信号;10-控制 H15;11-控制 H22

❶ 驻车辅助装置控制单元

驻车辅助装置控制单元 J446 被安装在行李舱中右后部,如图 5-19 所示。

❷ 驻车辅助装置按钮

驻车辅助装置按钮位于换挡杆右侧,如图 5-20 所示。可以通过该操作按钮或通过挂倒车挡来激活驻车辅助装置。通过再一次操作按钮或倒车行驶速度超过 15km/h 时(此车速以上时驻车辅助系统将不能有效分辨障碍物),驻车辅助装置会自动关闭。在激活驻车辅助装置时,按钮中的 LED 会点亮(黄色)。如果该 LED 灯闪烁,则表示识别出故障。在配置 CD 收音机的车型上,收音机的显示屏上会以图形方式显示车辆与障碍物的距离信息。

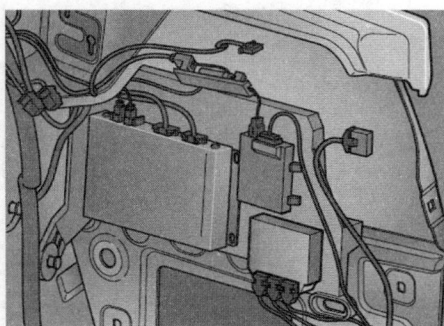

驻车辅助装置按钮

图 5-19　驻车辅助装置控制单元位置　　　图 5-20　驻车辅助装置按钮

❸ 驻车辅助装置传感器

前后驻车辅助系统借助安装在前、后保险杠上的超声波传感器监测前后保险杠与障碍物间的距离,前后驻车辅助系统的提示音量在信息显示器中可以调整。

传感器探测范围:倒车时,车辆距后障碍物 1.6m(见图 5-21 区域 A)时,系统开始发出警报音,距离障碍物越近,警报音越急促。当车辆倒至与障碍物之间的距离小于 0.3m(见图 5-21 区域 B)时,系统发出连续警报音,提示请勿继续倒车。驻车辅助系统关闭,同时驻车辅助按钮的黄色指示灯熄灭。

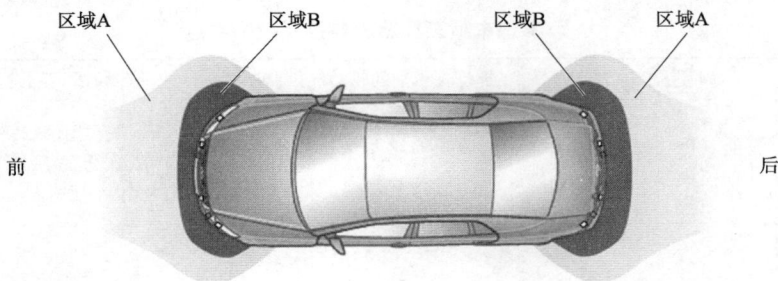

区域A　　区域B　　　　区域B　　区域A

前　　　　　　　　　　　　　　　　　　后

图 5-21　驻车辅助系统的探测范围

❹ 驻车辅助系统工作过程

1)激活

点火开关打开的状态下,挂入倒挡或按下驻车辅助装置按钮,即可激活前后驻车辅助系统。驻车辅助装置按钮的 LED 指示灯点亮,同时可听见车辆发出一声短促的提示音,表明该系统进入工作状态。

若此时无提示音或是与正常状态有异的持续约3s的高音提示音,而且周围无障碍物,则表明该系统有故障,驻车辅助装置按钮会黄色闪亮,同时系统停止工作。

2)关闭

当前进挡车速大于10km/h 或再次按下驻车辅助装置按钮,驻车辅助系统关闭,同时该按钮的黄色指示灯熄灭。

3)工作过程

在汽车驻车辅助系统工作时,驻车辅助系统的传感器检测的障碍物信号通过舒适系统的 LIN 总线传送给驻车辅助装置控制单元,驻车辅助装置控制单元经过分析把信号发送给数码音响控制单元和报警显示模块,音响控制单元接收、处理并通过扬声器和收音机显示屏发出声音及图形显示信息。

六 胎压监控系统

在汽车的高速行驶过程中,轮胎故障是所有驾驶员最为担心和最难预防的,也是突发性交通事故发生的重要原因。据统计,在高速公路上发生的交通事故有70% 是由于爆胎引起的。怎样防止爆胎已成为安全驾驶的一个重要课题。据国家橡胶轮胎质量监督中心的专家分析,保持标准的车胎气压行驶和及时发现车胎漏气是防止爆胎的关键。胎压监控的作用是在汽车行驶时实施的对轮胎气压进行自动监测,对轮胎漏气和低气压进行报警,以保障行车安全。轮胎气压不但影响着行车安全,而且也影响行车的舒适性、轮胎的使用寿命和燃油消耗。

目前,主流的胎压监控有轮胎气压监控显示系统、带车轮位置识别的轮胎气压监控系统和不带位置识别的轮胎气压监控系统三种类型。大众/奥迪车型三种胎压监控类型的特点详见表5-2。

大众/奥迪车型三种胎压监控系统的特点   表5-2

类型	轮胎气压监控	带位置识别的轮胎气压监控	不带位置识别的轮胎气压监控
软件	在 ABS 控制单元 J104 中的模块	单独的轮胎气压监控控制单元-J502	轮胎气压监控控制单元模块 J502 在舒适系统中央控制单元 J393 内
车轮胎压电子装置	未安装	每个车轮中一个	每个车轮一个

续上表

类型	轮胎气压监控	带位置识别的轮胎气压监控	不带位置识别的轮胎气压监控
胎压信息发射天线	未安装	每个车轮罩一个	未安装,车轮电子装置的信号由中央门锁和防盗报警装置天线接收
规定的轮胎气压	由驾驶员充气并且通过按下按钮把气压值存储在系统中	由驾驶员充气并且通过按下按钮把气压值存储在系统中	在制造厂中预先设置
操作	通过胎压监控按钮操作	通过"舒适设置"或信息娱乐系统操作	通过胎压监控按钮操作
学习过程	系统在标定过程中学习额定的轮胎气压	在将轮胎气压充至正确数值后,起动系统学习过程	更换新车轮胎气压电子装置时,原额定的轮胎气压信息被系统保持和设定

❶ 轮胎气压监控显示系统

1）胎压监控显示系统的组成

轮胎气压监控显示是一个在ABS控制单元J104中自己没有诊断地址码的软件模块,它能识别轮胎中的慢性漏气。这种胎压监控系统的车轮中未安装胎压压力传感器,而是利用车轮转速传感器的转速信号进行分析,计算出轮胎压力是否正常。其监控系统的结构如图5-22所示。

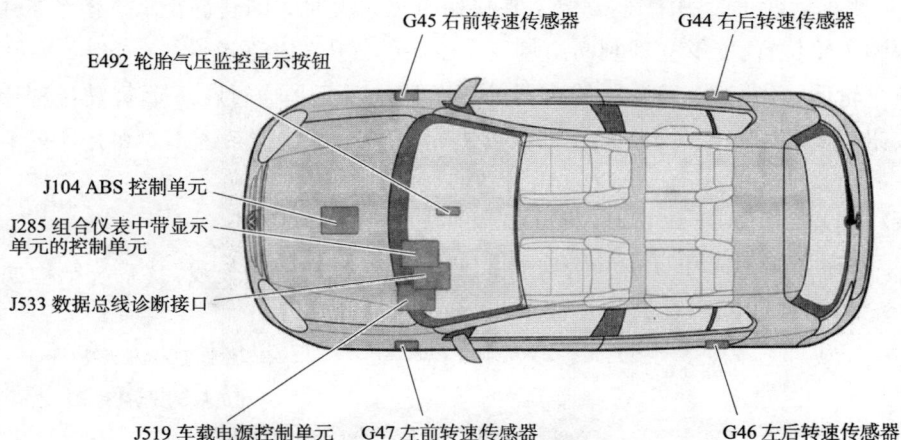

图5-22　胎压监控显示系统结构

这种系统是利用轮胎压力传感器直接监测轮胎压力,如果某个车轮压力低,系统报警。

2）胎压监控显示系统的工作原理

防抱死制动系统（ABS）的各个数据被用来确定一个轮胎的滚动圆周。轮胎滚动圆周与参考数据进行比较,系统控制单元通过该数据微小的变化能检测出轮胎的漏气。如果探测到漏气,仪表板中的一个轮胎气压监控显示系统警告灯（图5-23）会提醒驾驶员并发出一声报警音。警告灯会一直亮到对系统再次进行标定为止。在系统标定之前,每一次车辆起动时都会发出一声报警音。

图 5-23 胎压过低报警显示

在被称为标定的胎压监控系统学习过程中,该系统会根据当前的行车数据计算出参考数据。如果驾驶员有运动型驾驶风格、路面不平整和松软、驾驶员使用制动器和车辆上坡和下坡时,数据评估会停止。在这些情况下,系统不能够检测轮胎是否漏气。在车辆的行驶状态恢复至正常之前,轮胎监控警告被中止。轮胎气压监控系统对备用车轮、临时备用车轮和拖车不进行监控。更换车轮后,必须对系统进行标定。

在调整了轮胎气压、更换了轮胎或在底盘上执行过维修工作后,应当用中控台的胎压监控按钮为新的轮胎状态配置轮胎气压监控显示。需要注意的是这种胎压监控显示是一个当某一个轮胎发生漏气时发出警告的信息系统,该系统不能替代驾驶员定期检查轮胎气压的安全行为。

❷ 带车轮位置识别的轮胎气压监控系统

1)功能描述

带车轮位置识别的轮胎气压监控系统有下列功能:

(1)慢性漏气的识别:系统及时告知驾驶员检查轮胎气压,如有必要纠正轮胎气压。

(2)突然大量漏气的识别:驾驶员在行车过程中立即获得警示。

(3)探测车辆静止时的漏气:驾驶员在接通点火开关时立即获得警示。该系统用 4 根监控天线探测车轮位置,能够立即判断出哪一个轮胎的气压发生了变化。

更换车轮后,必须对车轮胎压传感器进行匹配。匹配是通过在车辆行驶过程中按下胎压监控按钮来实现。匹配时,车速必须高于 25km/h。胎压监控系统不对备用车轮和拖车进行监控。

2)系统结构

该系统较胎压监控显示系统多了车轮的胎压传感器和监控天线,其系统结构如图 5-24 所示。

图 5-24 带位置识别的胎压监控系统

（1）轮胎气压传感器。轮胎气压传感器被用螺钉紧固在轮胎气门嘴的金属阀上，而且在更换了车轮或轮胎后能继续使用。轮胎气压传感器由传送天线、气压和温度传感器、测量和控制电子装置以及电池（寿命约为 10 年）等部件组合而成，如图 5-25 所示。

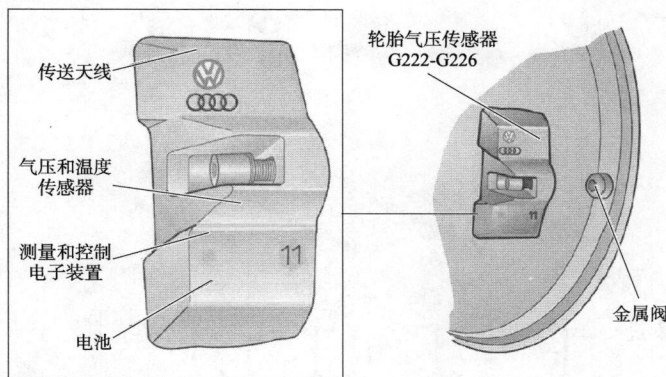

图 5-25　轮胎气压传感器结构

轮胎气压传感器 G222 ~ G226 通过各个集成式传感器传送轮胎气压和轮胎温度、特有的车轮识别编号（ID）、集成式电池的状态、安全数据传送所需要的状态、同步和控制信息等数据。来自轮胎气压传感器的信号包含当前测量所得的轮胎气压，由此轮胎气压监控控制单元能够识别至关重要的轮胎状态并通知驾驶员。如果一个传感器发生故障，仪表板中会显示出故障信息。

轮胎气压传感器胎压信息的传送时间间隔为：

①普通操作状态下车轮电子装置的传送时间间隔为 54s。

②在快速传送模式中（如果漏气速度 > 0.02MPa/min），轮胎气压传感器的传送时间间隔为 850ms。

（2）轮胎气压监控天线。轮胎气压监控天线 R59 ~ R62 如图 5-26 所示。轮胎气压监控天线是通过高频天线连接导线与控制单元连接的并且根据它们的位置分配给控制单元。工作时，监控天线把接收到的信号传送给轮胎压力监控控制单元作进一步的处理。

如果一根天线发生故障，系统仍能正常工作，因为其他三根天线能接收车轮电子装置发出的信号并且能正确地分配位置。如果两根天线同时发生故障，系统就不能执行学习过程并且不再能够进行车轮位置识别。因此，当学习过程被起动时，会显示"system fault"（系统故障）字样。

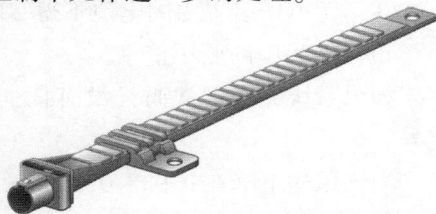

图 5-26　轮胎气压监控天线

3）工作原理

（1）轮胎气压监控过程。如图 5-27 所示，带车轮位置识别的轮胎气压监控显示系统在车辆行驶过程中始终监控轮胎的气压。当汽车静止时，轮胎气压监控系统也会监控一段时间。安装在轮胎上的车轮电子装置测量轮胎的温度和气压。系统定时将数据从车轮电子装置传送给车轮罩中的天线。监控天线通过屏蔽的 HF 导线(高频导线)与轮胎气压监控显示系统连接。数据在轮胎气压监控控制单元中评估,然后传送给仪表板中的控制单元,在新款高档车型中也传送给信息娱乐系统(MMI)。

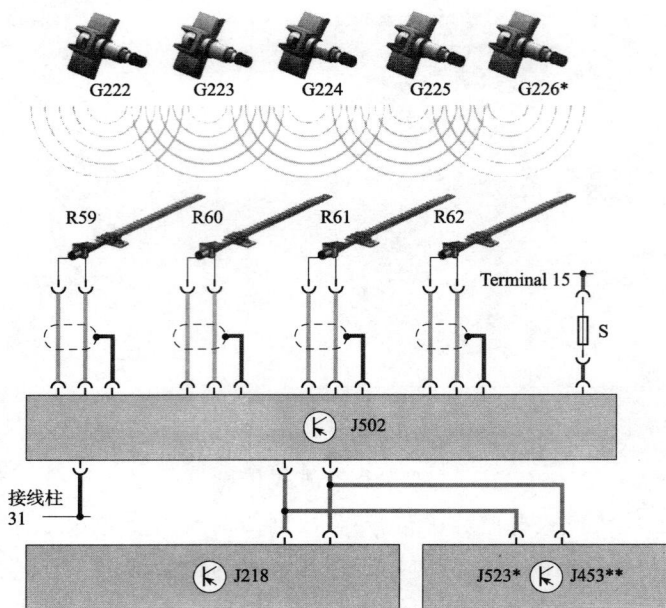

图 5-27　大众/奥迪带车轮位置识别的轮胎气压监控系统功能图

G222-左前轮胎气压传感器;G223-右前轮胎气压传感器;G224-左后轮胎气压传感器;G225-右后轮胎气压传感器;G226 * -备用车轮轮胎气压传感器;R59-左前轮胎气压监控天线;R60-右前轮胎气压监控天线;R61-左后轮胎气压监控天线;R62-右后轮胎气压监控天线;J218-仪表板中的组合处理器;J453 * * -多功能转向盘控制单元;J502-轮胎气压监控控制单元;J523 * -前部信息显示和操作控制单元;S-熔断丝

(2)要使得轮胎气压监控系统能正常工作,必须满足下列条件:

①轮胎气压充至正确值并注意在全负载和部分负载时使用不同的轮胎气压。

②外部无线电干扰源不得妨碍车轮电子装置和天线之间的无线连接。

③车轮电子装置中的电池不得亏电。

4)仪表板中的胎压信息

如果系统完全正常而且没有任何报警信息,则仪表板中不出现轮胎气压监控系统的符号。

当气压的下降在 0.03 ~ 0.04MPa 范围时,会出现软件报警,如图 5-28a)所示。右面的显示器会发出 5s 的报警声并且以后每一次接通点火开关时,也会发出报警声。仪表板胎压报警的大图标会在 5s 后消失,但仪表板中的胎压标识则一直显示至轮胎气压被充注至正确值为止(消失)。

当气压的下降大于 0.04MPa 或出现每分钟漏气大于 0.02MPa 的快速漏气时,会出现硬性警告。即:驾驶员即使按下胎压监控按钮后,它也不会消失,如图 5-28b)所示。

如果在发动机起动操作过程中系统探测到轮胎被戳破,则在接通点火开关时会显示出

图 5-28c)所示的信息。在接下来的 5～7min 内,系统会检查现在的轮胎气压是否正常。如果正常,胎压图标会消失。

当系统正处于学习状态时,如图 5-28d)所示,显示器中会显示出轮胎气压监控系统工作不正常的状态。5s 后大的图标会消失,胎压标识会一直显示着直至到学习过程结束才消失。"系统有故障"和"系统关闭"状态是由同一个图标显示的。

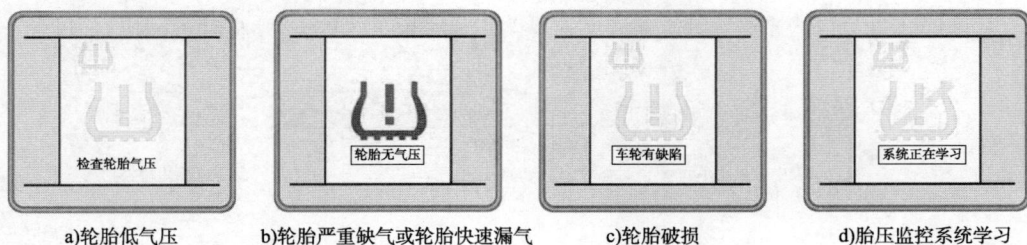

| a)轮胎低气压 | b)轮胎严重缺气或轮胎快速漏气 | c)轮胎破损 | d)胎压监控系统学习 |

图 5-28 胎压监控系统状态显示

5)监控系统的学习过程

监控系统学习过程即"监控系统的配置过程"。车辆上任何一个轮胎的状态改变后,应当用"SAVE"菜单项(途锐车型)或"Accept new specified pressures"(辉腾车型)在轮胎气压监控菜单中起动系统的学习过程。只有当车速大于 5km/h,才会起动学习过程。如果系统数据未受任何干扰,此学习过程需要 7～10min。学习过程结束后,仪表板中的胎压标识消失。

(1)轮胎状态的改变包括:

①从部分负载改变为全负载时对轮胎气压的修正。

②在一个或所有车轮上安装车轮电子装置(例如:冬季轮胎或更换了损坏的车轮)。

如果安装了不带车轮传感器的车轮,则应当关闭系统。

(2)学习过程包括:

①检测实际的轮胎气压。

②将实际的轮胎气压接受为规定的轮胎气压。

③检查以前安装的车轮电子装置是否仍然安装在车辆中。如果已进行了更换,系统就会再一次进行学习。

④检查车轮电子装置的位置是否发生了变化。如果发生了变化,系统会存储新位置。

❸ 不带位置识别的轮胎气压监控系统

1)系统结构

不带车轮位置识别的轮胎气压监控系统的轮胎气压传感器被安装在每一个车轮上,如图 5-29 所示。轮胎气压传感器定时地发送轮胎信息,由中央集控门锁和防盗报警系统天线接收并且传递给轮胎气压监控控制单元的信号。控制单元在舒适系统中央控制单元中有它自己的诊断地址。

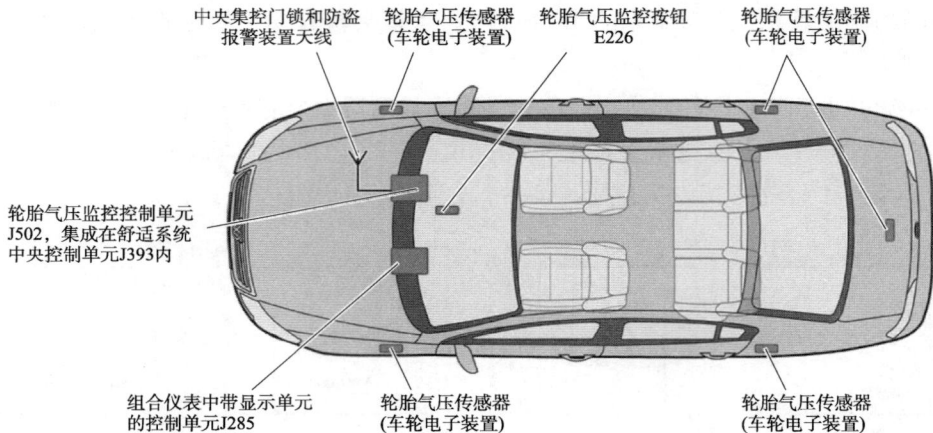

图 5-29　不带车轮位置识别的轮胎气压监控系统结构

该系统额定的轮胎气压（监控气压）是由制造厂存储的。针对车辆部分负载和全负载而规定的轮胎气压都是预先设置的，所以不得对此进行更改。驾驶员可以用中央通道中的按钮在部分负载和全负载之间进行切换，从而检查轮胎气压监控显示系统的状态，以及接通和关闭轮胎气压监控显示系统。车轮胎压信息和警告是通过仪表板中的胎压报警灯实现的，而胎压报警文字信息则显示在仪表板的显示屏中。

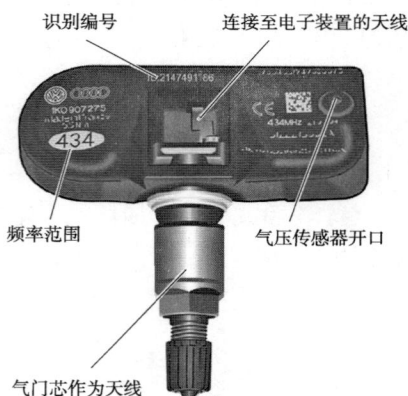

图 5-30　不带位置识别胎压监控系统的轮胎气压传感器组成

2）车轮电子装置

与带位置识别的轮胎气压监控系统相比，不带位置识别胎压监控系统的轮胎气压传感器具有不同的配置。该轮胎气压传感器包括气压传感器、温度传感器、加速传感器、电池、测量和控制电子装置以及传送天线等部件，如图 5-30 所示。

该系统将轮胎气门芯用作天线，从而使得信号不会被轮胎的材料屏蔽。气门芯与轮胎气压传感器的测量和控制系统电子装置连接。

（1）工作设定：安装在车轮上的轮胎气压传感器始终测量轮胎的内部温度、气压和相应轮胎的离心加速度。是否传送数据取决于车辆的状态。

当车辆静止时：轮胎气压没有发生快速变化就不进行数据传送。如果车辆处于静止状态或车速低于 25km/h，系统也不传送数据，除非轮胎气压传感器探测到发生了 0.02MPa/min 以上的轮胎气压快速变化。

如果轮胎气压传感器探测到离心加速度高于 5g（相当于车速高于约 25km/h），则系统会以后 15s 的间隔传送 30 条数据。之后，处于普通行驶工况中，轮胎气压传感器每分钟传送一条胎压数据。

在发生了任何每分钟大于 0.02MPa 的快速气压变化后,轮胎气压传感器会以 15s 的间隔传送数据。

(2)不带位置识别的轮胎气压监控系统探测三种重要的轮胎状态,并通过报警灯报警和仪表板中的显示提醒驾驶员。

①实际的轮胎恰遇稍稍偏离额定的轮胎气压,但是在 0.03 ~ 0.04MPa 范围内。此状态下系统发出没有报警音的软报警,如图 5-31a)所示。

②轮胎的实际气压与轮胎的额定气压偏差很大并高于 0.04MPa,但不是突然的漏气。该情况系统发出有报警音的硬报警,如图 5-31b)所示。

③轮胎的实际气压与轮胎的额定气压相比,突然发生高于每分钟 0.02MPa。该状态时,系统发出报警音调的硬报警,如图 5-31c)所示。

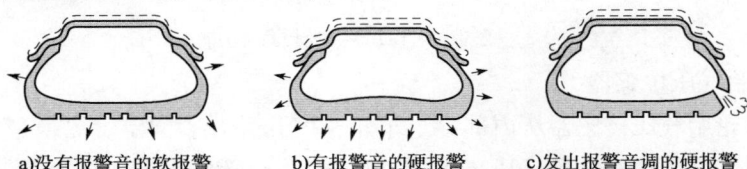

a)没有报警音的软报警　　b)有报警音的硬报警　　c)发出报警音调的硬报警

图 5-31　不带位置识别轮胎气压监控系统报警信息

如果不带位置识别的轮胎气压监控装置的部件之一发生故障或探测到存在无线电干扰,仪表板中的胎压报警灯点亮,通知驾驶员。

3)更换车轮

如果更换了车轮,一旦新车轮的速度高于 25km/h 时,轮胎气压传感器会发送信息。系统会自动识别新轮胎气压传感器的识别编号并自动读取它。在这样的车速状态,系统也会检查加速度数据。这过程将持续 7min。

轮胎气压监控控制单元自动起动轮胎气压传感器的学习过程之前,它需要切换至学习准备状态。为此,需要使车辆静止 20min。识别到轮胎被戳破后,需要 5min。如果不遵守静止时间的规定,胎压监控系统的控制单元就不能进入学习准备状态,那么系统就会识别到无线电干扰状态并且只能在车辆静止 20min 后,才起动轮胎气压传感器的学习过程。

可以将轮胎气压传感器安装在全尺寸的备用车轮上。只要没有安装使用备用车轮,车轮电子装置就不会传送任何信号。但是,如果车轮电子装置探测到其离心加速度高于 5g(相当于车速约 25km/h),就会传送由轮胎气压监控控制单元接收的数据信号。之后,控制单元会存储数据和集成在系统中的车轮电子装置的识别编号。

4)操作胎压监控按钮

使用换挡杆旁边中央通道上的轮胎气压监控按钮 E226。只要按住此按钮,它就会发出信号。胎压监控系统根据轮胎气压监控系统的状态,可以根据按下按钮的时间长短来执行状态查询、在部分负载和全负载之间切换、接通或关闭监控系统的操作。

如果按住按钮 40s 以上或按钮卡住,故障存储器中会存储故障。

5)轮胎气压监控控制单元

轮胎气压监控控制单元 J502 被集成在舒适系统中央控制单元内并且有它自己的诊断

地址字 65,如图 5-32 所示。如果控制单元发生故障并且不能向 CAN 数据总线传送数据了,则轮胎气压报警灯 K230 点亮。

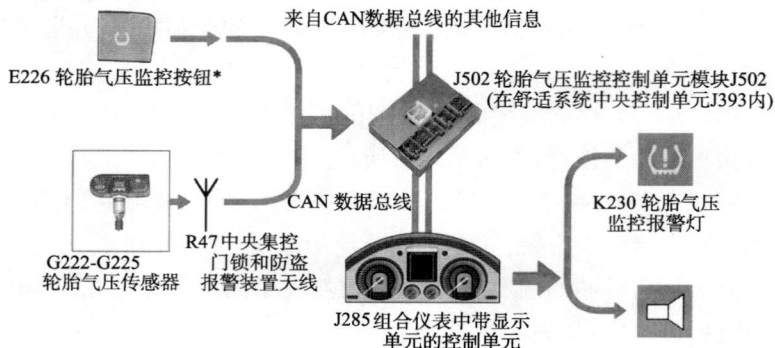

来自CAN数据总线的其他信息

E226 轮胎气压监控按钮*

J502 轮胎气压监控控制单元模块J502
(在舒适系统中央控制单元J393内)

G222-G225
轮胎气压传感器

R47中央集控
门锁和防盗
报警装置天线

CAN 数据总线

K230 轮胎气压
监控报警灯

J285组合仪表中带显示
单元的控制单元

图 5-32   不带位置识别胎压监控系统功能图

6)安装轮胎气压传感器

安装时,将轮胎气压传感器从内部穿过车轮气门孔并拧紧固定。更换带轮胎气压传感器的轮胎时,为了避免损坏轮胎气压传感器,更换轮胎时必要将拆卸杆放在气门芯的旁边,如图 5-33 所示。

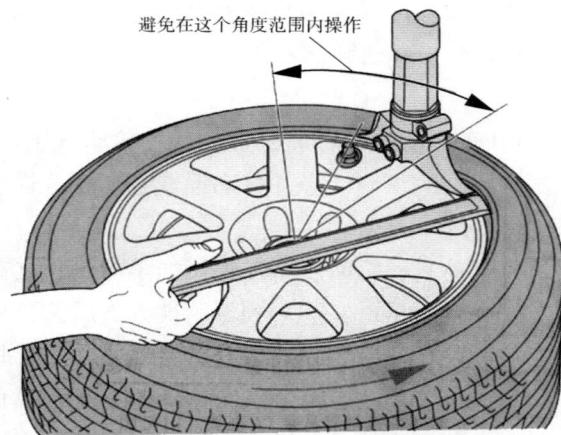

避免在这个角度范围内操作

图 5-33   更换胎压传感器时的工艺要求

如果发生轮胎气压传感器电池亏电、轮胎气压传感器故障和轮胎气门芯损坏等情况,应当更换车轮电子装置。

七 电动座椅

电动座椅通过多个电动机驱动座椅多方向调节,以满足驾驶员和乘客的最大舒适性。大众辉腾车型的电动前座椅选用有 12 方向座椅和 18 方向座椅,这里以 12 方向座椅为例阐述其结构。12 方向座椅由操作面板、调节电动机、带记忆功能的座椅控制单元、座椅本身等组成。

1 电动座椅的结构

座椅的调节是通过安装在前座椅侧面的按钮操作来实现的,如图 5-34a)所示。调节座椅方向的电动机结构设置如图 5-34b) 所示。

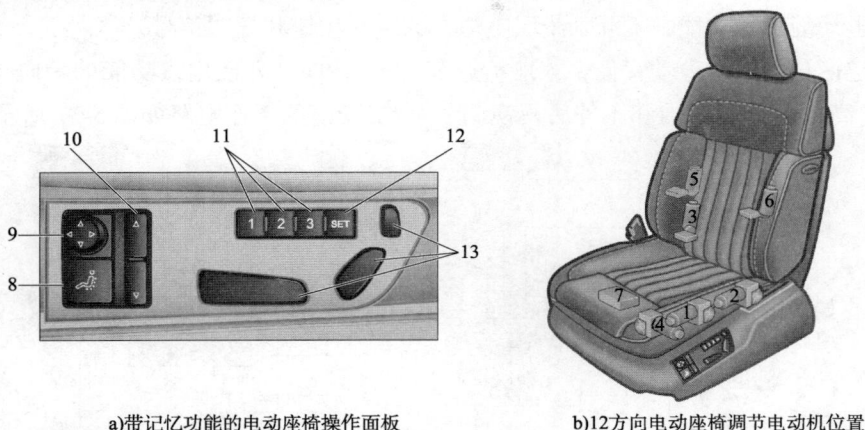

a)带记忆功能的电动座椅操作面板　　　　b)12方向电动座椅调节电动机位置

图 5-34　带记忆功能的电动座椅操作面板与座椅电动机配置

1-纵向调节电动机;2-高度调节电动机;3-靠背调节电动机;4-倾斜度调节电动机;5-水平方向脊柱前凹电动机;6-垂直方向脊柱前凹电动机;7-座椅记忆控制单元;8-按摩;9-脊柱前凹;10-安全带高度调节;11-记忆按钮;12-保存记忆功能按钮;13-座椅调节

❷　电动座椅的操作功能

12 方向的电动座椅可以提供高度、倾斜、纵向、靠背角度和脊柱方向调整与按摩等电动调节功能,如图 5-35 所示。

座椅中集成的座椅加热装置与风扇一起使温度调节的空气通过座椅的空气通道均匀地穿过穿孔的皮革,送至座椅表面,如图 5-36 所示。座椅加热和记忆位置的存储由座椅控制单元控制。加热和通风位置将通过座椅加热电位计调整。如果驾驶员侧的座椅加热被激活,转向盘也将同时被加热。当车载电网过载时,转向盘加热以及座椅加热和通风将通过车载电网控制单元关闭。

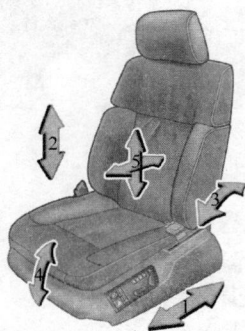

图 5-35　12 方向座椅的调节方向

1-纵向调节;2-高度调节;3-靠背调节;4-倾斜度调节;5-4 方向脊柱前凹(向上/向下;向前/向后)

图 5-36　座椅的通风加热

该座椅背部肌肉的放松按摩功能由 4 方向脊柱前凹以机械方式控制。当按下座椅上的按钮,脊柱前凹将在所有方向上运动 10min。同时,水平方向的脊柱前凹还会完全向上移动。

为了调节按摩强度,水平方向脊柱前凹还可以重新手动向后运动。座椅控制单元控制座椅上的所有电动舒适性功能,还可以读取座椅上的所有按钮和开关信号。

利用记忆功能可以电动存储个人座椅调节、带有转向柱方便出入功能的转向柱位置、安全带位置(高度调节)、车内和车外后视镜调节,记忆功能的工作电路如图5-37所示。

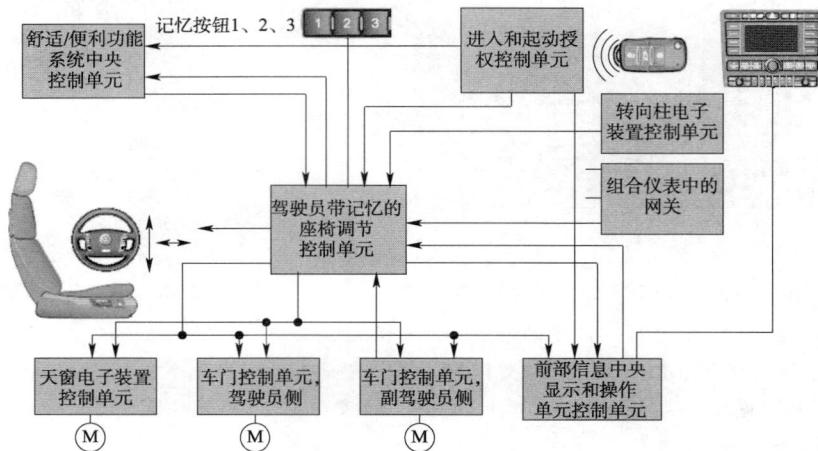

图 5-37　电动座椅记忆功能电路图

八　多功能转向盘

多功能转向盘将车辆一些常用功能(如巡航调节、扬声器声音调节)集中设置在转向盘上,驾驶员手不必离开转向盘就能控制执行器工作,提高了驾车的舒适性和安全性。

大众高尔夫2013-7车型带ACC/限速器操作元件的多功能转向盘,如图5-38所示。在这款多功能转向盘的左侧操作区,配有ACC系统(自适应巡航控制系统)和限速器的操作元件。

左侧功能:
- RES Res=Resume(英语:继续、恢复)中断后恢复设定的速度
- SET 设置速度
- 激活ACC
- 模式选择:在ACC和限速器之间切换
- — 降低速度/减小距离
- + 提高速度/加大距离
- 调节距离
- 降低音量
- 提高音量

右侧功能:
- 接听电话 调用电话菜单
- 激活语音控制 开/关静音切换
- △ 跳回上一个条目
- ▽ 跳至下一个条目
- 显示上一个菜单
- 显示下一个菜单
- OK OK键(确认选择)
- 后退 (到上一个电台,上一首曲目)
- 前进 (到下一个电台,下一首曲目)

图 5-38　大众高尔夫2013-7款多功能转向盘

转向盘左侧轮辐上的操作键用于控制定速巡航装置车距控制系统,转向盘右侧轮辐上的操作键用于控制组合仪表的多功能显示屏和电话。

转向盘按钮连接在转向柱电子装置控制单元上,该单元通过舒适/便利功能 CAN 总线把数据发送到组合仪表或前部信息显示和操作单元(CDC)控制单元上。组合仪表中的网关负责舒适/便利功能 CAN 总线和动力传动系统 CAN 总线之间的数据交换。

九 刮水器

刮水器作用是在雨天时,刮去风窗玻璃上的雨水,使驾驶员的视线清晰。刮水器系统由风窗玻璃刮水器模块、驾驶员侧刮水器电动机、副驾驶员侧刮水器电动机、刮水器开关(操纵杆)、雨滴/光线传感器等组成。

1 刮水器控制模块与电动机

刮水器电动机转速的电子控制装置集成在刮水器电动机外壳中,并控制刮水器电动机。驾驶员侧刮水器电动机(主)通过 CAN 接口收到刮水请求。驾驶员和副驾驶员侧电动机(从)控制装置之间信号共用。驾驶员侧刮水器控制风窗玻璃冲洗泵,如图5-39所示。

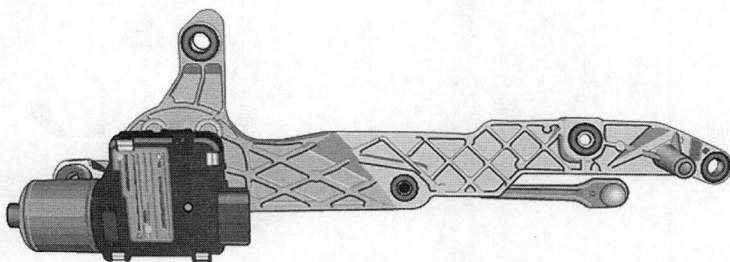

a)副驾驶员侧刮水器电动机(从)

b)驾驶员侧刮水器电动机(主)

图5-39 刮水器电动机

刮水器柄的上下运动是通过刮水器电动机的正反转实现的。刮水器电动机的正转如图5-40所示,当需要反向运转时通过变换电动机接入电压的极性来实现,如图5-41所示。在电枢和驱动轮上的霍尔传感器探测电动机转速和刮水器柄的位置,控制刮水速度和自动复位。

图 5-40　刮水器电动机正转控制电路

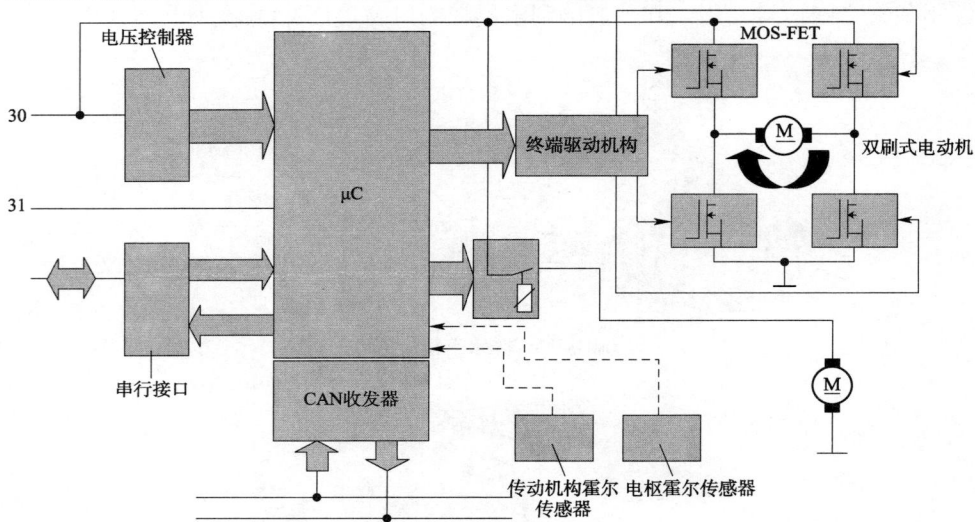

图 5-41　刮水器电动机反转控制电路

❷ 晴雨传感器

晴雨传感器根据光折射的原理来判断前风窗玻璃的湿度情况,晴雨传感器内集成有发光二极管和光电二极管,如图 5-42 所示。这个发光二极管在乘员舱内透过前风窗玻璃发射出红外线光。光电二极管和普通二极管一样,也是由一个 PN 结组成的半导体器件,也具有单向导电特性。但在电路中它不是作整流元件,而是把光信号转换成电信号的光电传感器件。

如果玻璃处于干燥状态,那么红外线光由玻璃的表面来反射。当玻璃表面干燥时,光线几乎是100%被反射回来,这样光电二极管就能接收到很多的反射光线,光电二极管把信号输送到舒适系统中央控制单元,舒适系统中央控制单元通过 CAN 总线把信号输送到刮水器模块,刮水器模块控制电动机不转,如图 5-43 所示。

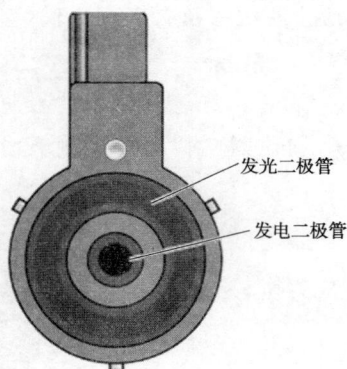

图 5-42　晴雨传感器

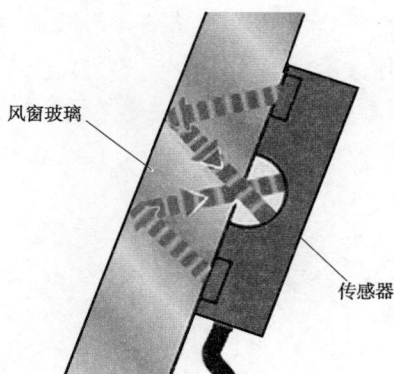

图 5-43　玻璃干燥时的光线发射

如果玻璃浸湿了,那么玻璃表面的光学特性就发生了变化,玻璃表面因水滴的作用会发生散射,于是反射的光量就减少了,如图 5-44 所示,那么光电二极管接收的光也就减少了(散光原理)。这样不同的电压信号被刮水器模块识别后,根据雨量大小控制刮水器电动机无级变速转动。

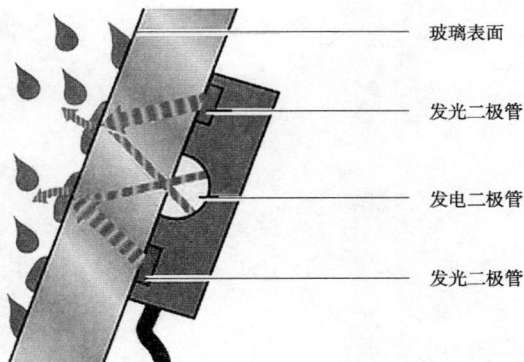

图 5-44　玻璃浸湿时的光线发射

当调节轮位于下面"间歇刮水"所给定的范围内时,晴雨传感器将被激活。调节轮越向上转动,晴雨传感器的灵敏度越高。

模块小结

(1)汽车安全与舒适系统的总线有三类,CAN 总线、LIN 总线和 MOST 总线。CAN 总线的传输速度快,短时间内传输数据量大,因此防盗系统、安全气囊系统、电动车窗、电动座椅、多功能转向盘等系统通过 CAN 总线连接;刮水器、胎压监测等数据传输量较小的系统由 LIN 总线连接;车载电话、CD/DVD 机等娱乐系统由 MOST 总线连接。

（2）CAN舒适总线以舒适系统中央控制单元为核心，连接门锁控制单元、防盗器控制单元、安全气囊控制单元、带记忆功能的座椅控制单元等。开关信号通过舒适系统中央控制单元发送到各个单独控制单元，各个单独控制单元把操作信号发送给执行器，执行器动作满足驾驶员的操作要求。

（3）LIN总线数据传输量小、速度慢，但结构简单，造价低，在舒适系统一些数据量较小的系统中广泛应用。舒适系统LIN总线连接刮水器控制、胎压控制、车内监测和自动空调控制。

模块六

Module 6

照明与信号系统

学习目标

1. 熟悉掌握照明与信号系统的组成及工作原理；
2. 熟悉照明与信号系统主要部件的结构；
3. 掌握照明和信号系统常见故障判断与排除的基本技能。

模块导航

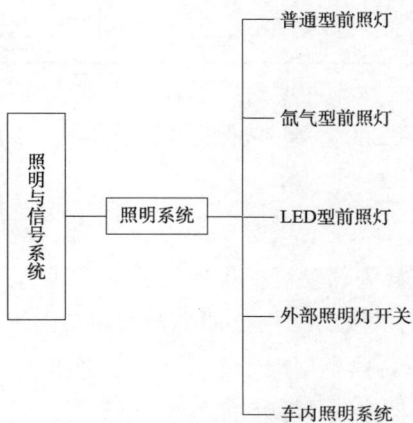

照明与信号系统 ── 照明系统 ┬ 普通型前照灯

氙气型前照灯

LED型前照灯

外部照明灯开关

车内照明系统

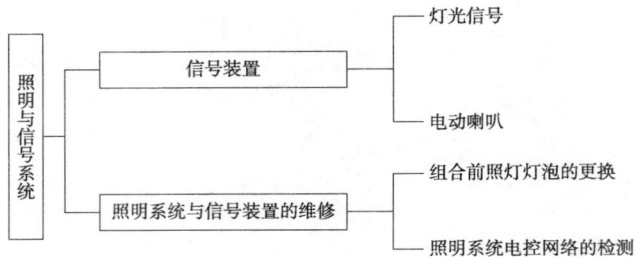

课题1 照明系统

汽车照明系统由外部照明、内部照明、灯具控制开关、灯光辅助控制系统和控制网络以及供电线路等组成。其中外部照明由前照灯、示宽灯、雾灯和日间行车灯等组成；内部照明则由驾驶室内照明、阅读灯、迎宾照明和氛围灯等构成，前照灯与示宽灯、转向灯、日间行车灯等组合成为汽车前灯总成。

近年来汽车照明技术技术发展很快，特别在前照灯光源开发和控制技术方面更为突出，前照灯的光源已由传统的白炽灯、卤素灯，快速升级到氙气灯、LED灯、矩阵式LED和矩阵式激光新技术。各种主流前照灯的光源种类与性能详见表6-1。

主流的前照灯光源性能   表6-1

光源种类	卤素前照灯	氙气前照灯	LED前照灯	激光前照灯
照明效果	差	中	好	极好
成本	低	中	中	高
节能性	差	中	好	好
启动速度	快	慢	快	快
体积	中	大	小	小
寿命	600h以上	3000h	100000h	

随着电控技术的普及深入，汽车照明灯具的控制方式大为简化，已从传统的专线控制模式升级到电控模式。宝马5系E60车型外部照明系统如图6-1所示。

一 普通型前照灯

为确保汽车夜间行驶安全，为驾驶员提供良好的视觉环境，汽车前照灯向前发射照明光线以确保驾驶员在夜间行驶时的视野。中低档小型乘用车的汽车前照灯有近光、远光、闪光（会车灯语）三种工作模式；中高档小型乘用车配置的汽车前照灯则在中低档车型的基础上增加了转向随动照明模式；高档豪华车型的氙气型、LED型和矩阵式LED型，以及激光智能型前照灯在地理导航定位系统的支持下具有全天候照明、城市照明、远光照明、高速公路照明、十字路口照明、乡村道路照明、随动转向照明、夜间会车灯光控制和夜间前方行人提醒等多种智能工作模式。

前部配电器 ①
便捷进入及起动系统CAS ② CAS
中控锁按钮 ③
灯总开关 ④
动态稳定控制系统 ⑤
制动踏板开关 ⑥
数字式发动机电子伺控系统 ⑦
晴雨/行车灯传感器 ⑧
安全和网关模块SGM ⑨ SGM
转向柱开关中心 ⑩

⑪ 灯光模块 LM

K-CAN
PT-CAN
byefight

⑫ 左前辅助转向显示灯
⑬ 左前转向显示灯
⑭ 左前照灯
⑮ 左前雾
⑯ 右前辅助转向显示灯
⑰ 右前转向显示
⑱ 右前照灯
⑲ 右前雾灯
⑳ 高位制动信号灯
㉑ 牌照灯 2x
㉒ 左倒车灯
㉓ 左尾灯
㉔ 左制动信号灯
㉕ 左后转向显示灯
㉖ 右倒车灯
㉗ 右尾灯
㉘ 右制动信号灯
㉙ 右后转向显示灯

㉚ 总线端Kl.58g信号

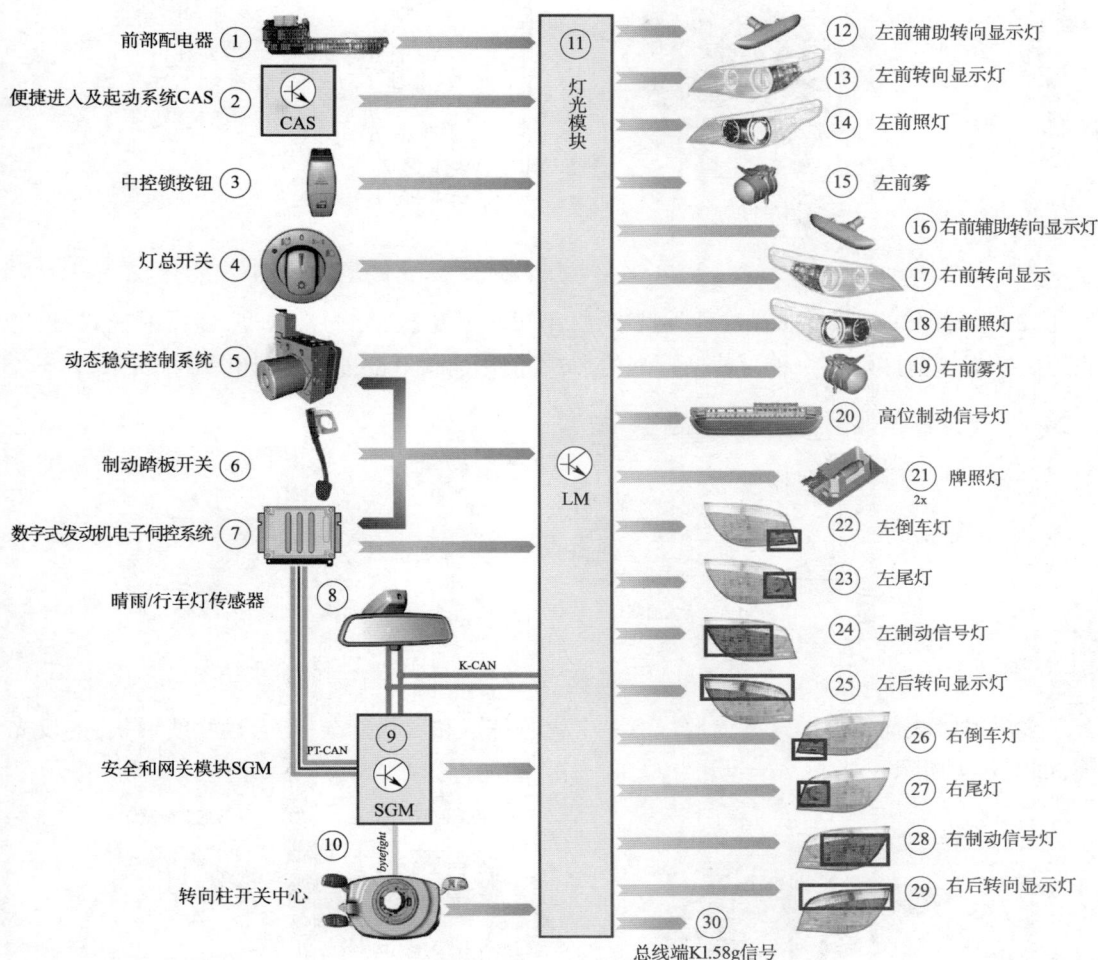

图 6-1 宝马 5 系 E60 车型外部照明系统

在城市复杂交通路况行驶时,前照灯通常采用近光模式,此时要求前照灯的照射距离短、范围广、防眩目,以实现驾驶员视线广阔的要求,便于其处理突发状况;在高速行驶时采用远光模式,要求前照灯灯光明亮、照射距离远至 150 ~ 200m,甚至更远;前照灯的闪光模式是一种约定俗成的灯语信号,意在提醒前方的车辆或行人被超越或避让。

1 前照灯的类型

汽车的前照灯按其光源类型有卤素灯、氙气灯、LED 灯和激光灯等种类,其中卤素灯和氙气灯现已普遍使用,LED 前照灯在高档豪华车和新款中高档车型中开始快速普及应用,激光前照灯开始在豪华顶级车型开始普及应用。

前照灯按其结构可分为封闭式、半封闭式两种类型。

(1)封闭式前照灯。这种前照灯的灯泡、反光镜和灯罩制为一体,如图 6-2 所示。

一体结构的前照灯

防护
灯丝
接线端子
玻璃灯罩
反射镜

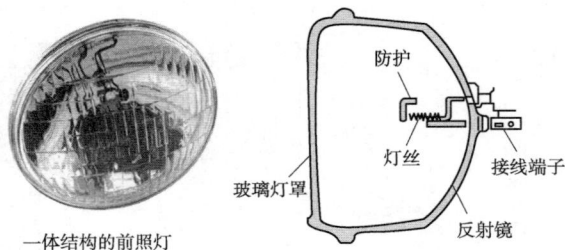

图6-2　封闭式前照灯结构

(2)半封闭式前照灯。在这种类型中,灯泡可单独更换,分为常规型、多反射镜式、投射式等。常规型前照灯是一种可替换灯泡的形式,使用卤素灯的前照灯,如图6-3所示。

a)半封闭式前照灯　　　　　b)卤素灯泡

图6-3　常规型半封闭式前照灯

多反射镜式前照灯。这种前照灯有一个无色灯罩和形状复杂(混合抛物线形状)的反光镜,如图6-4所示。

反光镜式前照灯　　　　　　普通型前照灯
灯泡　　　反光镜　　　　　　　灯泡
灯罩

图6-4　多反射镜式前照灯

投射式前照灯能够通过玻璃透镜将灯泡发出的光汇聚到一个小的区域来有效利用光源。尽管它体积小,但它仍能发射强光。该结构的前照灯包括一个椭圆形反射镜和一个凸透镜。凸透镜能折射由反射镜折射回的光线向前方发射,如图6-5所示。这种投射式前照灯,可使用氙气灯泡(HID)或卤素灯泡。

❷ 卤素型前照灯

卤素型前照灯的灯泡内采用卤族元素气体为工作介质,卤素型前照灯由前照灯灯体、卤素灯泡、灯座、灯盖和光束调整装置等组成。卤素型前照灯总成的结构如图6-6所示。

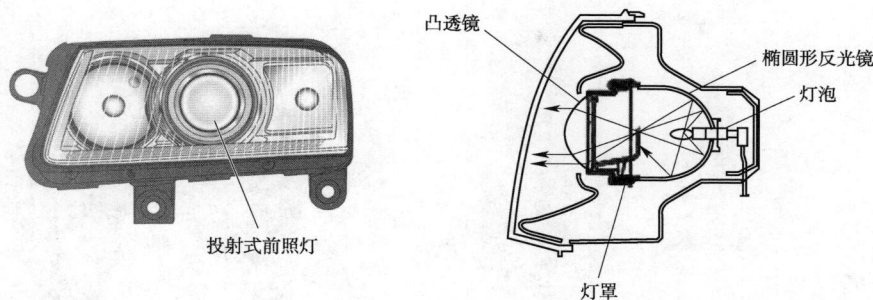

图 6-5 投射式前照灯

图 6-6 奥迪 A6L 卤素前照灯总成结构

1）卤素灯的工作原理

卤素灯的玻璃壳中充有卤族元素气体（通常是碘或溴）。当灯丝发热时，钨原子被蒸发后向玻璃管壁方向移动，当接近玻璃管壁时，钨蒸气被冷却后和卤素原子结合在一起，形成卤化钨。卤化钨向玻璃管中央继续移动，又重新回到被氧化的灯丝上。由于卤化钨很不稳定，遇热后又会重新分解成卤素蒸气和钨，这样钨又在灯丝上沉积下来，弥补被蒸发掉的部分。通过这种再生循环过程，灯丝的使用寿命不仅得到了大大延长（几乎是白炽灯的 4 倍），同时由于灯丝可以工作在更高温度下，从而得到了更大的亮度、更好的色温和更高的发光效率。汽车前照灯的各种灯泡如图 6-7 所示。

2）前照灯控制

电控前照灯电路主要由蓄电池、灯光组合开关、车身控制模块（BCM）、发动机舱智能电源分配模块（IPDME/R）、组合仪表、继电器、灯泡及 CAN 总线系统组成。电控前照灯的控制网络电路如图 6-8 所示。

a)白炽灯泡　　　b)卤素灯泡　　　　c)卤素灯泡　　　　d)橙色白炽灯　　　e)氙气灯泡
（用于驻车灯）　（用于近光和变光）（用于近光灯和白天行车灯）（用于转向灯）　（用于远近光灯）

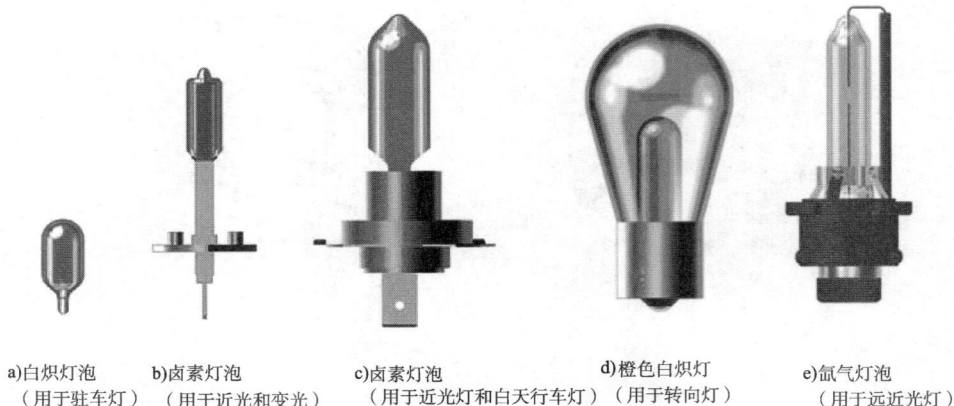

图 6-7　奥迪 A6-C5 款车型前照灯总成内的各类型灯泡

图 6-8　电控前照灯网络电路

车灯开关发出的开/关灯信号输送到车身控制模块,BCM 经过接收、处理把开/关灯信号通过 CAN 总线输送到发动机舱智能电源分配模块和组合仪表,发动机舱智能电源分配模块通过继电器,控制前照灯的点亮与熄灭。同时,组合仪表上的远光指示灯点亮与熄灭。

❸ 雾灯

雾灯安装在车辆头部和尾部,分为前雾灯和后雾灯。前雾灯多采用橙黄色白炽灯泡,这种颜色的灯泡具有光波长,透雾性好。在雾天、雨天、尘埃弥漫的能见度低的天气情况下使用,能够明显改善道路照明情况。后雾灯为红色,提醒尾随车辆保持车距。

雾灯受灯光总开关控制,一般设置在示宽灯同一挡位。只有在示宽灯电路接通的情况下,再打开雾灯开关,雾灯才能够点亮。当示宽灯开关闭合后,雾灯继电器闭合,当点火开关打到"ON"挡时,雾灯点亮。要使雾灯点亮,点火开关、示宽灯开关、雾灯开关都关闭。

④ 自动变光装置

夜间行驶时,为防止前照灯远光炫目影响,会车时驾驶员必须频繁变光,这样会分散驾驶员的注意力,影响安全。自动变光装置可使车辆根据对面来车灯光的强度自动变换前照灯的远、近光。

自动变光系统由透镜、光敏传感器、放大器、灯光继电器和前照灯组成。其中透镜起聚光作用。光敏传感器是感光元件,其阻值与光的强度成反比,即光越强,阻值越小;光越弱,阻值越大。放大器的作用是将光敏传感器信号放大。

在该系统工作时,当迎面车辆的灯光照到前照灯上时,透镜将光线聚焦在光敏传感器上,阻值的变化信号通过放大器放大后,输送到前照灯继电器,继电器将远光变为近光。当车辆驶过,光线变暗,放大器无信号输出,灯光由近光变回远光。

⑤ 前照灯光束水平控制系统

水平路面上的汽车车身的倾斜取决于负荷即乘员数目和行李的质量,如图6-9所示。这种灯光因汽车载荷导致的前照灯向上的变化,就是前照灯的光使对面来车驾驶员发生炫目的原因。在前照灯光束水平控制系统中,可通过操作前照灯光束水平控制开关,调整前照灯的照射角度。越来越多的中高档车型都装有自动前照灯光束水平控制系统,它会根据车辆的载荷情况,自动将前照灯光束调到最佳的照射角度。

传感器　　　传感器

图6-9　前照灯光束水平控制系统

前照灯光束水平控制系统由控制开关、控制执行器、电动机等构成。驾驶员可用前照灯光束水平控制开关上的旋钮上下调整前照灯的光束水平度(图6-10)。开关中有一只可变电阻,它根据旋钮位置输出相应的电流。前照灯光束水平控制执行器使电动机以顺时针或逆时针方向旋转,按照前照灯光束水平控制开关使输出轴前后移动,使前照灯的光束上下移动。

前照灯光束水平控制工作时,与前照灯光束水平控制开关成比例的电流从集成电路输出。执行器左侧和右侧的ECU根据开关来的电流量驱动电动机。执行器中的ECU同时用电位器检测执行器的实际位置(前照灯光束水平)并控制电动机的运行。使执行器按照来自开关的电流检测前照灯光束的水平位置。

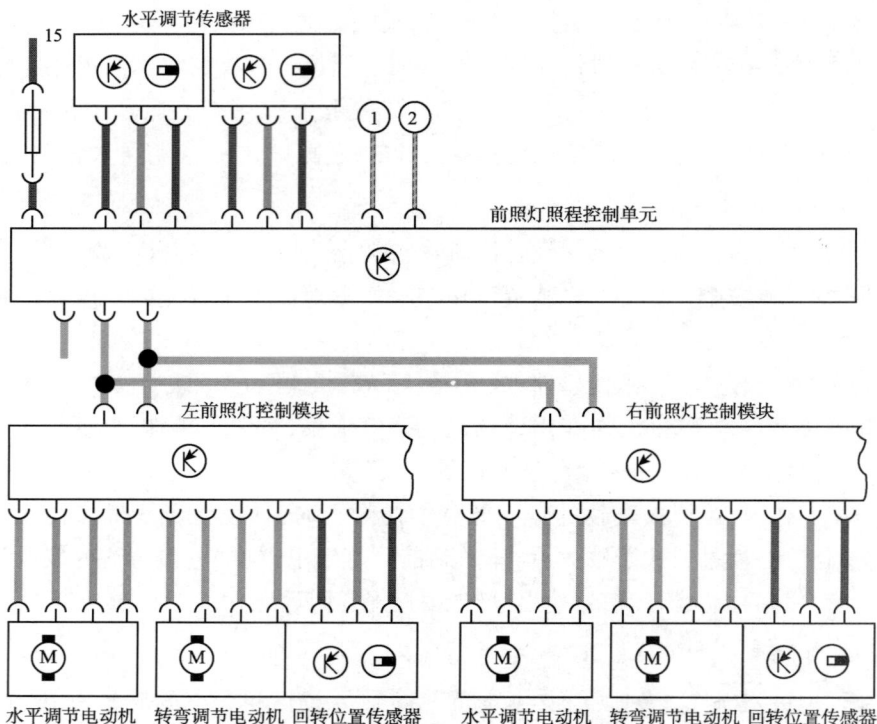

图 6-10　前照灯光束控制系统

6 前照灯自动开灯系统

　　当天色黑暗下来需要打开前照灯时,一般是由驾驶员操作灯光控制开关来完成。在前照灯自动开灯系统中,当灯光控制开关处于 AUTO(自动)位置时,自动照明控制传感器检测环境的照明亮度。当光线暗的时候,系统自动打开前照灯。自动照明控制传感器位于仪表板的上部。某些车辆在照明开关上没有"AUTO"位置。在这种情况下,自动照明控制系统在开关"OFF"位置时工作。

　　1)自动开灯系统的结构

　　在奥迪 A6-C5 车型上使用了晴雨传感器和光强度识别传感器。该传感器具有一个辅助控制功能,这样可免除驾驶员手动接通行车灯的麻烦,还可以根据前风窗玻璃的湿度情况来控制刮水器。这个传感器装在前风窗玻璃上车内后视镜的安装底座内,如图 6-11 所示。

　　光强度识别传感器具有自动接通及关闭行车灯、激活回家/离家功能、晴雨传感器的白天/夜晚识别等。为了能识别出诸如树林内的道路以及穿行隧道等环境状况,光强度识别传感器接收来自两个区域内的光强度信号。全区表示紧靠车附近的亮度,而前区表示车辆前部区域的光线情况,如图 6-12 所示。可以通过旋转式灯开关上的"Auto"位置来激活该功能。

　　在拂晓/黄昏、黑暗中、驶入/穿行隧道和在树林里行驶等情况时,光强度识别传感器会将一个信息发送到供电控制单元上,以便接通行车灯。自动行车灯工作原理电路如图 6-13 所示。

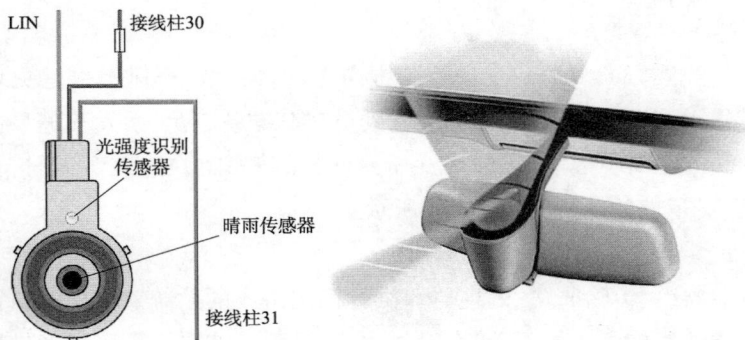

图 6-11　奥迪 A6 车型的晴雨传感器和光强度识别传感器

图 6-12　光强度传感器的工作示意

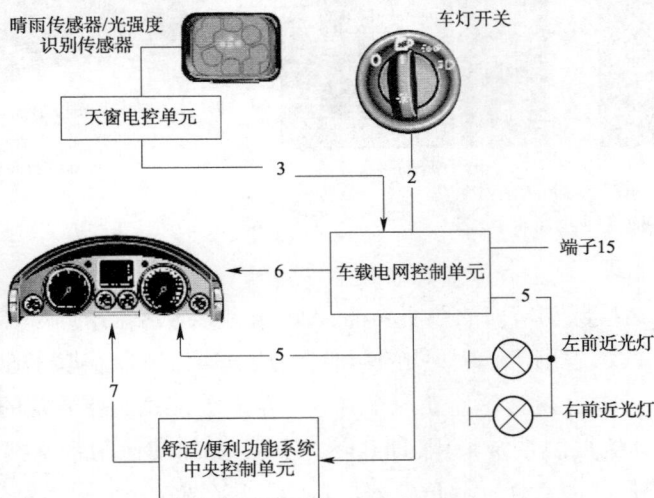

图 6-13　自动开灯系统的控制原理

2）自动开灯过程

当自动灯光控制传感器检测环境的照明水平时,它向灯光控制装置输出一个脉冲信号,当灯光控制装置判断出环境照明下降时,它触发尾灯和前照灯继电器,打开尾灯和前照灯。当灯光控制装置判断环境照明提高时,尾灯和前照灯关闭。

7 前照灯随动转向系统

传统前照灯的光线方向因为和车辆行驶方向保持着一致,所以不可避免地存在照明的暗区。一旦在弯道上存在障碍物,极易因为驾驶员对其准备不足,引发交通事故。装有自适应随动转向照明(Adaptive Frontlighting System,AFS)系统车辆在进入弯道时,其产生旋转的照明功能,给弯道以足够的照明,如图6-14所示。

1)AFS系统的结构

AFS是由传感器组、传输通路、处理器和执行机构组成的系统。AFS的执行机构是由一系列的电动机和光学机构组成的,一般有投射式前照灯,对前照灯垂直角度进行调整的调高电动机,对前照灯水平角度进行调整的旋转电动机,对基本光型进行调整的可移动光栅等。

AFS前照灯的随动转向功能可使前照灯向上、下、左、右四个方向运动,具有水平动态调节和转弯动态调节功能。水平调节是在后排载重较大导致车头上扬时,根据前桥和后桥的两个水平传感器信号控制电动机自动调节水平;转弯调节是根据车身回转模块传感器信号控制电动机来调节水平方向的照射范围,如图6-15所示。

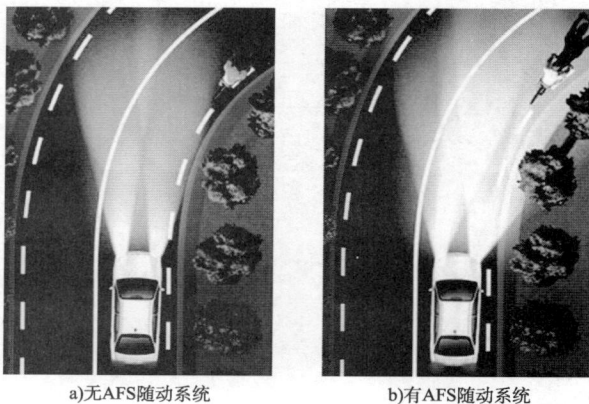

a)无AFS随动系统　　b)有AFS随动系统

图6-14　随动转向照明效果

图6-15　AFS前照灯结构

2)AFS的工作原理

要实现AFS自适应随动转向的照明功能,AFS必须要从不同的传感器取得车辆的不同行驶信息。例如为了实现弯道旋转照明的功能,要从车速传感器获取车速、转向盘角度传感器获取转向盘转角、车身高度传感器获取车身倾向角度等信息。在通常的情况下,AFS所需获得部分信息也被其他控制系统采用,即AFS实际上要和其他的系统共用一些传感器,所以,必须通过总线通信才能实现这些传感器信息的共享(图6-16)。

前照灯可以在转弯时对灯光进行动态调节,这种前照灯的投射模块内装有一个电动机,该电动机可在车辆转弯时在水平方向上改变灯光照射方向。前照灯的透镜和支架并不转动。灯光转动的角度在转弯方向的内侧可达15°、外侧7.5°,使内侧视线宽阔,外侧较暗,防止迎面驾驶员炫目。这个角度变化可使车辆在转弯时得到更好的照明效果。这时灯光转弯内模块的转动角是外模块的2倍。这样就可在相同的灯光强度的情况下,得到最大的照亮范围。

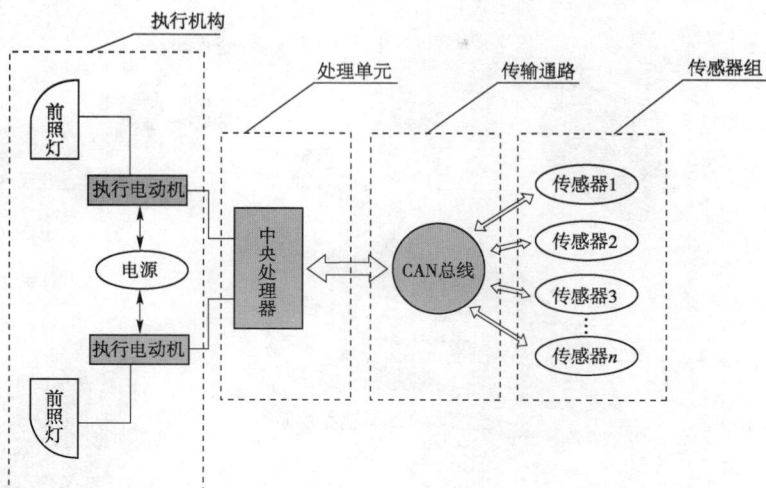

图 6-16　AFS 系统控制模块简图

氙气型前照灯

氙气型(高压气体放电灯 High Intensity Discharge, HID)前照灯,如图 6-17 所示。HID 灯使用放电管作为光源,与普通卤素灯泡相比,它消耗较低的电量,能发出较卤素灯强数倍的白光。与白炽灯、卤素灯等相比,光线分布更宽、更亮,氙气灯灯泡的寿命较长,但其启动较慢、制造成本较高。

图 6-17　奥迪车型氙气前照灯

1 氙气灯的构造

氙气灯一般来说由氙气灯泡、电子增压器(即镇流器或稳压器等)、线组等组成。氙气灯泡无灯丝,靠两个电极产生的火花使气体电离发光,不存在灯泡钨丝烧断的问题。氙气前照灯总成结构如图 6-18 所示。

随着电控技术的发展,高端车型配置的氙气前照灯已进化得更为完善,很多低档车型也开始普及应用。例如奥迪 A8-10 款的自适应氙气前照灯技术已普及应用到 A8 系列以下的部分车型(例如奥迪 A6L-C7、A5 等车型)。奥迪 A8-10 款的自适应氙气前照灯的配置详见表 6-2。

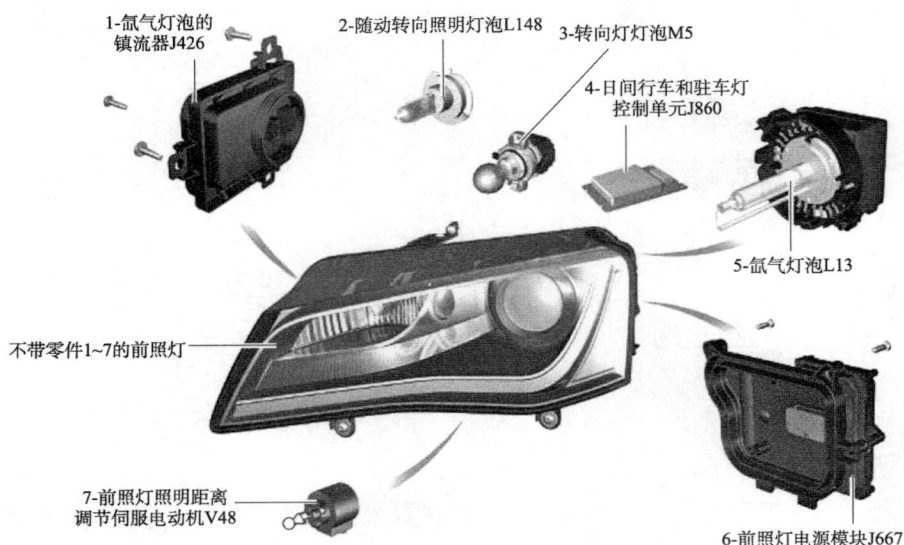

1-氙气灯泡的镇流器J426　2-随动转向照明灯泡L148　3-转向灯灯泡M5　4-日间行车和驻车灯控制单元J860　5-氙气灯泡L13　不带零件1~7的前照灯　7-前照灯照明距离调节伺服电动机V48　6-前照灯电源模块J667

图 6-18　奥迪 AB-10 款自适应型氙气前照灯模式

奥迪 A8-10 款的基本型与自适应型氙气前照灯配置　　　　　　表 6-2

功　能	照明用具	功率（W）
驻车灯	20 个 LED	4
日间行车灯	20 个 LED	11
转向灯	白炽灯泡	24
基本型：近光灯 远光灯	气体放电灯泡（D3S）	35
自适应型：乡村道路照明 高速公路照明灯 城市照明灯 全天候照明灯	气体放电灯泡（D3S）	35
动态随动转向灯	白炽灯泡 H7	55
十字路口照明灯（配导航仪车型）		
雾灯	白炽灯泡 H7	55
侧灯，仅针对北美市场	3 个 LED	1

　　带有自适应照明功能的升级版氙气前照灯所采用的照明用具与升级版氙气前照灯相同。在配置自适应照明功能的汽车上，前照灯内有一个滚筒，筒身上凸起不同的轮廓，当滚筒滚动时，就能实现不同的照明功能（图6-19）。此外，整块透镜也可以转到侧面，完成动态随动转向照明。

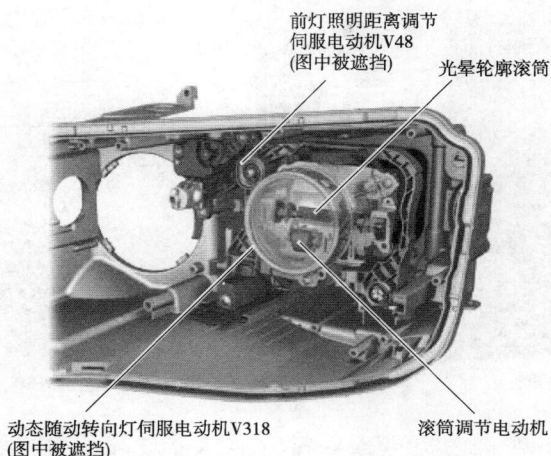

前灯照明距离调节
伺服电动机V48
(图中被遮挡)
光晕轮廓滚筒
动态随动转向灯伺服电动机V318
(图中被遮挡)
滚筒调节电动机

图6-19 奥迪车型氙气前照灯的变光滚筒结构

❷ 氙气灯的工作原理

电子增压器将12V的直流电压,经过一系列的转换、控制、保护、升压、变频等动作后,产生一个瞬间23000V的点火高压对氙气灯泡进行点亮,当灯泡点亮后再维持其85V的交流电压状态,如图6-20所示。

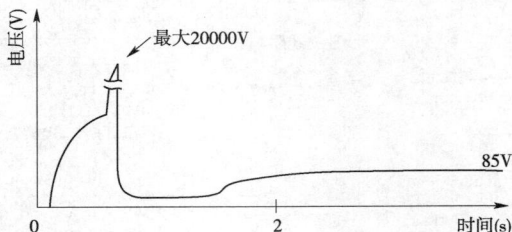

图6-20 氙气灯电子增压器的工作电压变化过程

氙气灯线组一般采用阻燃材料做成,通过加大电源线的截面积,提高了电流通过能力,保证了氙气灯的正常工作。

如图6-21所示,在氙气灯泡的石英玻璃管内,充填氙气等惰性气体与碘化物,然后通过电子增压器将车上12V的直流电压瞬间增压至23000V,经过高压振幅激发灯泡石英管内的氙气电子游离,在两电极之间产生光源,即气体放电。氙气灯产生的是白色超强电弧光,工作时所需的电流量仅为3.5A,亮度是传统卤素灯泡的3倍,使用寿命比传统卤素灯泡长10倍。因此,氙气灯被大量车型选装。

氙气灯远、近光共用一个灯泡,但在结构上增加了远光电磁线圈。电磁线圈控制前照灯灯罩的移动,灯罩的作用使近光变为远光。近光时,控制单元控制灯泡两电极的点火,从而点亮灯泡;远光时,车身控制模块控制单元在点亮灯泡的同时,控制远光电磁线圈通电,电磁线圈使灯罩移动,灯光由近光变成了远光。

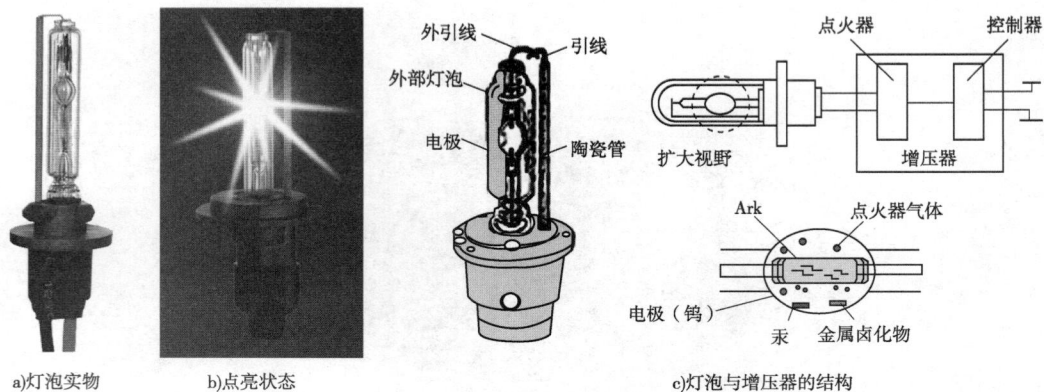

a)灯泡实物　　　　b)点亮状态　　　　　　　　c)灯泡与增压器的结构

图 6-21　氙气灯泡结构

❸ 氙气前照灯的控制电路

如图 6-22 所示,车载电网控制单元 J519 分别控制 LED 灯的控制单元、H7 白炽灯泡和 24W 白炽灯泡。随动转向灯和前照灯照明距离调节控制单元通过专用 CAN 总线控制前照灯电源模块。前照灯电源模块又通过独立的线路控制滚筒的调节电动机、前照灯照明距离调节的伺服电动机以及随动转向灯的伺服电动机。

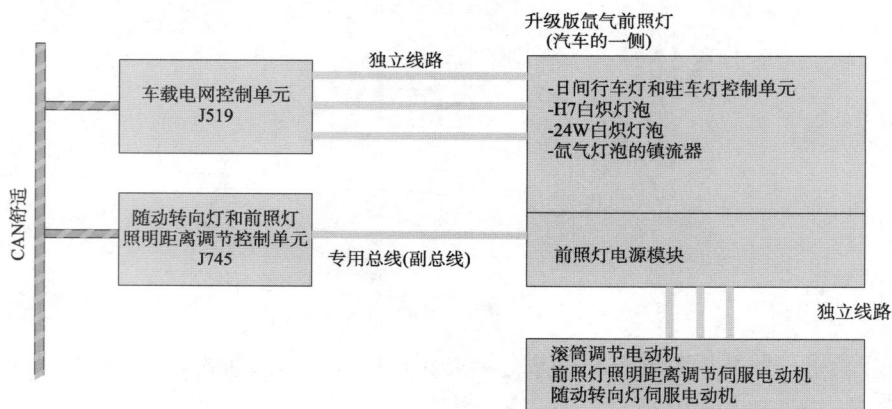

图 6-22　奥迪 A8-10 款车型前照灯控制网络结构

通过 MMI(奥迪多媒体交互系统 Multi Media Interface,MMI)使前照灯经过调节后适应相反的道路通行习惯。可以在"CAR"菜单的"外部车灯"菜单项下选择"靠左行驶照明"和"靠右行驶照明"。滚筒转动 180°后,转换就完成了,经过转换,照明系统就能完全适应靠左行驶以及靠右行驶的通行习惯,也就是说,不对称的照明能每次随道路的不同而改变。对于配置导航仪的汽车,当汽车越过边境,进入道路通行习惯与之前相反的国家后,转换会自动执行。

❹ 自适应型氙气前照灯的工作模式

自适应型氙气前照灯的各种工作模式如图 6-23 所示。

a)远光灯模式

b)雾灯模式

c)乡村道路照明模式

d)高速公路照明模式

e)城市照明模式

f)全天候照明模式

g)随动转向照明模式

十字路口照明灯光线　　驻车灯光线
h)十字路口照明模块

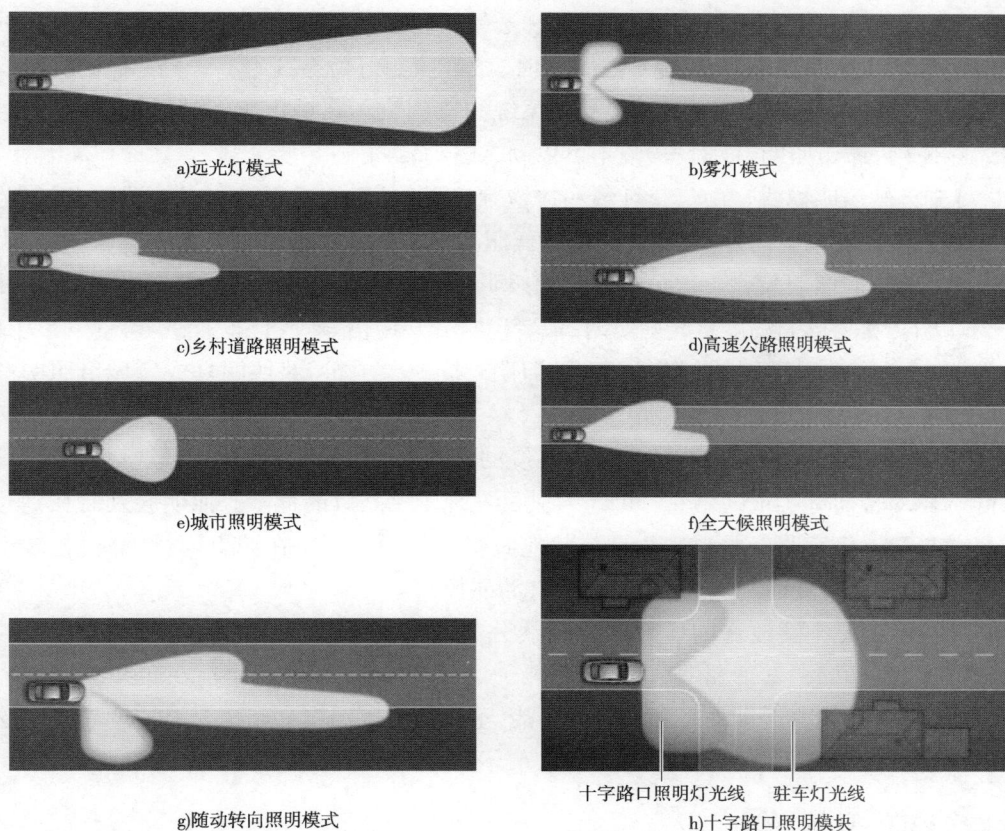

图6-23　奥迪氙气前照灯的工作模式

（1）近光灯模式。该模式由氙气灯泡和透镜产生不对称的近光照明光束。

（2）远光灯模式。由氙气灯泡和透镜，以及电动挡光板（遮板）产生对称的远光照明光束，电动挡光板（遮板）遮挡不对称区域。驾驶员通过操作远光灯拨杆或远光灯辅助系统激活这个功能。

（3）雾灯模式。因为前照灯两侧的H7白炽灯泡亮起，所以雾灯漫射范围较小。

（4）乡村道路照明模式。由氙气灯泡、滚筒和透镜产生不对称的近光照明。车速达到50km/h起，乡村道路照明灯就亮起；当车速较长时间超过110km/h时，切换成高速公路照明灯；当车速超过130km/h时，高速公路照明灯立即亮起。

对于配备导航仪的汽车，只要未识别到城市道路或高速公路，则乡村道路照明灯就会持续亮着。在使用乡村道路照明灯时，透镜可以动态随动转向。

（5）高速公路照明模式。由氙气灯泡、滚筒、透镜和左侧街沿产生不对称的近光照明。当车速在长时间内超过110km/h时，高速公路照明灯就亮起；当车速超过130km/h时，高速公路照明灯立即亮起。而配备导航仪的汽车，只要车速超过80km/h，而且导航仪扫描到是在高速公路上行驶时，高速公路照明灯立即亮起。在使用高速公路照明灯时，透镜可以动态随动转向。

（6）城市照明模式。由氙气灯泡、滚筒和透镜，再加上透镜略微向外转动产生对称的近距离照明灯。当车速在 5～50km/h 范围内时，城市照明灯就会亮起；对于配备导航仪的汽车，当车速在 5～60km/h 范围内，而且导航系统扫描到汽车在城市里行驶时，城市照明灯就亮起。在使用"城市照明灯"时，透镜不可以动态随动转向。

（7）全天候照明模式。由氙气灯泡和透镜，产生不对称的近距离全天候照明，漫射范围小。左侧透镜能够稍微向外侧旋转，通过降低照明水平高度缩小照明距离。

（8）随动转向照明模式。这种转向随动照明不同于常见的转向随动照明方式，当车速在 70km/h 以下，驾驶员大幅度打转向盘时，或者已打开转向信号灯，且车速在 40km/h 以下时，一侧的 H7 白炽灯泡亮起，产生随动转向的照明。同时，乡村道路照明灯或者城市照明灯也会打开。

（9）十字路口照明模式。在配置导航系统的汽车上，十字路口照明灯是通过同时打开两侧的静态随动转向灯实现的。它有助于驾驶员发现十字路口的危险。照明会及时在到达十字路口前打开。十字路口照明灯总是与其他照明灯共同作用。在城市内行驶时，与城市照明灯一起；在乡村行驶时，与乡村道路照明灯共同作用。

需要注意的是上述改变前照灯照明光线分布或者根据环境条件改变明暗交界线的做法，在我国、北美以及"其他亚洲国家"受到相关法规的限制。所以，目前在这些国家中，"自适应照明功能"只具有透镜动态随动转向功能，不包括城市照明和高速公路照明功能。这里对其的讲解仅是对前照灯照明技术发展趋势的介绍。

三 LED 型前照灯

LED 型前照灯（图 6-24）利用发光二极管的发光特性实现照明，其优点是明亮、节能、具有可靠性，而且点亮速度快，约 130ms，而普通灯泡的点亮速度是 200ms。LED 的寿命达 50000h（几乎与汽车同寿命）。因此，LED 照明技术现已在各行各业得到普遍认可，同时也是汽车照明的发展方向。例如：汽车的转向灯、制动灯和尾灯以及前照灯等。

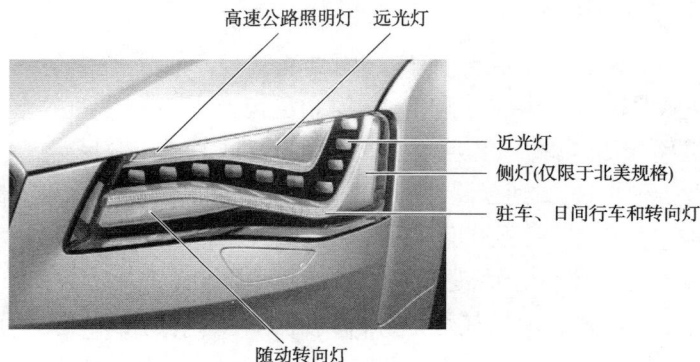

图 6-24　奥迪 A8-10 款车型 LED 前照灯

LED 型前照灯通常是由 LED 发光元件、控制电路、光学透镜和壳体等组成。奥迪 A8-10 款车型的 LED 型前照灯如图 6-25 所示。

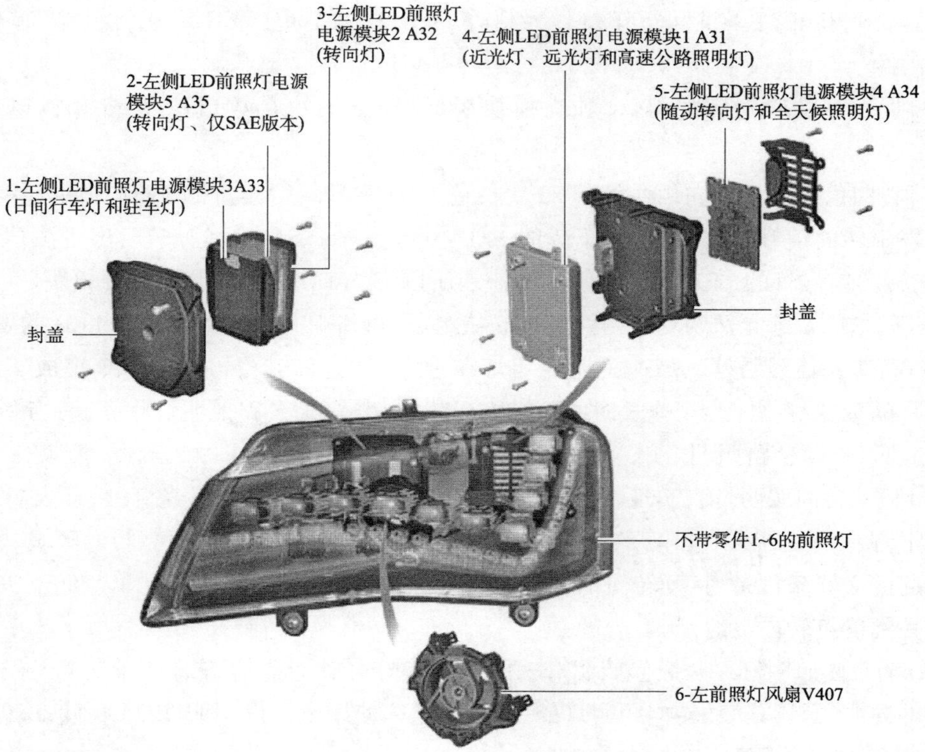

3-左侧LED前照灯
电源模块2 A32
(转向灯)

4-左侧LED前照灯电源模块1 A31
(近光灯、远光灯和高速公路照明灯)

2-左侧LED前照灯电源
模块5 A35
(转向灯、仅SAE版本)

5-左侧LED前照灯电源模块4 A34
(随动转向灯和全天候照明灯)

1-左侧LED前照灯电源模块3A33
(日间行车灯和驻车灯)

封盖

封盖

不带零件1~6的前照灯

6-左前照灯风扇V407

图 6-25　奥迪车型基本型 LED 前照灯结构

❶ 基本型

1）LED 前照灯结构

奥迪 A8-10 款车型的 LED 型前照灯结构如图 6-25 所示,其主要部件配置情况详见表 6-3。

奥迪 A8-10 款车型的 LED 型前照灯主要部件　　　　　　　表 6-3

照 明 功 能	照 明 用 具
驻车灯	22 个 LED(白色,变光)
日间行车灯	22 个 LED(白色)
转向信号灯	22 个 LED(黄色)
近光灯	16 个 LED(6 块集成 2 个 LED 的发光片 +4 个独立 LED)
远光灯	8 个 LED(2 块集成 4 个 LED 的发光片)
高速公路照明灯	4 个 LED(1 块集成 4 个 LED 的发光片)
随动转向灯	4 个 LED(1 块集成 4 个 LED 的发光片)
全天候照明灯	18 个 LED(14 个用于近光灯 +4 个用于随动转向灯)
适应当地道路通行习惯的临时照明灯 (转换以适应相反的道路通行习惯)	13 个 LED (13 个用于近光灯 +4 个用于随动转向灯)
侧灯,仅 SAE 地区	3 个 LED

（1）日间行车灯。日间行车灯以及驻车灯由22个白色LED组成,由脉宽调制信号（PWM）触发。

（2）近光灯。近光灯由10个独立模块组成,独立模块是集成两个或一个LED的发光片。

（3）转向信号灯。转向信号灯的22个黄色LED与日间行车灯的LED在同一结构空间内。在发出转向信号期间,日间行车灯的LED关闭。对于SAE版的汽车,出于法律规定的要求,向转向信号灯的LED提供更强的电流。所以,为LED另外安装了电源模块。

（4）远光灯。远光照明功能由两个反光格组成,每格中有一片集成4个LED的发光片。

（5）高速公路照明灯。高速公路照明灯在近光灯的基础上,再添加一个集成4个LED的发光片的独立灯格。当车速长时间超过110km/h时,高速公路照明灯将亮起;当车速超过140km/h时,高速公路照明灯就会立即亮起。

（6）随动转向照明灯。实现随动转向照明功能,除了需要打开近光灯外,还要打开日间行车灯下方一块集成4个LED的发光片,这块发光片在反射罩中央,照亮转弯区域。随动转向灯亮起的必要条件是:打开转向信号灯,且车速低于40km/h时,或者在车速低于70km/h,驾驶员大幅度打转向盘时。

（7）全天候照明灯。全天候照明灯功能通过车灯开关旁边的按键打开。全天候照明功能使用的照明用具与随动转向照明灯的一样,但是在使用全天候照明功能时,随动转向照明上方的两个LED关闭。

（8）适应当地道路通行习惯的临时照明灯。临时照明灯（通过MMI设置）是为了防止当汽车在通行习惯与原来国家不同的地方行驶时对迎面驶来的驾驶员造成眩目。为此,使用近光灯时,上面3个LED关闭。

奥迪A8-10款车型LED前照灯工作模式如图6-26所示。

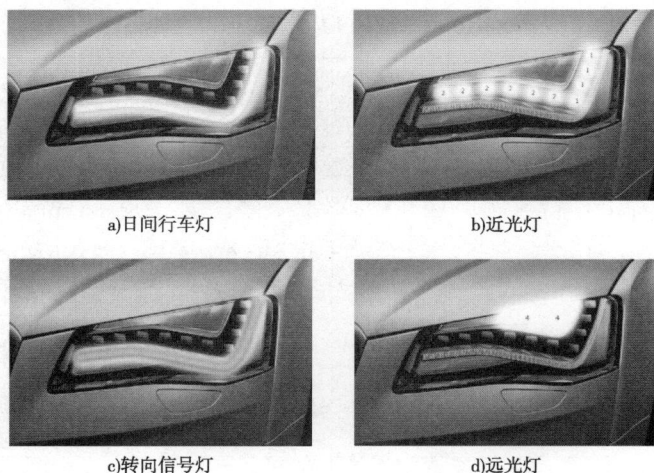

a)日间行车灯

b)近光灯

c)转向信号灯

d)远光灯

图 6-26

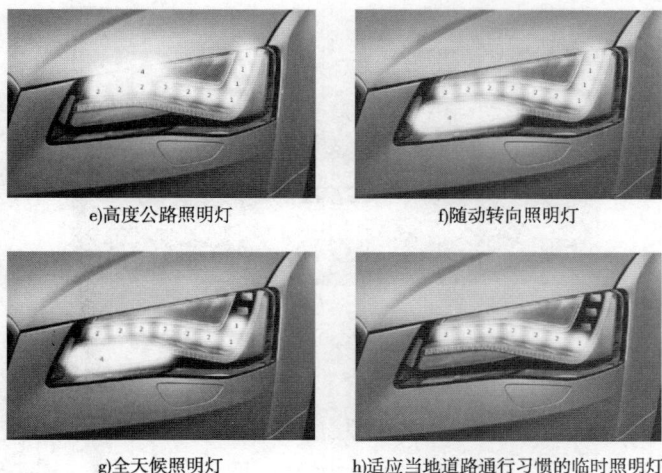

e)高度公路照明灯　　　　　　　f)随动转向照明灯

g)全天候照明灯　　　　　　h)适应当地道路通行习惯的临时照明灯

图 6-26　奥迪 A8-10 款车型 LED 前照灯工作模式

2) LED 前照灯的控制过程

如图 6-27 所示,转向信号灯、日间行车灯/驻车灯以及随动转向灯/全天候照明灯的功能电子装置由车载电网控制单元 J519 通过各条独立的线路控制。近光灯、远光灯、高速公路照明灯以及适应当地道路通行习惯的临时照明灯的电源模块是车载电网控制单元的 LIN 总线分控制单元。电源模块也是通过各自独立的导线控制前照灯风扇的。当"接线端 15 打开"时,风扇就开始运转,直到接线端 15 再次关闭。

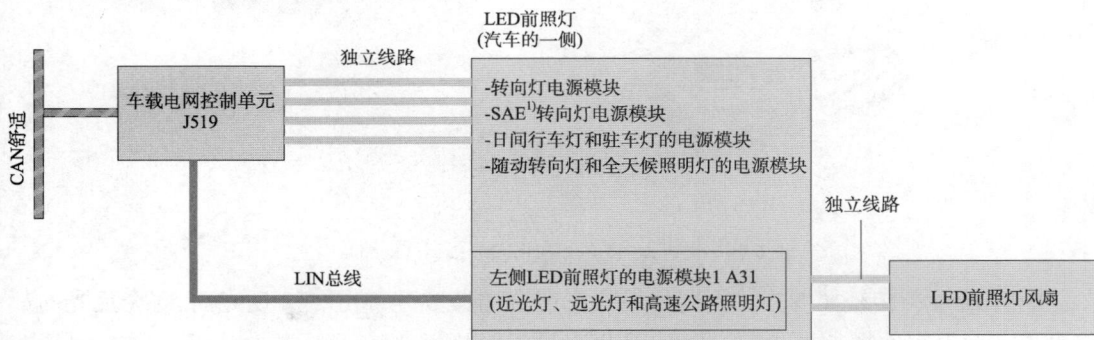

图 6-27　奥迪 LED 前照灯的控制网络结构

❷ 矩阵式 LED 前照灯

现阶段的前照灯技术已经开始与电子系统相结合,帮助车辆实现更好的自动化,进而让驾驶员用起来更便捷和安全。矩阵式 LED 前照灯是普通 LED 前照灯的升级款,该类型前照灯按照矩阵的方式布置 LED 光源,并对其进行控制。借助单独可控的 LED 光源,矩阵式 LED 前照灯在几乎所有情况下均可非常准确地照亮前方道路。当夜晚会车或遇到行人时,矩阵式 LED 前照灯会自动关闭部分远光 LED 灯单体,以防周边相关车辆驾驶员因炫目而发生安全事故。奥迪 A8 矩阵式前照灯如图 6-28 所示。

图 6-28 奥迪车型矩阵式 LED 前照灯

1)矩阵式 LED 前照灯的结构

矩阵式 LED 前照灯是由 25 只 LED 光源、前部摄像头、激光测距仪和亮度传感器等组成。其中,每 5 只 LED 光源为一组,组成一个远光照明组件。每个 LED 光源均可独立调节亮度或关闭,以实现随动转向和精确照明等能够提升夜间行车的安全性能。前照灯内部结构如图 6-29 所示。

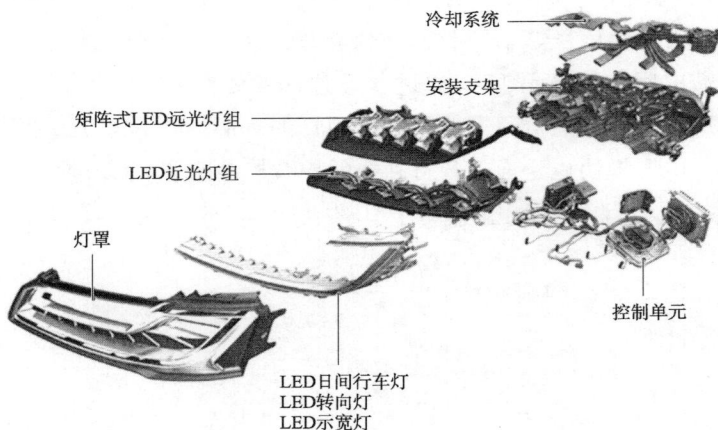

图 6-29 奥迪 A8-15 款矩阵式 LED 前照灯内部结构

矩阵 LED 与传统照明方式不同的地方在于,它把远光分成了 5 个反光面,每个反光面都包含了五个由软件操控的 LED 光源,因此摆脱了对机械光束偏转器的依赖。在夜间行车时,矩阵 LED 前照灯会全程使用远光灯照明,一旦系统光源传感器侦测到前方有车辆驶来,便会自动调整或关闭灯组内的数个 LED 单体,让前方车辆不会受到强光的干扰。

奥迪 A8 的矩阵 LED 技术也同样保护到路旁行人和大型动物的安危。该车配置的远红外夜视摄像头通过安置在格栅处可检测到前方物体热量的安全系统,直接为车灯的控制系统提供精确地数据信息。当侦测到前方有行人或者动物时,灯组内特定的数颗 LED 单体便会自动对准物体快速闪烁 3 次(头部以下)以示提醒。

2)矩阵式 LED 前照灯工作模式

(1)可自动调节灯光。如图 6-30 所示,矩阵式 LED 前照灯借助前部摄像头的光线检测功能,当车速达到 30km/h 时,感应式自动前照灯与矩阵式 LED 前照灯便会自动启动。此时,由 25 只 LED 光源组成的车灯灯组可以让驾驶员在夜间拥有更清晰的行车视野。同时,这款 LED 前照灯的智能设计还能防止高亮度的灯光影响到对面来车或前方车辆。

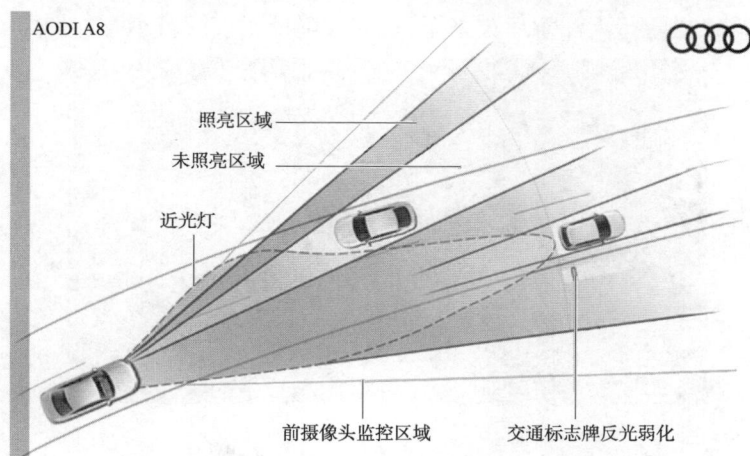

图 6-30　矩阵式 LED 前照灯可自动调节灯光

(2)自动会车调整。矩阵式 LED 前照灯与数个光源传感器、导航系统与前部摄像头协同工作。如图 6-31 所示,在夜间行车时,一般情况下矩阵式 LED 前照灯会全程使用远光灯照明,一旦系统光源传感器侦测到发出的光束射到对面或前方车辆时,控制单元便会自动调整或关闭 LED 灯组内的数个 LED 单体,让前方车辆不会因 LED 刺眼的高亮度而受到影响。

图 6-31　会车自动调整

(3)配合导航智能照亮弯路路面。为了让驾驶员能在夜间清除掌握行车路线,矩阵式 LED 前照灯与车载卫星导航系统整合。当行驶在多弯道路上时,矩阵式 LED 前照灯可根据导航系统的地理信息库,在驾驶员开始转动转向盘、车辆入弯之前,预先调整前照灯光源照射角度,照亮预行驶的路面,以带来更加安全、轻松的夜间行车体验。

(4)动态转向功能。常规的前照灯转弯随动照明功能采用的是机械旋转机构来完成,而矩阵式 LED 前照灯是通过改变前照灯透镜和反光板来实现的,反应速度远超常规款转弯随动的前照灯。

(5)行人提醒功能。如果车上选配了夜视辅助系统(Night Vision Assist),如图6-32所示,当该系统侦测到前方行人时,前照灯LED灯组内数只特定的LED单体便会自动对准行人快速闪烁3次,以提醒行人注意后方来车,这样就降低了夜间行车意外的可能。

图6-32　矩阵式LED前照灯的行人提醒功能

LED前照灯技术现已在几乎所有国际大品牌高端车款上开始普及应用,比较有代表性的奔驰智慧型LED前照灯技术、雷克萨斯的矩阵式LED技术、福特智能照明系统和马自达自适应车灯等,受篇幅所限请参阅相关文献或资料。

四 外部照明灯开关

奥迪A8-10款车型外部照明车灯开关E1(图6-33)为LIN分控制单元,通过车载电网控制单元J519(主控制单元)获得测量值以及进行诊断。

旋钮开关可以转到4个位置:

O　　　关闭车灯(在有些国家,"接线端15打开"时,日间行车灯打开)

AUTO　自动行车灯根据光照传感器的信息开启和关闭(如果要使用
　　　　"远光灯辅助系统"或者"前照灯照明距离平顺调节"功能,旋钮
　　　　开关必须转到这个位置)

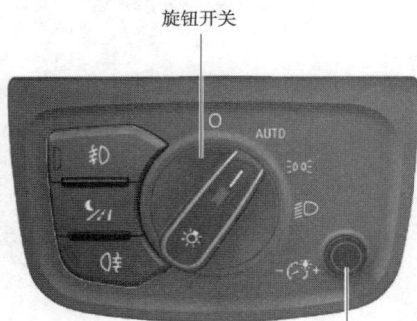

旋钮开关

开关和仪表板照明调节旋钮

▪◘◙◫　驻车灯

◖◼▣　远光灯

图6-33　奥迪车型外部照明灯开关

❶ 电气接口和线路

车载电网控制单元J519通过LIN总线导线读取旋钮开关的4个位置、按键的状态以及仪表板照明控制器的状态。其他所有开关照明和车灯开关E1各种功能信号灯的命令都传输到车灯开关。车灯开关E1冗余导线通过开关内部的电子线路搭铁,以检查开关状态情况是否真实。LIN总线或冗余导线短路或断路时,会激活车载电网控制单元的应急功能("近

光灯打开"),并在车载电网控制单元中相应地生成一条故障记录。灯开关 E1 电气接口如图 6-34 所示。灯开关控制网络结构如图 6-35 所示。

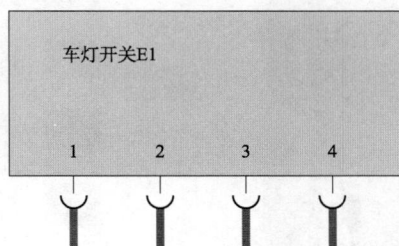

接口:

Pin 1   LIN(连接至车载电网控制单元 J519)

Pin 2   接线端 30

Pin 3   接线端 31

Pin 4   冗余导线(连接车载电网控制单元 J519)

图 6-34   灯开关 E1 电气接口

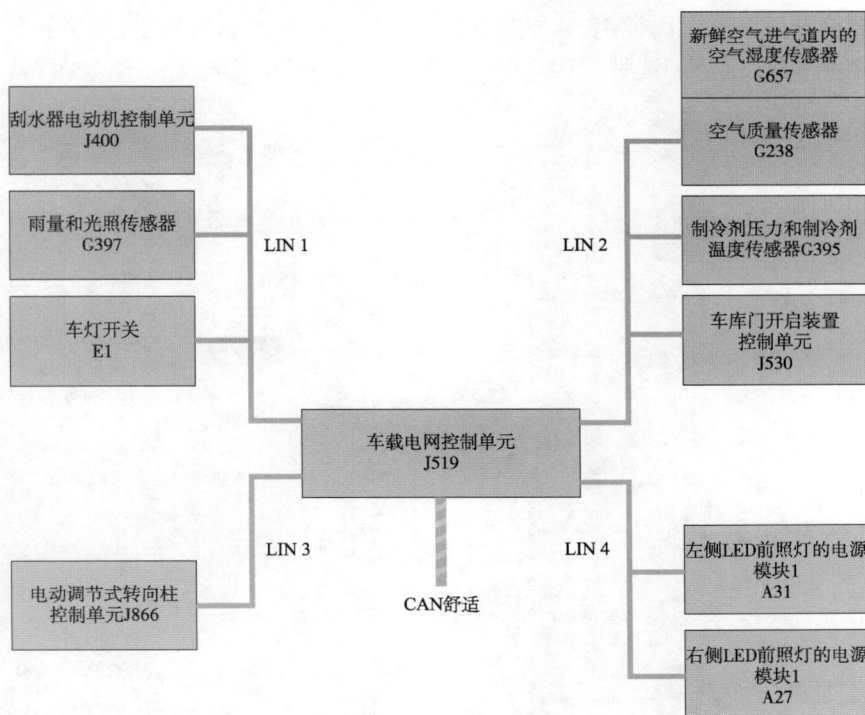

图 6-35   灯开关 E1 控制网络结构

❷ 灯开关按钮

奥迪车型灯开关 E1 的按钮按键的功能会根据汽车配置的不同而有所区别,可能有 4 种派生型号。按下按键可以打开或关闭以下各种功能,如图 6-36 所示。

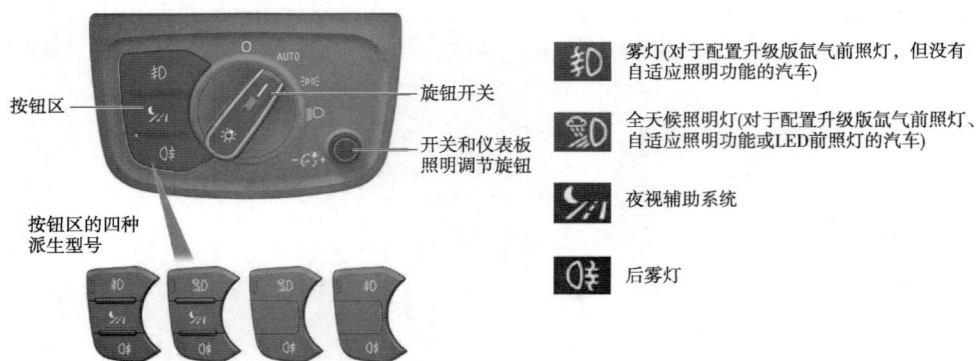

按钮区 ——

旋钮开关

按钮区的四种
派生型号

开关和仪表板
照明调节旋钮

雾灯(对于配置升级版氙气前照灯,但没有
自适应照明功能的汽车)

全天候照明灯(对于配置升级版氙气前照灯、
自适应照明功能或LED前照灯的汽车)

夜视辅助系统

后雾灯

图 6-36 灯开关 E1 按钮功能组合

五 车内照明系统

1 车内照明控制网络

车内照明装置随着车内使用、装饰和智能服务功能的增加越来越多,常用的车内照明装置有迎宾照明系统、前后阅读灯、车内灯提醒系统和氛围灯等,其电控网络如图 6-37 所示。

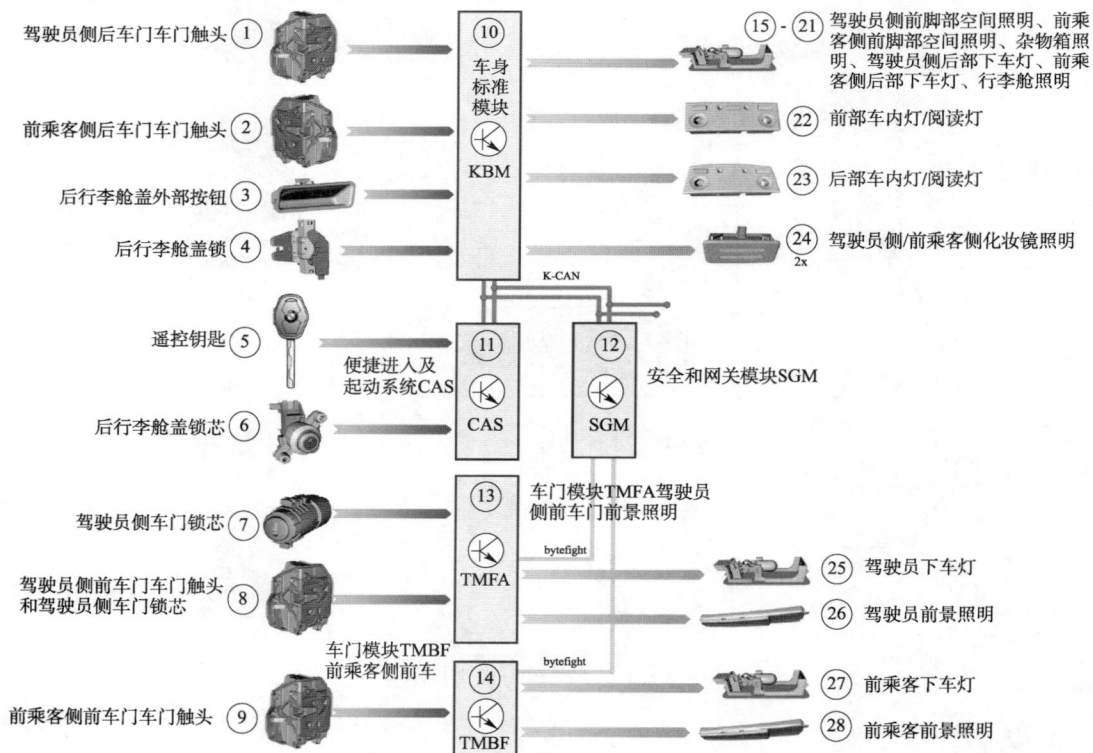

驾驶员侧后车门车门触头 ①

前乘客侧后车门车门触头 ②

后行李舱盖外部按钮 ③

后行李舱盖锁 ④

遥控钥匙 ⑤

后行李舱盖锁芯 ⑥

驾驶员侧车门锁芯 ⑦

驾驶员侧前车门车门触头
和驾驶员侧车门锁芯 ⑧

前乘客侧前车门车门触头 ⑨

⑩ 车身标准模块 KBM

⑪ 便捷进入及起动系统CAS CAS

⑫ 安全和网关模块SGM SGM

⑬ 车门模块TMFA驾驶员侧前车门前景照明 TMFA

⑭ 车门模块TMBF前乘客侧前车 TMBF

K-CAN

bytefight

bytefight

⑮ - ㉑ 驾驶员侧前脚部空间照明、前乘客侧前脚部空间照明、杂物箱照明、驾驶员侧后部下车灯、前乘客侧后部下车灯、行李舱照明

㉒ 前部车内灯/阅读灯

㉓ 后部车内灯/阅读灯

㉔ 驾驶员侧/前乘客侧化妆镜照明 2x

㉕ 驾驶员下车灯

㉖ 驾驶员前景照明

㉗ 前乘客下车灯

㉘ 前乘客前景照明

图 6-37 车内照明电控网络结构

❷ 迎宾照明系统

为解决黑暗环境下车辆未起动视线不清的困境,很多车型装有迎宾照明系统。该系统在驾驶员遥控打开车门模块锁止后亮起一段时间,以方便驾驶员的操作。迎宾点亮电路如图 6-38 所示。

进车照明系统

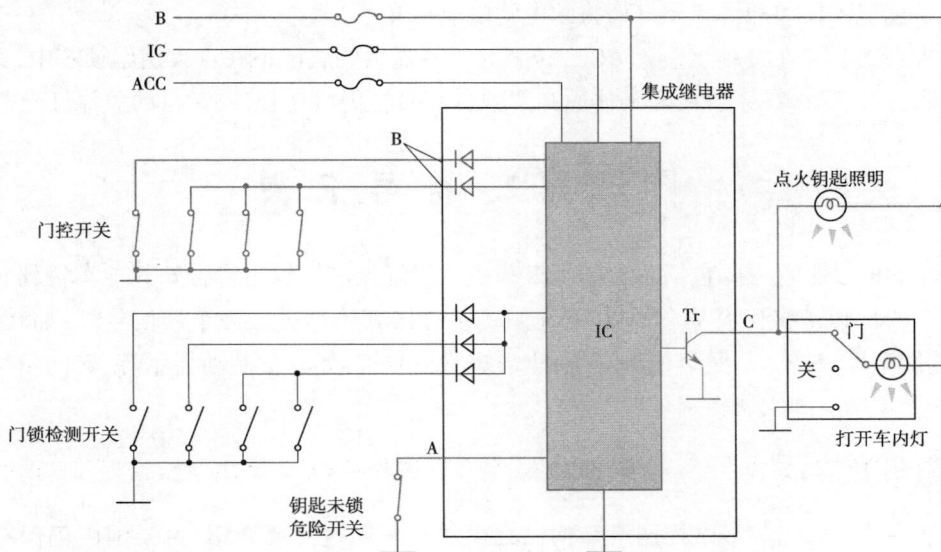

图 6-38　迎宾照明开展网络

在夜间,因为车内很暗,难以看见点火开关和足部区域,迎宾照明系统在车门关闭后,将点火开关照明灯及车内灯开亮一定的时间,就能容易地将点火钥匙塞入锁芯,或者看清足部区域(只有车内灯处于"DOOR"位置时),点亮的时间随型号不同而异。

迎宾照明系统的点亮条件:

(1)钥匙不在点火开关钥匙锁芯中。

(2)当某扇车门打开后,其他的车门均关闭时。

当符合上述情况时,钥匙解锁门禁切断信号被输入到端子 A 到端子 B 的门控开关 ON-OFF 信号被输入集成继电器中的 ECU,根据这些信号,ECU 起动定时器功能。Tr 保持导通 15s。即使所有车门全部关闭,端子 C 来的电流保持 15s,内部照明及点火钥匙照明在此期间保持点亮。

如果系统运行正常,灯光将点亮 15s,然而,如果在定时器运行期间,点火开关接通或者所有车门均被锁定,灯光立即熄灭。有些车型上有一种系统,它的灯光是逐步关掉的。车型不同,灯光点亮的时间长度和其他细节会有不同。

❸ 车内灯提醒系统

1)灯光自动关闭系统

在车内灯开着的状态下离开车,可能使蓄电池的电放光。为了防止这一情况,在车门虚掩或开着,点火开关在"LOCK"位置或点火钥匙没有插入点火锁芯的情况下,该系统在经过一定的点亮时间后会自动关掉车内灯(包括顶灯和点火钥匙锁芯的照明)。

2)灯光提醒蜂鸣器系统

在一般情况下,灯光自动关闭系统在灯光控制开关在"ON"位置时,即使点火开关在"LOCK"位置,前照灯和尾灯也会连续点亮。而加装灯光提醒蜂鸣器系统的目的是为了防由于驾驶员忘记关掉前照灯和尾灯而将蓄电池的电用光。

如果点火开关在"LOCK"或"ACC"位置处或者点火钥匙已不在点火钥匙锁芯中,而驾驶员侧车门打开,那么该系统用蜂鸣器通知驾驶员照明灯仍然亮着,或者自动关掉灯光。

课题2 信 号 装 置

汽车的信号装置主要包括各种信号灯和喇叭。灯光信号是用来告知其他车辆驾驶员和行人本车的行驶路线及状况,提醒其避让。信号灯按其用途可分为车外信号灯,如转向灯、停车灯、倒车灯、制动灯、紧急信号灯等;车内提示信号灯,如驻车制动指示灯、转向信号指示灯、远近光指示灯和空调指示灯等。

一 灯光信号

虽然主流的灯光信号电控网络结构已在模块二中做过简要介绍,由于国内仍保有很多老款小型乘用车,其灯光信号多为初级简易电控模式,为方便学习和维护,本课题将对此进行介绍。

1 示宽灯

示宽灯(或称小灯和尾灯)分别安置在车头和车尾侧面。前示宽灯颜色一般为黄色或白色,后示宽灯(尾灯)颜色为红色,夜间行驶打开示宽灯开关时,仪表灯、牌照灯等同时点亮,显示车辆的形状与位置,警示前后车辆。

电控前照灯控制电路包含示宽灯控制功能,主要由蓄电池、组合开关、车身控制模块(BCM)、IPDME/R(发动机舱智能电源分配模块)、组合仪表、继电器、灯泡及CAN系统组成。

车灯开关发出的开/关灯信号输送到车身控制模块(BCM),BCM经过接受、处理把开/关灯信号通过CAN系统输送到IPDME/R(发动机舱智能电源分配模块),IPDME/R通过继电器控制示宽灯的点亮与熄灭。示宽灯控制电路如图6-39所示。

2 制动灯

制动灯安装在车辆尾部,由设在后窗的高位制动灯和尾灯内的制动灯组成,用于制动时告知后面车辆该车正在制动,以避免后面车辆与其后部相撞(追尾)。

小型车辆多采用机械式开关,一般安装在制动踏板下方。当踩下制动踏板时,制动开关内的活动触点便将两个接线柱接通,使制动灯亮,当松开踏板后,断开制动灯电路。

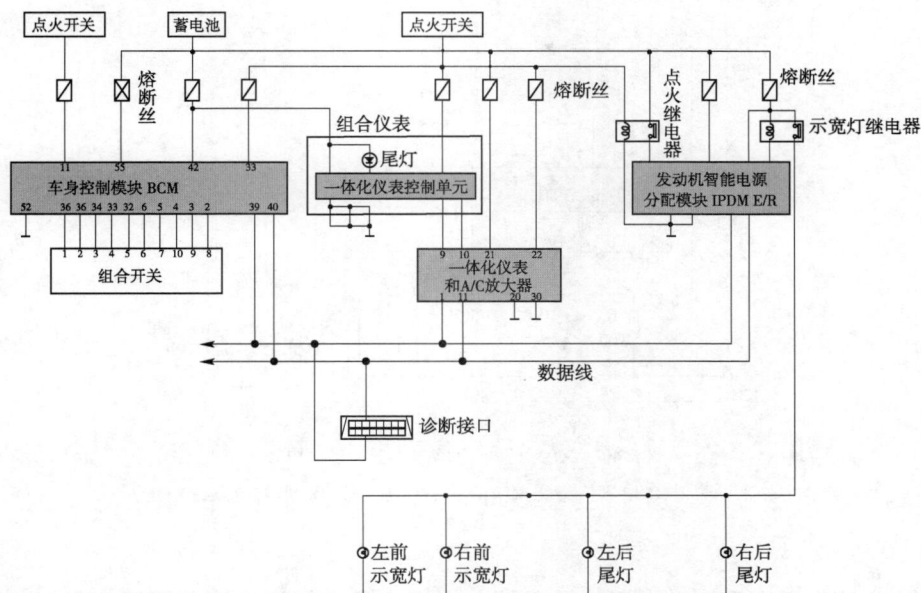

图 6-39　示宽灯的电控网络电路

3 转向灯

为指示车辆的行驶方向,便于指示车辆的行驶趋势,汽车上都装有转向灯。转向灯一般由位于车身四角。为增强提醒效果,很多车型在车身两侧的倒车镜或车身上也装有转向灯。转向灯的点亮受点火开关控制,当汽车转向时,通过闪光器的控制使左边或右边的前、后转向信号灯闪烁发光。闪光器按结构和工作原理可分为电热式、电容式和电子式等多种,市场上主流车型采用电子式较多。

电子闪光器有全晶体管式无触点闪光器、由晶体管和小型继电器组成的有触点晶体管式闪光器以及由集成块和小型继电器组成的有触点集成电路闪光器。其中后两种电子闪光器应用较多。

由集成块和小型继电器组成的有触点集成电路闪光器的电路原理如图 6-40 所示。它采用了一块低功耗、高精度的汽车电子闪光器专用集成电路。其内部电路主要由输入检测器 SR、电压检测器 D、振荡器 Z 及功率输出级四部分组成。

输入检测器用来检测转向信号灯开关是否接通。振荡器由一个电压比较器和外接 R_1 及 C_1 构成。内部电路给比较器的一端提供了一个参考电压(其值高低由电压检测器控制),比较器的另一端则由外接 R_1 及 C_1 提供一个变化的电压,从而形成电路的振荡。

闪光器的振荡器工作时,输出级便控制继电器线圈的电路,使继电器触点反复开闭,于是转向信号灯和转向指示灯便以 80 次/min 的频率闪光。

如果一只转向信号灯烧坏,则流过取样电阻 RS 的电流减小,其电压降减小,经电压检测器识别后,便控制振荡器电压比较器的参考电压,从而改变振荡(闪光)频率,则转向指示灯的闪光频率加快一倍,以示需要检修更换灯泡。

图 6-40 有触点集成电路闪光器的控制电路
SR-输入检测器;D-电压检测器;Z-振荡器;SC-输出级;RS-取样电阻;J-继电器

❹ 紧急信号灯

现在,主流车款多采用转向闪光器和转向灯作为紧急信号灯报警使用。当汽车出现危险情况时,只要接通危险报警开关,所有转向灯全部开始闪烁,提醒其他车辆和行人避让。

转向灯电控网络电路如图 6-41 所示。转向开关发出的左右转向信号输送到车身控制模块(BCM),BCM 经过接收、处理点亮相应侧转向灯。同时,BCM 把信号通过 CAN 系统输送给一体化仪表,一体化仪表和 A/C 放大器控制仪表上的相应转向指示灯点亮与熄灭。

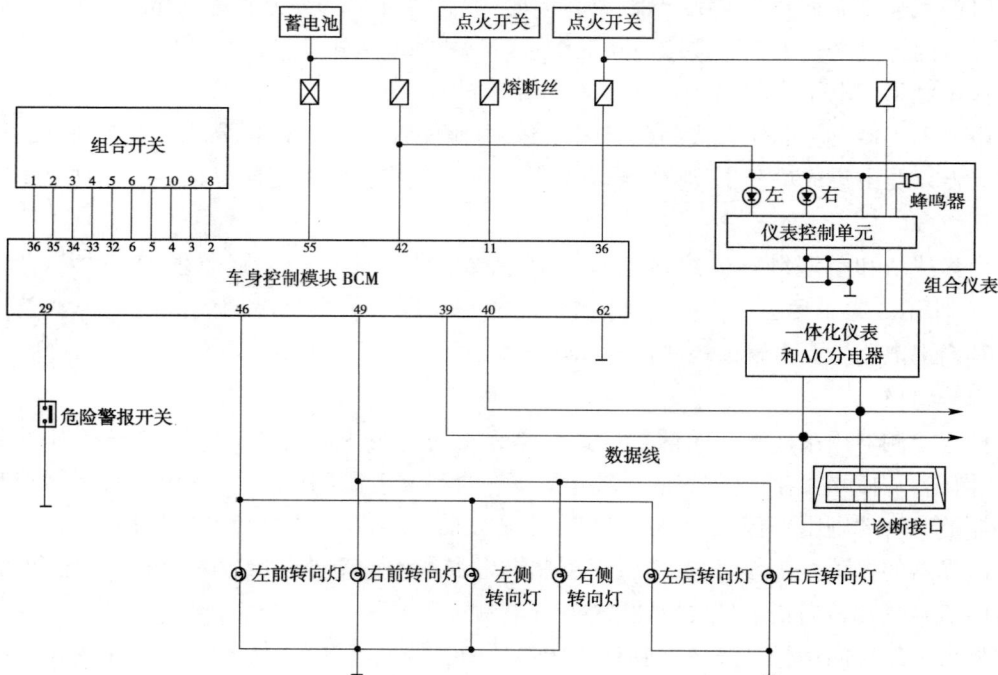

图 6-41 转向灯及危险警报灯的电控网络电路

5 倒车灯

倒车灯安装在车辆尾部,颜色为白色。当变速器挂入倒挡时点亮,照明车身后方的视野,并提醒后方车辆、行人避让。

1)配备自动变速器的倒车灯电路

配备 AT(自动变速器)的倒车灯电路由电源、熔断丝、空挡开关及倒车灯组成,电路如图 6-42 所示。

2)配备无级变速器的倒车灯电路

配备 CVT(无级变速器)的倒车灯电路由电源、熔断丝、空挡开关、倒车灯继电器、变速器控制模块及倒车灯组成,电路如图 6-43 所示。

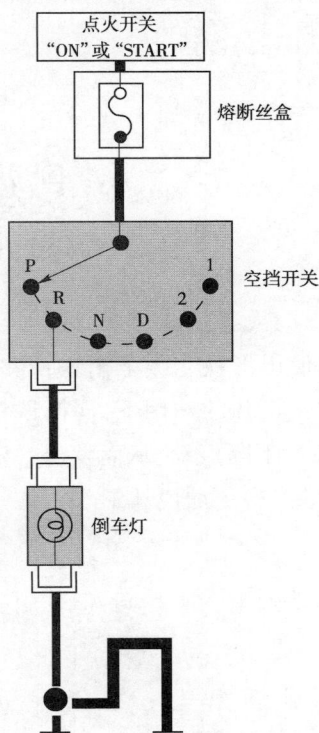

图 6-42 配备 AT 的倒车灯电路

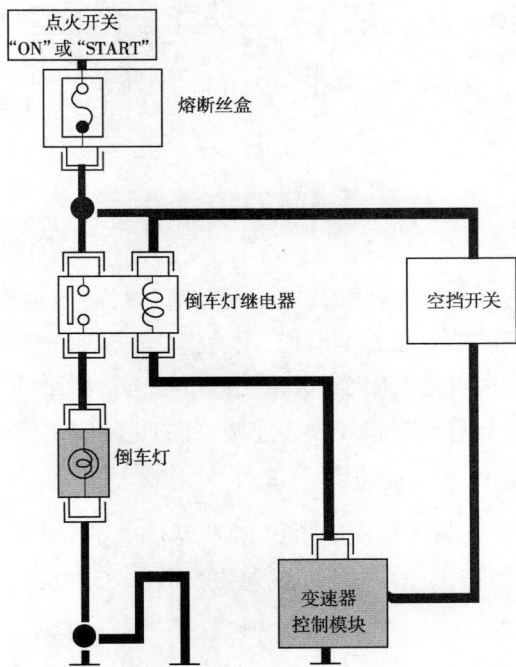

图 6-43 配备 CVT 的倒车灯电路

二 电动喇叭

为了警告行人和其他车辆,以引起注意并保证安全,汽车上都装有喇叭。汽车喇叭按发音动力划分有气喇叭和电喇叭两种。气喇叭是利用气流使金属膜片振动产生声响,多用在具有压缩空气气源的载货汽车上。电喇叭使利用电磁力使金属膜片振动产生声响,广泛应用于各种类型的汽车上。

电喇叭按有无触点可分为普通电喇叭和电子喇叭。普通电喇叭主要是靠触点的闭合断开,控制电磁线圈激励膜片振动而产生声响;电子喇叭中无触点,利用晶体管开关电路激励膜片振动产生声响。

❶ 普通电喇叭

普通电喇叭的结构如图6-44所示。喇叭底板上装有山形铁芯和线圈、振动膜片、触点支架和触点,衔铁通过中心螺栓与振动膜片相连,膜片下固定有共鸣盘,在膜片下部是扬声筒。

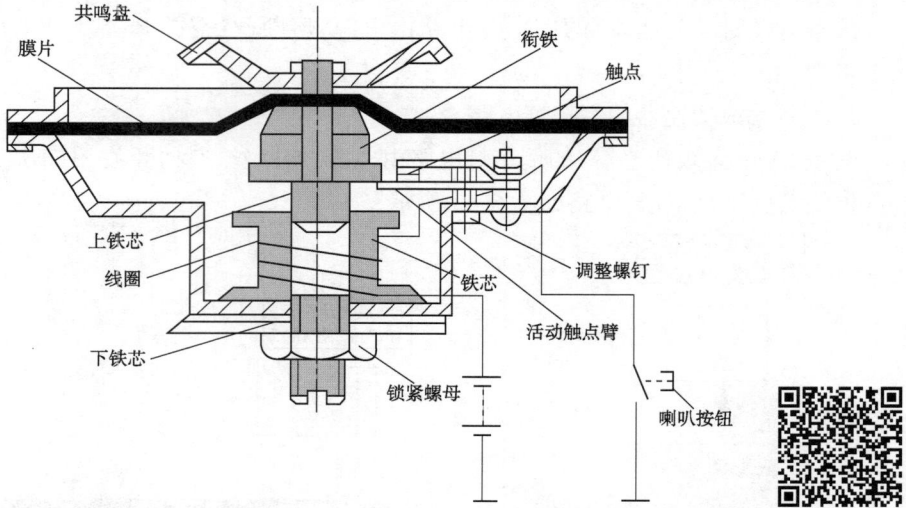

图6-44 普通触点式电喇叭结构

当按下喇叭按钮时,电流通过喇叭线圈产生磁场,从而使山形铁芯吸下衔铁;同时触点断开,线圈的电磁力则消失,振动膜片在其自身的弹性和弹簧钢片的作用下,同衔铁一道返回原位,触点重新闭合,电路又重新接通。如此反复循环,膜片不断振动,从而发出一定频率的声波,共鸣盘与膜片刚性连接,目的是使膜片振动时发出的声音更加悦耳。

❷ 电子喇叭

电子喇叭的结构如图6-45所示。电子喇叭发声原理与普通电喇叭相同,但其用晶体管开关电路替代普通电喇叭的触点。

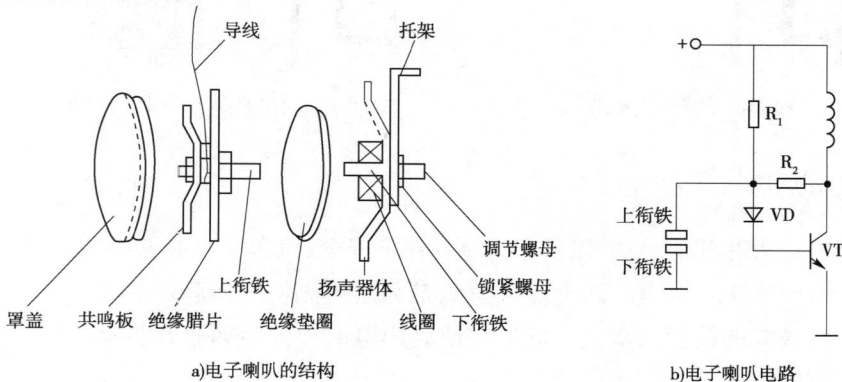

a)电子喇叭的结构　　　　　　b)电子喇叭电路

图6-45 电子喇叭的结构与控制电路

当电路接通电源后,由于晶体管 VT 加正向偏压而导通,线圈中便有电流通过,产生电磁力,吸引上衔铁,连同绝缘膜片和共鸣板一起动作。当上衔铁与下衔铁接触而直接搭铁时,晶体管 VT 失去偏压而截止,切断线圈中的电流,电磁力消失,绝缘膜片与共鸣板在弹力作用下复位,上、下衔铁又恢复为断开状态,晶体管 VT 再次导通,如此反复地动作,绝缘膜片不断振动便发出声响。

课题 3　照明系统与信号装置的维修

一　组合前照灯灯泡的更换

在汽车的维修中,因事故碰撞或剐蹭,前照灯组合受损的情况较多。因此,该项维修工作为灯光系统常见工作任务。本项工作的实际操作中,一定要按维修手册的操作规范操作,在拆卸过程中注意手不要触摸灯泡,以免减少灯泡的使用寿命。

1 外围件拆卸步骤

(1)断开蓄电池负极。在拆下蓄电池负极线缆之前必须记下存储在 ECU 中的信息,如故障码、收音机频道、带记忆系统的座椅位置,带记忆系统的转向盘位置等,如果这些数据丢失,会给维修人员和驾驶员带来不必要的麻烦。

(2)拆卸翼子板内衬板。在拆卸内衬板时如果折叠,内衬板将无法恢复,因此切勿折叠。

(3)拆卸散热器护栅和保险杠。

(4)拆卸前照灯总成。拆下固定螺栓和螺钉;脱开固定卡爪,拆下防尘罩;断开连接器插头并拆下前照灯总成。

2 前照灯灯泡拆卸更换的步骤

(1)前照灯灯泡的拆卸。断开灯泡连接器,按图 6-46 中箭头方向取下灯泡,注意不要用手触摸灯泡玻璃。

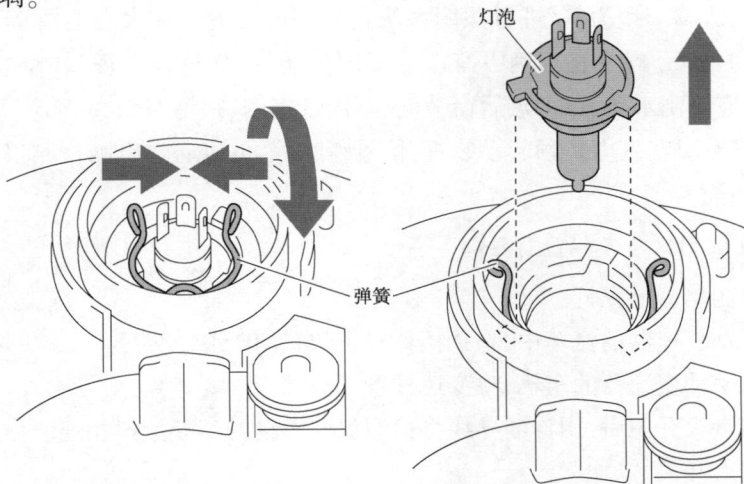

图 6-46　拆下 HID 灯泡

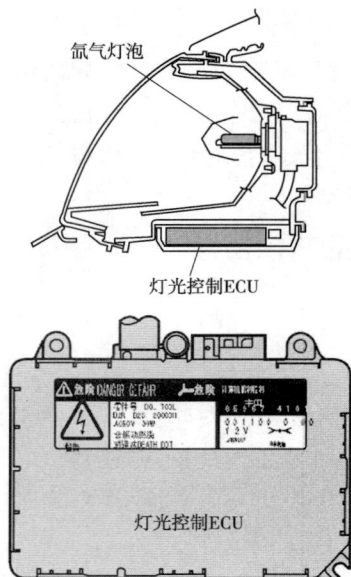

氙气灯泡

灯光控制ECU

灯光控制ECU

图6-47 氙气灯的分解

(2)氙气灯泡的拆卸。拆下前照灯灯盖,断开灯控ECU连接器插头,拆下灯泡(图6-47)。注意不要用手触碰灯泡,即使只是薄薄一层油膜留在HID前照灯灯泡或卤素灯泡表面,由于其在较高温度下点亮而使灯泡的使用寿命缩短。

灯光控制ECU是点亮氙气灯所必需的电子控制装置。它位于左右前照灯的下面,它执行对灯泡的最佳供电以确保灯泡发光时能迅速达到最佳的光亮度,进行稳定、连续的照明。灯光控制ECU的输出端子会产生极其危险的高电压,需极其小心地处理。

更换灯泡时,务必握住灯的凸缘连接部位,使手不会接触灯的玻璃部分。由于HID前照灯灯泡和卤素灯泡的内部压力很大,掉落、撞击或损坏均可能导致灯泡爆炸和碎裂。

更换灯泡时,要注意防尘,如果将车灯透镜从车辆上拆下时间过久,则可能会聚集灰尘和湿气。更换时,务必用相同功率的灯泡替换旧灯泡。

HID灯泡电极会产生接近20kV的高电压,触摸它们会发生危险。应当在灯泡完全安装后,才可打开点亮的开关。更换灯泡时,应按维修手册的规定程序进行。

3 装复前照灯

安装时,必须保证车身和尾灯壳体之间密封良好。前照灯的安装按与拆卸相反顺序进行。安装后进行前照灯调整。

二 照明系统电控网络的检测

下面以大众迈腾车型为例,进行照明系统自检测的作业。在大众迈腾车型的车载网络中,车载电网控制单元J519在车辆中有以下管理功能:电气负荷管理、外车灯控制、转向信号灯控制、后窗玻璃刮水器、可加热后窗玻璃、车内灯控制、狭缝照明、线端控制、仪表照明亮度调节、燃油泵预运行、发电机预起动装置、信号喇叭等,可以通过电脑检测仪对其进行自检测和功能进行匹配。

1 将电脑检测仪与车辆进行连接

(1)拉紧手制动器操纵杆。
(2)在带自动变速器的汽车中,将选挡杆置于位置"P"或"N"位。
(3)对于带手动变速器的车辆,将变速杆置于空挡。
(4)在关闭点火开关后,用诊断导线将检测仪与车辆的诊断接口相连。
(5)打开点火开关。
(6)关闭所有用电器。

提示：

（1）所有描述的操作说明，如匹配、编码等，必须使用大众专用诊断仪系统才可以进行。所有的操作说明都可在"引导型故障查询"和"引导型功能"运行模式中实施。

（2）车辆诊断系统是德国大众专门开发的用于车辆故障诊断和维修的系统，其主要功能包括自诊断、引导性功能查询（简称功能导航）和引导性故障查询（简称故障导航），其中ODIS是最新一代的诊断系统将取代VAS-PC。

❷ 故障识别和故障显示

故障码查询（引导型故障查询）的操作步骤：

（1）打开检测仪ODIS主界面，点击功能区"诊断"按钮后，点击工作区"启动诊断"，如图6-48所示。

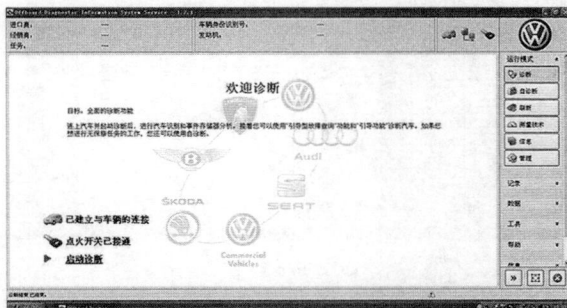

图6-48 检测仪初始界面

（2）出现下图提示后，点击"确定"按钮，开始手动识别车辆，如图6-49所示。

图6-49 车型识别界面

（3）选择车辆信息后，点击"接受"按钮，如图6-50所示。

（4）双击想清除故障码的控制单元，选择控制单元自诊断，如图6-51所示。

（5）选中"事件存储器"，点击"执行"按钮，如图6-52所示。

（6）此处可查看故障情况，可点击图中按钮以清除故障码，如图6-53所示。

（7）选择"是"，确认清除故障码即可，如图6-54所示。

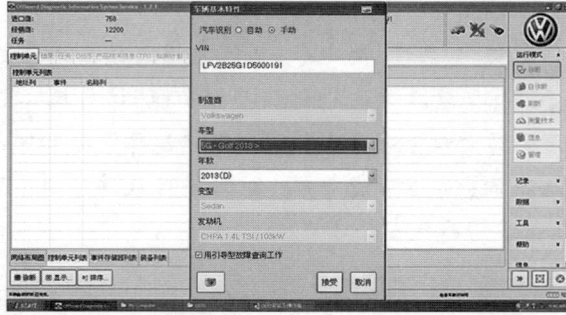

图 6-50　选择车型界面

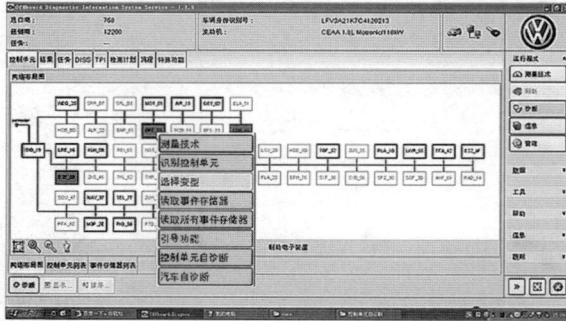

图 6-51　选择故障码的控制单元

图 6-52　选中事件存储器

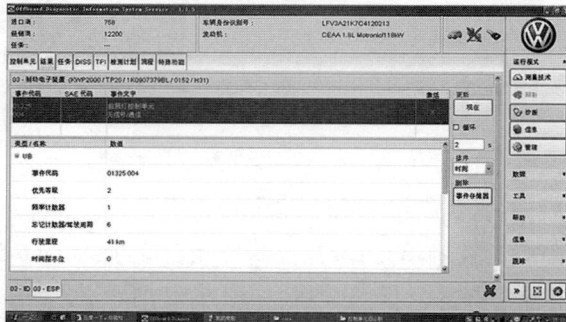

图 6-53　查看故障码信息

图 6-54 清除故障码

❸ 对控制单元进行匹配设置

(1) 双击灯光控制单元,选择控制单元自诊断。

(2) 选中匹配,点击"执行"。

可进行匹配的内容有:

① 辅助行车灯的远光灯调节。

② 辅助行车灯延迟调节。

③ 脚部空间照明亮度调节。

④ 回家时间设置。

⑤ 离家时间设置。

⑥ 前照灯清洗装置"激活时间"(前照灯清洗时间)设置。

⑦ 后窗玻璃和车外后视镜加热功能的"关闭时间"调整。

(3) 界面转到结果选项卡,出现参数列表、当前值等信息。

(4) 可在输入列里修改匹配参数,输入后点击左下角"接受"按钮。

(5) 点击"是"按钮,确认执行匹配。

(6) 当前值即变为输入值,可点击左下角"恢复"按钮来还原初始值。

模块小结

(1) 汽车灯具按位置可分为外部灯具和内部灯具,常见的外部灯具有前照灯、雾灯、转向灯、示宽灯、倒车灯等;常见的内部灯具有仪表灯、阅读灯、行李舱灯、驾驶员脚部照明灯等。

(2) 普通前照灯有近光、远光、闪光(会车)三种状态,在城市复杂交通路况行驶时采用近光,要求照射距离短,范围广,防眩目,驾驶员的视线广阔,便于处理突发状况;在高速行驶时采用远光,要求明亮、照射距离远,照射距离为 150～200m 甚至更远;闪光作用是提醒前方的车辆或行人超车或避让。

(3) 现代汽车的前照灯有卤素灯、氙气灯、LED 灯和激光灯 4 种类型,其中卤素灯、氙气灯和 LED 灯已普遍使用,其中矩阵式 LED 前照灯性价比最高。

(4)前照灯电控网络电路主要由蓄电池、组合开关、车身控制模块(BCM)、IPDME/R(发动机舱智能电源分配模块)、一体化仪表、继电器、灯泡及 CAN 系统组成。车灯开关发出的开/关灯信号输送到车身控制模块(BCM),BCM 经过接受、处理把开/关灯信号通过 CAN 系统输送到 IPDME/R(发动机舱智能电源分配模块)和组合仪表,IPDME/R 通过继电器控制前照灯的点亮与熄灭。同时,组合仪表和 A/C 放大器控制仪表上的远光指示灯点亮与熄灭。

(5)自动控制前照灯包括前照灯自动变光,自动开灯和延时关闭,前照灯随动转向(AFS)等装置。

(6)LED 型前照灯由 LED 发光元件、控制电路、光学透镜和壳体等组成。LED 灯利用发光二极管的发光特性实现照明,具有明亮、节能和高可靠性,而且点亮速度快。LED 的寿命与汽车等寿。因此,LED 照明技术得到业界的普遍认可,同时也是汽车照明的发展方向。

(7)矩阵式 LED 由 LED 光源、前部摄像头、激光测距仪和亮度传感器等组成。该类型前照灯按照矩阵的方式布置 LED 光源,并对其进行控制。借助单独可控的 LED 光源,矩阵式 LED 前照灯在几乎所有情况下均可非常准确地照亮前方道路。当夜晚会车或遇到行人时,矩阵式 LED 前照灯会自动关闭部分远光 LED 灯单体,以防周边相关车辆驾驶员因炫目而发生安全事故。

(8)信号装置是用来告知其他车辆驾驶员本车的行驶路线及状况,提醒避让。包括前示宽灯及尾灯、制动灯、倒车灯、雾灯、电喇叭等。

模块七

仪表与报警系统

Module 7

学习目标

1. 了解掌握仪表系统的结构、功能与工作原理；
2. 熟悉仪表系统的显示信息，掌握判断仪表系统故障的技能。

模块导航

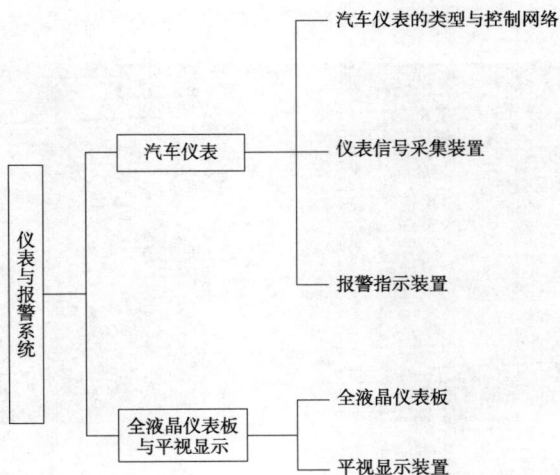

课题 1　汽车仪表

为了使驾驶员随时掌握汽车的主要运行参数和重要部位的状态,及时发现和排除可能出现的故障,以保证行车安全,提高车辆的可靠性,所有的车辆都在驾驶室的前方仪表台上装有反馈各系统运行状态信息的仪表、报警灯和显示屏幕。

一　汽车仪表的类型与控制网络

1　汽车仪表的类型

汽车仪表按其安装方式分为组合式与分装式两种。其中,组合式仪表是将各仪表组合安装在一起;分装式仪表则是将各仪表单独安装。由于传统分立式仪表现已淘汰,当前市场上销售的各种车型普遍采用的是各种专用的组合仪表。大众迈腾机械式组合仪表板如图7-1所示。

图 7-1　大众迈腾车型的机械式组合仪表板

汽车仪表按照显示方式分为机械式和全液晶式两种,全液晶仪表板如图7-2所示。

图 7-2　奥迪车型全液晶仪表板

按工作原理分为模拟电路式和数字式两种。其中,模拟电路电子式仪表采用电测原理,通过各类传感器将被测的非电量信号变换成电信号(模拟量)加以测量显示的仪表;数字式仪表则是由控制单元(ECU)采集传感器的信号,将模拟量信号转换为数字量信号,经分析处理后显示的仪表。

❷ 仪表板数据网络

随着车载网络的普及应用,传统汽车独立线路通信的仪表已无法满足汽车越来越高的控制要求,已被采用总线技术的电控仪表所取代,当今几乎所有的主流车款均已采用总线技术的电控仪表。数字式仪表具有指示精度高、重复性好、分度均匀、响应速度快、无抖动、产品稳定性强、可靠性高和通用性好等特点。

汽车电控仪表一般由传感器、控制单元和显示装置三部分组成,奥迪 A6-C5 车型仪表板数据网络结构如图 7-3 所示。

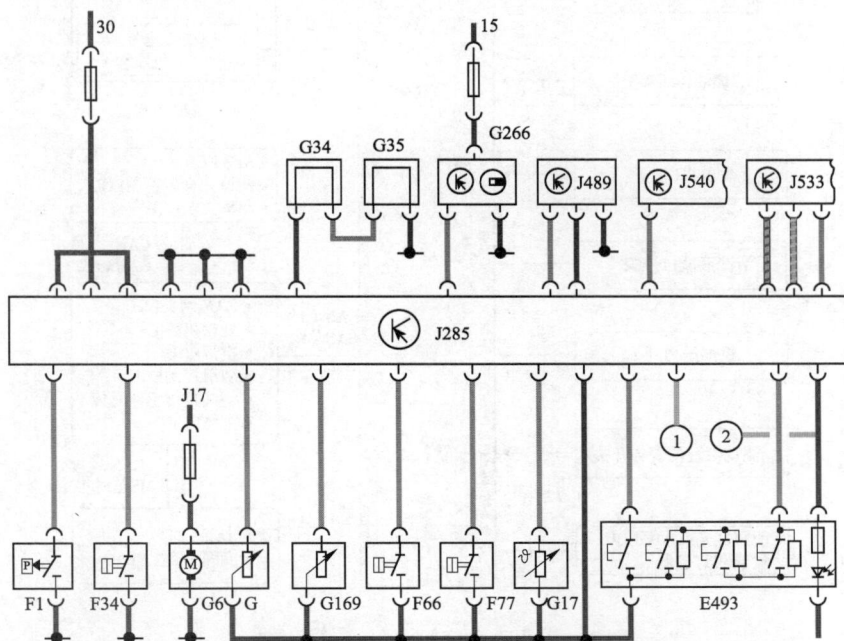

图 7-3 奥迪 A6-C5 车型仪表网络结构

E493-组合仪表操纵按钮;F1-机油压力开关;F34-制动液液面警报触点;F66-冷却液不足显示开关;F77-风窗清洗液警报触点;G-燃油表传感器;G6-燃油预供油泵;G17-车外温度传感器;G34-左前轮制动摩擦衬块磨损传感器;G35-右前轮制动摩擦衬块磨损传感器;G169-燃油表传感器;G266-机油液面和机油温度传感器;①-接线柱 58d;②-接线柱 58s

电控仪表通过仪表总线从各种传感器接收信号,将信号处理后通过显示器显示数据,使驾驶员了解行车的相关信息。电控仪表是通过仪表板中的控制单元处理各种集成电路处理各种传感器的信号,然后在显示装置上显示出来。电控仪表显示设备主要有步进电动机指针式显示装置和液晶显示装置。

丰田凯美瑞车型电控仪表系统数据网络结构如图 7-4 所示。其仪表 ECU 处理的输入和输出的信息详见表 7-1。

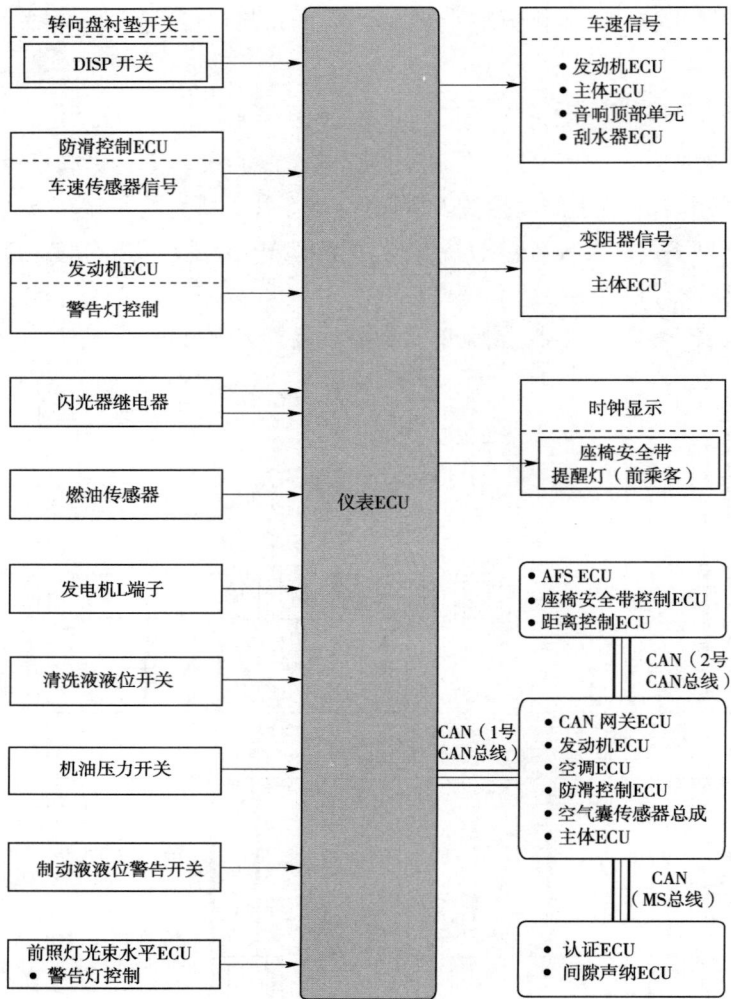

图 7-4　丰田凯美瑞车型仪表总线模块结构

丰田凯美瑞车型仪表 ECU 的输入和输出通信信号　　　　　表 7-1

协　议	ECU	将信号输入至仪表 ECU	自仪表 ECU 输出信号
CNA(1 号 CAN 总线)	发动机 ECU	(1) 发动机转速； (2) 发动机冷却液温度； (3) 喷油量； (4) 起动机状态； (5) 挡位； (6) S 模式指示灯； (7) 当前挡位； (8) 蜂鸣器鸣响请求； (9) 指示灯控制； (10) 诊断(巡航)； (11) 发动机类型信息	—

续上表

协　议	ECU	将信号输入至仪表ECU	自仪表ECU输出信号
CNA(1号CAN总线)	空调ECU	外部温度	车速
	空气囊传感器总成	(1)警告灯控制; (2)座椅安全带提醒控制(D); (3)诊断	车速
	防滑控制ECU	(1)警告灯控制; (2)指示灯控制; (3)车速; (4)诊断	—
	主体ECU	(1)照明状态; (2)驻车制动器开关; (3)车门控灯开关; (4)蜂鸣器鸣响请求; (5)自动变光器信号; (6)未锁警告开关; (7)警告显示控制; (8)诊断	车速
CAN(2号CAN总线)	AFS ECU	指示灯控制	—
	座椅安全带控制ECU	(1)警告显示控制; (2)诊断	—
	距离控制ECU	(1)警告显示控制; (2)蜂鸣器鸣响请求; (3)巡航控制状态指示; (4)诊断	—
CAN(MS总线)	认证ECU	(1)警告显示控制; (2)蜂鸣器鸣响请求	
	间隙声纳ECU	警告显示控制	车速

❸ 多功能液晶信息显示系统

随着电子技术的进步,汽车电控仪表从简单地显示传感器信息,迅速发展成为可以对各种信息进行分析计算、加工处理的信息中心。该信息中心(或称行车电脑)的多功能显示屏,通常使用黑白或彩色LCD作为显示设备。

多功能信息系统能够从大量的车辆运行信息中选择出驾驶员需要的内容,例如车辆维修、行程信息、日历信息和车辆位置等信息,如图7-5所示。同时在多功能显示屏还可以显示电视、广播、电话等信息。

多功能信息系统的显示屏通常安装在仪器面板或中控台上,并将控制开关安装在显示装置附近,供驾驶员或乘客选择需要的信息。

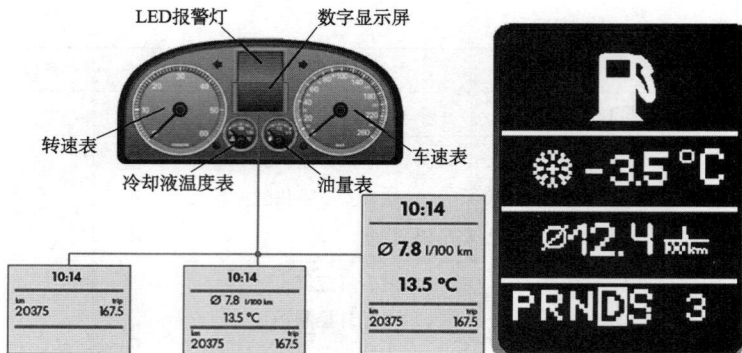

图7-5 信息显示系统液晶屏

　　显示系统的触摸键通常以模拟形式显示在显示器上,用手指接触到触摸键时即可进行操作,从而简化了获取信息的过程。多功能信息系统综合显示的信息种类见表7-2。

多功能信息系统综合显示的信息种类　　　　　　　　　　　　表7-2

项　　目	功 能 说 明
行程信息	从出发开始的行程计算、所用时间和总的燃料消耗,并根据燃油消耗率和存油量显示以后可能行驶的里程
维修信息	显示如发动机换油和更换轮胎后所行驶的距离等
日历信息	驾驶员的日历和日程表
空调信息	显示空调的操作模式和风扇的设置,通过触摸显示器上的按键可以操作空调
音响系统信息	通过触摸显示器上的按键,控制显示音响系统的音乐资料
电话信息	显示诸如蜂窝电话号码的信息,并可通过触摸显示器实现拨号和挂机

⚫二 仪表信号采集装置

　　汽车常用仪表有机油压力表、冷却液温度表、燃油表、车速里程表和发动机转速表等,其信号采集装置有:机油压力传感器、机油压力报警开关、冷却液温度传感器、冷却液温度报警开关、油量传感器、燃油油量报警开关、制动液液面报警开关、车速传感器和风窗玻璃清洗液位报警开关等。

　　❶ 机油压力传感器

　　机油被誉为发动机的血液,发动机的机油压力稳定是保证其正常运行的重要基础。机油的压力下降过低时就会导致发动机的运行异常甚至引发事故,所以需要机油压力传感器对其压力进行监控。常用的适配电控网络的机油压力传感器有:半导体压阻传感器、传统弹性应变传感器、厚膜压力传感器、陶瓷压阻传感器和滑动电阻式机油压力传感器等类型。

　　1)半导体压阻传感器

　　半导体压阻传感器采用微电子机械技术,在硅片上生成的微机械电子传感器,集成了微型传感器、执行器以及信号处理和控制电路、接口电路、通信和电源,且其体积非常小。半导体压阻传感器采用半导体的压阻效应原理。该传感器是利用单晶硅的压阻效应在单晶硅的基础上利用半导体工艺制成的元件,当半导体受到压力作用的时候,其电阻会发生变化,从而形成压力变化的信号输出。

如图 7-6 所示,硅压阻式压力传感器采用周边固定的圆形应力杯硅薄膜内壁,采用微机械技术直接将四个高精密半导体应变片刻制在其表面应力最大处,组成惠斯顿测量电桥,作为力电变换测量电路,将压力这个物理量直接变换成电量。采用惠斯顿电桥的压阻式传感器,具有较高的测量精度、较低的功耗和极低的成本。

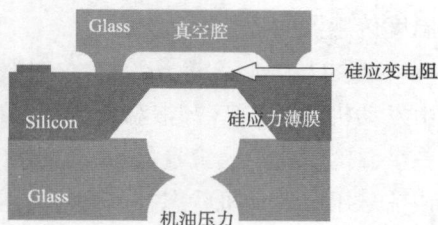

图 7-6 硅压阻式压力传感器结构原理

2)传统弹性应变传感器

传统弹性应变传感器的特点是测量范围宽、精度高、稳定性好,且使用寿命长能够抵御高温、高速、高压和振动的影响,因此在汽车的检测环境中较为适应。应变式传感器通常也是由四个电桥电阻组成,相对的一组桥臂电阻在受到压力时产生拉力变化,而另一种产生的是压力变化,以此产生对电阻的影响,其信号的大小相等而符号相反,提高了传感器的灵敏度。此种传感器的输出信号幅值变化小,在温度环境变化剧烈的情况下,需要温度补偿,但是难度较大。

3)厚膜压力传感器

厚膜压力传感器是新型的力敏性传感器。其利用的是厚膜电阻的压阻效应所研制而成的,其应变电阻是具有压阻效应的厚膜钌酸盐电阻,采用厚膜工艺技术直接印刷和烧结在陶瓷弹性体上。经过高温烧制,应变电阻和陶瓷体牢固地结合起来,不需要进行粘贴。此种形式避免了常用的应力式力敏传感器因粘贴工艺而容易产生老化的弊端。厚膜应变电阻性能稳定、耐高温、温度系数比扩散硅小一个量级以上。

厚膜压力传感器由厚膜压力传感器芯片、信号处理电路、外壳、固定线路板装置以及 2 根引线(信号线和报警线)等组成。信号处理电路由电源电路、传感器补偿电路、调零电路、电压放大电路、电流放大电路、滤波电路以及报警电路等组成。

4)陶瓷压阻传感器

该传感器采用的是陶瓷材料经过特殊工艺制成的干式陶瓷压力传感器。陶瓷是一种具有较高弹性、抗腐蚀、抗磨损、抗振动的优质材料。陶瓷的热稳定性要明显优于厚膜电阻传感器的工作范围,其温度范围可以达到 – 40 ~ 125℃,而且在高温下仍然具有较高的精度和稳定性。电气绝缘强度大于 2kV,输出信号强且具有长期的稳定性。

❷ 冷却液温度传感器

冷却液温度传感器安装在发动机缸体水套或冷却液管路中,与冷却液接触,用来检测发动机的冷却液温度。发动机 ECU 采集该传感器温度信号后用于修正喷油时间和点火时间。并调控冷却液温度过高防止发动机过热。

冷却液温度传感器为负温度系数电阻计(简称 NTC),内部是一个半导体热敏电阻,其特性是冷却液温度越高,电阻越低,输出电压越低;冷却液温度越低,电阻越高,输出电压越高。工作时,ECU 通过测量其电压值,可以计算出电阻的大小,从而推算出冷却液温度。冷却液温度传感器原理如图 7-7 所示。

如图 7-8 所示,冷却液温度传感器有两个 PN 端:PN2 为信号线,PN1 为搭铁线。工作时由发动机 ECU 向冷却液温度传感器提供的 5V 的供电电压。该传感器向发动机 ECU 提供一个温度变化的模拟量信号,返回 ECU 的信号为 1.3~3.8V 的线性变化信号。发动机采集该信号用于发动机状态控制和冷却液温度调控;仪表板 ECU 根据该信号变化,驱动冷却液温度表的步进电动机带动指针动作,显示冷却液温度。

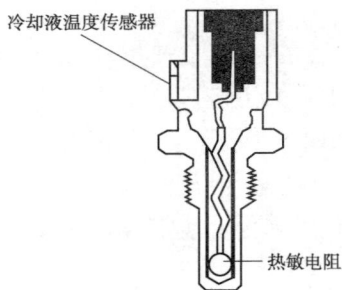

图 7-7　热敏电阻型冷却液温度传感器

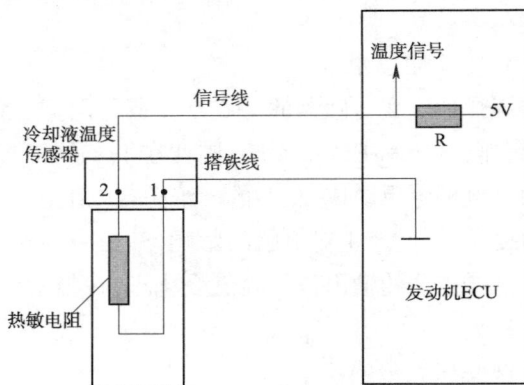

图 7-8　负温度系数型热敏电阻式传感器原理图

3 燃油油量传感器

燃油油量传感器由可变电阻、滑片和浮子组成(图 7-9)。传感器浮子浮在油面上,随油面的高低而改变位置。

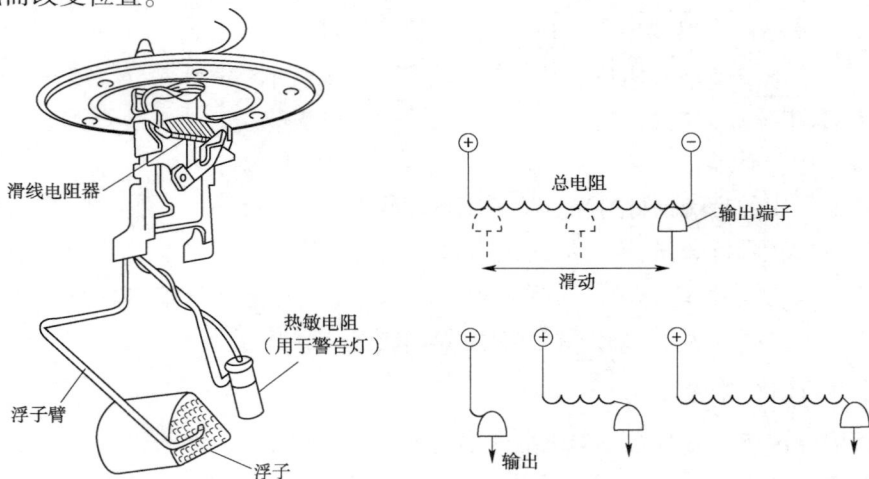

图 7-9　燃油油量可变电阻式传感器结构原理

当转动点火钥匙时,发动机 ECU 发送一个 5V 的电压信号给燃油液位传感器,燃油液位传感器通过液位浮子可变电阻的阻值将反馈电压回送给发动机 ECU,经过发动机 ECU 内部程序处理后,通过发动机 ECU 传送一个脉宽调制信号给组合仪表 ECU,组合仪表 ECU 接收到此信号后,通过内部程序处理后,将驱动步进电动机将燃油液位显示出来。

❹ 车速传感器

车速传感器是用来检测汽车车速,其输出信息被用作控制发动机怠速、自动变速器的变矩器锁止、自动变速器换挡及发动机冷却风扇的开闭和巡航定速等其他功能。

车速传感器输出信息有磁电式交流信号、霍尔式数字信号和光电式数字信号三种类型。车速传感器通常安装在驱动桥壳或变速器壳内,为了消除有高压电电源线及车载电话或其他电子设备产生的电磁及射频干扰,车速传感器信号线通常装在屏蔽的外套内。在汽车上应用最多的是磁电式和光电式两种车速传感器。

1)磁电式车速传感器

磁电式车速传感器是一个模拟交流信号发生器,它们产生交变电流信号,通常由带两个接线柱的磁芯及线圈组成。这两个线圈接线柱是传感器输出的端子,当由铁质制成的环状翼轮(或称磁组轮)转动经过传感器时,线圈里将产生交流电压信号。磁组轮上的逐个齿轮将产生一一对应的系列脉冲,其形状是一样的。输出信号的振幅(峰对峰电压)与磁组轮的转速成正比(车速),信号的频率大小表现于磁组轮的转速大小。传感器磁芯与磁组轮间的气隙大小对传感器的输入信号的幅度影响极大,如果在磁组轮上去掉一个或多个齿就可以产生同步脉冲来确定上止点的位置。这会引起输出信号频率的改变,而在齿减少时输出信号幅度也会改变,发动机控制电脑或点火模块正是靠这个同步脉冲信号来确定触发电火时间或燃油喷射时刻的。磁感应传感器原理如图 7-10 所示。

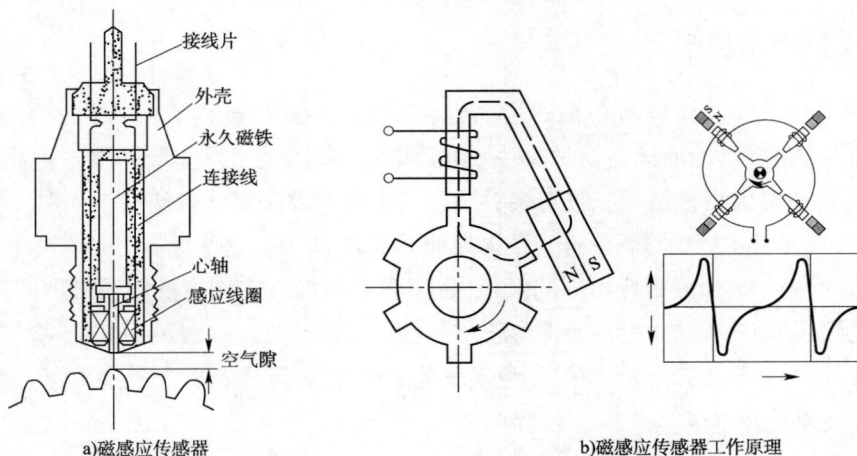

a)磁感应传感器　　　　　　　　　　b)磁感应传感器工作原理

图 7-10　磁感应传感器原理

2)光电式车速传感器

固态的光电半导体传感器,它由带孔的转盘两个光导体纤维,一个发光二极管,一个作为光传感器的光敏晶体管组成。一个以光敏晶体管为基础的放大器为发动机控制电脑或点火模块提供足够功率的信号,光敏晶体管和放大器产生数字输出信号(开关脉冲)。发光二极管透过转盘上的孔照到光敏晶体管上实现光的传递与接收。转盘上间断的孔可以开闭照射到光敏晶体管上的光源,进而触发光敏晶体管和放大器,使之像开关一样地打开或关闭输出信号。从示波器上观察光电式车速传感器输出波形的方法与霍尔式车速传感器完全一样,只是光电传感器有一个弱点即它们对油或脏物在光通过转盘传递的干涉十分敏感。

5 发动机转速传感器

发动机转速表用于指示发动机的运转速度,以便于驾驶员检查调整发动机,监视发动机的工作状况,更好地掌握换挡时机,利用经济车速等。发动机转速表获取转速信号有三种方式,即:取自点火系统、发动机的转速传感器和发电机。常用的发动机转速传感器有磁感应式(装置在曲轴处)、霍尔式(装置在凸轮轴处)两种。

磁感应式传感器由永久磁铁、感应线圈、心轴、外壳等组成。心轴外面绕有感应线圈,它的下端靠近飞轮与飞轮齿顶间有较小的空气隙($1mm \pm 0.3mm$)。永久磁铁的磁力线从 N 极出来,通过心轴、空气隙,回到 S 极构成回路(图 7-10)。

当飞轮转动时,齿顶与齿底不断地通过心轴。空气隙的大小发生周期性变化,使穿过心轴的磁通也随之发生周期性地变化。于是在感应线圈中感应出交变电动势。该交变电动势的频率与心轴中磁通变化的频率成正比,也与通过心轴端面的飞轮齿数成正比。

由于输入的信号频率与通过心轴的飞轮齿数成正比,信号的频率和幅值与发动机转速成正比,当转速升高时,频率升高,幅值增大,使其输出信号电压增大,则转速表的指针摆动角度也相应增大,于是转速表指示的转速就高。

三 报警指示装置

为了保证行车安全和提高车辆的可靠性,如今的车辆上安装了越来越多的报警装置。例如在机油压力过低、燃油储存量过少、冷却液温度过高以及当汽车制动液液面高度不足等情况下便会自动发出报警信号。报警装置一般均由传感器和警告灯组成。

仪表、开关与指示灯标志图形符号及含义如图 7-11 所示。这些标志图形符号制作在仪表板或仪表台的面膜上,面膜带有不同的颜色,在面膜下面设置有相应的照明灯。因此,当相应的照明灯电路接通时,面膜上的标志图形符号和颜色清晰可见。除暖风用红色、冷气和行驶灯光用蓝色之外,其余标志图形符号中,红色表示危险或警告,黄色表示注意,绿色表示安全。

1 机油压力报警开关

在发动机上,除装有机油油压表外,还装有机油压力报警装置。其目的是为了使驾驶员能注意到润滑系统中的机油压力降低到允许的下限,提醒驾驶员迅速采取措施,避免发动机发生干摩擦损毁。报警装置由机油压力报警开关和报警信号灯组成,机油压力报警开关有膜片式和弹簧管式两种。

(ABS) ABS警告灯（红色），当ABS系统出现故障时亮起。

(!) 制动液液位警告灯（红色）。当制动主缸储液罐中的制动液液位低于规定值下限时点亮。
该灯也同时用于指示驻车制动的使用状态。因此如果驻车制动松开后该灯还亮，则表明制动液液面过低。

发动机故障指示灯（黄色）。当在发动机和变速器控制系统中发生故障时，该灯点亮。

放电警告灯（红色）。当充电系统不发电时，该灯点亮。

座椅安全带警告灯（红色）。行驶中如果驾驶员和前排乘客座椅安全带未系上时，该灯点亮并闪烁。

气囊警告灯（红色）。当气囊装置发生故障时该灯点亮。

燃油量警告灯（黄色）。当油箱内剩余的油位低于限值时点亮。

低机油压力警告灯（红色）。当发动机机油的泵送压力低于规定值下限时，该灯点亮。

柴油机油水分离器积水报警灯（黄色）。当该灯点亮时，表明油水分离器中有一定量的沉积水。

电热塞警告灯（黄色）。该灯点亮表明预热塞处于接通工作状态。

转向信号与危险报警指示灯（绿色）。该灯单侧闪亮表示转向信号；双侧同时闪亮，表明危险警告灯在工作状态。

远光灯指示灯（蓝色）。该灯点亮时，表明前照灯处于远光位置。

轮胎气压异常指示灯（黄色）。当该灯点亮时，表明某个轮胎气压异常，需要补充调整轮胎气压。

车身稳定系统（黄色）。行驶中，当该灯点亮时，表明车辆处于侧滑倾向，车身稳定正在纠正这种倾向。

图7-11 仪表板主要警告灯和指示灯信息

膜片式机油压力报警灯传感器结构如图7-12所示。传感器的活动触点固定在膜片上，固定触点设置在传感器的壳体上。无油压或油压低于某一数值时，弹簧压合触点，接通电路，使警告灯发亮。当油压达到某一定值时，膜片上凸触点分开，警告灯熄灭。

电子式机油压力传感器则通过将输出的机油压力信号与报警电路中设定的报警电压进行比较，当低于报警电压时，报警电路则输出报警信号，并通过报警线点亮报警灯。

❷ 冷却液温度报警开关

冷却液温度报警开关的作用是当冷却系统冷却液温度升高到一定限度时，警告灯自动发亮，以示警告。冷却液温度报警装置的电路如图7-13所示。在传感器的密封套管内装有条形双金属片，双金属片自由端焊有动触点，而静触点直接搭铁。当温度升高到95～98℃时，双金属片向静触点方向弯曲，使两触点接触，红色警告灯便通电发亮。

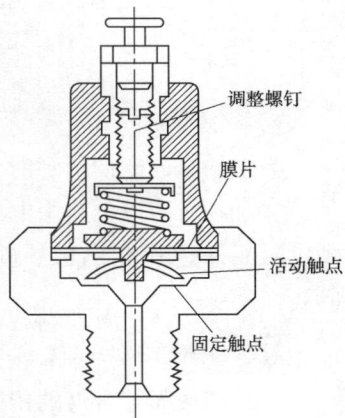

调整螺钉
膜片
活动触点
固定触点

图7-12 膜片式机油压力报警开关

❸ 冷却液不足报警器

冷却液不足报警器由安装在组合仪表板的冷却液报警灯、报警灯控制电路和插在发动机补偿水箱的探针构成。探针通过导电的冷却液与发动机缸体搭铁。如图7-14所示，当冷却液不足时，探针回路开路，触发报警控制电路接通仪表板冷却液不足报警灯点亮。

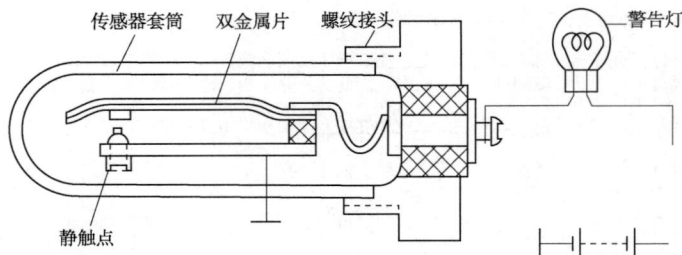

图 7-13　冷却液温度报警装置电路

❹ 燃油油量报警装置

当燃油箱内燃油减少到某一规定值时,为告知驾驶员,以引起注意。在几乎所有的汽车上,均装有燃油油量报警装置,其工作原理如图 7-15 所示,该装置由热敏电阻式燃油油量报警传感器和警告灯组成。

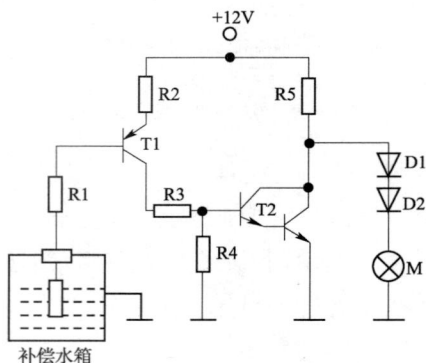

图 7-14　冷却液不足报警电路

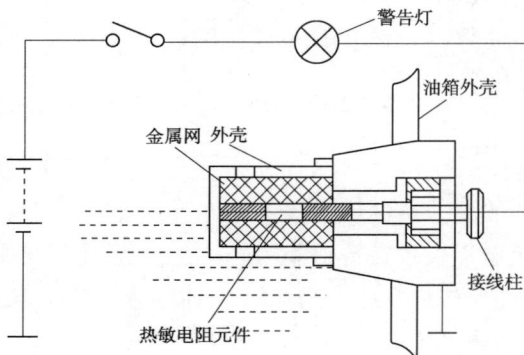

图 7-15　燃油油量报警装置工作原理

当燃油箱内燃油量多时,负温度系数的热敏电阻元件浸没在燃油中散热快,其温度较低,电阻值大,所以电路中电流很小,警告灯处于熄灭状态。当燃油减少到规定值以下时,热敏电阻元件露出油面,散热慢,温度升高,电阻值减小,电路中电流增大,则警告灯发亮,以示警告。

❺ 制动液液面报警装置

制动液液面警告灯的传感器装在制动液储液罐内,其结构如图 7-16 所示。该装置的外壳内装有舌簧开关,开关的两个接线柱与液面警告灯、电源相接,浮子上固定着永久磁铁。

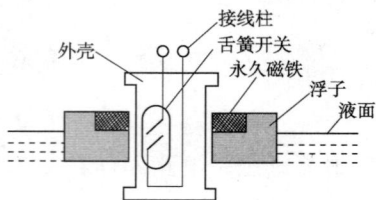

图 7-16　制动液液面报警开关结构

当浮子随着制动液面下降到规定值以下时,永久磁铁的吸力吸动舌簧开关,使之闭合,接通警告灯点亮,发出警告。制动液液面在规定值以上时,浮子上升,吸力不足,舌簧开关在自身弹力的作用下,断开警告灯电路。

课题2 全液晶仪表板与平视显示

一 全液晶仪表板

如今很多最新的科技都被用在了汽车上面,比如自动驾驶技术、新能源技术等。这些新技术对监控信息显示提出了更多、更高的需求,例如新能源汽车需要显示的车辆信息:当前的驾驶模式、能量回收系统的情况、汽车剩余电量信息,前置摄像头或360°摄像头信息、导航地图信息等。这些信息很难在常规的机械仪表板显示出来,只能通过液晶仪表板来实现。

全液晶仪表板(图7-17)是指将传统机械式组合仪表板替换成一整块液晶屏幕向驾驶者展示车辆行驶信息的设备,该仪表板取消了传统的物理指针,全部通过液晶屏展示。全液晶仪表板的优点是不仅仅能传达给驾驶者传统机械仪表板展示的车辆运行的基本信息,还能使显示效果更加绚丽、实现个性化设置、显示内容更丰富,还提升了整车的科技感。

图7-17 全液晶仪表板显示效果

❶ 基本结构

全液晶仪表板通常由彩色液晶屏、显示驱动芯片和CAN显示总线等组成,数据通信与常规机械组合仪表相同。

1)显示驱动芯片

相比普通电脑,全液晶仪表板的显示驱动芯片配置较高,全液晶仪表板多采用较高性能的显示驱动芯片和较大的显示内存。例如:当前主流液晶仪表板采用最多的数据处理芯片是NVIDIA公司的Tegra 3芯片(图7-18)。该芯片为采用40nm工艺制造,CPU为四核外加第五个节电核心结构,其四核最高频率为1.4GHz,CPU性能已达到PC级别,赶超Core i7-5820K芯片。其内部集成12核GeForce GPU并支持3D立体显示。

图7-18 驱动液晶仪表板的NVIDIA Tegra 3芯片

液晶仪表板在强大数据处理能力的显卡驱动下,在面积足够大的仪表板液晶屏上实现显示内容较大的灵活度。如果生产厂商预设了多个显示主题,驾驶员就可以灵活地选择自己想要的显示内容。因此,一块液晶屏仪表板,可以满足不同驾驶员的需求。

2)液晶显示屏

液晶(Liquid Crystal Display,LCD)显示屏是一种采用了液晶控制透光度技术来实现色彩的显示器。由于通过控制是否透光来控制亮和暗,当色彩不变时,液晶也保持不变,这样就无须考虑刷新率的问题。

如图 7-19 所示,LCD 显示屏都是由不同部分组成的分层结构。LCD 由两块玻璃板构成,厚约 1mm,其间由包含有液晶材料的 $5\mu m$ 均匀间隔隔开。因为液晶材料本身并不发光,所以在显示屏两边都设有作为光源的灯管,而在液晶显示屏背面有一块背光板(或称匀光板)和反光膜,背光板是由荧光物质组成的可以发射光线,其作用主要是提供均匀的背景光源。目前大量 LCD 使用了 LED 背光,节能性和亮度都有提升。

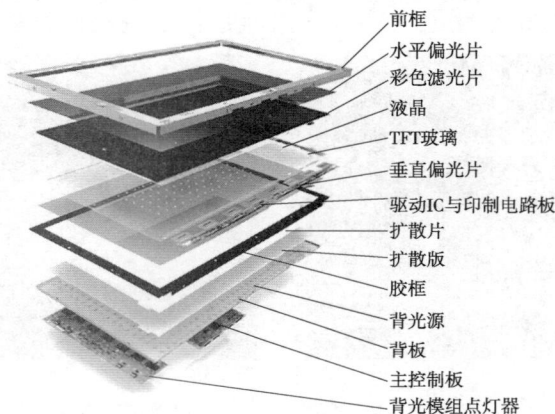

图 7-19　LCD 液晶屏构造

背光板发出的光线在穿过第一层偏振过滤层之后进入包含成千上万液晶液滴的液晶层。液晶层中的液滴都被包含在细小的单元格结构中,一个或多个单元格构成屏幕上的一个像素。在玻璃板与液晶材料之间是透明的电极,电极分为行和列,在行与列的交叉点上,通过改变电压而改变液晶的旋光状态,液晶材料的作用类似于一个个小的光阀。在液晶材料周边是控制电路部分和驱动电路部分。当 LCD 中的电极产生电场时,液晶分子就会产生扭曲,从而将穿越其中的光线进行有规则的折射,然后经过第二层过滤层的过滤在屏幕上显示出来。彩色就产生在第二层过滤层的彩色滤光片,彩色滤光片是由红、绿、蓝三种颜色构成的滤片,有规律地制作在一块大玻璃基板上。每一个像素是由三种颜色的单元(或称为子像素)所组成。

如图 7-20 所示,当液晶不加电场时,液晶的分子排列方式可将来自垂直偏光镜垂直方向的光波旋转 90°,再经水平偏光镜后射到反射镜上,经反射后按原路回去,这时透过垂直偏光镜看液晶时,液晶呈亮的状态,如图 7-20a)所示。

当液晶加一电场时,液晶的分子排列方式改变,不能将来自垂直偏光镜垂直方向的光波旋转,不能通过水平偏光镜达到反射镜,这时透过垂直偏光镜看液晶时,液晶呈暗的状态,如图7-20b)所示。这样将液晶图像,通过控制液晶单元的通电状态,就可使液晶显示不同的内容。

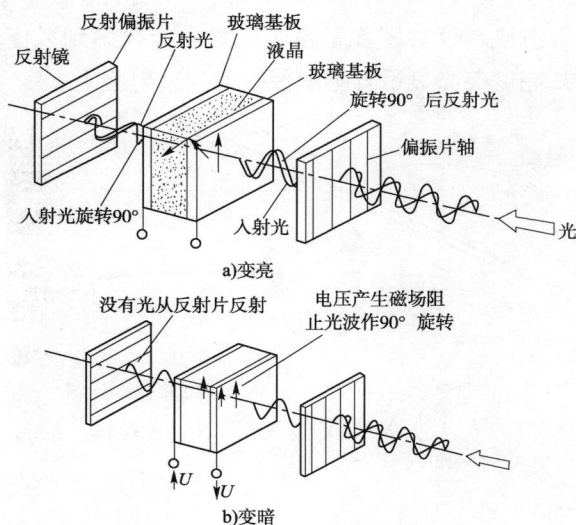

图 7-20　LCD 显示原理

② 全液晶仪表板的特点

全液晶仪表板突破机械仪表板的局限性,能够满足越来越多的监控信息显示需求,而且用户还可以根据自己的喜好,选择不同的显示模式,甚至可以自己选择希望在仪表板上显示哪些信息内容。

使用全液晶仪表板,可以提高车辆与外界环境的交互能力,把摄像头收集到的信息用全液晶仪表显示出来,提高驾驶员对周围环境的感知能力,这也在一定程度上提高了车辆的主动安全。

液晶仪表板除了更多元化的显示效果外,还有一些指针式仪表无法比拟的优势。比如灵敏的反应速度,雷克萨斯 LFA 超级跑车就因为指针式仪表的反应速度跟不上发动机的转速,而不得不采用液晶仪表板。

虽然当前全液晶仪表板的成本较高,但从实用性上来说,全液晶仪表板要比传统的机械仪表板更加有优势,这也是未来汽车发展的一种趋势。

● 平视显示装置

平视显示装置(Head Up Display,HUD),最早用作航空器上的飞行辅助仪器,而在汽车上则被称为抬头显示器。平视的意思是指飞行员不需要低头就能够看到他需要的重要资讯,它最早被应用于军用飞机上,以降低飞行员低头查看仪表的频率,避免飞行员注意力的降低或中断,从而提高飞行安全。现在车用 HUD 分为集成显示型(CHUD 型)、风窗玻璃型(WHUD 型)两种类型,其中风窗玻璃型(WHUD 型)显示效果更好。

1 集成显示型 HUD

如图 7-21 所示,集成型 HUD 由风窗玻璃反光膜、反射镜、显示装置、高亮度荧光显示管、仪表内荧光显示管等组成。仪表图像是由荧光显示器投影到风窗玻璃上的。在前风窗玻璃上设置有反光膜,高亮度荧光显示管把图像投射到反射膜上。

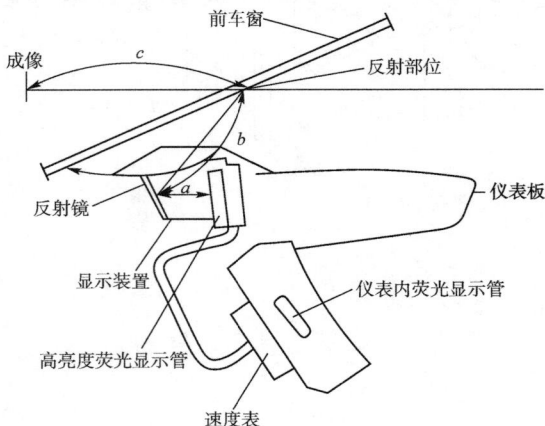

图 7-21　集成型 HUD 型显示结构原理

2 风窗玻璃型 HUD

WHUD 是利用光学反射的原理,将重要的行驶相关资讯投射在一片风窗玻璃上面由于风窗玻璃位于座舱前端,高度与驾驶员的眼睛成水平,投射的文字和影像调整在焦距无限远的距离上面,驾驶员透过 WHUD 往前方看的时候,能够轻易地将外界的景象与 WHUD 显示的资料融合在一起。WHUD 设计的用意是让驾驶员不需要低头查看仪表的显示与资料,始终保持抬头的姿态,降低低头与抬头之间忽略外界环境的快速变化以及眼睛焦距需要不断调整产生的延迟与不适。奥迪车型的 W 型 HUD 显示原理如图 7-22 所示。

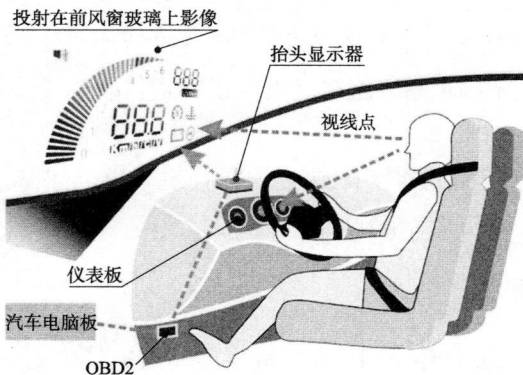

图 7-22　奥迪车型 HUD 结构原理示意图

WHUD 成像位置为:眼睛平视路面,影像投射路面2.9m,达到不低头就可以看重要信息的功能。显示的主要信息为:车速、导航、定速巡航、制动异常警示、机油缺失警示等,与仪表板显示的基本功能一样。

❸ HUD 的特点

1)提高了行车安全性

驾驶员不必低头,就可以看到信息,从而避免分散对前方道路的注意力,车速快的话每次低头都存在着很高的危险性,时速在100km/h 的情况下,每低一次头看仪表就相当于盲开了30～50m。同时,驾驶员不必在观察远方的道路和近处的仪表之间调节眼睛,可避免眼睛的疲劳。

2)提升驾乘感

HUD 显示器成像在风窗玻璃前方2m 处,可以让驾驶员在看到限速警示、加速、会车的同时无需低头从仪表板获取速度信息,瞬间完成仪表到外界目视参考的转换,极大提高了驾驶乐趣。

模块小结

(1)汽车仪表按其安装方式分为组合式与分装式两种。其中,组合式仪表就是将各仪表组合安装在一起;分装式仪表则是将各仪表单独安装。由于传统分立式仪表现已很少采用,现普遍使用的是组合仪表。

(2)汽车仪表按工作原理分为机械式、电气式、模拟电路式和数字式等种类。其中,数字式仪表则是由微处理器(ECU)采集传感器的信号,将模拟信号转换为数字信号,经分析处理后显示的仪表。现在市场上销售的各种车型均已普遍采用各种专用的数字式仪表。

(3)随着汽车智能系统的不断完善,汽车电气设备不断增加,采用总线技术的电控组合仪表已逐渐成为汽车仪表的主流,它能够根据传感器的信号确定车辆的行驶速度、发动机转速、冷却液温度、燃油量以及汽车其他工况数据,并将这些数据以数字或者图形的形式显示出来。为驾驶员提供简单易读的信息,为驾乘安全提供更加可靠的保证。

(4)汽车仪表系统的可靠度较高,在使用中发生故障的概率较低。采用电控组合仪表车型,对其维修的主要内容为仪表板网络模块的自检测,其作业方式与车载网络其他系统检测的方法和步骤基本相同。

模块八

空 调 系 统

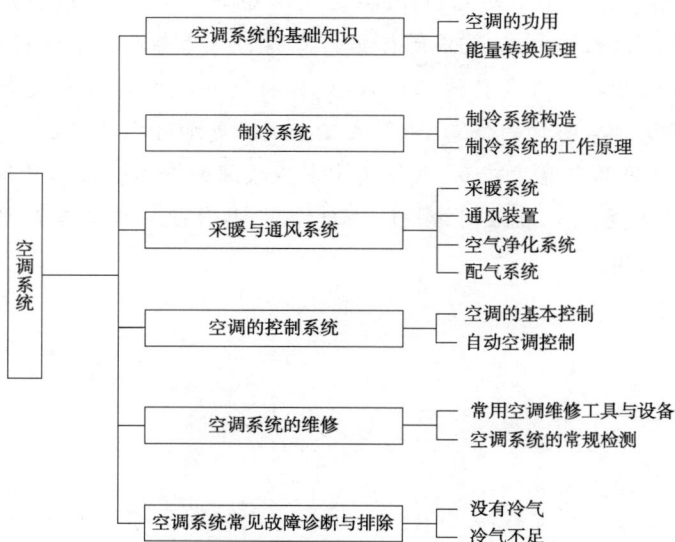

学习目标

1. 熟悉掌握空调系统的组成、功能与工作原理;
2. 掌握空调系统的维护技能;
3. 了解空调系统故障的判断与处置。

模块导航

空调系统
- 空调系统的基础知识
  - 空调的功用
  - 能量转换原理
- 制冷系统
  - 制冷系统构造
  - 制冷系统的工作原理
- 采暖与通风系统
  - 采暖系统
  - 通风装置
  - 空气净化系统
  - 配气系统
- 空调的控制系统
  - 空调的基本控制
  - 自动空调控制
- 空调系统的维修
  - 常用空调维修工具与设备
  - 空调系统的常规检测
- 空调系统常见故障诊断与排除
  - 没有冷气
  - 冷气不足

课题 1 空调系统的基础知识

汽车空调系统均采用冷暖气统一设计、集中控制模式,且具有控制车内温度、通风换气和过滤空气中的灰尘和杂质等功能。空调系统由制冷、采暖、通风和控制等部分组成,它们协同工作,以实现上述功能。

● 空调的功用

汽车空调能够使汽车车厢内部具有舒适的温度环境,保持汽车室内空气温度、湿度、风速、洁净度、噪声和余压等在舒适的标准范围内,有利于保护驾乘人员的身心健康,提高其工作效率和生活质量,对增加汽车行驶安全性具有积极作用,如图 8-1 所示。

当环境温度为30℃,在阳光直射到车厢内的情况下,行驶1h后,在中级轿车车厢内的温度变化为:		
位置	开空调的情况	不开空调的情况
头部	23℃	42℃
胸部	24℃	40℃
脚部	28℃	35℃

图 8-1 汽车空调可为驾驶员提供适宜的温度环境

❶ 制冷功能

车辆在夏季正常行驶时,会有大量的热量进入车内。这些热量来自于汽车发动机和阳光照射或是室外的高温空气。空调制冷系统的功能是将这部分多余的热量移到车外,以使乘客感到舒适。车内的环境被冷却降温的过程如图 8-2 所示。

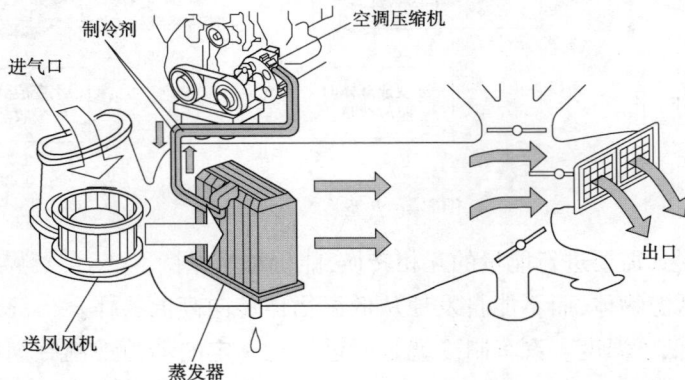

图 8-2 空调冷却的过程

❷ 采暖和通风功能

空调的暖气和通风装置用来使车厢内保持在舒适的温度范围内。冬天,车外的低温会使车厢过冷;夏天,外面的高温会使车厢过热。因此,为了使乘坐者舒适,汽车上须安装暖气和通风系统,如图8-3所示。

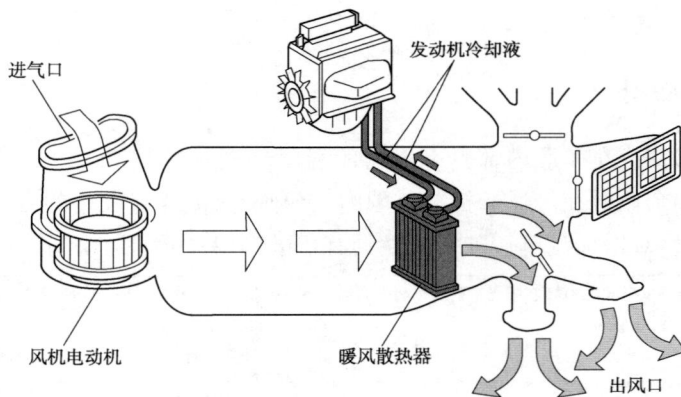

进气口
发动机冷却液
风机电动机
暖风散热器
出风口

图8-3　空调车内采暖和通风的过程

二、能量转换原理

由物理学知识可知,物体由一种状态到另一种状态需要进行能量转换。如冰化成水需要吸收热量,水再变成蒸汽也需要热量,而物体冷却就要失去热量。所以,汽车上采用了一种压缩式制冷系统。制冷剂在一个封闭的环路中循环,并且在液态与气态之间不断转换,变化过程如图8-4所示。

固体冰
冰变成液体时
吸收热量
水变成气体时
吸收热量

图8-4　热量形式的转换

物体的各种形式需要进行能量的互相转换,能量总量保持不变;自然界热量可以自发地从高温物体传向低温物体,而不能自发地从低温物体传向高温物体。当液体变成气体时吸收了热量,从而降低了温度。汽车制冷就是通过消耗一定的动力把制冷剂由气体转变成液体,然后再利用由液体转变成气体的过程中吸收外部热量,来达到给汽车制冷的目的,如图8-5所示。

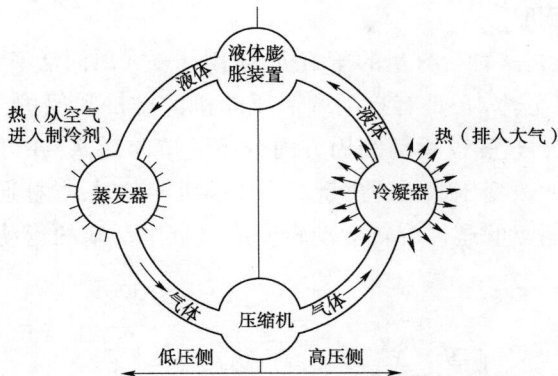

图 8-5 制冷循环流程

课题2 制冷系统

一 制冷系统构造

汽车空调制冷系统主要部分由制冷压缩机、冷凝器、储液干燥器、膨胀阀和蒸发器组成，如图 8-6 所示。

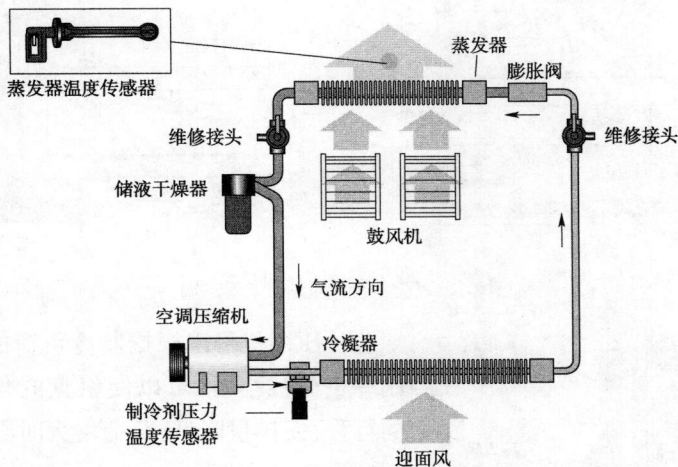

图 8-6 汽车空调制冷系统的组成

1 制冷压缩机

制冷压缩机的功能是将制冷剂由低压状态转化成高压状态，并提高其温度。制冷压缩机吸入蒸发器中低温、低压的气态制冷剂（冷媒），将气态制冷剂压缩成高温、高压状态并输入冷凝器、制冷压缩机。

按照压缩机运动形式和主要零件形状，压缩机可分为旋转斜盘式、摇摆斜盘式、涡管式、叶片式等类型，中、小型汽车的空调压缩机采用旋转斜盘式和摇摆斜盘式较多。

1)摇摆斜盘式压缩机

摇摆斜盘式压缩机是一种变排量的压缩机,采用往复式单向活塞结构,将 5 个(或 7 个)汽缸均匀分布在压缩机缸体内,具有自动调节压缩机的排量和保护功能的特点,其结构如图 8-7 所示。该压缩机通过斜盘驱动圆周方向分布的单向活塞,并可通过改变斜盘的角度来改变活塞的行程,从而改变压缩机的排量。当压缩机转动时,导杆通过直接连接轴的凸缘盘转动旋转斜盘,旋转斜盘的这种旋转运动转变成汽缸中活塞的运动,执行吸入、压缩和排出制冷剂的过程。

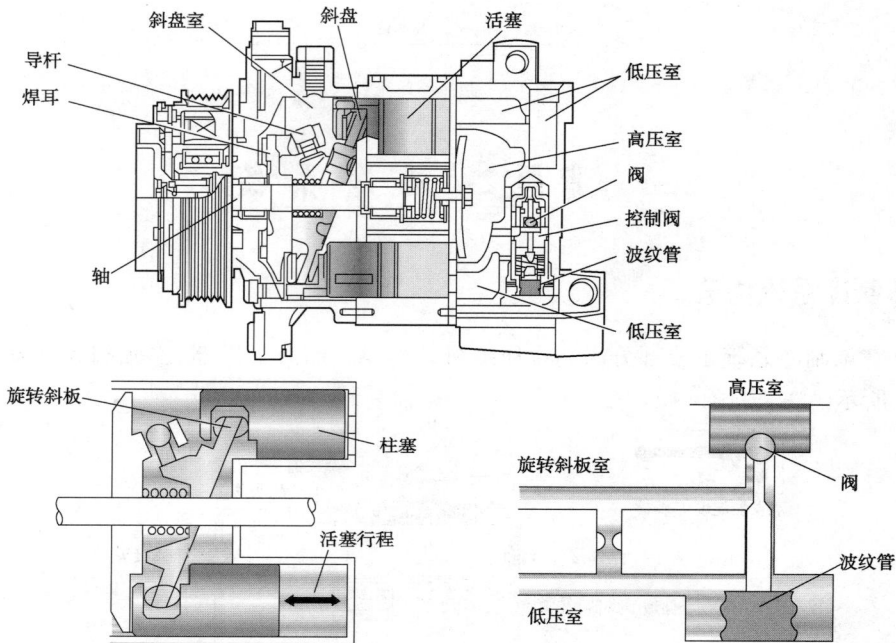

图 8-7　摇摆斜盘式压缩机基本结构

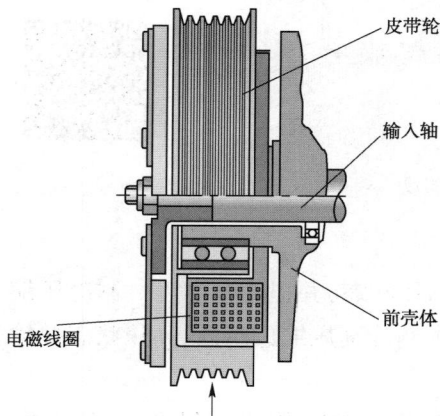

图 8-8　电磁离合器的结构

这种压缩机可以根据制冷负荷的大小改变排量,当制冷负荷减小时,可以使斜盘的角度减小,减小活塞的行程,使排量降低;负荷增大时则相反。

2)电磁离合器

电磁离合器由发动机通过传动皮带驱动,是连接发动机和压缩机的装置,根据制冷的需要断开或接通压缩机的动力。电磁离合器由定子(电磁线圈)、皮带轮、压缩机输入轴、前壳体等组成。离合器的芯棒和压缩机轴安装在一起,定子安装在压缩机的前室,如图 8-8 所示。

当电磁离合器开到"ON"时,电流通过定子线圈,使定子成为强磁体,定子以强磁力拉芯棒,使压缩机和皮带轮一起转动,如图8-9a)所示。当电磁离合器开到"OFF"时,电流不流过定子,芯棒不被拉住,只有皮带轮空转,如图8-9b)所示。

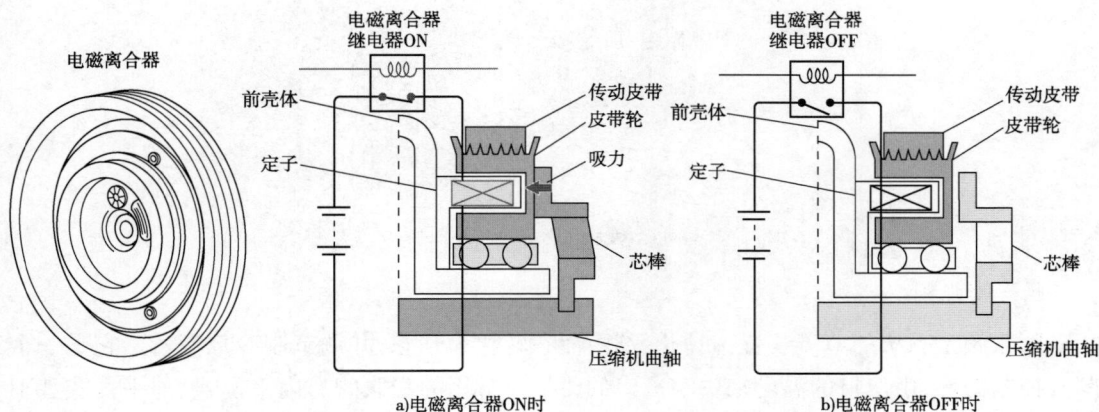

a)电磁离合器ON时　　　　　　b)电磁离合器OFF时

图8-9　电磁离合器"ON/OFF"时的电路

❷ 冷凝器

冷凝器是一种换热装置。冷凝器把来自压缩机的高温高压气态制冷剂通过管壁和翅片将其中的热量传递给冷凝器周围的空气,从而使高压高温的气态制冷剂冷凝成高压中温的液体。冷凝器由管和散热片组成,并安装在压缩机出口与储液干燥器入口之间,散热器的前表面上,带有铝制波纹片的空气冷却冷凝器最为普遍应用,如图8-10所示。

❸ 蒸发器

蒸发器也是一种换热装置,其利用低温低压的液态制冷剂蒸发时需吸收大量热量的原理,把通过它周围的空气中的热量带走,变成冷空气后送入车内,从而达到车内降温的目的。

蒸发器通常置于车内,属于直接风冷式结构,由箱、管和散热片组成。管子穿过散热片,形成小通道以便有良好的传热率。汽车空调制冷系统采用的蒸发器有管片式(图8-11)、管带式和板翅式等类型。

鼓风机将空气送入蒸发器,制冷剂从空气吸去热量、受热变成气体,空气经过蒸发器时被冷却,空气中的潮气被凝结并附在散热片上。潮气变成小滴并保存在滴水盘中,通过排水软管排出车外,如图8-12所示。

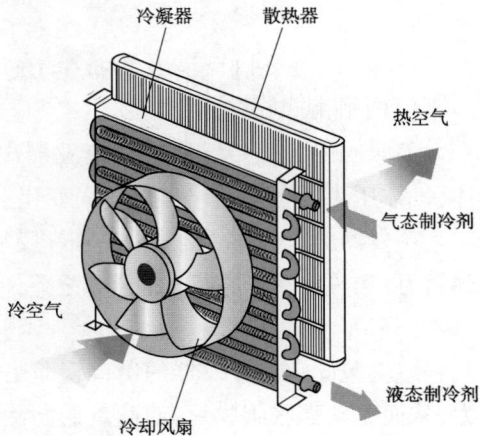

图8-10　冷凝器的作用

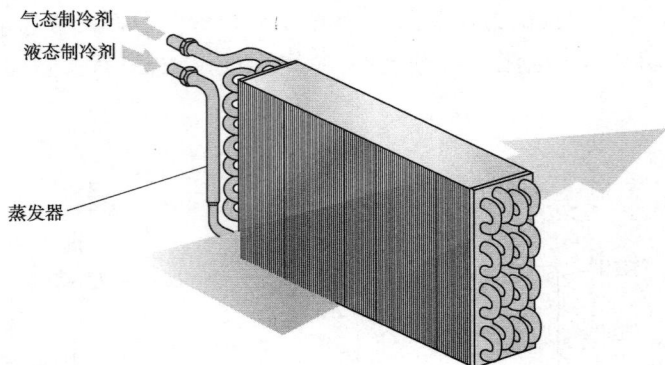

气态制冷剂
液态制冷剂
蒸发器

图 8-11　管片式蒸发器的工作过程

④ 膨胀阀

　　膨胀阀是系统的节流装置,使制冷剂由液态转化为气态,并调节制冷剂流量。它是一个闭合控制循环,由出口的温度来决定进口的流量。常用的膨胀阀有内平衡式、外平衡式和 H 型膨胀阀,用于中、低档汽车上。主要由膜片、毛细管、感温包等组成,如图 8-13 所示。

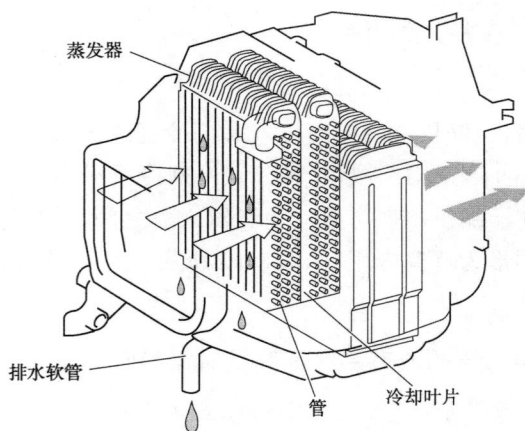

蒸发器
排水软管
管
冷却叶片

图 8-12　蒸发器的工作原理

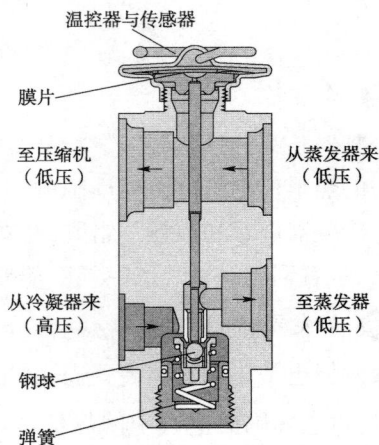

温控器与传感器
膜片
至压缩机
(低压)
从蒸发器来
(低压)
从冷凝器来
(高压)
至蒸发器
(低压)
钢球
弹簧

图 8-13　膨胀阀的结构

1)内平衡式膨胀阀

　　膨胀阀的温度传感件装在蒸发器出口外侧,在通向热传感管的膜片顶部,有制冷剂气体,气体压力随蒸发器出口温度而变化。

　　蒸发器出口的制冷剂压力施加在膜片的底部,膜片向上的压力(蒸发器出口制冷剂压力 + 弹簧力)和热传感管的制冷剂压力之差,使得针阀移动,调节制冷剂流量,如图 8-14 所示。

2)外平衡式膨胀阀

　　感温包固定在蒸发器的出口管即尾管上,感温包感应的是尾管温度,通过毛细管传递压力,从而驱动膨胀阀膜片,使适量的制冷剂进入蒸发器。蒸发器出口压力作用于膜片下侧,反映的不是蒸发器的进口压力,而是出口压力,这就是外平衡膨胀阀与内平衡膨胀阀的根本区别,如图 8-15 所示。

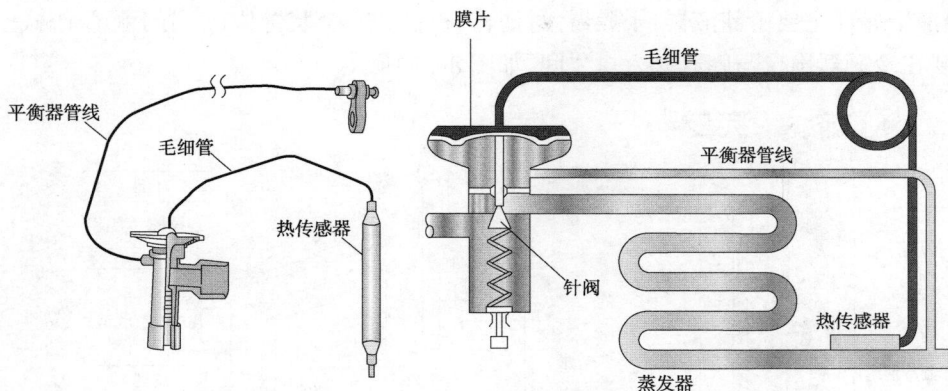

图8-14 内平衡式膨胀阀

3）H型膨胀阀

H型膨胀阀外观为长方体,因其内部通路形同"H"而得名,蒸发器进口管和尾管装在它的同一块右侧板上,而液体管路和回气管路同装在它的同一块左侧板上,温度传感器感受从蒸发器至压缩机的气流。随着制冷剂温度变化,传感器膨胀或收缩,直接推动阀门(钢球和过热弹簧)。H型膨胀阀的结构保证了低压侧压力直接作用于膜片下侧。任何形式的膨胀阀的作用,都是向蒸发器供应能在其内部完全蒸发的足够的制冷剂,它并不负责控制蒸发器的温度,如图8-16所示。

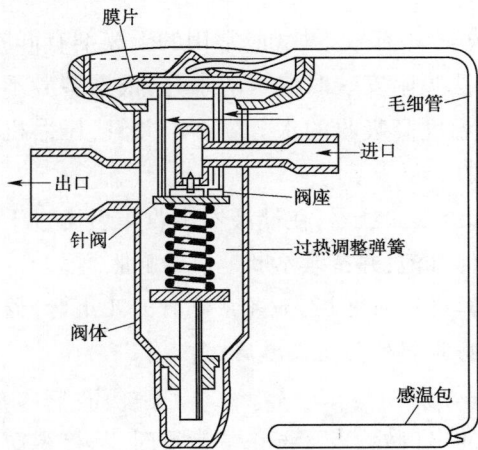

图8-15 外平衡式膨胀阀

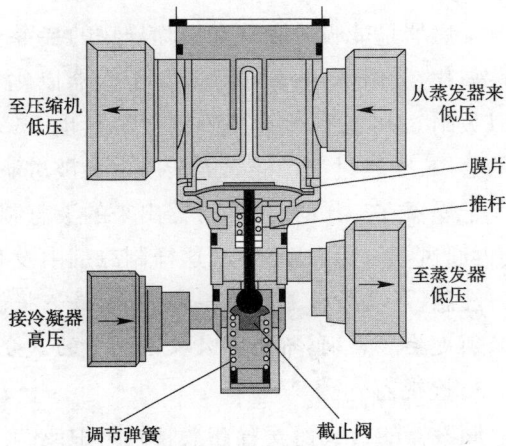

图8-16 H型膨胀阀

5 储液干燥器

储液干燥器用于膨胀阀式空调系统,安装在冷凝器出口与膨胀阀入口之间。储液干燥器相当于膨胀阀的"蓄水池",由于每次制冷循环的条件不同,如蒸发器有不同的热负荷,压缩机的转速不同等,每次进入循环的制冷剂量也不同。为了补偿这种波动,在制冷环路中增加了储液干燥器。

储液干燥器主要由储液器、干燥器、过滤器、视窗和安全装置构成,用于膨胀阀式空调系统,安装在冷凝器出口与膨胀阀入口之间,如图8-17所示。

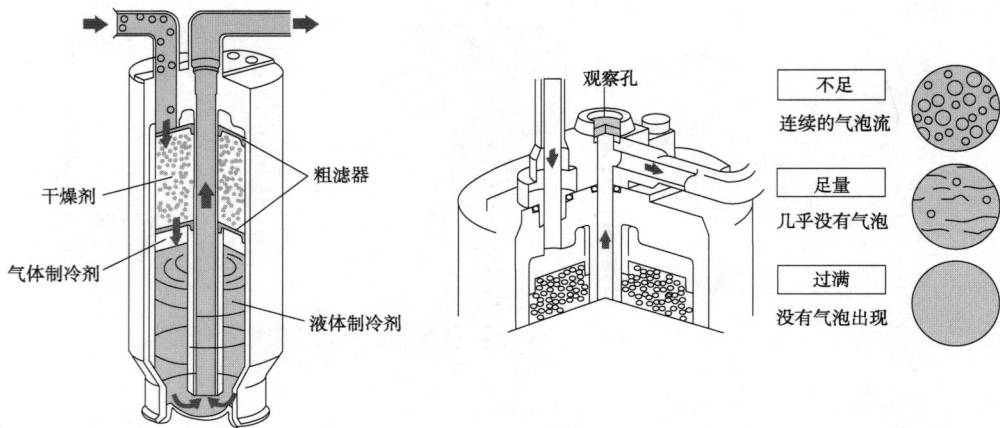

图8-17　储液干燥器的结构

1)储液器

储液器是一个钢质或铝质的压力容器,它能以一定的流量向膨胀阀输送液态制冷剂,储液器的容量一般约为系统工质体积的1/3,用于保持规定数量的液态制冷剂。

2)干燥器

干燥器是能吸收潮气和去除异物的装置。干燥器中存放干燥剂,常用的干燥剂有硅胶、活性氧化铝、硫酸钙、分子筛等。干燥器以化学方法吸附安装时混入的水分,根据型号不同可以吸附6～12g的水。另外温度对其也有影响,温度高吸收的水分就多。并且,压缩机产生的磨屑、安装过程中混入的杂质也会被过滤掉。

干燥器在工作时,由冷凝器出来的液态制冷剂流入储液器,在储液器中收集后流过干燥器,再通过立管流向膨胀阀,这样制冷剂内没有任何气泡,并持续不断地供给膨胀阀。

注意:每次打开管路更换部件时,最好将储液器也一同更换,如果系统打开几小时,储液器必须更换。否则,不能再吸收系统中的水分,在膨胀阀处易造成冰堵。

3)检视窗

储液器的检视窗安置在液管通路中或储液器的出口处,当系统正常运行时,从检视窗中可以看到没有气泡、稳定流动的液体。假如出现气泡或泡沫,则说明系统工作不正常或制冷剂不足。其检视窗有两个作用:一是指示系统中是否有足够的制冷剂,二是指示制冷剂是否有水分。

4)易熔塞

易熔塞是一种安全设施,一般装在储液干燥器的头部,用螺塞拧入。螺塞中间是一种铜铝合金,当制冷工质温度升到95～100℃时,易熔合金熔化,制冷剂溢出,避免了系统中其他部件损坏。

6 制冷剂

在制冷系统的蒸发器内蒸发并从被冷却物体中吸取热量汽化,然后在冷凝器内将热量传递给周围的介质而本身液化的工作物质称为制冷剂,又称为冷媒。

车用的制冷剂有 R12、R134a 等。从 1995 年起,所有新车型都必修使用 R134a 制冷剂。R12 被确认对大气臭氧层有破坏作用,将被逐步淘汰(仅用于老车款)并从 1996 年起禁止生产 R12 空调系统。R134a 制冷剂是一种无色、无味、不燃烧、不爆炸、基本无毒性、化学性质稳定的工作介质。其不破坏大气臭氧层,在大气中停留时间短,温室效应影响小,被广泛应用。由于 R134a 也存在一定的环保问题,新型的制冷剂如 CO_2、R11、R22 或这些物质的混合物或氨水,也开始逐渐作为替代物应用到汽车上。

1)制冷剂的工作循环

制冷剂作为空调系统中循环流动的工作介质,在制冷压缩机的作用下温度下降,然后再去冷却其他被冷却物质是一种"热载体"。它可根据空调系统的要求变化状态,实现制冷循环:

(1)压缩机排放出高温、高压的气态制冷剂。

(2)气态的制冷剂流入冷凝器。在冷凝器中,气态的制冷剂凝结成液体制冷剂。

(3)液体制冷剂流入储液罐,它存储和过滤液体制冷剂。

(4)过滤后的液体制冷剂流向膨胀阀,膨胀阀将液体制冷剂转变成低温、低压气/液混合物。

(5)低压的气/液制冷剂流到蒸发器,蒸发器中液体蒸发,穿过蒸发器芯的热空气流的热量传给制冷剂。在蒸发器中,所有的液体变成气态制冷剂,并且只有载热的气态制冷剂进入压缩机,然后循环过程重复。

2)制冷剂的特征

在低压下 R134a 可以低温蒸发,如果压力变高,即使在高温下它也保持液态不蒸发。汽车空调系统利用此特征,通过用压缩机加压使它便于液化。R134a 的压力和沸点变化曲线如图 8-18 所示。

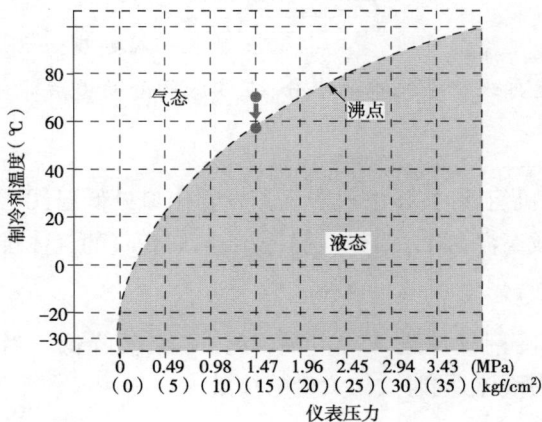

图 8-18 R134a 的压力和沸点变化

7 冷冻机油

冷冻机油又称压缩机油、冷冻润滑油,冷冻机油通过溶于制冷剂并在制冷系统中循环来润滑压缩机。冷冻机油是一种在高、低温工况下均能正常工作的特殊润滑油,起到润滑、冷却、密封作用,可降低压缩机噪声等。同时,冷冻机油还能够以非常快的速度吸收空气中的湿气,防止湿气损坏空调系统。

注意:用于 R134a 体系的冷冻机油与 R12 体系的冷冻机油不可互换。如果用了错误的油种,会导致压缩机咬死。

检修时,一旦制冷系统管路拆开(向大气敞开),制冷剂将逸出蒸发,并且被排出空调系统。然而,冷冻机油在室温下不蒸发,它几乎全部保留在系统中。为此,当更换例如储液器、蒸发器或冷凝器等部件时,必须给新部件加入与老部件原来的等量的冷冻机油。

二 制冷系统的工作原理

空调布置形式大体可以分成两种:膨胀阀式、节流孔管式,下面以膨胀阀式为例介绍空调系统的制冷工作原理。汽车空调制冷系统工作时,制冷剂以不同的状态在密闭系统内循环流动(图 8-19),每一循环包括 4 个基本过程。

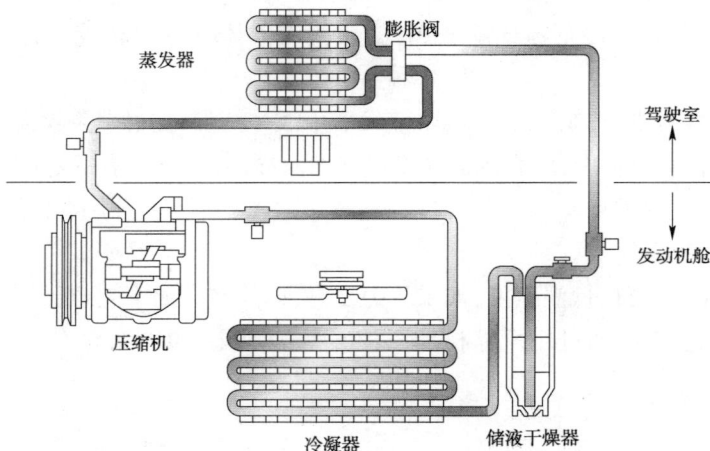

图 8-19 制冷系统工作原理

1 压缩过程

当发动机带动压缩机运转时,压缩机吸入蒸发器出口处低温(0℃)、低压(0.147MPa)的制冷剂气体,将其压缩成高温(70~80℃)、高压(1.471MPa)的气体排出压缩机。

2 冷凝过程(放热)

高温高压的过热制冷剂气体进入冷凝器,压力和温度降低。当气体的温度降至 40~50℃时,制冷剂气体变为液体,同时放出大量的热量。

3 膨胀过程(节流)

液态制冷剂流到储液干燥器后,在储液干燥器中除去水分和杂质,由管道流入膨胀阀。

温度和压力较高的制冷剂液体通过膨胀阀后体积变大,压力和温度急剧下降,以雾状(细小液滴)排出膨胀阀。

❹ 蒸发过程(吸热)

低温低压的雾状制冷剂进入蒸发器后,通过蒸发器的壁面吸收蒸发器表面周围空气的热量而沸腾汽化,从而可降低车内空气温度。在鼓风机的作用下,车内的冷、热空气加速对流,提高了空调制冷效果。在蒸发器内吸热汽化后的制冷剂蒸气再次被压缩机吸入,然后重复上述过程。

课题3 采暖与通风系统

一 采暖系统

采暖系统是对车内空气或进入车内的外部空气进行加热的装置,称为汽车暖风装置。汽车空调采用的冷暖一体化结构,它通过冷热风的混合,人为设定冷热风量的比例,通过风门开闭和调节,满足人们对舒适性的要求。并对车内空气或进入车内的外部新鲜空气加热,进行取暖、除湿、除霜和除雾。

小型汽车多采用非独立式采暖装置(又称发动机余热式),它是以发动机工作时的冷却液(或废气)为热源,通过一个热交换器和电动机组成的暖风机,加热流经暖风机的空气,使车内的温度上升。

水暖式采暖系统一般由控制开关、鼓风机、暖风水箱、循环水控制开关及相应的管路组成,如图8-20所示。需要暖风时,接通控制开关,循环水控制开关也自动接通,这样发动机的冷却液,开始在暖风水箱及管路中循环。鼓风机同时开始转动,冷风通过暖风水箱后变成暖风通过出风口吹向车内,使车内的温度上升。

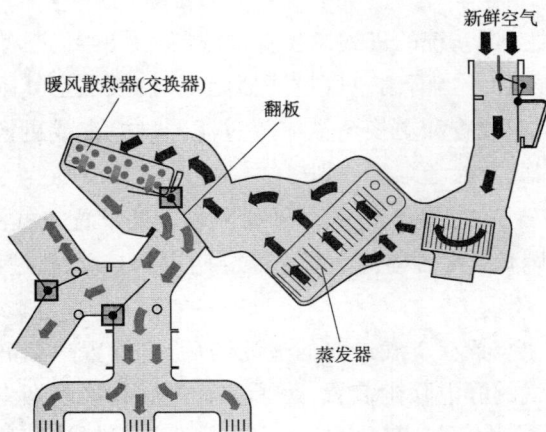

图8-20 水暖式采暖装置

二 通风装置

保持车内空气清洁是汽车空调的重要内容之一。要使空气清洁度达到一定要求,需要借助于通风与空气净化系统来实现。将外部的新鲜空气吸入车厢内,进行换气,调节车内的温度和湿度,防止风窗玻璃起雾。通风装置的通风方式一般有自然通风、强制通风和综合通风三种方式,如图 8-21 所示。

自然通风也称动压通风,它是利用汽车行驶时对车身外部所产生的风压为动力,在适当的地方开设进风口和排风口,以实现车内的通风换气。因此,乘用车的进风口设在车窗的下部正风压区,而排风口设置在汽车尾部负压区。

强制通风是利用鼓风机强制将车外空气送入车厢内进行通风换气。这种方式需要能源和设备,在备有冷暖气设备的汽车车身上大多采用通风、供暖和制冷的联合装置。

综合通风是指一辆汽车上同时采用动压通风和强制通风。采用综合通风系统的汽车比单独采用强制通风或自然通风的汽车结构要复杂得多。最简单的综合通风系统是在自然通风的车身基础上,安装强制通风扇,根据需要可分别使用或同时使用。

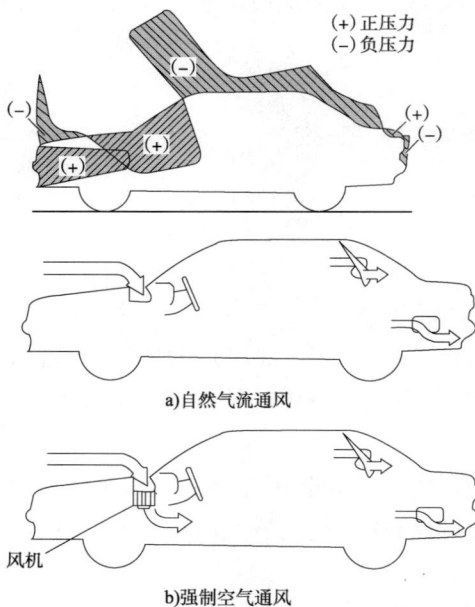

(+) 正压力
(−) 负压力

a) 自然气流通风

风机

b) 强制空气通风

图 8-21 车内通风模式

三 空气净化系统

为了净化车内进气,空调系统的进气口装有过滤器(图 8-22)。空气净化装置通常有空气过滤式和静电集尘式两种。当清洁空气过滤器阻塞时,吸入空气困难,导致空调效果差。为了防止这一情况,要定期检查和更换清洁空气过滤器。检查或更换空气过滤器的时间取决于车型或运行情况,因此要参考维修计划。

普通空气过滤式装置,在空调系统的送风和回风口处设置空气滤清装置,它仅能滤除空气中的灰尘和杂物,因此,其结构简单,只需定期更换或清理过滤网上的灰尘和杂物即可。

静电集尘式空气净化装置在空气进口的过滤器后,再设置一套静电集尘装置或单独安装一套用于净化车内空气的静电除尘装置,除了具有过滤和吸附烟尘等微小颗粒的杂质作用外,还具有除臭、杀菌、产生负氧离子以使车内空气更为新鲜洁净的作用。由于其结构复杂,成本高,所以,只用于高级汽车上。

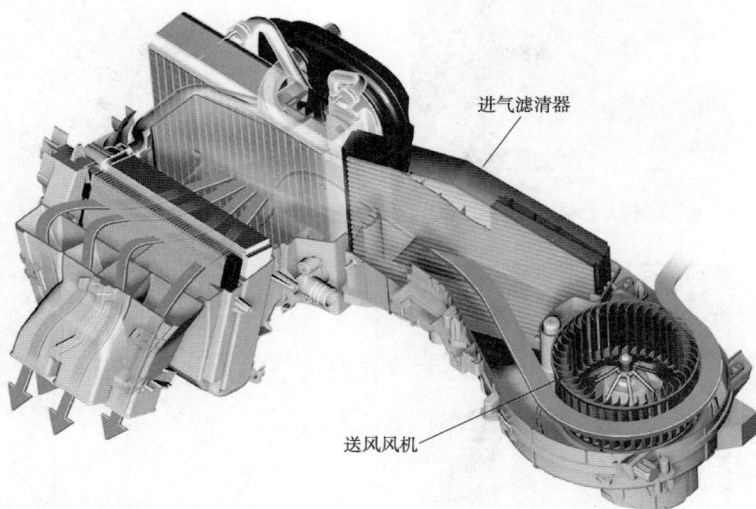

进气滤清器

送风风机

图8-22 大众车型空调系统空气滤清器

四 配气系统

汽车空调根据要求,可以将冷、热风按照配置送到驾驶室内满足调节需要,如图8-23所示。汽车空调三种典型的配气方式是:采暖、制冷、混合式,如图8-24所示。

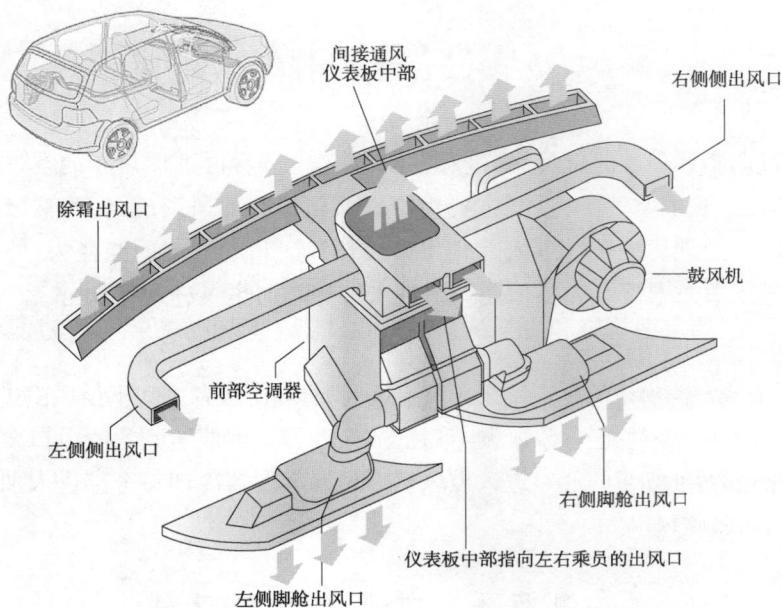

间接通风
仪表板中部

右侧侧出风口

除霜出风口

鼓风机

前部空调器

左侧侧出风口

右侧脚舱出风口

仪表板中部指向左右乘员的出风口

左侧脚舱出风口

图8-23 空调的配气系统

a)提供热风

b)提供冷风

c)提供通风(不制冷和加热)

图 8-24　典型配气方式的温度调节

❶ 空气混合式

该模式通过调整风门顺时针旋转,进蒸发器(冷空气)后再进加热芯的空气量随着风门旋转而减少,即被加热的空气少,这时主要由冷气吹出口吹冷风。反之,调整风门逆时针旋转,吹出的热风多,处理后的空气进入除霜出口或热风出口。气流的路径为:外气 + 内气→进入鼓风机→进入蒸发器冷却→由风门调节进入加热芯加热→进入各吹出口。

❷ 全热式

该模式中,由蒸发器出来的冷空气全部直接进入加热芯,两者之间不设风门进行冷热空气的混合和风量的调节。经过配气、温度调节后上述两种方式都能达到各吹风口要求的风量和温度。气流的路径为:外气 + 内气→进入鼓风机→进入蒸发器冷却→全部进入加热芯→由风门调节风量后进入各吹风口。

课题 4　空调的控制系统

随着汽车空调的普及,人们对空调的工作质量提出了更高要求,要求空调较低的噪声干扰、操作简便,要有较高的制冷效率及可靠性,这就需要对汽车空调进行适时精确的控制。

一 空调的基本控制

为了保证空调在发生故障时能正常地运行,减少对空调系统组件的损坏,空调系统采用来自各传感器或开关的信号,以便控制空调系统。构成空调基本控制的传感器和开关有:压力开关控制、蒸发器温度控制、传动皮带保护装置、压缩机双级控制系统、怠速提升控制和电扇控制等构成。

1 压力开关控制

压力开关检测制冷剂压力的异常上升并关掉电磁离合器,以便保护制冷循环系统中的组件,并停止压缩机操作,如图8-25所示。

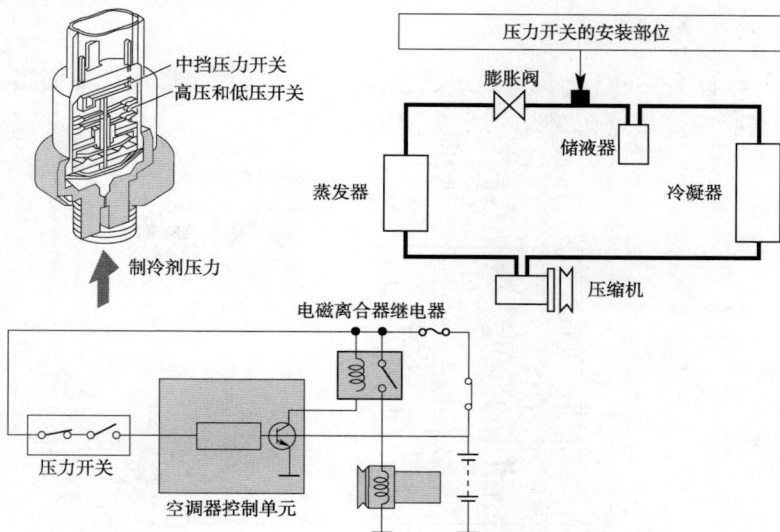

图8-25 压力开关控制电路

在制冷循环的高压侧安装一压力开关。当开关检测到制冷循环中的异常压力时,它将使压缩机停转以防止故障扩大,保护制冷循环中的组件。当制冷循环中制冷剂严重不足或由于漏气制冷循环中没有制冷剂,或压缩机油的润滑恶化等原因会导致压缩机卡住时,导致制冷系统压力异常低(小于0.2MPa)时,此压力开关关闭,电磁离合器断开。

当冷凝器冷却不够或当制冷剂加入量过多时,制冷循环中的制冷剂压力可能变得异常高,此情况可能会损坏制冷循环中的组件。当制冷剂压力异常高(超过31MPa)时,关闭压力开关,断开电磁离合器。

2 蒸发器温度控制

为了防止蒸发器起霜,用蒸发器的表面温度来控制压缩机的运转。该装置通过热敏电阻检测蒸发器的表面温度,当温度低到某种程度时,使得电磁离合器断开,保护制冷循环系统的组件,防止蒸发器降低到0℃结霜,如图8-26所示。

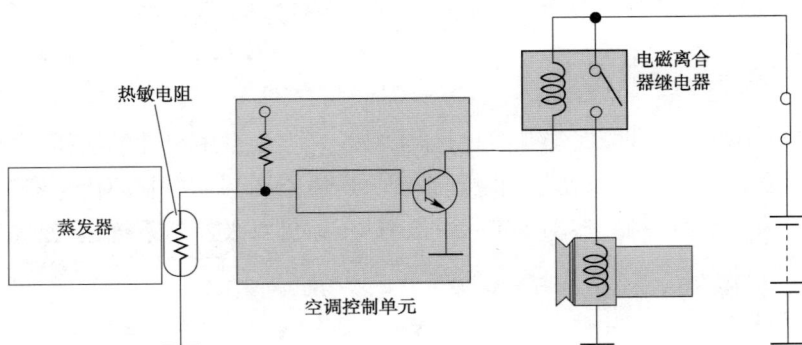

图 8-26 蒸发器温度控制

❸ 传动皮带保护装置

传动皮带保护装置检测压缩机的锁定状态,防止由于关掉电磁离合器而损坏传动皮带,并引起 A/C 开关指示灯从点亮变为闪烁,如图 8-27 所示。

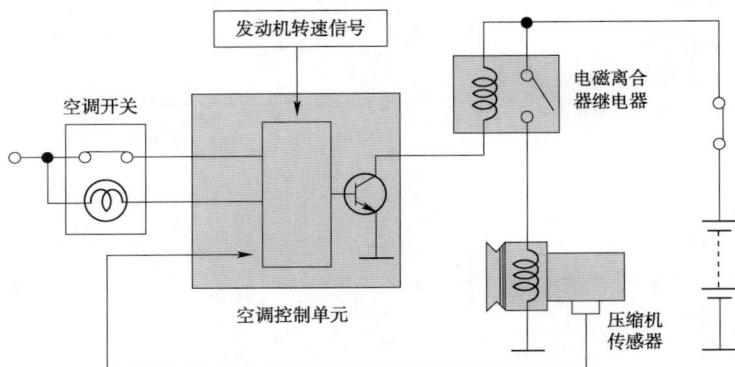

图 8-27 传动皮带保护

当动力转向装置的液压泵、发电机等装置与压缩机一起通过传动皮带驱动时,如果压缩机锁死并且切断传动皮带,其他装置也不能工作。该系统当压缩机锁定时,通过释放电磁离合器结合状态来防止传动皮带被切断。同时,此系统引起空调开关指示灯从点亮变到闪烁,通知驾驶员有此故障。

每次压缩机转动时,在速度传感器线圈内产生信号,控制单元通过计算信号的速度检测压缩机的运转。它比较发动机与压缩机的速度。如果差异超过某一值,ECU 使压缩机停转并断开电磁离合器。另外,ECU 使仪表板上的空调开关指示灯闪烁,通知驾驶员有此故障。

❹ 压缩机双级控制系统

压缩机双级控制系统控制压缩机的利用率,并改善燃料经济性和驾驶性能,如图 8-28 所示。该系统根据蒸发器温度,改变停止压缩机的时机并控制运转率,如果压缩机的运转率低,燃料经济性和驾驶感觉将被改善。

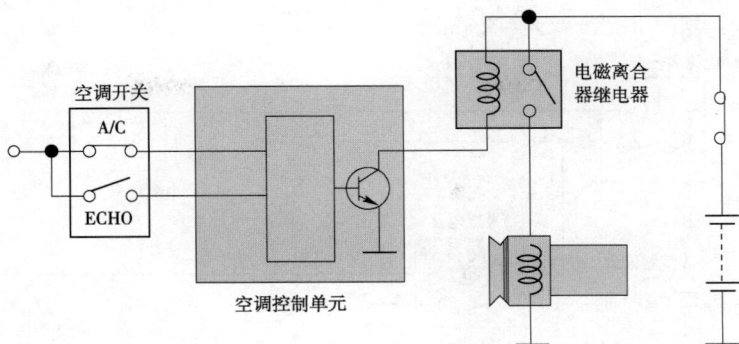

图 8-28　压缩机的双级控制系统

（1）当 A/C 开关打开时。检测到热敏电阻的温度大约低于 3℃时，压缩机断开；当它是 4℃或更高时，压缩机打开。此时制冷处于蒸发器不起霜的范围。

（2）打开 ECON（空调经济模式）开关时。当热敏电阻检测到温度大约低于 10℃时，控制并关掉压缩机，并在 11℃或以上时打开。因此，压缩机的运转率降低，冷却性能变弱。

⑤ 怠速提升控制

当空调系统运转的时候，它能稳定发动机怠速运转。在怠速状态，比如交通阻塞或停车期间，发动机输出功率小。在此状态下驱动压缩机，会使发动机过载并导致其过热或导致发动机熄火。因此，安装了怠速提升装置，使怠速转速高一点以便空调系统运转。

发动机 ECU 接到 A/C 接通信号时，将怠速控制阀打开少许，增加进气，使得发动机以合适的速度转动，如图 8-29 所示。

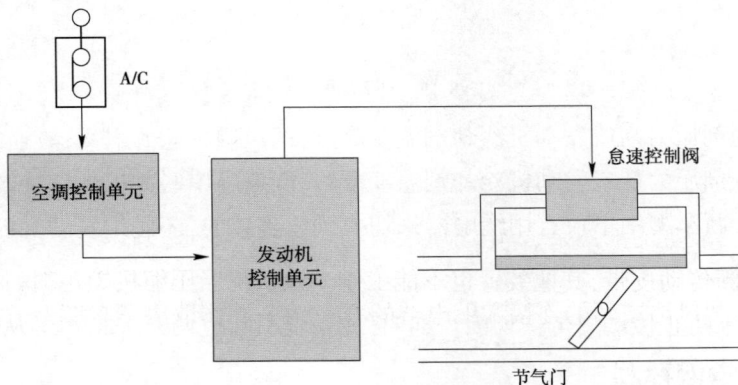

图 8-29　怠速提升控制

⑥ 电扇控制

当空调系统运转若要增加冷却能力时，一般采用风扇冷却空调冷凝器。该控制装置控制电扇并可改善冷却能力和燃料经济性，如图 8-30 所示。

在用风扇冷却散热器的车款中，一般装有两台风扇用于散热器和冷凝器，采用三级控制冷却能力（停止、低速、高速）。当空调运行时，两台风扇的连接根据制冷剂压力和冷却剂温度的情况切换到串联(低速)或并联(高速)。

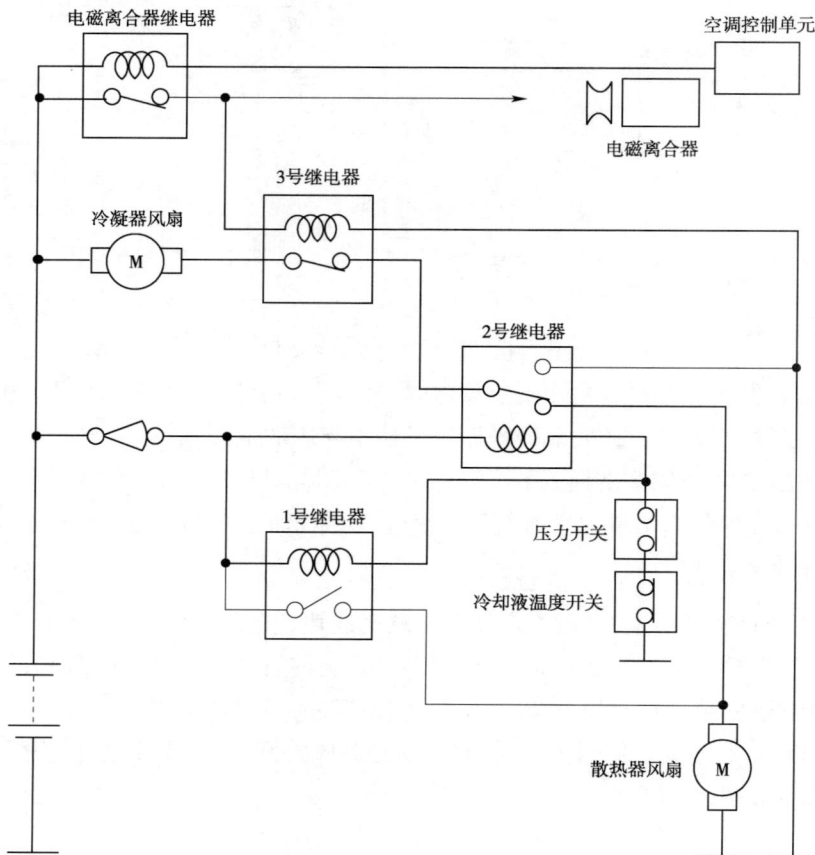

图 8-30　电扇的控制电路

(1)当制冷剂压力高或发动机冷却剂温度高时,两风扇并联并以高速旋转。

(2)当制冷剂压力低或发动机冷却剂温度低时,两风扇串联并以低速旋转。

(3)在部分新车型中不仅有用继电器来切换风扇连接的,还使用发动机控制单元调整流入电扇的电流值。

(4)继电器和风扇之间的连接和继电器的 ON/OFF 操作取决于车型设定。

⬤ 自动空调控制

自动空调不仅能按照乘员的需要送出温度、湿度适宜的风,而且能通过温度选择器设置要求的温度,并用 AUTO 开关来触发。用控制单元的自动控制来适时调整并保持预定的温度,极大地简化了驾驶员的操作,如图 8-31 所示。

自动空调系统由空调控制单元、发动机控制单元、控制面板、内部温度传感器、环境温度传感器、日照量传感器、蒸发器温度传感器、冷却液温度传感器、A/C 压力开关、空气混合伺服电动机、空气进口伺服电动机、气流伺服电动机、鼓风机等组成,如图 8-32 所示。

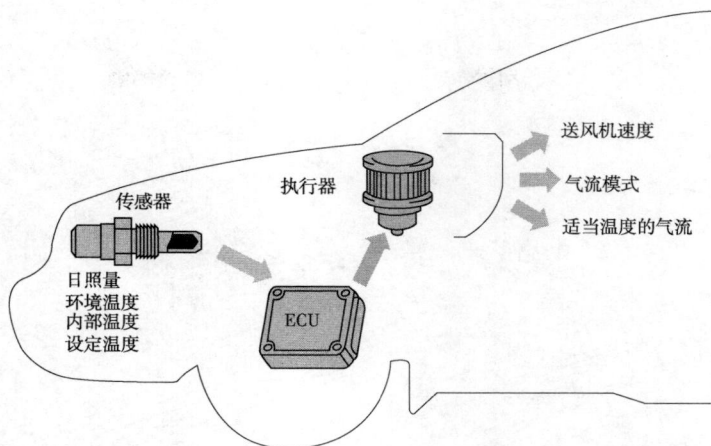

图 8-31　自动空调系统

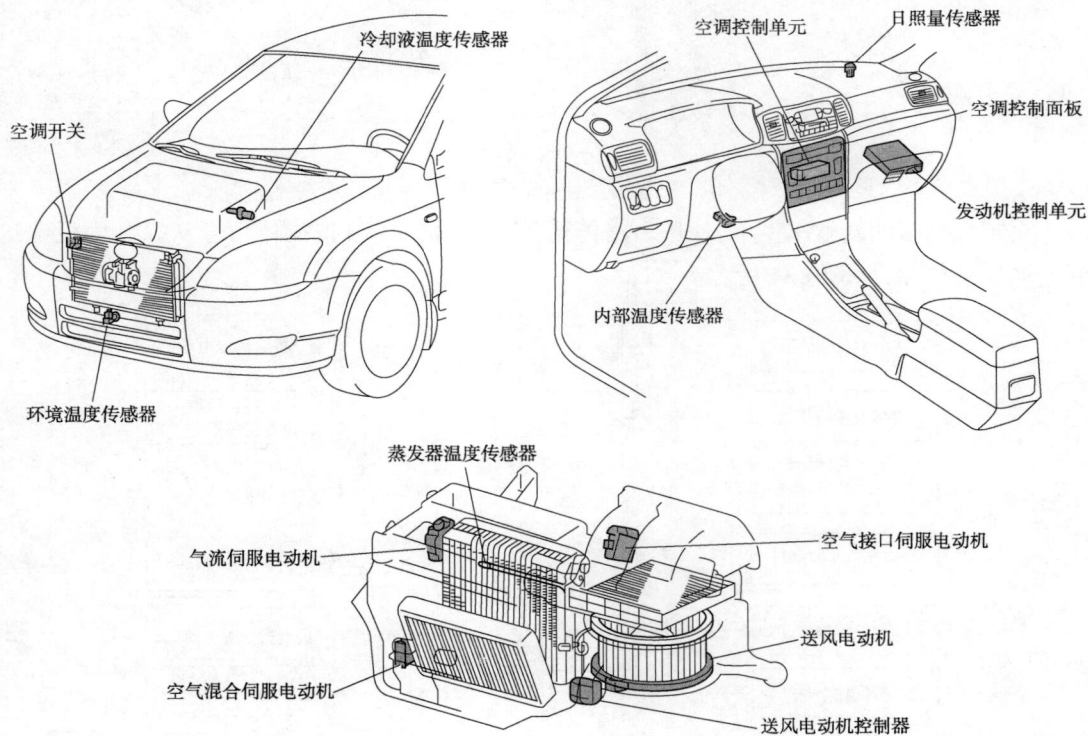

图 8-32　自动空调系统的结构

❶ 空调控制单元

　　空调控制单元计算要吹入车内的空气温度和气流量,并根据各传感器和设定温度决定使用哪个排风口。这些值用来控制空气混合挡板的位置、鼓风机速度和气流挡板的位置,如图 8-33 所示。

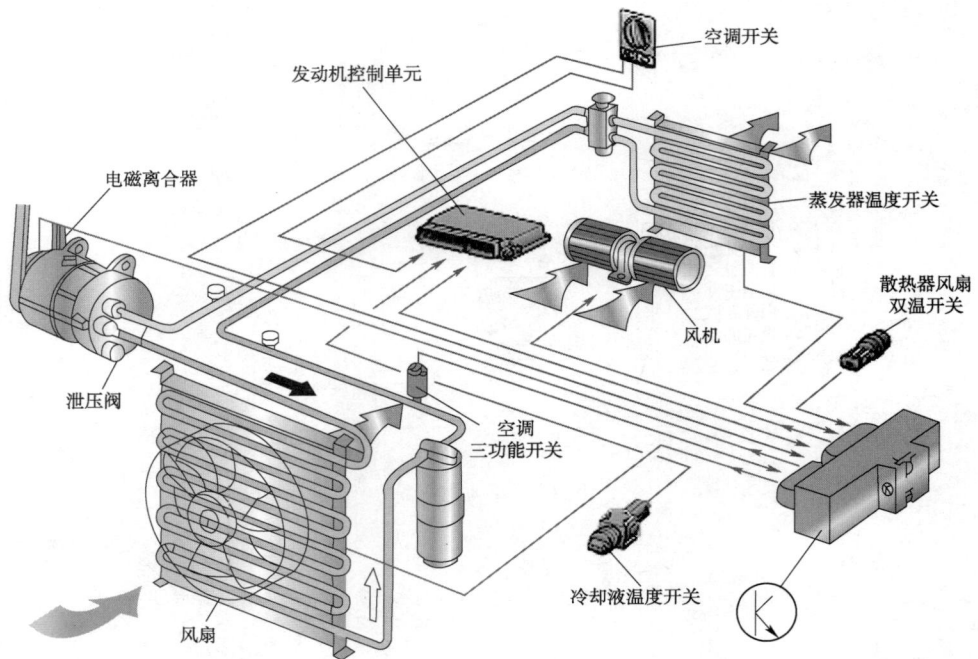

图 8-33　自动空调的控制

在越来越多的新款车型上,使用多路传输(多路通信系统)把操作信号从控制面板发送到空调控制单元,如图 8-34 所示。

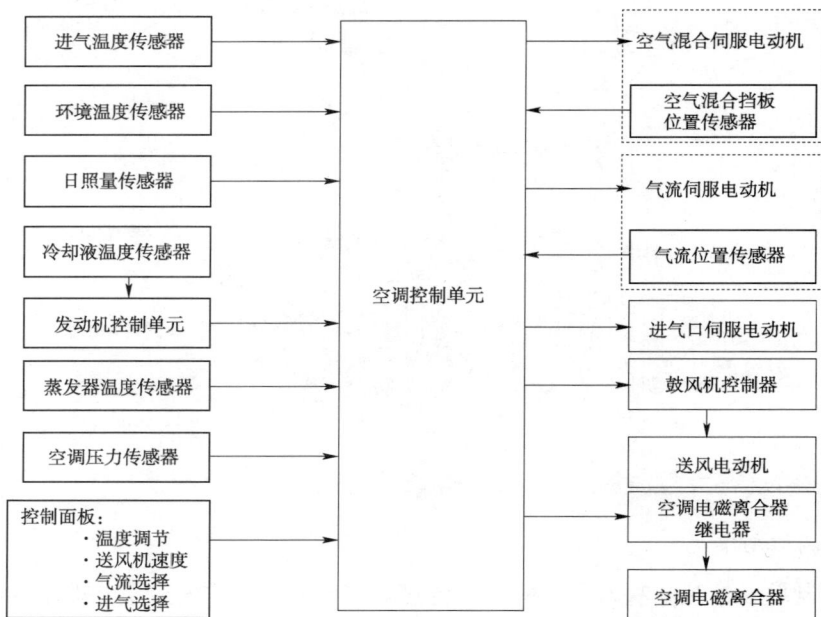

图 8-34　空调控制单元传感器及执行元件

2 传感器

（1）内部温度传感器。内部温度传感器使用热敏电阻并安装在带有通风口的仪表板处。此通风口利用送风机鼓风，吸入车辆内部空气以便检测内部平均温度。该传感器检测车厢内部的温度，把它用作温度控制的基础，如图 8-35 所示。

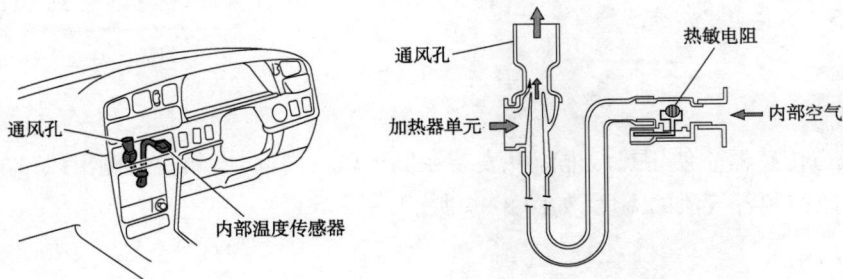

图 8-35　内部温度传感器

（2）环境温度传感器。环境温度传感器使用热敏电阻并安装在冷凝器的前面，如图 8-36 所示。它检测外部温度，即用来控制由外部温度波动所引起的内部温度波动。

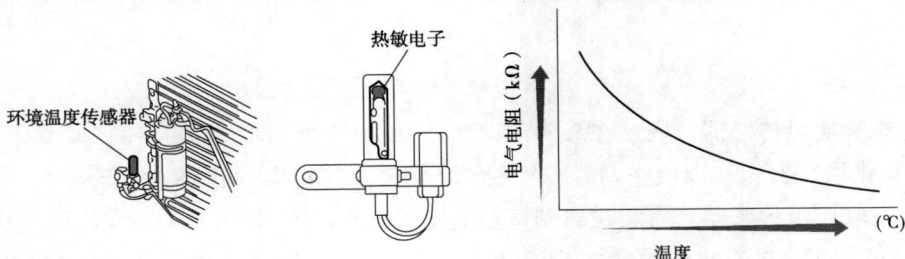

图 8-36　环境温度传感器

（3）蒸发器温度传感器。蒸发器温度传感器使用热敏电阻，安装在蒸发器上。它检测经过蒸发器的空气温度（蒸发器的表面温度），用于防冻、气流的温度和延时气流控制，如图 8-37 所示。

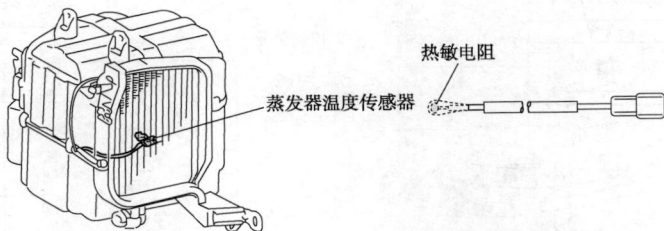

图 8-37　蒸发器温度传感器

（4）冷却液温度传感器。冷却液温度传感器使用热敏电阻。冷却液温度传感器信号由发动机 ECU 传送。冷却液温度传感器用于温度控制、预热控制和怠速控制等，如图 8-38 所示。

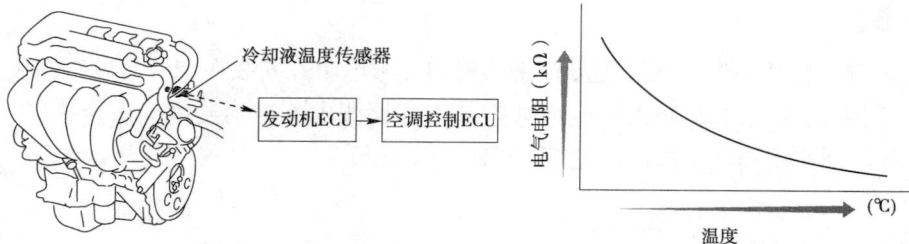

图 8-38   冷却液温度传感器

(5)风道传感器。使用热敏电阻并安装在侧出风口内部,检测吹向侧出风口的气流的温度,并精密地控制各气流的温度,如图 8-39 所示。

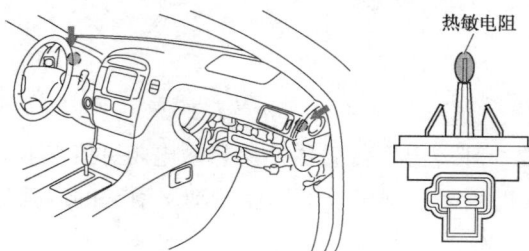

图 8-39   风道传感器

(6)烟雾通风传感器。安装在车辆前面部分,检测 CO(一氧化碳)、HC(碳氢化合物)和 NO_x(氮氧化物)的含量,以便在新鲜空气和循环空气之间切换,如图 8-40 所示。

(7)空气质量传感器。安装在驾驶室左前侧的排水槽内,如图 8-41 所示,用于检查至空调器的新鲜空气中的有害物质含量,探测可氧化和可还原的气体,如一氧化碳和氮氧化物。

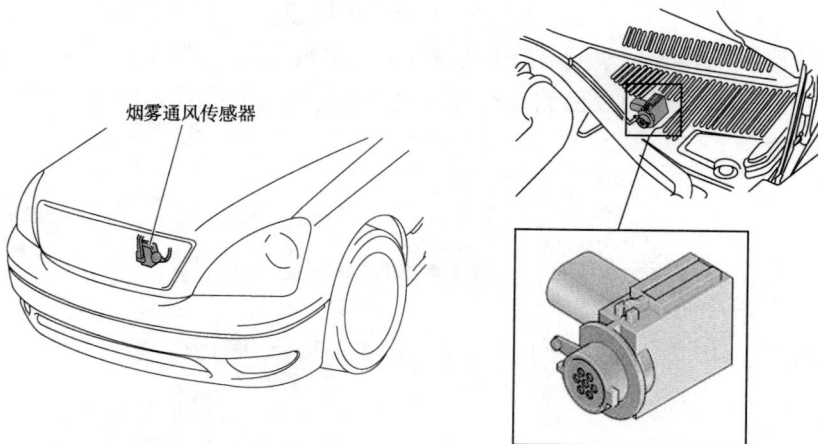

图 8-40   烟雾通风传感器

图 8-41   空气质量传感器

(8)日照量传感器。日照量传感器位于仪表板中部除霜出风口前的一个盖板下,如图 8-42 所示,它是一个主动式传感器,由恒温控制单元提供 5V 电压。日照量传感器位于一个光学元件内,有两个光电二极管,通过两个光电二极管的信号,空调管理系统可在车内空间进行空气调节时考虑日光照射的影响,这样即可抵消因日光直接照射对空气调节区的加热作用。

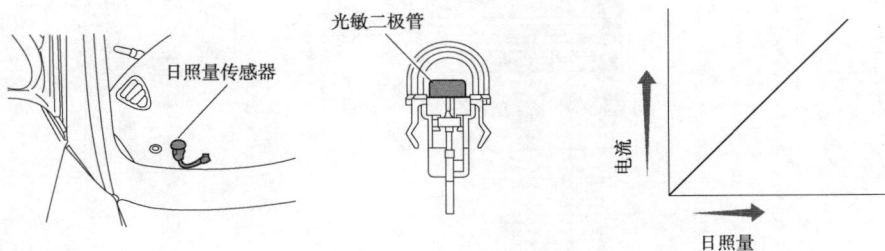

图 8-42 日照量传感器工作原理

❸ 执行单元

(1)空气混合伺服电动机。空气混合伺服电动机包括电动机、限位器、电位计和动触点等,它由 ECU 发出信号启动,如图 8-43 所示。

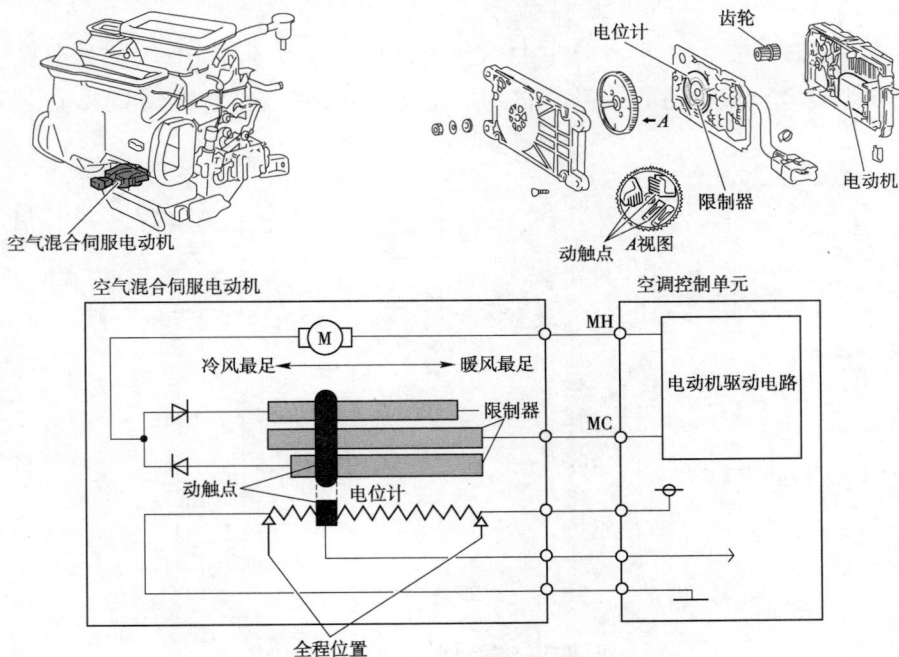

图 8-43 空气混合伺服电动机

当空气混合挡板被移到"HOT"位时,MH 端子为电源,MC 端子搭铁,伺服电动机开始动作进行调整。当 MC 端子成为电源 MH 端子搭铁时,伺服电动机反向旋转将混合挡板移到"COOL"位,如图 8-44 所示。伺服电动机转动时,电位计的动触点同步移动,根据挡板的位置产生一个电信号,并将挡板的实际位置反馈回 ECU。当挡板达到要求的位置时,空气混合伺服电动机断开到伺服电动机的电流。

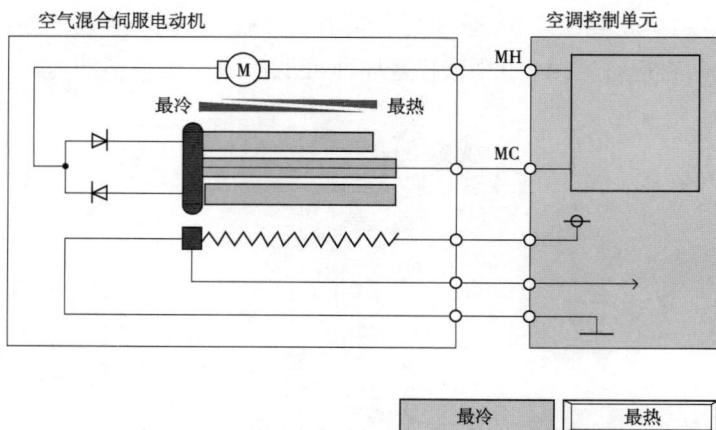

最冷　　　　　　　最热

图 8-44　空气伺服电动机在 COOL 位置

空气混合伺服电动机安装有一个限制器,当全行程动作被触发时,它将断开到电动机的电流。当与伺服电动机旋转同步移动的动触点到达全行程位置时,电路被开路使电动机停止工作。

(2)空气进口伺服电动机。空气进口伺服电动机包括电动机、齿轮、移动盘等。按下进气调节开关将起动伺服电动机,允许电流到电动机并转动进气口挡板,如图 8-45 所示。

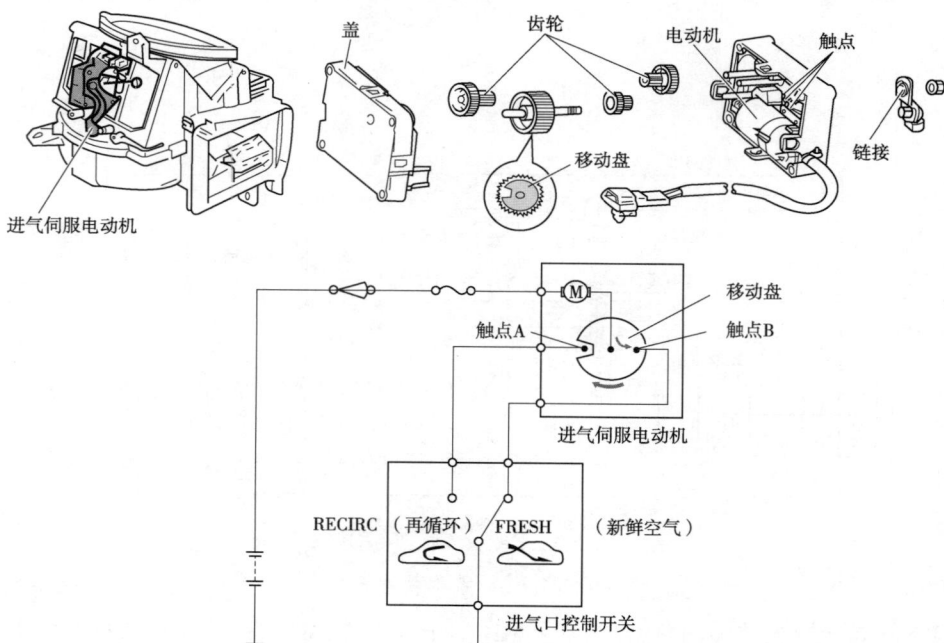

图 8-45　空气伺服电动机

当挡板变换成"FRESH"或"RECIRC"位置时,与电动机连接的移动板被释放,并且电路开路,以便停下电动机,如图 8-46 所示。

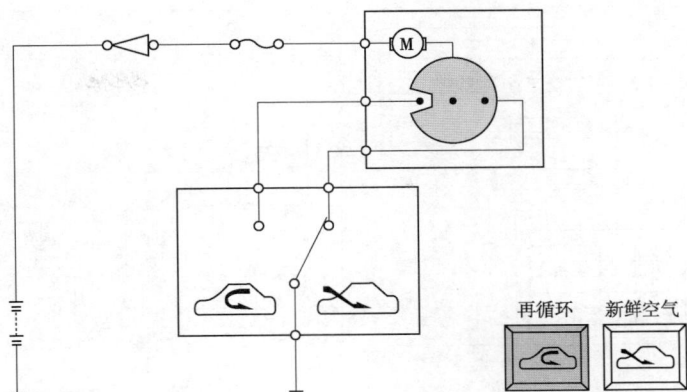

图 8-46 空气进口伺服电动机工作原理

（3）气流伺服电动机。气流伺服电动机包括电动机、动触点、电路板、电动机驱动电路等，如图 8-47 所示。

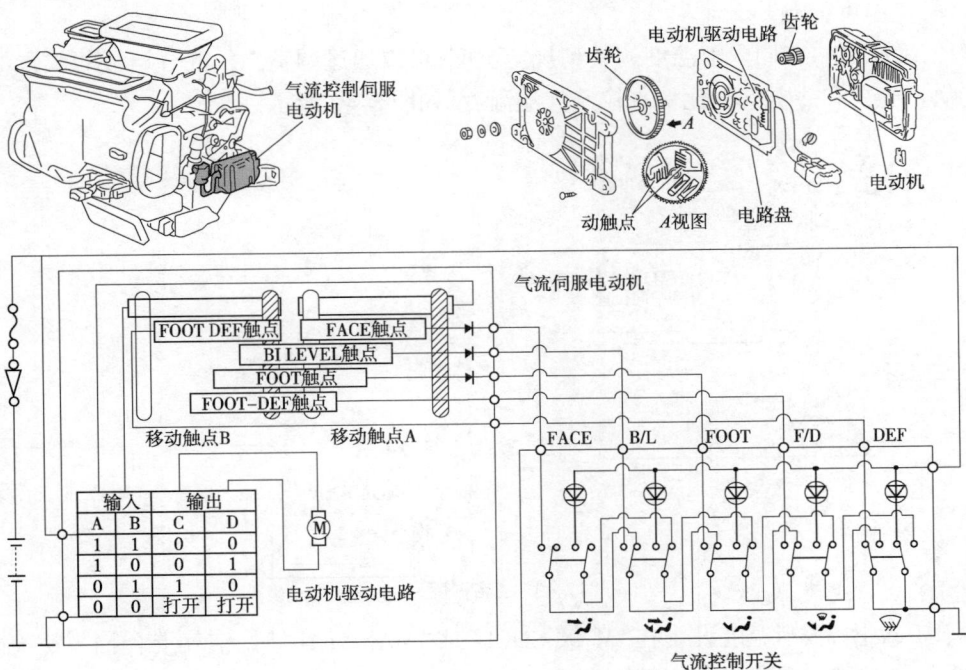

图 8-47 气流伺服电动机结构

当操作气流调节开关时，电动机驱动电路将决定挡板位置是向右或是向左移动，确定流经电动机的电流方向，以便移动链接到电动机上的动触点。当按照气流调节开关的位置将动触点移动到位时，与电路板的接触将被释放，电路开路，电动机停止工作，如图 8-48 所示。

④ 自动空调的控制原理

由于各车型自动空调的控制设计有一定的差异，这里以丰田车型的自动空调进行介绍。

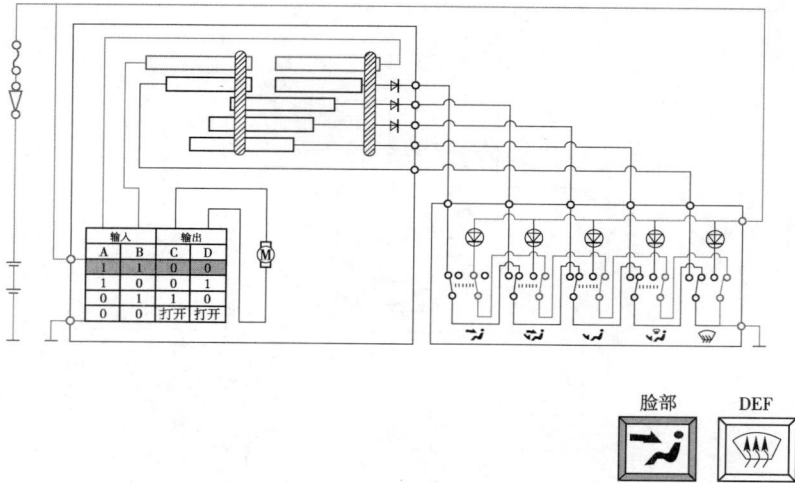

输入		输出	
A	B	C	D
1	1	0	0
1	0	0	1
0	1	1	0
0	0	打开	打开

脸部　　DEF

图 8-48　气流伺服电动机工作原理

1）气流温度控制

为了迅速地将车厢内部温度调整到规定温度，可以通过调整空气混合挡板的位置（开放度）变化热空气和冷空气的比例来控制气流温度，如图 8-49 所示。

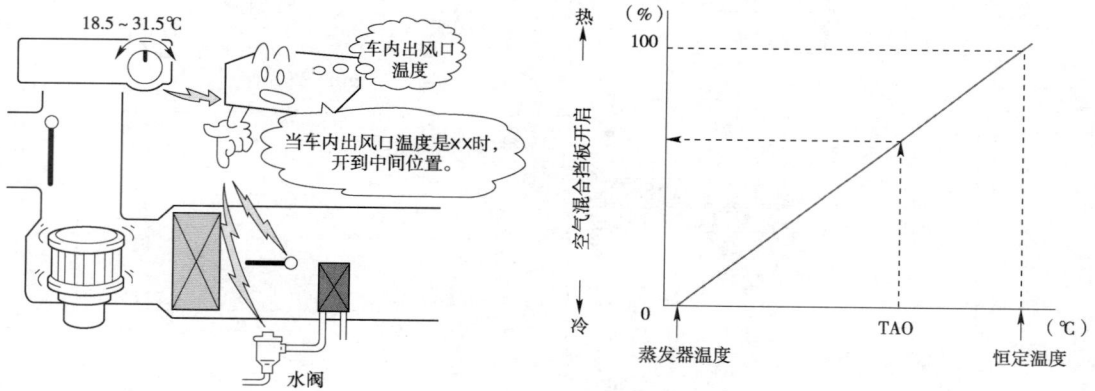

图 8-49　气流温度控制

（1）MAX 控制：当温度设置在"MAX COOL"或"MAX HOT"时，空气混合挡板被充分地开到"COOL"侧或"HOT"侧，不管车内空气出口温度的值如何，这便是"最冷控制"或"最热控制"。

（2）正常控制：当温度被设置在 18.5～31.5℃时，根据车内空气出口温度的值控制空气混合挡板位置，以便将内部温度调整到规定温度。

（3）ECU 起动伺服电动机控制空气混合挡板的开启度，将实际的挡板开启度调整到目标开启度（由电位计测得）。

$$目标挡板开启度 = \frac{车内空气出口温度 - 蒸发器温度}{制冷剂温度 - 蒸发器温度} \times 100\%$$

2)左/右单独的空调控制

在部分车型上,可以根据驾驶员侧和前乘客侧的各自温度设置单独的执行温度和气流控制,以下述方法执行温度和气流控制。

(1)用挡板控制:在左右侧各装有一个空气混合挡板以便能单独地进行温度控制,如图 8-50 所示。

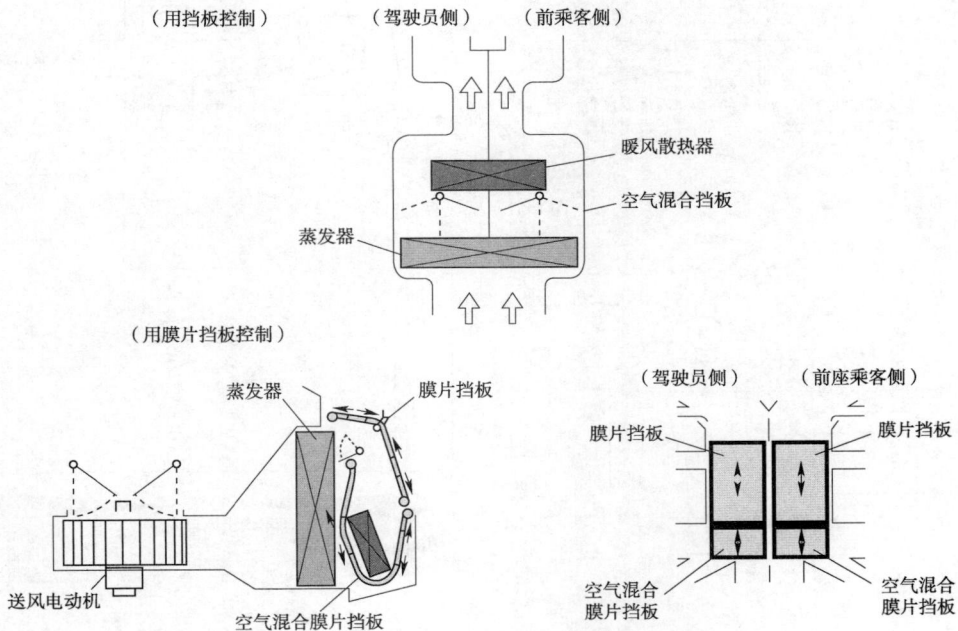

图 8-50   用挡板控制气流温度

(2)用薄膜挡板控制。步进电动机缩回带有孔的薄膜挡板,并调整孔的位置,以便进行单独的温度和气流控制。不是所有的车辆均使用风道传感器对左、右通风口单独地进行温度控制。在部分车型上,即使车辆使用了挡板(板式),气流控制也对左右侧气流进行独立的控制。

3)气流控制

当空调在加热器和冷却器之间切换时,空调模式自动切换到要求的空气流量,如图 8-51 所示。气流控制以下述方式切换:

(1)降低内部温度时:FACE。

(2)当内部温度被稳定在设置温度左右时:Bl – LEVEL。

(3)当加热内部时:FOOT。

4)车内风机转速控制

车内风机通过鼓风机内部温度和驾驶员设置温度之间的差值,自动调整鼓风机速度,来控制风量,如图 8-52 所示。当存在大的温差时:鼓风机速度 Hi(高)。当存在小的温差时:鼓风机速度 LO(低)。

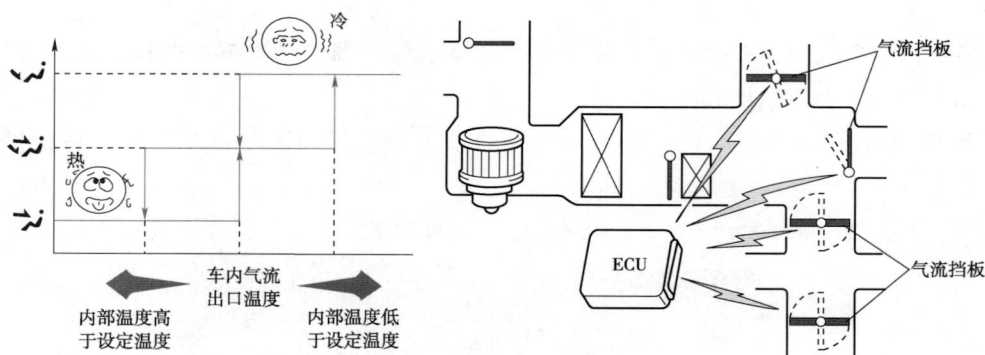

图 8-51　气流控制

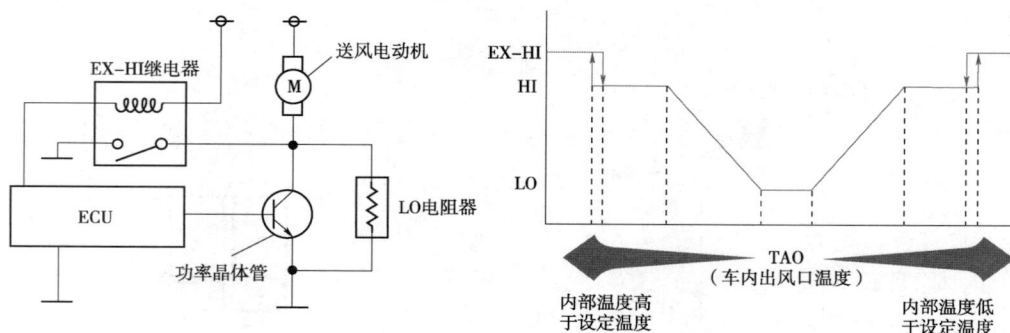

图 8-52　车内鼓风机转速控制

（1）自动控制。通过调整功率晶体管基极电流来控制到鼓风机的电流。根据内部温度和设置温度之间的差距,用车内空气出口温度的值连续控制鼓风机速度。

（2）EX－HI 继电器控制。当需要最大鼓风时,EX－HI 继电器直接使电动机搭铁。由于此继电器避免了功率晶体管产生的电压损失,"节省"的电压可以用来产生最大的鼓风机速度。

（3）手动控制。可以通过手动设置鼓风机速度选择器来调整鼓风机速度。

图 8-52 电路中 LO 电阻器的功能为:当鼓风机起动时,有大量电流流过。为了保护功率晶体管,在功率晶体管打开前,由 LO 电阻器首先吸收电流。

5）延时气流调节

当车辆停放于烈日下很长时间,空调在起动后立即排放的是热空气。此延时气流调节功能就可防止这种问题出现。

（1）当蒸发器温度高于30℃时,如图 8-53 所示,延时控制可使压缩机开启后鼓风机仍处于关闭状态大约4s,使冷却部件内部的空气冷却下来。在其后的大约5s,它使鼓风机以低速运行,将冷却单元内的冷空气释放进车内。

（2）当蒸发器温度低于30℃时,如图 8-54 所示,延时控制使送风机低速运行大约5s。

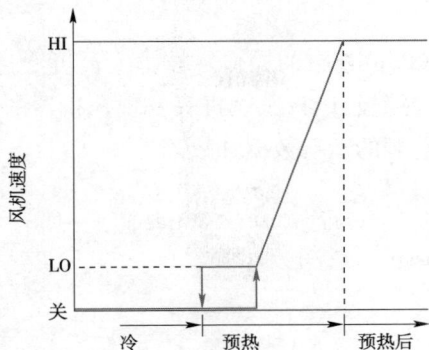

图 8-53 当蒸发器温度高于 30℃时

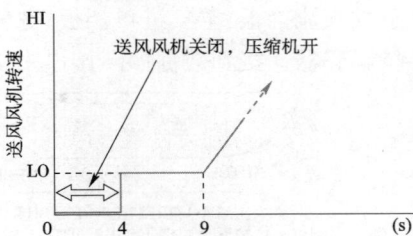

图 8-54 当蒸发器温度低于 30℃时

6）进气控制

进气控制一般用于引入外部空气。当内部温度与设定温度的差距很大时,进气控制自动切换到内部空气循环模式,以便有效地冷却,如图 8-55 所示。

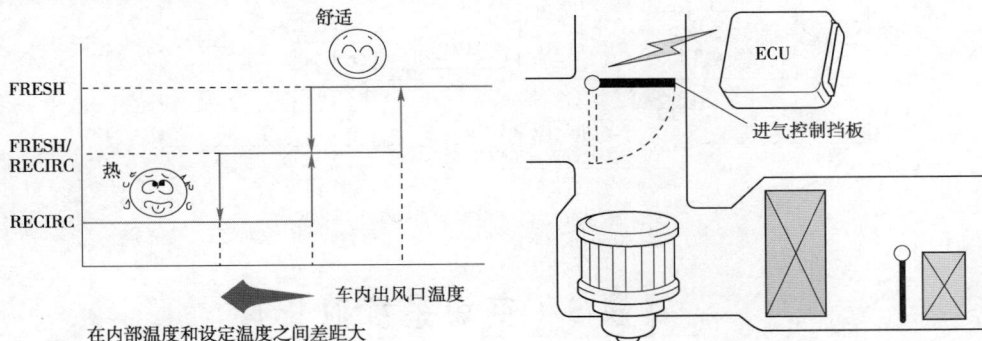

图 8-55 进气的自动控制

进气控制用下列方式运行:

（1）正常时:FRESH。

（2）当内部温度高时:RECIRC。

（3）在部分车型上,如果烟雾通风传感器检测到外部空气中 CO、HC 和 NO_x 超过规定水平时,进气控制也自动地切换到 RECIRC（循环）。

（4）当空气流量选择"DEF"模式时,进气控制自动切换到 FRESH（新鲜空气）。

7）自诊断系统

在自诊断系统中,ECU 将指示器、传感器和执行器存在的所有异常传送到控制板向技术人员显示。这个系统对于诊断很有用,因为即使点火开关关掉,自诊断结果也保存在存储器中。如图 8-56 所示,操作开关可以进行各种检查。

（1）传感器检查。可以检查以前和当前的传感器故障。当发现一个以上的故障时,按A/C 开关可以一一查看所有的故障。如果在车库内检查日照量传感器时,可能会显示开路、要将日照量传感器置于白炽灯下（荧光灯下没有用）或户外检查日照量传感器。在部分车型上,蜂鸣器发声表示是当前故障。

(2)执行器检查。将模拟输出发送到执行器以检查它的操作。技术人员可通过从 ECU 发送信号触发气流挡板、空气进口挡板、空气混合挡板、运行压缩机等发现执行器的故障,也可以将手持解码器连接到数据诊断接口来检查空调的运行数据和故障。

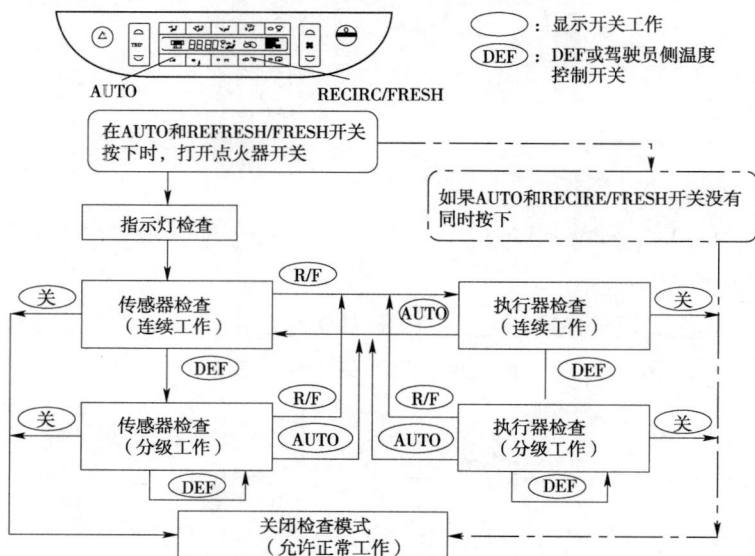

图 8-56 自动空调的自诊断

课题 5 空调系统的维修

在汽车空调系统维修中,经常要对其进行抽真空、检漏、充注或者排放制冷剂等操作,这就要求操作者须熟悉掌握汽车空调检修中需要的各种专用工具,如歧管压力表、制冷剂注入阀、真空泵、检漏仪、制冷剂回收与充注设备、成套维修工具等,同时还要掌握汽车空调系统的检漏方法。在这基础之上,依据不同的设备和方法,进行具体的操作。

一、常用空调维修工具与设备

❶ 歧管压力表

歧管压力表是维修汽车空调系统必不可少的重要设备,空调系统维修的基本作业,例如,充注制冷剂、添加冷冻机油、系统抽真空等都离不了歧管压力表组件,汽车空调系统故障诊断与排除中也需要此设备。

1)歧管压力表结构

歧管压力表(图 8-57)由两个压力表(低压表和高压表)、两个手动阀(高压手动阀和低压手动阀)、三个软管接头(一个接低压工作阀,一个接高压工作阀,一个接制冷剂罐或真空泵吸入口)组成,这些部件都装在表座上,形成一个压力计装置。

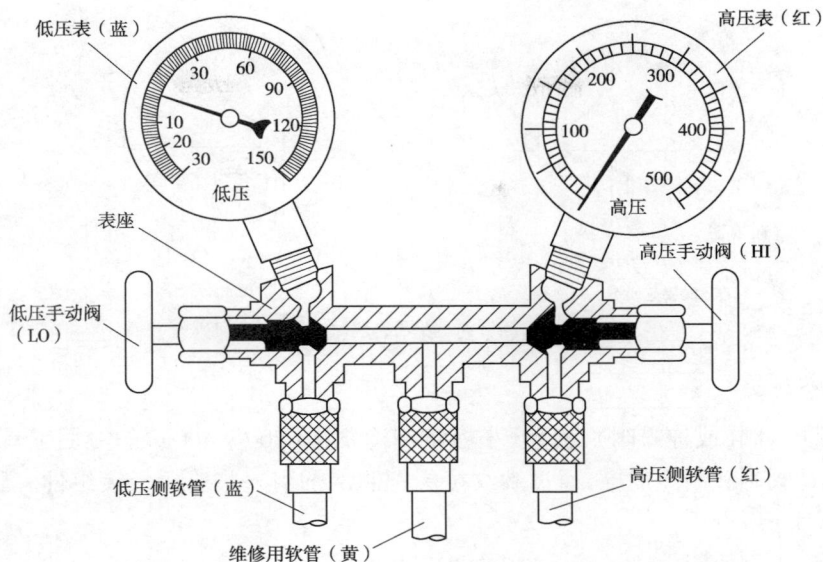

图 8-57　歧管压力表结构

低压表用来检测系统低压侧压力,可以读出压力和真空度。在空调系统工作时,低压侧系统工作压力一般为 103 ~ 241kPa。高压表用来指示系统高压侧压力。在正常情况下,高压侧系统工作压力一般为 1103 ~ 1517kPa。

2)歧管压力表的使用方法

(1)当高压手动阀 B 和低压手动阀 A 同时全关闭时,可以对高压侧和低压侧的压力进行检查,如图 8-58a)所示。

(2)当高压手动阀 B 和低压手动阀 A 同时全开时,全部管连通。如果接上真空泵,便可以对系统抽真空,如图 8-58b)所示。

(3)高压手动阀 B 关闭,而低压手动阀 A 打开时,可以从低压侧充注气态制冷剂,如图 8-58c)所示。

(4)当低压手动阀 A 关闭,而高压手动阀 B 打开时,可使系统放空,排出制冷剂,也可由高压侧充注液态制冷剂,如图 8-58d)所示。

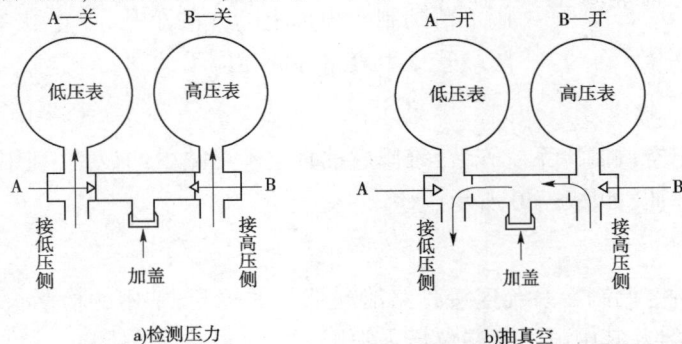

图　8-58

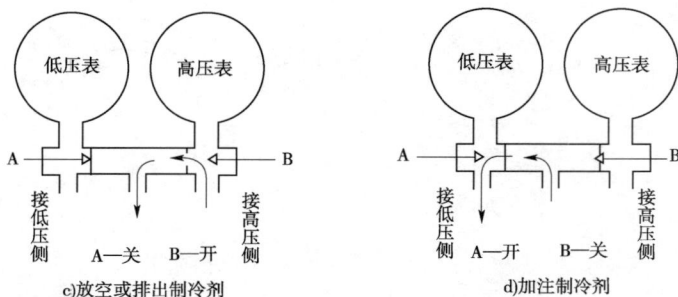

c)放空或排出制冷剂   d)加注制冷剂

图 8-58 歧管压力表装置的使用

❷ 制冷剂注入阀

制冷剂注入阀(或称蝶阀)是打开小容量制冷剂罐(200～400g)的专用工具,利用蝶形手柄前部的针阀刺破制冷剂罐,通过螺纹接头把制冷剂引入歧管压力表组件。制冷剂注入阀如图 8-59 所示。

制冷剂注入阀使用方法:

(1)在制冷剂罐上安装制冷剂注入阀之前,应按逆时针方向转动蝶形手柄,使其前端的针阀完全缩回;再逆时针转动盘形锁紧螺母,使其升高到最高位置。

(2)把注入阀装到制冷剂罐顶部的螺纹槽内,顺时针旋下盘形锁紧螺母,并充分拧紧,使注入阀固定牢靠,把注入阀接头与歧管压力表组件上的中间软管接头连接起来(歧管压力表组件事先与空调系统连接好)。

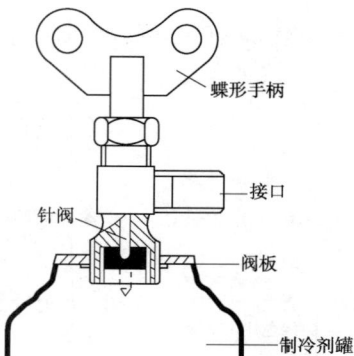

图 8-59 制冷剂注入阀

(3)确认歧管压力表组件上的两个手动阀均处于关闭状态。

(4)顺时针转动蝶形手柄,用针阀在制冷剂罐上刺一小孔。

(5)如果此时需要加注制冷剂,应逆时针转动蝶形手柄,使针阀收回,而且同时要打开歧管压力表组件的相应手动阀,让制冷剂注入汽车空调制冷系统。

(6)如要停止充注制冷剂,应顺时针转动蝶形手柄,使针阀下落到制冷剂罐上刚开的小孔,使小孔封闭,而且同时关闭歧管压力表组件的相应手动阀。

❸ 真空泵

真空泵是汽车空调制冷系统安装、维修后抽真空不可缺少的设备,利用它可去除系统内的空气和水分等物质,如图 8-60 所示。

❹ 检漏仪

检漏仪用于对空调制冷系统连接管路泄漏部位的检测,常用的检漏仪有卤素检漏灯和电子检漏仪两种类型,其中电子检漏仪最为常用。

检测 R134a 泄漏情况要使用一种专门适用它的检漏仪,或使用可检测 R12 及 R134a 的多功能电子检漏仪。目前最常用的是多功能电子检漏仪,如图 8-61 所示,它既能检测 R12 又能检测 R134a。

图 8-60 真空泵

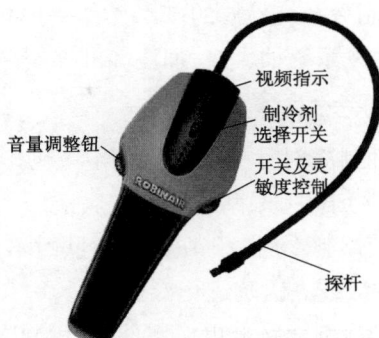

图 8-61 多功能电子检漏仪

5 制冷剂回收与充注设备

汽车空调制冷剂的消耗有相当部分耗费于维修,若维修时直接将原系统内的制冷剂排入到大气中,再另行充加新制冷剂,这样不仅造成对大气臭氧层的破坏,也会浪费制冷剂。若汽车采用的制冷剂为 R134a,由于其价格昂贵,也有必要对这部分维修时释放的制冷剂回收再利用。

各种回收与充注装置的操作方法不完全相同,但基本方法一致。汽车用制冷剂回收与充注机是一种轻便型半自动充注机,适用于 R12 和 R134a 的回收与充注。它备有高效压缩机、大功率的真空泵、高低压歧管压力表组件、工作罐压力表、制冷剂电子秤以及冷冻机油注入器等,具备汽车空调维修所需要的所有功能,如图 8-62 所示。

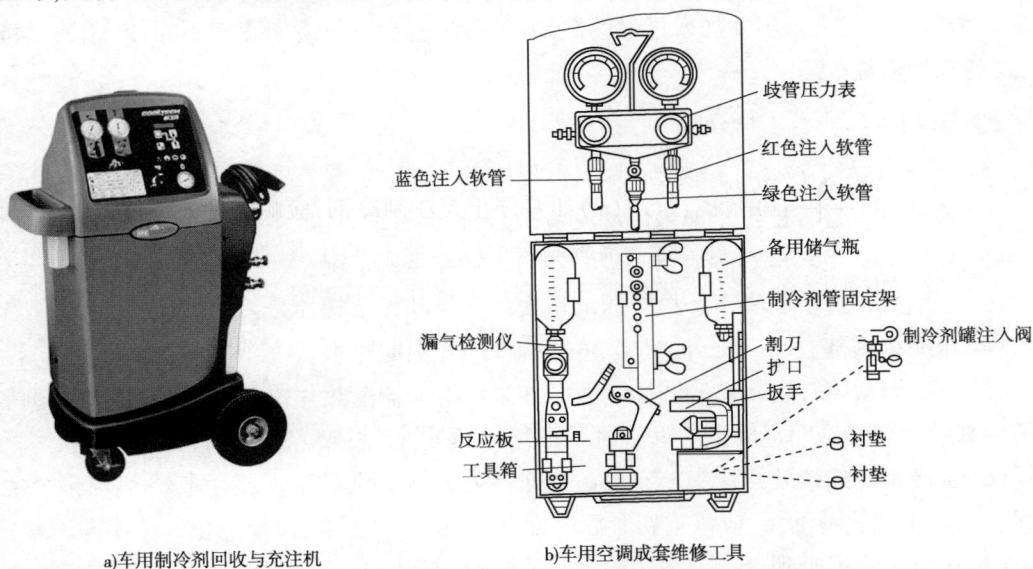

a)车用制冷剂回收与充注机

b)车用空调成套维修工具

图 8-62 制冷剂回收与充注机和汽车空调专用成套维修工具

二 空调系统的常规检测

汽车空调制冷系统检修的基本操作一般包括制冷系统工作压力的检测,从制冷系统内放出制冷剂,制冷系统抽真空,加注和补充制冷剂,制冷系统的检漏等。

❶ 空调维修注意事项

(1)当处理制冷剂时,不得在封闭区或明火附近处理制冷剂。要坚持带防护眼镜作业。不要让液态制冷剂进入眼睛或沾到皮肤上。

(2)如果液体制冷剂碰到眼睛或皮肤时不要揉擦,用大量冷却水冲洗此区域。对皮肤涂抹干净的凡士林,或去医院进行专业处理。

(3)当在制冷剂管路上更换零件时,用制冷剂回收机回收制冷剂再使用。在拆开部分立刻插入塞子防止潮气和灰尘进入。不要除去塞子,让新冷凝器或储液器/干燥器对大气环境开放着。

在从新压缩机拆卸柱塞前,从加液阀放掉氮气。如果氮气没有先放掉,拆卸柱塞时压缩机油会随氮气喷出。

(4)当拧紧连接件时,对 O 形圈涂几滴压缩机油以便容易上紧,并防止制冷剂气体泄漏。要用两只开口扳手拧紧螺母,避免扭曲管子。将 O 形圈或螺栓类接头拧紧到额定力矩。

(5)当处理制冷剂容器时,容器不得加热。容器必须保持在 40℃ 以下。当用温水加温容器时,小心不要把容器顶上的阀门浸入水中,因为水可能渗入制冷回路。空容器不得重复再用。

(6)当 A/C 开着并补足制冷剂气体时,如果制冷回路没有足够的制冷剂气体,油润滑会变得不足,并且压缩机可能会烧坏,因此要注意避免这种情况。

如果制冷剂容器颠倒,制冷剂又以液态加入液体将被压缩,并且压缩机将损坏,因此制冷剂必须以气态加入。不要加入过量的制冷剂气体,这会引起诸如冷却不充分、燃油经济性差、发动机过热等故障。

❷ 空调系统的人工检查

空调系统的人工检查:

(1)传动皮带是否松弛。如果传动皮带松,它将会打滑,造成磨损。

(2)鼓风量不足。检查清洁空气过滤器的污垢和阻塞情况。

(3)压缩机附近听到噪声。检查压缩机安装螺栓和托架螺栓是否缺失或松动。

(4)压缩机内部有噪声。可能是其内部构件损坏引起噪声。

(5)冷凝器散热片被污垢和灰尘覆盖。如果该冷凝器散热片覆盖有污垢和灰尘,该冷凝器的冷却效率可能会明显降低。处置时,可对冷凝器进行洗刷,除去所有污垢和灰尘。

(6)制冷系统连接处或接头上有油污。连接处或接头上的油渍指示制冷剂从哪个地方泄漏。如果发现这种油污,应该重新紧固零件,或根据需要更换,以便停止气体渗漏。

(7)送风机附近听到噪声。将送风机开关旋到 LO、MED 和 HI 等位置,如果产生异常噪声或电动机旋转不适当,须更换鼓风机电动机。异物进入鼓风机也会产生噪声,电动机安装不合适可能导致异常旋转,因此,更换鼓风机电动机前要充分检查这些因素。

(8)通过观察孔检查制冷剂量。如果在观察孔可以看到大量气泡流过,说明制冷剂不足,因此应补加制冷剂到恰当的程度。在这时候也要如前所述检查油渍,确信没有制冷剂渗漏。

❸ 制冷系统工作压力的检测方法

当用歧管压力表执行故障诊断时,遵循以下条件:

(1)发动机冷却剂温度:在预热以后。

(2)所有的车门:全部打开。

(3)气流选择器:"FACE"。

(4)进气口选择器:"RECIRC"。

(5)发动机转速:1500r/min(R134a),2000r/min(R12)。

(6)送风机转速选择器:高。

(7)温度选择器:MAXCOOL。

(8)A/C 开关打开。

(9)A/C 进口温度达到 30~35℃。

要了解汽车空调制冷系统工作循环进行的情况,必须测量制冷系统工作时高压侧和低压侧的压力,检修方法如下:

(1)将歧管压力表正确连接到制冷系统相应的检修阀上,如果是手动阀,应使阀处于中间位置。

(2)关闭歧管压力表上的两个手动阀。

(3)用手拧松歧管压力表上高低压注入软管的连接螺母,让系统内的制冷剂将高压注入软管内的空气排出,然后再将连接螺母拧紧。

(4)起动发动机并使发动机转速保持在 1000~1500r/min,然后打开空调 A/C 开关和鼓风机开关,设置到空调最大制冷状态,鼓风机高速运转,温度调节在最冷。

(5)关闭车门、车窗和发动机罩,发动机预热。

(6)把温度计插进中间出风口并观察空气温度,在外界温度为 27℃时,运行 5min 后出风温度应接近于 7℃。

(7)观察高低压侧压力,压缩机的吸气压力应为 207Pa~24kPa,排气压力应为 1103~1633kPa。如果电磁离合器工作,在离合器分离之前记录下数值。

(8)如果压力异常,其原因及检修方法见表 8-1。

制冷系统工作压力的检修

表 8-1

现　象	原　因	检　修
低压侧压力低 高压侧压力高	(1)膨胀阀损坏; (2)制冷剂软管堵塞; (3)储液干燥器堵塞; (4)冷凝器堵塞	(1)更换膨胀阀; (2)检查软管有无死弯,必要时更换; (3)更换储液干燥器; (4)更换冷凝器

现　象	原　因	检　修
高、低压压力正常（冷气量不足）	(1)系统中有空气； (2)系统中润滑油过量	(1)抽真空、检漏并加注制冷剂； (2)排放并抽油，恢复正常油量，抽真空、检漏并加注系统
低压侧压力低 高压侧压力低	(1)系统中制冷剂不足； (2)膨胀阀堵塞	(1)抽真空、检漏并加注系统； (2)更换膨胀阀
低压侧压力高 高压侧压力低	(1)压缩机内部磨损泄漏； (2)缸盖密封垫泄漏； (3)压缩机皮带打滑	(1)拆下压缩机缸盖，检查压缩机。必要时更换阀板总成，如果压缩机堵塞或缸体磨损严重或损伤，更换压缩机； (2)更换缸盖密封垫； (3)调整皮带张紧度
低压侧压力高 高压侧压力高	(1)冷凝器叶片堵塞； (2)系统中有空气； (3)膨胀阀损坏； (4)皮带松弛或磨损； (5)制冷剂加注过量	(1)清扫冷凝器叶片； (2)抽真空、检漏并加注系统； (3)更换膨胀阀； (4)调整或更换皮带； (5)释放少量制冷剂

❹ 制冷系统抽真空的方法

抽真空之前，应进行泄漏检查。抽真空也是对其系统气密性的进一步检查。

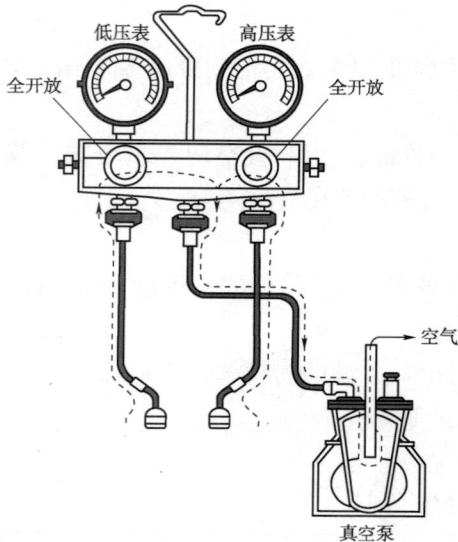

图 8-63　抽真空连接

（1）如图 8-63 所示，把冷气系统、歧管压力表组件以及真空泵连接好。

（2）打开歧管压力表组件的高、低压力手动阀，起动真空泵，观察低压表指针，应该有真空显示。

（3）操作 10min 后，低压表应达到 79.8kPa 的真空度，高压表指针应略低于零刻度，如果高压指针不低于零刻度，表明系统内有堵塞，应停止操作，清理好故障，再抽真空。

（4）如果操作 10min 后达不到此数值，应关闭低压侧手动阀，观察低压表指针，如果指针上升，说明真空有损失，要查泄漏点，进行检修后才能继续抽真空，这一步也就是真空试漏法。

（5）抽真空总的时间不应少于 30min，充分排除系统中的水分之后，才可以向系统中充注制冷剂。

❺ 加注制冷剂的方法

加注制冷剂的方法一般有以下两种：

(1)从高压侧加注液态制冷剂(适合给新系统加注制冷剂)。

①当系统抽完真空之后,关闭歧管压力表组件的高、低压两侧手动阀。

②将中间软管的一端与制冷剂注入阀的接头连接起来,如图8-64所示,打开制冷剂罐开启阀,再拧开歧管压力表组件软管一端的螺母,让制冷剂溢出少许,把空气赶走,然后再拧紧螺母。

③拧开高压侧手动阀到全开的位置,把制冷剂罐倒立,以便从高压侧注入液态制冷剂。

④从高压侧注入液态制冷剂两罐以上,或按规定的量注入。要特别注意的是:从高压侧向系统注入制冷剂时,千万不能起动发动机,而且在充注时不能拧开低压侧手动阀。

(2)从低压侧加注气态制冷剂(适合给空的或部分空的空调系统补充加注制冷剂)。

①按图8-65所示,把歧管压力表组件与压缩机和制冷剂罐连接好。

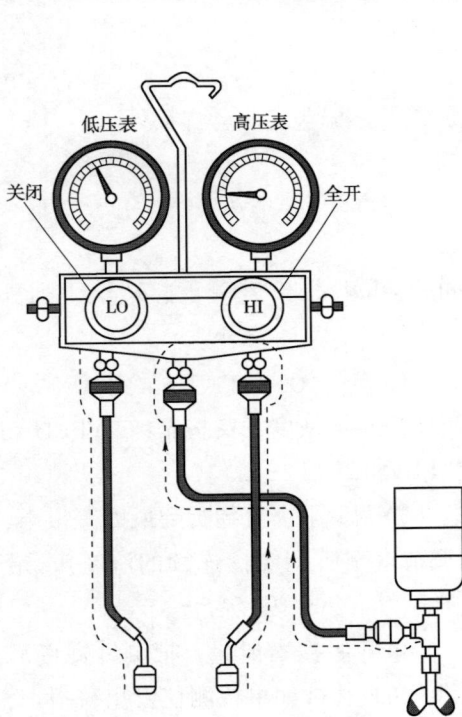

图8-64 液态制冷剂的加注

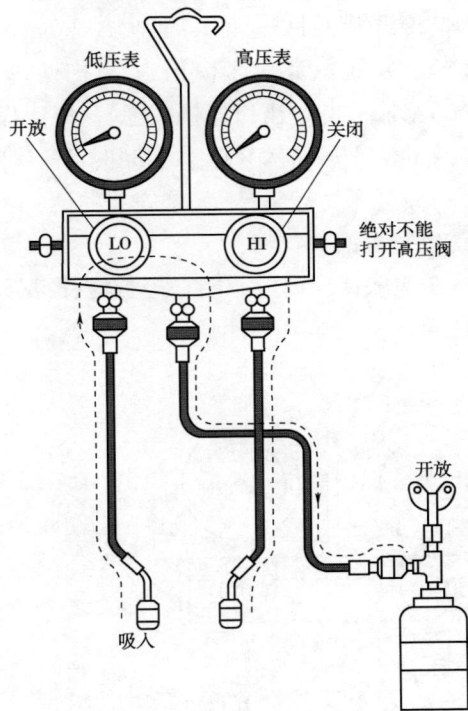

图8-65 气态制冷剂的加注

②打开制冷剂罐,拧松中间注入软管在歧管压力表组件侧的螺母,直到听见制冷剂蒸气有流动的声音,然后拧紧螺母。其目的是将注入软管中的空气赶走。

③打开低压阀,让制冷剂进入系统。当系统的压力值达到420kPa时,关闭低压手动阀。

④起动发动机,把空调开关接通,把风机开关和温度开关都开到最大。

⑤再打开低压侧手动阀,让制冷剂继续进入冷气系统,直到充注量达到规定值为止。

⑥充注完毕之后,关闭歧管压力表组件的低压侧手动阀,关闭装在制冷剂罐上的注入阀,使发动机停止运转,从压缩机上迅速拆除制冷剂软管接头。此时要特别注意,高压侧管路里的制冷剂处于高压状态,因此必须十分小心,以防止制冷剂喷出损伤眼睛和皮肤。

6 制冷系统的检漏方法

由于制冷剂的渗透能力很强,制冷系统的泄漏是不可避免的。因此,制冷系统的检漏作业在空调维修作业中是一个重要的环节。目前,常用的检漏方法主要有以下三种。

1)肥皂泡沫法检漏

把肥皂溶液涂在所有接头处和怀疑有泄漏的地方,出现气泡的位置便是泄漏处。需要重点检查渗漏的部位是:

(1)各个管道接头及阀门连接处。

(2)全部软管,尤其在管接头附近观察是否有气泡、裂纹、油渍。

(3)压缩机轴封、前后盖板、密封垫、检修阀等处。

(4)冷凝器表面被刮坏、压扁、碰伤处。

(5)蒸发器表面被刮坏、压扁、碰伤处。

(6)膨胀阀的进出口连接处,膜盒周边焊接处,以及感温包与膜盒焊接处。

(7)储液干燥器的易熔塞、视窗、高低压阀连接处。

(8)歧管压力表组件(如果安装的话)的连接头、手动阀及软管处。

2)电子检漏仪检漏

按照检漏仪厂商的说明书进行检查,尽管不同的检漏仪操作程序可能不同,下列步骤可用作指导。

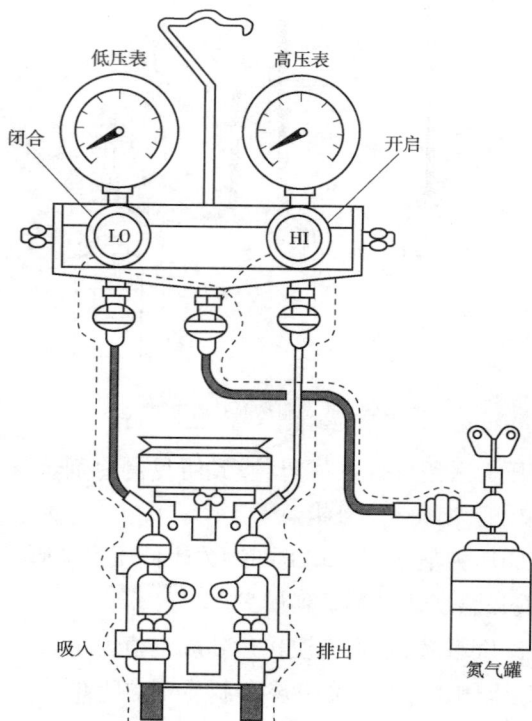

图8-66 加压检漏示意图

(1)旋转"ON/OFF"开关到"ON"。

(2)将灵敏度开关拨至"LEVEL1"(R12)或"LEVEL2"(R134a)。

(3)调节平衡直到听到最大警报声,再往回调节直至听到缓慢连续的滴嗒声,最下面的指示灯有一个闪亮为止。

(4)开始搜索泄漏。把测针慢慢靠近被检测处的下方,如果检测仪发出警报声,说明此处存在泄漏。

电子检漏仪应在良好通风的地方使用,避免在存放爆炸性气体的地方使用,实施检查时,发动机要停止转动。不能将探头置于制冷剂有严重泄漏的地方,这样会使检漏仪的灵敏元件受到损坏。

3)加压检漏

正确连接歧管压力表组件,如图8-66所示。高压软管接在高压管道上,低压软管接在低压管道上,操作时注意:将歧管压力表组件与压缩机高、低压检修阀连接时,只能用手(不能用工具)拧紧其螺母,以防止损坏设备。还应正确判断压缩机高、低压侧,具体判断方法如下:

(1)按制冷剂流向判断:从压缩机流向冷凝器的方向的是高压侧,从蒸发器流向压缩机方向的是低压侧。

(2)按管道的冷热判断:将压缩机工作几分钟以后,停止运转,用手触摸压缩机向外连接的管道,热的为高压侧,冷的为低压侧。

(3)按制冷剂管的粗细判断:与粗管道连接的检修阀是低压阀,与细管道连接的检修阀是高压阀。

打开高低压检修阀,向系统中充入干燥的压缩氮气。当压力达到1.5MPa时,停止充气。经过长时间后,如压力无明显下降,说明系统无泄漏。

课题6 空调系统常见故障诊断与排除

由于汽车空调的制冷系统结构复杂,总成多,连接管路多,在恶劣的运行环境中比较容易出现故障,因此汽车空调的故障绝大部分出在制冷系统中。制冷系统常见的故障现象有:没有冷气、冷气不足、冷气不连续、冷气系统噪声大等。

一 没有冷气

对于这种现象,检查时首先考虑开关接头和电气元件电路问题,其次是制冷剂问题,最后是压缩机问题,诊断程序如下。

❶ 开关接头故障的诊断及排除

(1)A/C熔断丝烧坏。查找原因更换熔断器。

(2)A/C开关故障。查明原因,修复或更换。

(3)电路断路故障。查明原因,修复或更换。

(4)电路中接线接头脱落、折断。检查线路,将线路接通。

❷ 电气元件故障的诊断及排除方法

(1)总继电器接触不良或其他故障。检查继电器,修复或更换。

(2)离合器电磁线圈短路烧毁。更换离合器电磁线圈。

(3)恒温开关或放大器失灵。查明损坏原因,更换损坏元件。

(4)热敏电阻器故障。若查明有故障则更换。

(5)蒸发器风机或继电器故障。若是风机故障则修复或更换,若是继电器故障应修复或更换。

(6)高压或低压开关故障或断开。查明断开原因,若有故障则修理或更换。

❸ 制冷剂方面的故障诊断和排除

(1)储液干燥器脏堵或膨胀阀冰堵故障。查明原因,按说明书提示的方法排除系统内脏物或水分使其畅通。

(2)制冷剂全部泄漏。采用前述检漏方法进行制冷剂泄漏检测,若泄漏则修复泄漏部位,按制冷剂加注程序重新进行加注制冷剂。

④ 压缩机方面的故障诊断和排除

(1)压缩机吸、排气阀片折断或阀板磨损导致系统高、低压部分串通。查明原因,更换相关零部件或压缩机。

(2)缸盖密封垫损坏。查明原因予以更换。

对于上述故障,还要区分风量是否正常,同时压缩机是否能正常运转,逐一排除各种可能,作出准确判断,排除故障原因并修复系统。

二、冷气不足

同样,对于这种故障现象也是按前述的原则进行判断。检查时首先考虑电气元件电路问题,其次是制冷剂问题,最后是压缩机问题。

① 电器故障诊断和排除

(1)热敏电阻故障。检查故障,若失效则更换。

(2)放大器或恒温开关故障。查明原因,若失效则分别予以更换。

② 制冷剂方面的故障诊断和排除

(1)制冷系统中制冷剂过多或不足。查明原因,按使用说明书的规定和操作规程,抽出多余的制冷剂或补充适量的制冷剂。

(2)系统内有空气,此时应按排除系统内空气的操作方法,将制冷剂放出,并将系统抽成真空状态,然后再补充规定量的制冷剂。

(3)压缩机润滑油过多,此时应排除多余润滑油。

(4)储液干燥器堵塞。更换滤网,若故障还不能排除则应更换。

(5)膨胀阀堵塞。清洗滤网或更换膨胀阀。

(6)节流孔管系统的孔管堵塞。卸下滤网清洗,并更换气液分离器。

③ 压缩机方面的故障诊断和排除

(1)压缩机运转不正常,排除压缩机内部故障。

(2)压缩机传动皮带打滑,检查压缩机传动皮带松紧情况,予以调整。

(3)电磁离合器打滑,检查磨损情况,必要时更换。

(4)压缩机进、排气腔串通,更换相关零部件或压缩机。

④ 蒸发器、冷凝器方面的故障诊断和排除

(1)蒸发器风机转速慢,检查接头是否松动,调速电阻是否失效,若排除前述现象,则应更换风扇。

(2)蒸发器压力控制阀工作不良,更换压力控制阀。

（3）冷凝器的气流不畅通,应清理冷凝器表面。

（4）蒸发器结霜堵塞。调整恒温开关或蒸发压力控制阀。

（5）蒸发器的气流不畅通。清理蒸发器表面,修复温度混合风门。

5 其他部位的故障

例如,车身密封不良,有明显泄漏处,应修补车身。同理,对于上述故障也要区分风量是否正常,检查蒸发器风机工作是否正常,能否将冷气送到出风口,逐一排除各种可能,作出准确判断,排除故障原因并修复系统。

模块小结

（1）在任何天气状况下,暖气和通风系统都可以保持乘客室内适宜的温度。

（2）自然通风系统利用向前运动的汽车产生的迎面气流强制空气进入车内。

（3）空调散热器是一种液体/空气换热器。为了得到不同的空气温度,空气风道风门开启或关闭使较多或较少的空气流过散热器。

（4）空调制冷系统主要部分由制冷压缩机、冷凝器、储液干燥器、膨胀阀和蒸发器组成。空调制冷系统的功能是将这部分多余的热量移到车外,以使乘客感到舒适。

（5）汽车空调采用的冷暖一体化结构,它通过冷热风的混合,人为设定冷热风量的比例,通过风门开闭和调节,满足人们对舒适性的要求。并对车内空气或进入车内的外部新鲜空气加热,进行取暖、除湿、除霜和除雾。

（6）空调系统采自各相关传感器或开关的信号,以控制空调系统。构成空调基本控制的内容有:压力开关控制、蒸发器温度控制、传动皮带保护装置、压缩机双级控制系统、怠速提升控制和电扇控制等构成。

（7）散热器是暖气和通风系统中用于加热进入车内空气的设备。

（8）计算机控制的自动温度控制系统可以监测车内外的空气温度。

（9）自动空调自动温控用到的传感器,包括光敏传感器、车内温度传感器、环境温度传感器、发动机温度传感器、车辆运行传感器和空调压力开关。

参 考 文 献

[1] 谭本忠.轻松学会丰田车系电气系统维修[M].北京:机械工业出版社,2014.

[2] 陈社会.汽车空调构造与维修[M].北京:中国劳动社会保障出版社,2014.

[3] 毛峰. 汽车车身电控技术 [M].北京:机械工业出版社,2016.

[4] 王兴国. 汽车电气设备构造与维修[M].北京:人民邮电出版社,2014.

[5] 李春明.汽车底盘电控技术[M].北京:机械工业出版社,2015.

[6] 吴刚.汽车电器设备[M].北京:人民邮电出版社,2016.

人民交通出版社汽车类中职教材部分书目

书 号	书 名	作 者	定价（元）	出版时间	课件
一、全国交通运输职业教育教学指导委员会规划教材 教育部中等职业教育汽车专业技能课教材					
978-7-114-12216-3	汽车文化	李青、刘新江	38.00	2018.06	有
978-7-114-12517-1	汽车定期维护	陆松波	39.00	2018.03	有
978-7-114-12170-8	汽车机械基础	何向东	37.00	2018.08	有
978-7-114-12648-2	汽车电工电子基础	陈文均	36.00	2018.01	有
978-7-114-12241-5	汽车发动机机械维修	杨建良	25.00	2017.03	有
978-7-114-12383-2	汽车传动系统维修	曾丹	22.00	2017.08	有
978-7-114-12369-6	汽车悬架、转向与制动系统维修	郭碧宝	31.00	2018.05	有
978-7-114-12371-9	汽车发动机电器与控制系统检修	姚秀驰	33.00	2017.03	有
978-7-114-12314-6	汽车车身电气设备检修	占百春	22.00	2017.03	有
978-7-114-12467-9	汽车发动机及底盘常见故障的诊断与排除	杨永先	25.00	2017.03	有
978-7-114-12428-0	汽车自动变速器维修	王健	23.00	2017.03	有
978-7-114-12225-5	汽车网络控制系统检修	毛叔平	29.00	2017.03	有
978-7-114-12193-7	新能源汽车结构与检修	陈社会	38.00	2018.02	有
978-7-114-12209-5	汽车检测与诊断技术	蒋红梅、吴国强	26.00	2017.03	有
978-7-114-12565-2	汽车检测设备的使用与维护	刘宣传、梁钢	27.00	2017.03	有
978-7-114-12374-0	汽车维修接待实务	王彦峰	30.00	2017.06	有
978-7-114-12392-4	汽车保险与理赔	荆叶平	32.00	2018.09	有
978-7-114-12177-7	汽车维修基础	杨承明	26.00	2017.03	有
978-7-114-12538-6	汽车商务礼仪	赵颖	32.00	2017.06	有
978-7-114-12442-6	汽车销售流程	李雪婷	30.00	2017.06	有
978-7-114-12488-4	汽车配件基础知识	杨二杰	20.00	2017.03	有
978-7-114-12546-1	汽车配件管理	吕琪	33.00	2017.03	有
978-7-114-12539-3	客户关系管理	喻媛	30.00	2017.06	有
978-7-114-12446-4	汽车电子商务	李晶	30.00	2017.03	有
978-7-114-13054-0	汽车使用与维护	李春生	28.00	2017.04	有
978-7-114-12382-5	机械识图	林治平	24.00	2017.03	有
978-7-114-12804-2	汽车车身电气系统拆装	张炜	35.00	2017.03	有
978-7-114-12190-6	汽车材料	陈虹	29.00	2017.02	有
978-7-114-12466-2	汽车钣金工艺	林育彬	37.00	2017.03	有
978-7-114-12286-6	汽车车身与附属设备	胡建富、马涛	22.00	2017.03	有
978-7-114-12315-3	汽车美容	赵俊山	20.00	2017.03	有
978-7-114-12144-9	汽车构造	齐忠志	39.00	2017.08	有
978-7-114-12262-0	汽车涂装基础	易建红	30.00	2017.04	有
978-7-114-13290-2	汽车美容与装潢经营	邵伟军	28.00	2017.04	有
二、中等职业教育国家规划教材					
978-7-114-12992-6	机械基础（少学时）（第二版）	刘新江、袁亮	34.00	2018.05	有
978-7-114-12872-1	汽车电控发动机构造与维修（第三版）	王囤	32.00	2018.05	有
978-7-114-12902-5	汽车发动机构造与维修（第三版）	张嫣、苏畅	35.00	2017.10	有
978-7-114-12812-7	汽车底盘构造与维修（第三版）	王家青、孟华霞、陆志琴	39.00	2018.05	有
978-7-114-12903-2	汽车电气设备构造与维修（第三版）	周建平	43.00	2017.08	有
978-7-114-12820-2	汽车自动变速器构造与维修（第三版）	周志伟、韩彦明、顾雯斌	29.00	2018.04	有
978-7-114-12845-5	汽车使用性能与检测（第三版）	杨益明、郭彬	25.00	2017.11	有
978-7-114-12684-0	汽车材料（第三版）	周燕	31.00	2017.01	有
三、新能源汽车技术专业职业教育创新规划教材					
978-7-114-13806-5	新能源汽车概论	吴晓斌、刘海峰	28.00	2018.08	有
978-7-114-13778-5	新能源汽车高压安全与防护	赵金国、李治国	30.00	2017.05	有
978-7-114-13813-3	新能源汽车动力电池与驱动电机	曾鑫、刘涛	39.00	2018.05	有
978-7-114-13822-5	新能源汽车电气技术	唐勇、王亮	35.00	2017.06	有
978-7-114-13814-0	新能源汽车维护与故障诊断	包科杰、徐利强	33.00	2018.05	有
四、教育部职业教育与成人教育司推荐教材（技能型紧缺人才培养培训教材）					
978-7-114-11700-8	汽车文化（第二版）	屠卫星	35.00	2017.06	有
978-7-114-12394-8	汽车认识实训（第二版）	宋麓明	12.00	2018.05	有
978-7-114-11544-8	汽车机械基础（第二版）	凤勇	39.00	2017.12	有

书 号	书 名	作 者	定价（元）	出版时间	课 件
978-7-114-12395-5	钳工实训（第二版）	石德勇	15.00	2017.06	有
978-7-114-13199-8	汽车电工与电子基础（第二版）	任成尧	25.00	2016.09	有
978-7-114-14271-0	汽车电工电子基础（第三版）	张成利、金星	34.00	2018.04	有
978-7-114-08594-9	汽车发动机构造与维修（新编版）	王会、刘朝红	33.00	2016.05	有
978-7-114-09157-5	汽车发动机构造与维修习题集	邵伟军、李玉明	18.00	2016.05	配答案
978-7-114-14454-7	汽车底盘构造与维修（第三版）	从树林、庄成莉	34.00	2018.06	
978-7-114-09160-5	汽车底盘构造与维修习题集	陈敬渊、刘常俊	25.00	2015.07	配答案
978-7-114-14303-8	汽车电气设备构造与维修（第三版）		35.00	2018.05	有
978-7-114-09156-8	汽车电气设备构造与维修习题集	杜春盛、席梦轩	18.00	2018.03	配答案
978-7-114-12242-2	汽车典型电路分析与检测	宋波舰	45.00	2015.08	有
978-7-114-11808-1	汽车典型电控系统构造与维修（第二版）	解福泉	38.00	2016.12	
978-7-114-12450-1	汽车车身电气及附属电气设备检修（第二版）	韩飒	36.00	2015.10	有
978-7-114-14981-8	汽车故障诊断技术（第三版）	戈国鹏、赵龙	25.00	2018.10	有
978-7-114-11750-3	汽车安全驾驶技术（第二版）	范立	39.00	2016.05	有
978-7-114-08749-3	汽车实用英语（新编版）	赵金明、林振江	18.00	2018.05	有
978-7-114-13864-5	汽车涂装技术（第二版）	李扬	30.00	2017.09	有
978-7-114-12871-4	汽车车身修复技术（第二版）	黄平	26.00	2018.06	有
978-7-114-13865-2	汽车维修业务管理（第二版）	谢永东	16.00	2017.07	有
7-114-05880-2	大型运输车辆发动机构造与维修	彭运钧	20.50	2013.07	
7-114-05860-8	大型运输车辆底盘构造与维修	熊建国	14.00	2017.01	
978-7-114-14017-4	汽车维修技术（第二版）	刘振楼	27.00	2017.09	有
五、国家示范性中等职业学校重点建设专业教材					
978-7-114-13833-1	汽车基础电器实训教材（第二版）	李东江、汪胜国、王成波	22.00	2017.06	
978-7-114-13953-6	▲汽车发动机维修实训教材（第二版）	朱军、汪胜国、黄元杰	34.00	2017.07	
978-7-114-14020-4	▲汽车发动机电控系统故障诊断实训教材（第二版）	汪胜国、陈建惠	33.00	2017.07	
978-7-114-13597-2	▲汽车维护实训教材（第二版）	朱军、汪胜国、王瑞君	34.00	2018.04	
978-7-114-13508-8	汽车维修基础技能实训教材（第二版）	朱军、汪胜国、陆志琴	32.00	2018.05	
978-7-114-13854-6	▲汽车底盘和车身电器检测实训教材（第二版）	汪胜国、李东江、方志英	19.00	2017.06	
978-7-114-11101-3	汽车电器维修实一体化教材	王成波、忻状存	32.00	2016.06	
978-7-114-11417-5	汽车底盘维修实一体化教材	郑军强	43.00	2018.03	
978-7-114-11510-3	汽车自动变速维修理实一体化教材	杨婷	22.00	2014.09	
978-7-114-11420-5	汽车空调系统维修理实一体化教材	方作棋	20.00	2018.03	
978-7-114-11421-2	汽车发动机性能检测理实一体化教材	颜世凯	30.00	2014.09	
978-7-114-12530-0	汽车钣金理实一体化教材	林育彬	30.00	2018.05	有
978-7-114-12525-6	汽车喷漆理实一体化教材	葛建峰、叶诚昕	30.00	2018.04	有
六、中等职业学校汽车运用与维修专业新课程教学用书					
978-7-114-10793-1	▲汽车发动机构造与拆装工作页（第二版）	武华、武剑飞	32.00	2017.07	
978-7-114-10771-9	▲汽车底盘构造与拆装工作页（第二版）	武华、何才	26.00	2017.11	
978-7-114-10719-1	汽车自动变速器维修工作页（第二版）	巫兴宏、齐忠志	21.00	2017.11	
978-7-114-10768-9	汽车发动机电器维修工作页（第二版）	林文工、李琦	24.00	2016.07	
978-7-114-10837-2	汽车发动机控制系统检测与维修工作页（第二版）	陈高路、蔡北勤	40.00	2016.11	
978-7-114-10776-4	汽车传动系统维修工作页（第二版）	邱志华、张发	24.00	2017.08	
978-7-114-10777-1	汽车制动系统维修工作页（第二版）	庞柳军、曾晖泽	24.00	2017.08	
978-7-114-10739-9	汽车空调系统维修工作页（第二版）	林志伟	28.00	2016.12	
978-7-114-10794-8	汽车悬架与转向系统维修工作页（第二版）	刘付金文、徐正国	24.00	2017.06	
978-7-114-10700-9	汽车车身电器维修工作页（第二版）	蔡北勤	24.00	2017.08	
978-7-114-10699-6	汽车发动机机械维修工作页（第二版）	刘建平、段群	25.00	2018.09	

▲为中等职业教育改革创新示范教材。咨询电话：010-85285962、85285977。咨询QQ：616507284、99735898。